Constanze Demuth · Beispiele und Sinngestalten

Constanze Demuth

Beispiele und Sinngestalten

Die Negativität der Alltagssprache nach Cavell, Wittgenstein und Austin

Wilhelm Fink

Gefördert mit Mitteln der Deutschen Forschungsgemeinschaft im Rahmen des SFB 804
der Technischen Universität Dresden und im Rahmen des Graduiertenkollegs
„Lebensformen und Lebenswissen“ der Europa-Universität Viadrina Frankfurt (Oder)
und der Universität Potsdam

Umschlagabbildung:
Matthias Creutziger

Bibliografische Information der Deutschen Nationalbibliothek

Die Deutsche Nationalbibliothek verzeichnet diese Publikation in der Deutschen
Nationalbibliografie; detaillierte bibliografische Daten sind im Internet über
http://dnb.d-nb.de abrufbar.

(Wilhelm Fink GmbH & Co. Verlags-KG, Jühenplatz 1, D-33098 Paderborn)

Internet: www.fink.de

Einbandgestaltung: Evelyn Ziegler, München
Printed in Germany
Herstellung: Ferdinand Schöningh GmbH & Co. KG, Paderborn

ISBN 978-3-7705-5745-5

Inhaltsverzeichnis

Dank

Diese Untersuchung wurde von der Technischen Universität Dresden 2012 als Dissertationsschrift angenommen. Für den Druck habe ich sie überarbeitet. Ich danke meinem Betreuer Thomas Rentsch für seine Unterstützung. Seinen Negativitätsanalysen verdankt diese Arbeit entscheidende Weichenstellungen. Ich danke Christoph Menke für seinen Einsatz und seine Anregungen im Graduiertenkolleg „Lebensformen und Lebenswissen" und als Betreuer und Gutachter der Arbeit. Die Diskussionen des Kollegs ebenso wie die des Dresdner Oberseminars haben mich und die Arbeit an vielen steinigen Stellen entscheidend vorangebracht.

Die Studienstiftung des deutschen Volkes und die Studienstiftung FAZIT haben die Arbeit außerdem ideell und finanziell gefördert. Dem SFB „Transzendenz und Gemeinsinn" und dem Graduiertenkolleg „Lebensformen und Lebenswissen" Potsdam / Frankfurt Oder danke ich für ihre Förderung des Drucks.

Die Hinweise und die Kritik von Jim Conant, Zora Hesova, Morris Vollmann und Rico Gutschmidt haben mich in vielen fruchtbaren Diskussionen in verschiedenen Entstehungsstufen des Projekts begleitet und bereichert. In vielerlei Hinsicht zum guten Ende beigetragen haben mit Einsatzbereitschaft, frohem Mut und Nachsicht, wo sie nötig war, Marion, Uwe, Lisa, Angelica und Eva-Maria. Korrekturgelesen haben Silvia, Eva und Sabine.

Meinen Eltern kann ich nicht genug danken für ihren beständigen Rückhalt bei nicht nur diesem kühnen und oft genug zähen Unterfangen.

Einleitung

Wittgenstein, Cavell und Austin eint die Einsicht in den Primat der Praxis und in die Grundlosigkeit und Unverfügbarkeit der Konstitution unserer Selbst- und Weltverständnisse. Das vorliegende Buch stellt zunächst die Philosophie der Alltagssprache Wittgensteins als eine Untersuchung unserer Weisen lebensweltlicher Orientierung in Beispielen vor. Wittgenstein schreibt: „Die für uns wichtigsten Aspekte der Dinge sind durch ihre Einfachheit und Alltäglichkeit verborgen.“[1] Wir begreifen unsere Urteilsformen nicht, denn wir entwerfen sie „nur“ unthematisch in unseren Äußerungen und Handlungen *mit*. Deshalb kommt Wittgenstein diesen Verwendungsweisen unserer Sprache nicht ohne Weiteres auf die Spur: In den *Philosophischen Untersuchungen* spielen Grenzfälle, die seltsam, abseitig und bizarr erscheinen, eine mindestens ebenso große Rolle wie die bekannten Sprachspiele der grammatischen Untersuchungen. Der Text beginnt mit der Szene von Bauenden, die einander Bausteine unterschiedlicher Art nennen und zureichen. Immer wieder erscheint die unheimliche Figur des Kindes, das Sprache lernen will, soll und muss. Es tauchen Primitive auf, die anders rechnen (und denken) als wir, Aspektblinde und sprechende Löwen ...

Schon die Bauenden der ersten Paragraphen *der Philosophischen Untersuchungen*, deren „ganze Sprache“ vier Worte und deren Praxis vier Arten von Bausteinen enthält, die diese Worte benennen, stellen uns vor die Frage, ob wir noch verstehen könnten, was ihr Verstehen und ihr Tun motiviert. Das Kind, das ohne eigene Begeisterung und Neugier oder Nachsicht seiner Lehrer sprechen lernt, erscheint uns unheimlich, als sei es ein unbeteiligter Beobachter im fremden Land. Die Seltsamkeit solcher Fälle in unseren Augen erweist sich in Wittgensteins Untersuchungen als Symptom der Erwartung, mit der wir dem philosophischen Text begegnen. Unser Verständnis dieser Fälle vor dem Hintergrund der Idealisierungen unseres Denkens macht sie zu Stolpersteinen der Theorie. Unser Versuch, einen letzten Grund, die fundierenden Funktionen unserer Sprache zu isolieren, und so zur Kompensation der Vagheiten, Missverständnisse und Mehrdeutigkeiten unseres Sprachgebrauchs in gewöhnlichen Lebenskontexten eine exakte Wissensbasis herauszuarbeiten, produziert hier Verdeckungen, die uns zu den Konstruktionen dieser Grenzfälle nötigen, die sich aber dann jedem Verständnis sperren. Sie konfrontieren uns so mit einer Erfahrung der Entfremdung. Der scheinbare Widerspruch verweist uns auf den Status von Bildern und Modellen in der Philosophie und in unserer alltäglichen Sprache.

Bilder und Modelle leiten als vortheoretische Intuitionen die philosophische Untersuchung, analog zu den unthematischen Vorverständnissen des Alltags. Ihr

---

1 Wittgenstein, Ludwig, *Philosophische Untersuchungen*, in: *Werkausgabe*, Bd. 1, hg. v. Joachim Schulte, Frankfurt a. M. 1984, §129. Im Folgenden zit. als PU.

Status als proto-rationale Produkte der Einbildungskraft hat selbst „nur“ rationalitätskonstitutiven Entwurfscharakter. Diese Dimension des unthematischen Entwurfs von Sinn produziert aber mit dem philosophischen Interesse an Letztbegründung einen Schein der Entzeitlichung und Geschichtslosigkeit der Begriffe ihrer eigenen Erläuterungssprache. Für diesen dialektischen Schein wird dann jedes imaginierte Beispiel unserer Sinnkonstitution gerade in der Dimension des ungarantierten Entwurfs, den es darstellen soll, aufgrund dieses Darstellungs- oder Annäherungscharakters zu einer Störstelle des Begreifens. Es zeigt so unsere Selbstentzogenheit und Fremdheit für uns selbst als Sprach- und Geisteswesen.

Wir verfügen nicht über diese von uns unthematisch *mit* entworfenen Selbst- und Weltverständnisse, in denen uns unsere Welt erst erschlossen ist. Aber obwohl wir uns selbst nie vollständig transparent sind, stellt sich für diese materialen, geschichtlichen und kulturellen Sinngestalten doch als zweite Natur die Frage nach ihrer Angemessenheit für ein geteiltes Leben in einer menschlichen Welt. Die Negativität unserer philosophischen Beschreibungssprache – wir können uns der Entzogenheit unserer eigenen Verstehensvollzüge *nur* im Bild oder Modell der Regel, des „Rechts auf etwas“, des „Aspekts“, der „Abrichtung“ usw. annähern – entspricht unserer ungarantierten Situation als Sprachteilnehmer selbst, die uns auf eine Einstellung gelingenden Lebens zurückverweist. Die *Imaginationspraxis* der Grenzfälle der *Philosophischen Untersuchungen* ist kein Bestimmen in Kategorien, sondern unterbricht diese Denkweise des Lesers und führt ihn zur ungarantierten Übung der Responsivität gegenüber dem Anderen der eigenen Urteilspraxis und dessen, was sie vergegenwärtigt. Die Störstellen des Verstehens bei Wittgenstein üben neu eine Haltung der aufmerksamen und sorgenden Sinnoffenheit und Bereitschaft zur Irritation der eigenen Vollzüge in unserer Lebenswelt. Denn die philosophischen Vorverständnisse und Begriffe sind selbst ebenso wie die Sinnentwürfe und -gestalten, in denen uns unsere Alltagssprache neue Situationen erschließt, Ergebnisse der einbildenden Tätigkeit der Vorstellungskraft und weisen so auf diese zurück als unverfügbar und unhintergehbar.

Wittgensteins Grenzfälle, die befremdenden und irritierenden Beispiele einer Praxis der Sinnkonstitution, die wir nicht mehr denken können, weil wir meinen, sie in fixierten Kategorien begreifen zu müssen, führen uns zurück zum unhintergehbaren Vollzug von Urteil und Sinnkonstitution in der Alltagssprache. Sie zeigen die Notwendigkeit des Gebrauchs von Analogien für die Annäherung an unsere sinnkonstitutive Vernunfttätigkeit. Diese Analogiebildung entspricht selbst der Art, wie wir uns alltäglich unthematisch in Perspektiven verstehen, die unsere Wahrnehmung orientieren und als materiale Sinngestalten unsere Werte und Identifikationen in Sicht- und Seinsweisen unserer Welt strukturieren. Keine vorgängigen fundierenden Regeln, sondern dieser praktische Gebrauch unserer Begriffe „leitet“ unsere Sprachverwendungen. Die Begriffsverwendung ist eine Leistung nicht des Verstandes, der dem gegebenen Allgemeinen das hier Besondere unterordnen würde, sondern eine Leistung der Einbildungskraft, die Situation und Situationsbeschreibung gemeinsam und unthematisch formt, wobei Faktizität und Geltung gleichursprünglich bleiben: als Beispiel und seine materiale

Grenze und Form einer Sinngestalt unseres gewöhnlichen Lebens. Diese *Projektion* eines Begriffs in einen neuen Kontext des Gebrauchs ist ein unthematischer, kreativer Akt, der der Bedeutung des Begriffs immer eine weitere Variante hinzufügt. Sprechen transzendiert sich in diesem Entwerfen auch immer selbst. Wittgenstein sucht uns deshalb nicht umsichtig um die „Sackgasse des Philosophierens“ herumzuleiten, wo „die gewöhnliche Sprache uns zu roh erscheint, und es scheint, als hätten wir es nicht mit den Phänomenen zu tun, von denen der Alltag redet, sondern ‚mit den leicht entschwindenden, die mit ihrem Auftauchen und Vergehen jene ersteren annähernd erzeugen‘.“ (PU, §436) Vielmehr leitet er uns in diese Hoffnung auf *tiefere* Bedeutung hinein, um aus deren Enttäuschungen ein Moment der Wende und Anerkennung unserer Endlichkeit zu einer Haltung gelingenden Lebens zu eröffnen.

Unsere *Denkformen* sind *Lebensformen*; in unserer Praxis drücken sich diese Werte und Sicht- und Seinsweisen aus. Aus der Einsicht heraus, dass Rationalität „nur“ in unseren gelebten, materialen, geschichtlichen und subjektiven Sinngestalten unserer Praktiken ablesbar ist, nicht aber direkt erfassbar in der Isolierung und Untersuchung geistiger, monologischer und praxisenthobener Akte zum Beispiel reiner Referenz, ergibt sich die Untersuchung des Begriffs „intelligenten Handelns“ als Paradigma der unverfügbaren Sinnkonstitution. Mit dieser Untersuchung intelligenten Handelns setzt deshalb der zweite Teil dieses Buches ein. Wie ist die Reflexivität unserer alltäglichen Handlungsvollzüge angemessen zu verstehen? Weder ist ein Begriff des Handelns in der Praxis vorgängigen Definitionen allgemein zu erfassen noch ist der Vollzug des Handelns allgemeinen und vorgängigen Sollensregeln unterworfen. Handeln heißt praktisch Urteilen in unthematischen Paradigmen des Guten. Mit Austins Theorie des Entschuldigens lässt sich zeigen, dass Rationalität und Normativität unseren Handlungen nicht vorausgeht, sondern immanent ist. Die Aktualisierung von Urteils- und Handlungsweisen, die wir im Handeln realisieren, ist immer auch ein Akt der Urteilskraft, der das hier Wünschenswerte bestimmt und eine sorgfältige Situationsbeurteilung leistet. Mit dieser grundlosen Tätigkeit der Urteilskraft *zwischen* Beschreibung und Bewertung, Wissen und Sollen ist dem Handeln eine Orientierung an unbedingter Geltung eingeschrieben.

Die Untersuchung zeigt, dass die Orientierung am Gelingen in unserer Welt gewöhnlicher Vollzüge als ein Sinnkonstitutionsprozess über Intention und Faktizität hinaus ebenso selbstverständlich wie primär ist: Wir verstehen uns in ganzen Situationen, die ein Entwurf der Sinngestalten unseres Lebens in unserem Handeln *mit* unthematisch erschließt. Die Maßstäbe unseres Handelns haben keine normative Vorgängigkeit gegenüber der Praxis, sondern im praktischen Urteilen verstehen wir die Situation und unsere Handlungsmöglichkeiten und -erfordernisse im Entwurf der Welt- und Selbstverständnisse, die sie unthematisch begrenzen *und* eröffnen. Jede neue Situation nötigt uns so aber auch zum Sprung der Überschreitung unserer Vorverständnisse. Wir verhalten uns also schon alltäglich und praktisch im Handeln in den Sinngestalten unserer Selbst- und Weltdeutungen zu uns selbst – Selbstreflexion ist kein Akt der philosophischen Reflexion auf einer Metaebene. Intelligentes Handeln ist im praktischen Urteilen als unthematisches und prozessuales Selbstverhältnis am Gelingen orientiert, und entfaltet so Handlung *und* Situation als dieses Beispiel und seine Maßstäbe, die die Maßstäbe sowohl seiner Beschreibung als auch seiner Bewertung sind, unthematisch im Vollzug.

Austins Analyse des Entschuldigens zeigt das negativ, indem sie aufweist, an *welcher Stelle* eine Explikation nötig und *wie* sie möglich wird: im Umgang mit dem Scheitern und Misslingen der eigenen Vollzüge, das wir uns selbst ebenso wie betroffenen Anderen verständlich machen müssen, wobei sich nur negativ in dieser Selbsterläuterung aus der Isolation von Gründen des Scheiterns unsere Vorverständnisse vom Gelingen und die Grundlosigkeit unseres ganzen, praktischen Welt- und Selbstverhältnisses zeigen. Dass die Tätigkeit der Urteilskraft keine Anwendung von Regeln ist, sondern Sinngestalt und Fall *zusammen* neu entwirft, zeigt Austin, indem er darauf verweist, dass wir gewöhnlich in ganzen Situationen handeln, nicht indem wir ein gegebenes Verständnis des Guten erfüllen oder uns einem Sollen unterwerfen, sondern unthematisch orientiert daran, das *diesem* Kontext Angemessene zu tun. Dass wir als leibliche Wesen unsere Vorverständnisse im Handeln unthematisch und ungarantiert entfalten, wird *nur* thematisch, wenn wir die unbeabsichtigten Konsequenzen eines Übersehens, eines Vergessens, einer Unachtsamkeit bewältigen müssen – die Beschreibungsmöglichkeiten des Misslingens sind so sinnoffen und der Situation aufgegeben wie die Modi, die gelingendes Handeln ausmachen, die sie negativ anzeigen. Handlungskonstitutiv ist damit aber keine positive Fundierungsebene der Freiheit, Intention, Überlegung oder Entscheidung. Sondern konstitutiv für unser intelligentes Handeln ist der Geschehnischarakter von Sinn als unverfügbar und entzogen, den das Scheitern anzeigt. Das Andere wird damit zum Platzhalter eigener Freiheit und Emanzipation. Aus dem Misslingen, aus Verkennungen und Verletzungen können wir unsere tiefsten Selbst- und Weltverständnisse herausarbeiten, ohne uns je vollständig transparent zu werden.

Nur aus den Grenzfällen unseres Handelns, dem Abweichenden, Gescheiterten, Willensschwachen oder dem ungelösten Konflikt von praktischen Ansprüchen, denen wir im Handeln nicht gerecht werden konnten, gewinnen wir nachträglich einen distanzierten Blick auf das Gewöhnliche als Grundlosigkeit der Gestalten eigener Identität und geteilter Welt: Die Entschuldigung zeigt aber, dass dieser Explikation die Praxis immer vorausgeht: Ihre Perspektive ist nicht die urteilende und rechtfertigende Distanz einer Metaebene oder eines *god's eyes point of view*, sondern eine Distanz der Urteilsenthaltung im *Zwischen* von Beschreibung und Bewertung von Situation und Selbst. Und die Analyse dieses „Sprachspiels" der Urteilsenthaltung wird fruchtbar für die Frage, wie wir Sinnkonstitution als praktischen Entwurf in Sinngestalten humaner Welt verstehen können. Die explizite Selbstreflexion ist, wie das Entschuldigen, kein erstes Meta-Sprachspiel, sondern sozusagen ein Para-Sprachspiel, das die gelebte Praxis immer voraussetzen muss. Die Einsicht in das Sprachspiel des Entschuldigens wird zum Modell philosophischer Reflexion und verlangt der Philosophie eine selbstkritische Zurückhaltung ab: Die Normativität unserer Praxis kann von der Reflexion nur aufgewiesen, nicht aber gegründet werden.

Damit wird die Frage nach der unbedingten Geltung der Moralphilosophie nicht durch eine Philosophie gewöhnlicher Sprache überflüssig gemacht, sondern stellt sich neu. Auch hier geht die Untersuchung zunächst einen kritischen Weg: Die Frage nach absoluter Geltung in rationalistischer Weise zu isolieren und zu hypostasieren ist irreführend. Auch moralphilosophisch verfehlt ein theoretizistisches Missverständnis menschlich-endliches Handeln und Verstehen in dessen Grundlosigkeit. Die Kritik muss hier wieder die Analyse praktischer Urteilskraft über den Umweg der Analyse von deren vermeintlich abkünftigen und parasitären Grenzfällen vorantreiben. Die Untersuchung dieser Grenzfälle erweist sie als Überschüsse einer enggeführten, rationalistischen Vorstellung von Moralität als bestimmendes, moralistisches Urteilen. Sie zeigt, dass es keine spezifische Art des Urteils, der Entscheidung und des Handelns ist, die wir als moralische auszeichnen, sondern ihr Mitvollzug der Sinnkonstitution von Welt und Selbst *als unthematische, praktische Tätigkeit.* Modelle moralischen Urteilens können dieses deshalb nicht abbildend und wörtlich erfassen und müssen als plural verstanden werden. Der Pluralität praktischer Orientierungen entspricht die Pluralität der Formen ihrer philosophischen Vergegenwärtigung: In beiden Fällen formen wir „Gegenstand" und Welt- und Selbstverständnisse, vor denen er erscheint, in eins. Man kann nicht jede moralische Problemstellung unter dem Begriff des Sollens oder dem Modell der Verallgemeinerbarkeit der Maxime beschreiben. Oft kommt es vielmehr auf die möglichst genaue und differenzierte *Beschreibung* der ganzen, konkreten Situation und auf die rezeptive Haltung gegenüber der unverfügbaren Individualität des Anderen an. Sieht man dagegen die allgemeingültige Regel als leitend für das moralische Urteil *über einen Gegenstand* an, dann erscheint der Anspruch an das moralische Urteil in komplexen Situationen gerade im *Übersehen* dieser Komplexität zu liegen. *In der Tätigkeit praktischen Urteilens* geht es auch der Sinnkonstitutions- und -grenzanalyse „nur" um die eigene praktische Einstellung unserer Urteils- und Handlungsvollzüge, insofern wir unthematisch, selbstverständlich und aufmerksam und Situationswahrnehmungen und Seinsweisen in Vor-Urteilen und Wertschätzungen und faktischen Momenten ausbilden, die gar nicht selbst in den Blick kommen, weil sie ihn eröffnen.

Die Analyse klassischer Grenzphänomene der Moralphilosophie wie dem der Willensschwäche oder dem des moralischen Konflikts zeigt die Alltäglichkeit, Prozessualität und Entzogenheit des Guten als Tätigkeit der moralischen Urteilskraft selbst an. Die Kritik der Vorstellung eines Sollens, das als moralisch Gebotenes alltäglichen Einstellungen, Interessen und Neigungen gegenüber steht, sie begrenzt, kontrolliert und diszipliniert, verweist auf diese Tätigkeit zurück. Die Analyse solcher Grenzphänomene zeigt die unthematische Orientierung am Gelingen als Vollzugsweise unseres Handelns und Urteilens: Sie erweist sich neu in der praktischen Ausübung einer Haltung der Sensibilität und Rezeptivität gegenüber dem nicht verfügbaren Anderen und der Situation. Diese alltägliche Aufmerksamkeit und Sensitivität ist die Art und Weise, in der wir „passiv" Selbst-

und Weltdeutungen als normative Vorverständnisse in Situationen einbringen, weiter formen und überschreiten. Das ist auch die angemessene Form der philosophischen Sinngrenzreflexion: eine Vollzugsweise des gelassenen Zulassens des Anderen, des unverfügbaren Sinns, das die eigenen tiefsten Werte *als verdeckt und verdrängt* indirekt zur Erscheinung bringt. Der Endlichkeit unseres Lebens als Sprachwesen entspricht eine Anerkennung von Negativität, die freiheitsermöglichend ist. Unsere Welt- und Selbstverständnisse sind als unverfügbare Entwürfe in ihrer Materialität, Geschichtlichkeit und Endlichkeit Sinngestalten eines guten Lebens in einer gemeinsamen humanen Welt. Denn ein kritisches und reflexives Moment kennzeichnet sie schon in ihrer Form unthematischen Mit-Entwurfs in jeder unserer Äußerungen und Handlungen: Nur die antizipierende Projektion, mit der wir die neue Situation wahrnehmen und immer über das Faktische *und* über unsere Vorverständnisse hinausgehen, distanziert uns auch selbstverständlich von unseren Voraussetzungen, die wir *hier* immer (auch) neu verstehen müssen – kein vorgängiges Sollen und keine Reflexionsperspektive auf einer Metaebene.

Allerdings wird mit der Moderne die Frage nach dem Grund selbst solcher grundlosen und unbedingten moralischen Gewissheiten, wie der, dass ich nicht um meines Vorteils willen töten kann, virulent. Diese Infragestellung kann aber keine Gründe liefern: Sie zeigt vielmehr vernunftkritisch, dass wir solche Gründe *nicht* „haben". Besonders deutlich zeigt sich die Grundlosigkeit, die diese Frage nach Gründen aufzeigt und als ein unlösbares Problem erscheinen lässt, in der Alltäglichkeit von Dissens und moralischem Konflikt in einer modernen entzweiten Sittlichkeit. Diese Fälle scheinen Randprobleme des praktischen Urteilens zu betreffen; ihre Analyse zeigt aber, wie tief Negativität und Unverfügbarkeit in unseren Orientierungen in Sinngestalten angesetzt ist. Der Einzelne kann nicht nur nicht jede Konfliktsituation ohne Rest und Bedauern lösen. Sondern er kann nie voraussetzen, den Anderen in seiner Perspektive und seinen Bedürfnissen unproblematisch verstehen zu können. Er ist sich sogar selbst in seinen tiefsten Werten und Identifikationen nicht transparent.

Wir können mit solchen ethischen Voraussetzungen der Negativität eben dann umgehen, wenn wir sehen, wie endlich, partial, fehlbar und fragmentarisch unsere Situationswahrnehmungen und Selbstverständnisse sind. Das Nicht-Selbstverständliche, sich dem Verständnis Sperrende ist kein irrationales Anderes unserer Rationalität, sondern ermöglicht unser Verstehen und formt unsere Wahrnehmung. Das Scheitern von Definition und Vereindeutigung eines entzogenen Sinngeschehens ist nur die andere Seite davon, dass dieses Verstehen „bloß" auf Entwürfen und Übereinstimmungen von gewöhnlichen Interessen- und Bedürfnisverständnissen beruht. Das Ergebnis dieser Infragestellungen ist ein negativkritisches: Wo wir ein Fundament unserer Gesellschaft gesucht haben, wendet uns die Ent-Täuschung zurück auf unsere eigene praktische Einstellung sinnoffener, gewöhnlicher Aufmerksamkeit und Sorge auf unsere Welt und unsere Anderen. Wir entwerfen uns und eine geteilte Welt unthematisch und selbstverständlich wieder neu über den Umweg unserer Irritationen ihrer Verdeckungen und Verstellungen im Schein zeit- und kontingenzenthobener Begriffe.

Vernunft und Moralität macht nichts Grundlegenderes aus als die praktische Übung einer sinnoffenen Denk- und Lebensweisen. Diese wird mit dem modernen Szientismus zur Einübung in eine Perspektive des ganz Anderen – z. B. in der Literatur –, das sich dem eigenen Begreifen sperrt. Ob diese Einübung in die Wahrnehmung und Responsivität auf das Nicht-Selbstverständliche und gerade so Alltägliche in der philosophischen Theoriearbeit oder in der Literatur geleistet werden kann, zeigt Cavell als offene Frage: Denn es geht hier um die Infragestellung der Rationalitätsbedingungen des Urteilens selbst, weil deren Verdeckungen und Verkennungen unsere theoretischen Verfügensansprüche als fixierte Vorverständnisse erweisen. Die Arbeit entwickelt das beispielhaft im Ausgang von einem Verweis Cavells auf Dostojewskis Raskolnikov. Cavell zeigt Raskolnikov in der Darstellung von *Schuld und Sühne* als paradigmatischen Fall eines modernen Menschen, der vom Zweifel an der Möglichkeit gelingenden Lebens erschüttert ist aus der Vorstellung heraus, diese hinge ab von einem rationalistischen Verfügen über Sinn, das es doch verunmöglicht. Das Gefühl, das uns angesichts des literarischen Beispiels des Raskolnikov erfüllt, wird so verstanden als Erfahrung einer Irritation unseres Selbstverständnisses, die am Beginn einer Selbsterkenntnis als Praxis stehen kann, weil wir selbst hier diese Haltung der Sinnoffenheit und Sensibilität als Talent zur Lektüre verwirklichen müssen.

Die philosophische Arbeit ist eine kritische Arbeit der Verflüssigung der „Ergebnisse" und Begriffe der eigenen Theorie selbst. Es geht um die Untersuchung von Entstellungen oder Überschussphänomenen der Theoriearbeit. Grenzphänomene wie das der nichtintentionalen Handlung, der Willensschwäche oder des Bösen sind Fälle, wo wir aufgrund unserer objektivistischen und reduktionistischen Vorstellungen von Vernunft Akteuren Rationalität scheinbar absprechen müssen. Die Untersuchung zeigt dann, dass gar nicht klar ist, was das eigentlich heißen könnte, da jedes bestimmende Urteil die Dimension der Sinnkonstitution verfehlt, die wir hier begreifen wollen. Dieser Umweg des Scheiterns verweist negativ auf unser gewöhnliches Leben der grundlosen Urteilstätigkeit und Übereinstimmung in Handlungs- und Urteilsweisen in seiner Entzogenheit zurück, wo wir mit unserer uneinholbaren Individualität und Fremdheit ebenso hoffen können, umgehen zu können, wie ungarantiert mit Verfehlungen umgehen müssen in persönlicher Entschuldigung, Wiedergutmachung und Selbsterläuterung. Anstelle der erhofften Souveränität der Vernunft jenseits bloßer kontingenter Bedingtheiten der Leiblichkeit, Faktizität und geteilter Praxisformen zeigt die philosophische Analyse hier jedes Subjekt als fragil, bedürftig, verletzlich und angewiesen auf den Anderen – und letztlich sogar sich selbst in seinen Welt- und Selbstverständnissen wesentlich nicht transparent. In der Analyse der Grenzphänomene des Moralischen werden beispielhaft die zu Kategorien fixierten Begriffe dieser Vorverständnisse wieder verflüssigt, dezentriert und neu in ihrem Status als Reflexionsbegriffe eröffnet. Philosophie der Alltagssprache wird so hier verstanden als Einübung aufmerksamer Situationswahrnehmung und Bereitschaft zur Anerkennung des Nichtverstandenen, Verdrängten und Verpassten. Diese Negativität durchzuarbeiten und anzuerkennen erweist sie als sinnkonstitutiv.

Dieses Buch thematisiert schließlich auch ein skeptisches Problem praxisphilosophischer Ansätze, die Vernunft und Urteilskraft als *kommunikative Vernunft* verstehen. Wir werden uns diesem philosophischen Ansatz zufolge nur *in* unseren sprachlichen Vollzügen durchsichtig, in denen wir immer Vorverständnisse und Sinngestalten einer Welt und eines Selbst mitführen und bejahen. Auch die Erläuterung, Kritik und Aufklärung dieser Vollzüge muss als Vollzug verstanden werden, mit dem wir Geltungsansprüche aktualisieren, erheben *und* verantworten. Das wird deutlich, wenn bei Austin *das Versprechen* zum paradigmatischen Fall eines Sprechakts und damit zum Modell von Äußerungen überhaupt wird. Damit ist ein Leitmodell (normaler) Rede gegeben, das Austin die Kritik einer illusionären Flucht in die Metaebene philosophischer Theoriebildung und die Analyse der lebensweltlichen, gewöhnlichen Haltung der „Ernsthaftigkeit" unserer Vollzüge erlaubt. Aber in diesem Immanentismus zeigt sich auch eine Pathologie der radikalisierten Grundsituation menschlicher Endlichkeit in der Moderne.

Gerade indem unbedingte Geltung oder Moralität hier „nur" im aktiven und bewussten Entwurf gelebter Praxis und eigener Identität verstanden und im Modell des Versprechens verortet wird, erscheint sie als Notwendigkeit einer unendlichen kritischer Überformung gegebener Sinnkriterien. Denn wir übersehen nie alle eigenen Voraussetzungen des Urteilens, die wir aber doch diesem Modell zufolge im *Sprach-Handeln* aneignen und bestätigen. Eine Dimension absoluter Negativität des Menschen als Sprach- und Vernunftwesen gerät in dieser Immanentisierung metaphysischer Begründungsansprüche in einen Begriff kommunikativer Vernunft aus dem Blick: Sinnantizipation und -konstitution ist ein unverfügbares Sprach-Geschehen, aber keine bewusst eingegangene Verpflichtung auf Geltungsansprüche analog zum bestimmenden Urteil. Die absolute Negativität dieses Sinngeschehens der Urteilskraft kommt hier nur noch als vermeintlich primitive, vorläufige Stufe eines antizipierten souveränen Ver- und Beurteilens in gegebenen und geteilten Kategorien zur Erscheinung, das immer weiter rationalisiert werden muss. Die Transformation dieses Skeptizismus ist eine ethische Haltung, die über den Umweg der Lektüre dieser Entstellungen die Irritation der ganzen eigenen Selbst- und Weltverständnisse riskiert. Diese Desfigurationen zeigen den *Schein* der Zeitlosigkeit und Kontingenzenthobenheit der Sinngestalten der eigenen Vorverständnisse an – einschließlich der prozessualen Bedingungen des rationalen Diskurses. Diese Kritik erfordert nicht die unendliche Aufklärung aller lebensweltlichen Voraussetzungen, sondern eine indirekte Arbeit am Begriff, die gerade in der Konfrontation von Überschüssen und Entstellungsphänomenen kommunikativer Vernunft einen ungarantierten gemeinsamen Sinn der Kommunikativität übt.

Infrage steht hier das Verhältnis von Moralphilosophie und Ästhetik.[2] Selbst- und Weltverständnisse müssen als Sinngestalten verstanden werden, als histo-

---

2 Schon im *Tractatus* sieht Wittgenstein dieses Verhältnis als zentral für die Frage nach der unverfügbaren Sinnkonstitution: „Es ist klar, daß sich die Ethik nicht aussprechen läßt. Die Ethik

risch-materiale Figurationen, die in ihrer *Kontingenz* die Anerkennung der Leerstelle einer *Rechtfertigung* gewöhnlichen Lebens erfordern. Das erfordert selbst kein Meta-Vermögen und auch keine besondere Diskurspraxis, sondern die gewöhnliche sorgende Aufmerksamkeit, mit der wir unser Leben führen, wird auch zur Lektürekompetenz der Überschüsse und Stimmungen unseres Lebens, die als Anderes die Verdeckungen und Verstellungen unserer Selbst- und Weltverständnisse *lesbar* machen. Nur als Desfiguration oder „Entstaltung" kommen die Sinngestalten unserer Praxis zur Darstellung, indem sie unser Nicht-Verfügen über den eigenen Lebenssinn anzeigen und die eigenen Formen der Rationalität selbst zum Gegenstand dieser indirekten Kritik machen.

Dieser Diagnose entspricht das Programm des *Moral Perfectionism* Cavells. Wir müssen unsere Lebensformen in unserer Gesellschaft leben und bestätigen sie schon mit dieser Verendlichung. Das erfordert die Akzeptanz des skeptischen Moments, das diesem unhintergehbaren Praktischwerden als notwendig *kompromisshaft* innewohnt. Es bedarf einer Akzeptanz der Enttäuschung und Entfremdung mit unserem endlichen Leben, weil wir uns nie vollständig verstehen und das Gute eine Leerstelle unserer positiven Praxis bleibt, die wir doch immer wieder in marginalisierenden Formen selbst der Kritik und Aufklärung unserer Sinnbedingungen verdecken. Indirekt und responsiv auf Störungen als Effekte ihrer eigenen Verdeckungen muss die Arbeit der Philosophie dann auf die ernsthafte Transformation der eigenen gegenwärtigen Ausdrucksmöglichkeiten und Praxis „gerichtet" sein, und Rationalität, Sinn und Vernunft, wie wir sie verstehen, als ganze aufs Spiel setzen. Cavell skizziert Grenz-Paradigmen einer solchen Haltung sinnkritischer Responsivität wie Höflichkeit, Takt oder Spiel, ohne diese aber als Kernbegriffe einer ausgearbeiteten Theorie zu situieren. Sie können *in dieser Skizzenhaftigkeit* ungarantiert als beispielhafte Erläuterungsbegriffe verstanden werden, die den Textsinn dem Leser über das Selbstverständnis des Autors hinaus offenlassen.

Die Arbeit der Philosophie als Begriffskritik ist hier nichts als die Einübung der Anerkennung eigener Endlichkeit und Selbstentzogenheit, die uns zu einer anderen Lebensführung freisetzt, indem sie zu Kategorien und Schemata stillgestellte Paradigmen der Vernunft von deren eigener Tätigkeit aus deren Überschüssen, scheinbar bloß abweichenden und abkünftigen Phänomenen, wieder als Paradigmen lesbar macht. Sie zeigt so, dass wir uns gerade in unserer Individualität ebenso entzogen sind, wie die Sinnbedingungen einer gemeinsamen Welt uns unverfügbar bleiben müssen. Als sprachkritische Übung der Selbstlektüre bietet sich diese Philosophie selbst als Beispiel eines gelebten Gemeinsinns der Rezeptivität, Gelassenheit und Sinnoffenheit gegenüber Alterität in einer humanen Welt mit Anderen an, ohne das angemessene Verständnis der eigenen begriffskritischen Tätigkeit garantieren zu können.

---

ist transcendental. (Ethik und Ästhetik sind eins.)" Wittgenstein, Ludwig, *Tractatus logico-philosophicus*, in: ders., *Werkausgabe*, Bd. 1, hg. v. Joachim Schulte, Frankfurt a. M. 1984, 6.421. Im Folgenden zit. als T.

1.
Wittgensteins Lektüre der alltäglichen Sprache: Bilder und Vergleichsobjekte

Wittgensteins Philosophie scheint ein Geschäft zu sein, das im besten Fall das Material für eine Philosophie im eigentlichen Sinne, nämlich als Theorie, liefert. Sprachspiele zu entwickeln und darzustellen ist aber kein *vorbereitender* Schritt zu *allgemeinen* Regeln der Sprache. Wittgenstein selbst greift diese Vorstellung auf und lehnt sie ab:

> Unsere klaren und einfachen Sprachspiele sind nicht Vorstudien zu einer künftigen Reglementierung der Sprache, – gleichsam erste Annäherungen, ohne Berücksichtigung der Reibung und des Luftwiderstandes. Vielmehr stehen die Sprachspiele da als Vergleichsobjekte, die durch Ähnlichkeit und Unähnlichkeit ein Licht in die Verhältnisse unserer Sprache werfen sollen. (PU, §130)

Der *Tractatus* zeigt bereits die Beschränkung der Philosophie auf diese radikale Immanenz. Er markiert die radikale Entzogenheit des alltäglichen Lebenssinns für jede, auch für die philosophische Erklärung: „Es ist klar, daß sich die Ethik nicht aussprechen lässt." (T 6.421)

Auch die *Untersuchungen* präsentieren nichts als die übersichtliche Darstellung unserer gewöhnlichen Sprachspiele. Der späte Wittgenstein zeigt alltägliche Rede als Aktualisierungen von Paradigmen, die in gewöhnlichen Situationen in der Verwobenheit von Sprechen und Handeln fortgeschrieben werden, aber unser Denken und Handeln nicht determinieren können. Mit dieser radikalen Absage an Sinngarantien, mit der es die Sinnfrage auch neu zu stellen gilt, übernimmt Wittgensteins Philosophie Cavell zufolge die Erbschaft des Religiösen. Cavell zieht – wenn auch nicht explizit – hier Parallelen zwischen negativer Theologie und Philosophie. Die Philosophie beginnt mit einem Moment des vollständigen Verlustes der Orientierung und der Entfremdung:

> [I] have said this is kin to the loss Dante suffers (loss of way) faced with the dark wood in the middle of life's journey, as he begins to narrate the journey. The implication of the connection is that Wittgenstein is here marking the beginning of something, to which it gives a certain form. Religion calls a similar beginning perdition.[3]

Cavell spielt hier natürlich mit einem Paradox. In der christlichen Symbolik ist die Verdammnis, *perdition*, nicht der Beginn, sondern das Ende von allem. Wenn er hier den *Anfang* der Philosophie sieht, markiert er eine radikalisierte Grundsituation des modernen Subjekts. Es muss sich nicht mehr nur von falschen Vorurteilen, sondern zudem von seinen fehlgeleiteten Vernunftansprüchen und damit von seiner Emanzipation selbst emanzipieren. Wir „müssen" einen Sinnhori-

---

3 Cavell, Stanley, „Epilogue: The Investigation's Everyday Aesthetics of itself", in: *The Cavell Reader*, hg. v. Stephen Mulhall, Oxford 1996, S. 369-389, S. 379. Im Folgenden zit. als EA.

zont mit unserem Sprechen unverfügbar *mit* projizieren, können aber diese Projektionsleistung der Einbildungskraft auch missverstehen, als sei sie evaluierbar und zuschreibbar in den Definitionen, Ordnungssystemen und Hierarchien des Verstandes. Dieser Anspruch macht uns alle unsere Bedeutungen und Werte zweifelhaft, gerade insofern er selbst als Überschuss von deren Reduktion auf Kategorisierung und Bestimmung in der Tätigkeit unserer projizierenden Einbildungskraft gebildet wird. Als moderne Variante der religiösen „Verdammnis", von der Cavell spricht, erweist sich dann der skeptische Zweifel, dessen Analyse zum zentralen Motiv in Cavells Werk geworden ist.

Sprachspiele als Vergleichsobjekte werfen ein Licht in die Verhältnisse unserer Sprache (s.o.), das heißt, sie erlauben „nur" eine interne Perspektive auf den Reichtum unserer Praxis, in der Erinnerung an den alltäglichen Sprachgebrauch. Sie erfassen ihn nicht und machen ihn nicht begreifbar. Aber die Grenzfälle, die Wittgenstein ebenfalls untersucht, wie das sprachelernende Kind, die Holzverkäufer, die ihr Holz nach Quadrat- nicht nach Kubikmetern verkaufen, oder die Bauenden vom Beginn der *Untersuchungen* machen außerdem einen Schein lesbar. Sie zeigen eine Illusion, die unsere philosophischen Überlegungen begleitet, insofern wir ihre Fragen nach der Vernunft als epistemische *und* als gerichtet auf das Absolute, das Sinnganze verstehen. Diese Grenzfälle erlauben gerade mit dieser *scheinbar bestimmenden* Figuration eines metaphysischen Ziels auch seine Defiguration, eine Auflösung falscher Bestimmung und eine Transformation skeptischen Zweifels. In diesem Schein wird so auch die Möglichkeit eines gelingenden Lebens in einer geteilten Welt lesbar: als Ausbildung einer praktisch zu übenden Sensitivität für die Formen, die wir selbst dieser Welt in unseren Handlungs- und Urteilsvollzügen geben.

1.1. Beispiele vorstellen: Sprachspiele und Grenzfälle

Die Szene der Bauenden wird als Bild einer „vollständigen primitiven Sprache" (PU, §2) eingeführt, das man gern einer Augustinus zugeschriebenen Theorie der Sprache der Referenzsemantik zuordnet. Hier wird es aber darum gehen, zu fragen, ob Wittgenstein überhaupt eine direkte Kritik an irgendeiner Theorie-Auffassung übt. Wenn er aber nicht dieses scheinbar selbstverständliche Ziel jeder philosophischen Theorie verfolgt, was für ein Begriff von Philosophie steckt dahinter? Die Szene der Bauenden wird zum Modell nur als Grenzfall, das heißt negativ, und wird so zur *Erinnerung* an die Praxis der „primitiven Sprache". Diese Erfahrung kann uns aber als Ent-Täuschung indirekt zu den gewöhnlichen Beispielen der grammatischen Untersuchungen als Erinnerungen an die Sprachpraxis zurückführen. „Any obsession arising from unique positioning of something in our language ceases as soon as another language appears which puts that thing on a level with other things."[4] Ein solches gewöhnliches Beispiel eines Sprachspiels wird als durch andere Beispiele gestützt durch Ähnlichkeiten und Unterschiede *in* der Sprache lesbar, hat aber damit nur relativ zu anderen Positionen im System und den entsprechenden Ähnlichkeiten und Unterschieden Bedeutung. Die Grenzfälle haben nicht selbst eine solche relative Position: Sie sind aber auch nicht privilegierte Illustrationen einer Meta-Ebene, sondern erlauben als konzentrierte Analogien, Figurationen oder Abkürzungen unseres alltäglichen Sprachgebrauchs die praktische Rückwendung zu den Gebrauchsweisen unserer Sprache.

Cavell hat für seine Analysen des Sprachgebrauchs einen in Wittgensteins *Philosophischen Untersuchungen* scheinbar eher nebensächlichen Begriff ins Zentrum gerückt: den des „Kriteriums". Wittgenstein spricht davon, dass grammatische Kriterien ebenso bestimmen, *wie etwas für uns (sprachlich) bestimmt ist*, wie darauf verweisen, *dass* etwas für uns ist, die Existenz von etwas anzeigen. Die Existenzebene ist von der alltagssprachlich, lebensweltlich und praktisch verorteten Bestimmung in einer Vielfalt von korrelierenden Momenten und Familienähnlichkeiten nicht auf einer Meta-Ebene zu trennen, sondern ist mit diesen Anwendungen immer mitentworfen und vorausgesetzt. Zu dieser Einsicht kommt Wittgenstein aber eben über den Versuch, die „Grundlage" der Sprache von den bloßen Erscheinungsweisen zu unterscheiden. Aus dieser Übung in Philosophie im uns vertrauten Sinne resultiert eine Enttäuschung über die Leistung von Kriterien, die zu einer Einsicht in die eigene Endlichkeit transformiert werden muss.

Die Untersuchung des Status von Kriterien hat zwei Ebenen: Zum einen führt Wittgenstein sie als grammatische Untersuchung ganz praktisch vor. Zum anderen

---

4 Wittgenstein, Ludwig, *Lectures, Cambridge 1932-35*, aus Notizen v. A. Ambrose/M. Macdonald, Oxford 1979, S. 98.

erweisen sich Kriterien aber auch in ihrer Pluralität erst als der antimetaphysische Rest eben der Bilder, die uns Wittgenstein zufolge „gefangen halten" (PU, §115), indem Wittgenstein diese Bilder kritisch destruiert. Sie werden erst im Durchgang durch deren Versuchungen und Korrekturen lesbar und offenbaren ihren eigentlichen Sinn: nämlich als exemplarische *Anzeigen* unserer lebensweltlich rückgebundenen vielfältigen Sprachspiele. Diese Alltagssprachspiele drücken unsere Bedeutungen und Werte aus, weil wir sie und unsere Welt in ihrem unthematischen Vollzug alltäglich mit unserer Sprache gestalten, ohne über sie zu verfügen.

1.1.1. Die Szene der Bauenden: Beispiel einer „vollständigen primitiven Sprache"?

Die *Philosophischen Untersuchungen* Wittgensteins setzen mit einem Zitat aus den *Bekenntnissen* des Augustinus ein. Augustinus gibt hier eine Beschreibung dessen, wie er Sprache gelernt hat, die Wittgenstein zunächst zitiert und dann so zusammenfasst:

> In diesen Worten erhalten wir, so scheint es mir, ein bestimmtes Bild von dem Wesen der menschlichen Sprache. Nämlich dieses: Die Wörter der Sprache benennen Gegenstände – Sätze sind Verbindungen solcher Benennungen. – In diesem Bild von der Sprache finden wir die Wurzeln der Idee: Jedes Wort hat eine Bedeutung. Diese Bedeutung ist dem Wort zugeordnet. Sie ist der Gegenstand, für welchen das Wort steht. (PU, §1)

Man kann sich mit Joachim Schulte fragen, ob hier tatsächlich von Wittgenstein ein Ziel seiner Kritik benannt wird, wie in der Literatur häufig formuliert wird.[5] Das scheint für die meisten Wittgenstein-Interpreten offensichtlich zu sein. Man meint, dass Wittgenstein mit Augustinus hier einen Inbegriff von Präsenzmetaphysik und Referenzsemantik ins Visier nimmt, den die *Philosophischen Untersuchungen* anschließend destruieren. Aber Schulte verweist zunächst auf einen Unterschied, den Wittgenstein sozusagen im Vorbeigehen macht, und den man daher leicht übersieht: die Differenz zwischen *einem Bild* vom Wesen der Sprache, allgemein aber gleichzeitig vage und skizzenhaft, und *einer Idee*, artikuliert in expliziter und vollständiger Allgemeinheit. Während das Bild intuitiv einleuchtet als vortheoretische Vorstellung, ist die Idee nicht etwa sein notwendiges Korrelat, sondern eine von verschiedenen möglichen ausgearbeiteten theoretischen Interpretationen dieses Bildes. Solche durchgeführten Ideen werden in philosophischen Theorien vorgestellt und ausgefaltet.

Am *Bild* des Augustinus ist eigentlich nichts Überraschendes und die wenigsten Leser lesen daher Wittgensteins erste Sätze der *Untersuchungen* und fühlen

---

5 Vgl.: Schulte, Joachim, „The builders' language – the opening sections", in: *Wittgenstein at Work. Method in the Philosophical Investigations*, hg. v. Erich Ammereller/Eugen Fischer, London 2004, S. 22-41.

sich zum Widerspruch aufgerufen. Die Szene der Bauenden des Paragraphen 2, die sich mit nur vier Worten miteinander verständigen, ist dann ein Versuch einer Darstellung der theoretischen Idee, die Wittgenstein aus Augustinus' Beschreibung extrahiert: die Idee einer Referenztheorie der Bedeutung. Dann ergeben sich zwei Fragen: Wie sieht der Schritt oder Sprung vom Bild zu dieser Idee überhaupt aus? Und wo beginnt hier die Theorie? Die Szene der Bauenden soll der Idee folgend eine Elementarsituation darstellen, die die referierende Bezugnahme auf Gegenstände als grundlegende Form unseres Sprechens sichtbar macht. Die Bauenden gehen einfach (nur) mit ihren vier Gegenstandsnamen und Gegenständen um, und können nicht in die Lage kommen, die Verweisrelation, die ihrem Handeln zugrunde liegt, klären zu müssen. Einer der beiden folgt dabei in immer gleicher Weise der immer gleichen Regel, die dem Befehl des Anderen zu Grunde liegt, und bringt den Gegenstand, den der Ausdruck „X" repräsentiert. Wittgenstein nennt diese Vorstellung hier „primitiv":

> Jener philosophische Begriff der Bedeutung ist in einer primitiven Vorstellung von der Art und Weise, wie die Sprache funktioniert, zu Hause. Man kann aber auch sagen, es sei die Vorstellung einer primitiveren Sprache als der unseren. Denken wir uns eine Sprache, für die die Beschreibung, wie Augustinus sie gegeben hat, stimmt. Die Sprache soll der Verständigung eines Bauenden A mit einem Gehilfen B dienen. A führt einen Bau auf aus Bausteinen; es sind Würfel, Säulen, Platten und Balken vorhanden. B hat ihm die Bausteine zuzureichen und zwar nach der Reihe, wie A sie braucht. Zu dem Zweck bedienen sie sich einer Sprache, bestehend aus den Wörtern „Würfel", „Säule", „Platte", „Balken". A ruft sie aus; – B bringt den Stein, den er gelernt hat auf diesen Ruf zu bringen. – Fasse dies als vollständige primitive Sprache auf. (PU, §2)

Schulte hat sicher recht, wenn er auf den pejorativen Beiklang der Rede Wittgensteins von einer „primitiven Vorstellung von der Art und Weise, wie Sprache funktioniert", verweist. Vor allem aber beleuchtet er die Verschiebung des Wortes „primitiv" im Paragraphen: von der Rede von einer „primitiven Vorstellung" zum Ausdruck „eine primitivere Sprache als die unsere". Wittgenstein führt diesen zweiten Ausdruck als scheinbar äquivalenten, also bedeutungsgleich substituierbaren Ausdruck für den ersten ein. Die Bedeutung beider Ausdrücke ist aber ganz offensichtlich nicht identisch. Eine primitive Vorstellung einer Sprache zeugt von der mangelnden Komplexität der Überlegung dessen, der diese Vorstellung hegt. Eine primitive Sprache dagegen ist vermutlich eine einfache Sprache – vielleicht eine einfache Sprache von primitiven Sprechern, die keine sehr große Komplexität mit ihr ausdrücken, aber vielleicht auch, aufgrund solcher Einfachheit, ein geeignetes Modell für unsere Sprache. Also liegt der Sinn der Substitution, die Wittgenstein hier vornimmt, nicht auf der Hand: Sie ist keine Tautologie, wie er es scheinen lässt, sondern ein – ziemlich großer – Sprung, den er unternimmt. Schulte spricht davon, die Passage sei deshalb „shrouded in deep irony",[6] eine Ironie, die Wittgensteins philosophisches Programm indirekt erkennbar macht.

6 Schulte, „The builders' language – the opening sections", S. 25.

Diese Ironie führt uns schließlich zu einer Anforderung, die doppelt verwirrt: zum einen, weil wir sie durch die von Wittgenstein selbst verdeckte Ambivalenz als Eindeutigkeit präsentiert bekommen, zum anderen weil wir wegen dieser Ambivalenz nicht einmal wissen, was eigentlich gefordert ist. Wir sollen uns *eine vollständige primitive Sprache* vorstellen. Die Verwirrung darüber, was das eigentlich heißen könnte, stellt sich erst im Nachhinein ein. Wir wissen eigentlich nicht, wo wir anfangen sollen, uns hier „etwas" vorzustellen. Welche Elemente und Funktionen gehören denn zu einer vollständigen Sprache? Etwas später in den *Philosophischen Untersuchungen* wird Wittgenstein diese Irritation über den Ausdruck „eine vollständigen Sprache" artikulieren, indem er Sprache an die (ganze) Lebenspraxis koppelt und damit ein Moment der Entzogenheit für die theoretische Reflexion markiert: „[E]ine Sprache vorstellen heißt, sich eine Lebensform vorstellen." (PU, §19) Zunächst wird diese Verwirrung aber quasi übergangen – weil wir nun meinen, eine solche vollständige Sprache in der Szene der Bauenden verkörpert finden zu können.

Cavell versucht, uns hellhörig für die Ambivalenz oder Ironie zu machen, die auch Schulte betont, indem er darauf hinweist, dass uns die Szene der Bauenden außergewöhnlich oder ganz gewöhnlich erscheinen kann, je nachdem, wie wir Wittgensteins Aufforderung auffassen, „uns eine vollständige Sprache zu denken". Er verknüpft das mit der Bemerkung Wittgensteins, die Schwierigkeit der Philosophie liege darin, das Offensichtliche sichtbar zu machen (vgl. PhP, S. 171f.). Diese *Schwierigkeit* zeigt sich in Wittgensteins Grenzfällen, von denen man meint, dass ihr Erklärungswert die Gegenstandsebene betrifft. Das Beispiel scheint in seiner Einfachheit oder Primitivität schließlich daraufhin konstruiert, uns *etwas* ganz Offensichtliches vorzuführen. Aber was es zeigt, ist nicht sein Gegenstand.

Wie sieht die naheliegende, gewöhnliche Auffassung der Szene der Bauenden aus einem Blickwinkel „vor der Philosophie" aus? Die geschilderte Situation ist auf den ersten Blick einfach als eine „Praxis einer primitiven Sprache" vorstellbar. Was können wir darunter verstehen? Völlig selbstverständlich und unproblematisch erscheint uns das Beispiel als geeignetes Modell dann, wenn wir an Fälle denken, wo wir besondere Merkmale und Umstände bezeichnen können, die ihre Abgeschlossenheit oder Vollständigkeit erklären. Wenn es unter bestimmten Umständen, etwa im Operationssaal, auf Effizienz und Unmissverständlichkeit ankommt, bedient man sich *natürlich* eines eineindeutigen „Code", wie das Vier-Wort-System der Bauenden einer ist. Der Code soll Umwege, Vagheit und Missverständnisse nach Möglichkeit ausschließen. Ist aber des Chirurgen Befehl „Schere!" umgekehrt ein geeigneter Modellfall unserer ganzen Sprache? Es ist klar, was die Beteiligten hier zu einer fixierten Form der Situationsbewältigung zwingt, aber auch, wodurch diese strenge Form selbst möglich wird: der begrenzte Horizont ihrer Tätigkeit, die gegebene Bestimmung eines Aufgaben- und Lösungsspektrums. Das heißt, wir sehen und verstehen diese Situation zunächst als Ausnahme, für die *besondere* Regeln gelten. Wir werden sehen, dass sie eine Ausnahme ist, insofern nämlich überhaupt bestimmte und fixierte Regeln in diesem abgegrenzten Handlungsraum gelten – die wir deshalb auch problemlos explizieren können, was auch das philosophische Ziel der Konstruktion des Sprachspiels der Bauenden sein soll.

Erinnern wir uns an Wittgenstein Überlegungen, wenn er – wiederum viel später in den *Untersuchungen* – den Begriff des Sprachspiels untersucht, dazu was Spiele überhaupt gemeinsam haben. Er kritisiert die Behauptung eines Wesens „des Spiels überhaupt" und beschreibt stattdessen das Verbindende aller Formen, die wir „Spiel" nennen, als ein Netz von Familienähnlichkeiten, die wir nicht allgemein aus theoretischer Distanz benennen, kategorisieren und hierarchisieren können. Das ist allerdings Wittgenstein zufolge kein Mangel an Wissen. Indem wir sprechen, machen wir vielmehr von diesen Unterschieden und Ähnlichkeiten praktisch Gebrauch:

> Wie würden wir denn jemandem erklären, was ein Spiel ist? Ich glaube, wir würden ihm Spiele beschreiben und wir könnten der Beschreibung hinzufügen: „das, *und Ähnliches*, nennt man ‚Spiele'." Und wissen wir selbst denn mehr? Können wir etwa nur dem Anderen nicht genau sagen, was ein Spiel ist? – Aber das ist nicht Unwissenheit. Wir kennen, die Grenzen nicht, weil keine gezogen sind. Wie gesagt, wir können – für einen besonderen Zweck – eine Grenze ziehen. Machen wir dadurch den Begriff erst brauchbar? Durchaus nicht. Es sei denn, für diesen besonderen Zweck. (PU, §69)

Interessant ist vor dem Hintergrund dieser Essentialismus-Kritik Wittgensteins dann an Beispielen wie dem der Sprache im Operationssaal vor allem, was es *nicht* zeigt oder nur negativ andeutet: Dass hier nämlich die Vereinbarung und Einhaltung des Codes nicht etwa die größtmögliche Allgemeinheit hat, die wir von einer universalen Strukturangabe unserer Sprache erwarten. Sondern dass sie vielmehr höchstmögliche Spezifizität aufweist. Wir ziehen *die Grenze* hier also im Voraus – wenn wir für einen bestimmten praktischen Zweck einen bestimmten Handlungsraum definieren müssen.

Diese negative Ab- und Eingrenzung eines bestimmten, von expliziten Regeln geleiteten Sprachspiels setzt aber den Horizont einer gesamten Sprache in der Vielfalt ihrer praktischen Verwendungen voraus. Mit unserem Sprachhandeln selbst ziehen wir praktisch im Vollzug seine „Grenzen" oder Begriffsbestimmungen mit. Dieses Sprachhandeln ist sinnoffen und grundlos. Hier zeigt sich also eigentlich, dass unsere gesamte, gewöhnliche Sprachpraxis *nicht* von solchen vorgängigen, fixierten, expliziten Regeln oder Codes strukturiert wird. Wittgenstein spricht bezüglich des Spiels mit seiner typischen Insistenz auf praktischem Gebrauch und praktischer Bewährung der Sprache davon, den Begriff für einen besonderen Zweck *brauchbar* zu machen, wenn wir ihm eine begrenzte Funktion und damit auch einen begrenzten Gehalt geben (s.o.). Der Reporter, der eine Fußballpartie kommentiert, wird den Begriff des „Fußballspiels" kaum definieren müssen, weil wir die Situation sich uns aufgrund unserer Vertrautheit mit dem Begriff und den entsprechenden Lebensformen von selbst erschließt. Unsere Werte und Zwecke und damit auch unsere Abgrenzungen des Begriffs, werden im Vollzug der Praxis sowohl geformt, wie diese sie formt und manifestiert. Insofern liegt in diesem Vollzug, der Erneuerung, Variation, Überschreibung und

Weiterführung der Praxis selbst auch ein praktisches „Interesse" an diesen Formen des Sinns und damit dem eigenen Leben. Wiederum ist das Sprachspiel am Arbeitsplatz in der Chirurgie ein Sonderfall, denn hier ist die Grenze der Praxis eine vorgängige und äußere, das heißt, der Zweck – die Gesundheit oder Heilung des Patienten –, um dessentwillen wir diese Grenze ziehen, ist vor der Praxis gesetzt. Nur so entsteht die vollständige, statische Verlässlichkeit dieser Handlungssituation und die Eineindeutigkeit der Bezüge ihrer Begriffe.

Anders als im OP würden wir von der Brauchbarkeit eines Begriffs wie „Schere" in unserer Alltagspraxis aber, wie Wittgenstein feststellt, kaum sagen, dass sie durch unsere Festlegung zustande kommt: Diese Brauchbarkeit lebt von der „Grenzenlosigkeit" des Begriffs oder besser von der Offenheit seiner Verwendungsweisen im Gebrauch in unserer Praxis. Je nach Kontext und Bedarf schließen wir die Tranchierschere, die Gartenschere, die Kinderschere aus Kunststoff oder die Handhebelschere mit nur einer beweglichen Klinge in unseren Begriff ein, wenn wir mit dem Begriff und mit den entsprechenden Gegenständen in den entsprechenden Kontexten und Erfordernissen umgehen. Es ist eine Sache des praktischen, unthematischen Vollzugs von Sichtweisen, der ganzen gelebte Mannigfaltigkeit unserer gewöhnlichen Sprachverwendungen und Lebensformen, dass wir in Situationen Gegenstände als dies oder jenes sehen. Wir machen Unterscheidungen, indem wir sprechen und handeln, und mit dieser Richtung unserer Aufmerksamkeit *mit* das hier Relevante überhaupt erst als solches hervorheben und hier Irrelevantes übersehen. (Wir „übersehen" also im doppelten Sinne des „Überschauens" und des „Vernachlässigens".) Nur vor dem Hintergrund dessen, dass wir diese sprachliche Unterscheidungstätigkeit immer mit vollziehen, können wir uns überhaupt im Einzelfall auf einzelnes Zweckhandeln beschränken und von der ganzen Umgebung einer Situation und unserer Interessen, zum Beispiel im Operationssaal, absehen.

Die Frage nach der Bedeutung der Szene der Bauenden erweist sich nun auch als Frage nach der Art unserer philosophischen Sichtweise *auf* die Szene der Bauenden. Welcher Zweck macht *hier* das Ziehen einer Grenze, die Vereinbarung und Einhaltung des Codes nötig? Wir ziehen die Grenze *in der Theorie* durch eine Frage- oder Problemstellung bzw. durch Denkparadigmen ebenfalls implizit *mit*, wie Kuhn gezeigt hat, Paradigmen, die dann unsere Blickrichtung lenken. Aber die Frage nach dem Wesen unserer Sprache in unserem philosophischen Überlegen scheint nach der Konfrontation mit dem Bild der Bauenden eine andere zu sein: nämlich gerade die Frage danach, auf welche Art und Weise wir uns in unserer Sprache, etwa mit solchen Paradigmen, orientieren können. Für die Theoriearbeit in den meisten Wissenschaften bleibt diese Fragerichtung für die Untersuchung dann unthematisch vorausgesetzt. Aber es ist genau das, was sich hier als unthematischer Hintergrund unserer Vollzüge erweist, was die Szene der Bauenden darstellen soll. *Das* ist ihr „Zweck"! Deshalb sehen wir diese Szene einerseits *in* einem bestimmten Kontext, den wir an sie herantragen. Wir fassen sie aber andererseits auch so auf, dass diese „vollständige primitive Sprache" alles Wesentliche – das heißt vornehmlich ihren eigenen Kontext, die ihr angemessene

Sichtweise – bereits enthält. Wir *wollen* hier, in der philosophischen Überlegung auf der Suche nach größtmöglicher Einfachheit, nach der fundierenden Struktur unserer Sprache alltagsweltliche Kontexte nicht in Anspruch nehmen müssen, weil deren Vielfalt die Eindeutigkeit des Sinns von Äußerungen nicht zu ermöglichen, sondern zu schmälern scheint.

Von praktischen Zwecken bezogen auf bestimmte konkrete Situationen und Situationserfordernisse, wie der Operationssaal sie vorgibt, wollen wir hier nicht ausgehen. Ein Problem des Kontextbezugs taucht deshalb in den *Philosophischen Untersuchungen* noch vor dem Beispiel der Bauenden auf: Wittgenstein führt die Bauenden ein, weil schon der Komplexitätsgrad seines Vergleichsobjekts für Augustinus' Beschreibung im 2. Paragraphen der Untersuchungen zu hoch war. Hier taucht erstmals das Problem einer Entsprechung von Regel und Anwendung der Regel auf. Die Szene des Krämers, der auf jedes Wort unserer Bestellung „fünf rote Äpfel" eine abbildliche Entsprechung, ein Bild zum Zeichen aufsucht, ist, so scheint es, nicht primitiv und geschlossen genug. In dieser Szene der Anwendung eines Codes fungiert die Vorstellung als „eigentlicher" Stellvertreter des Gegenstands, die selbst wiederum vom Zeichen vertreten wird. Der Kaufmann prüft am Muster, was der Käufer wünscht, der *Bedeutung* eines Wortes der Sprache entspricht sein *Gebrauch*. Diese Szene kommt aber nicht mit den von uns gemachten Voraussetzungen aus. Denn schon für das Wort „fünf" in der simplen Anweisung „fünf Äpfel" fehlt die Regel: wir müssen hier die zusätzliche Voraussetzung eines weiteren unproblematisch verfügbaren Musters – entsprechend zu Farbtäfelchen und exemplarischem Gegenstand – machen, ohne aber zu wissen, wie das im Rahmen der Referenzsemantik möglich sein kann. Auf *einen* Apfel kann ich zeigen – wie aber gelingt der Sprung des Verstehens zu deren *fünf*? Man kann schlussfolgern, dass die Kaufmansszene bereits die Frage nach der Brauchbarkeit des Modells (der Referenz) aufwirft.

Jede Darstellung des Codes als Grundmodell unseres Sprechens ist für ihre Plausibilität darauf angewiesen, dass die Gebrauchsweise eines Wortes und seine Referenz zusammenfallen – und gleichzeitig muss deren Differenz in jedem Beispiel für dieses Modell auftauchen, das einen Prozess, eine Tätigkeit der Sprachverwendung darstellt. Doch wenn diese Differenz sich zeigt, sind wir auf weitere Voraussetzungen und damit den praktischen Rückbezug auf unsere Lebenswelt angewiesen, die sich aber als missverständlich und mehrdeutig für die philosophische Letztbegründung nicht eignet. Dass diese Differenz im Kaufmannsbeispiel aufbricht, zwingt uns dazu, das Beispiel zu verwerfen und zu einem noch einfacheren überzugehen: „Was aber ist die Bedeutung des Wortes ‚fünf'? – Von einer solchen war hier gar nicht die Rede; nur davon, wie das Wort ‚fünf' gebraucht wird." (PU §5) Gerade weil Referenz als grundlegende Funktion von Sprache ausgewiesen werden soll, muss die Möglichkeit des Irrtums und Missverständnisses ausgeschlossen werden: Denn in dieser zeigt sich gerade die Referenzbeziehung in ihrer Stasis als in herausgehobener Weise *nicht* unabhängig vom Kontext, sondern angewiesen auf kontextuelle Vereindeutigung. Um das Missverständnis zu klären, müssen wir mit dem nur aus dem Kontext eindeutigen, selbst im höchsten Grade missverständlichen und insofern „unbestimmten" Hinweis „*Das* meine ich" antworten. Um von hier zu einem Ursprung des „Meinens" im Sinne einer mentalen Entität oder wenigstens eines Bezugsobjekts der Außenwelt zurückzugehen, brauchen wir allem Anschein nach also ein noch einfacheres, ein vollständig einfaches Beispiel vor der Frage nach der Benennung: wie es die Bauenden sind.[7]

Die Szene der Bauenden erscheint isoliert, als ob die Art der Bezugnahme, die mit allen Worten vorgenommen wird, immer gleich ist und damit mit der Art des Wortgebrauchs in eins fällt.[8] Das soll sie auch – schließlich soll hier der Allgemeinfall des Sprechens vorgeführt werden, um dann dessen Charakteristika freizulegen. Die Bauenden sprechen nur von Gegenständen als Bausteinen *und* handeln nur mit Bausteinen, eine andere Funktion ihrer Sprache und andere Art der Praxis kennen sie nicht. Nur diese Reduziertheit des Modells lässt das Kalkül als grundlegende allgemeine Form ihrer Sprache erscheinen. Es ist aber eine Einsicht über unsere gewöhnlichen Sprachverwendungsweisen, zu der uns Wittgenstein gerade mit diesem Schritt zurückführen will, dass „die kalkülisierte Sprachverwendung nicht mit dem Ideal- oder dem freilich nicht augenfälligen Allgemeinfall des Sprachgebrauchs gleichzusetzen ist, sondern nur einen Gebrauchstyp der Sprache neben anderen vorführt".[9]

Wir scheinen also aus einem Theorieerfordernis heraus zur Annahme der Voraussetzungslosigkeit gezwungen, die uns die Szene der Bauenden, gelesen als Darstellung eines Codes, anbietet. Sie muss in sich selbst und aus sich selbst heraus verständlich sein. Als Illustration einer Regel am Grunde unserer Sprache muss das Beispiel der Bauenden viel mehr leisten als eine übersichtliche Veranschaulichung *eines* Aspekts von Sprache, des Sprachspiels des Zeigens auf Gegenstände.

---

7 „In den Sprachen (2) und (8) gab es ein Fragen nach der Benennung nicht. Dies und sein Korrelat, die hinweisende Erklärung, ist, wie wir sagen könnten, ein eigenes Sprachspiel. Das heißt eigentlich: wir werden erzogen, abgerichtet dazu, zu fragen: ‚Wie heißt das?' – worauf dann das Benennen erfolgt. Und es gibt auch ein Sprachspiel: Für etwas einen Namen erfinden. Also, zu sagen: ‚Das heißt ...', und nun den neuen Namen zu verwenden. (So benennen Kinder z. B. ihre Puppen und reden dann von ihnen, und zu ihnen. Dabei bedenke gleich, wie eigenartig der Gebrauch des Personennamens ist, mit welchem wir den Benannten *rufen*!)" (PU, §27)

8 „Nur im Grenzfall der äußersten Primitivität einer Sprache kommt es auf den Unterschied zwischen einem Verstehen im Sinne von ‚so und so handeln' und einem Verstehen im Sinne von ‚den Gegenstand kennen, der benannt wurde' nicht an, weil es keine Möglichkeit gibt, den benannten Gegenstand zu kennen und zugleich so *oder anders* zu handeln, respektive so zu handeln und dabei diesen *oder jenen* Gegenstand zu kennen." Raatzsch, Richard, *Eigentlich Seltsames. Wittgensteins Philosophische Untersuchungen. Bd 1: Einleitung und Kommentar PU 1-64*, Paderborn 2003, S. 332.

9 Kroß, Matthias, „Philosophieren in Beispielen", in: *Mit Sprache spielen. Die Ordnungen und das Offene nach Wittgenstein, hg. v.* Hans Julius Schneider/Matthias Kroß, Berlin 1999, S. 169-190, S. 178. Vgl.: „The later Wittgenstein is out to show that everyday language does not depend upon some a priori system of rules and that the absence of such a structure in no way impairs its functioning. Language is not in the least like a calculus with fixed rules. Such a conception would be ‚Manichean' – displaying, then, some sort of dualistic metaphysics. This would be one more denigration of everyday language for its vagueness, its coarseness, etc. in favour of some ideal system of perfection, clarity or translucence." Kerr, *Immortal Longings*, S. 124.

Es muss allein plausibilisieren, wie wir sprechen, und das soll hier heißen, es muss ohne weitere Deutung die Regel vollständig enthalten, die wir dann in unserer Theoriearbeit deduzieren können. Dass es offensichtlich *als Darstellung* auf sie nur *hinweisen* kann, macht eine Verdopplung nötig und hier liegt erneut eine Ambivalenz: Die Deutung des Beispiels, die wir für ein Theorie-Ergebnis halten, liegt eigentlich und verdeckt unserer Sichtweise auf dieses Beispiel als Voraussetzung bereits zugrunde. Eben indem das Beispiel *jede* Deutung ausschließt, setzt es *diese* Deutung zweiter Ordnung des Beispiels *als deutungsunabhängig* selbst voraus. Der Verzicht auf jede Projektionstätigkeit im Sinne der Anwendung lebendiger Muster und Paradigmen der Sprache im Bild ist das Ergebnis eines bestimmten Vorverständnisses von Sprache und Bedeutung – als grundsätzlich allgemein und entkontextualisiert. Dieses Verständnis muss das Beispiel sowohl voraussetzen, wie dieses Verständnis aus ihm ableitbar sein soll.

Entsprechend seltsam und fremd bleibt uns der Fall der Bauenden, wenn wir ihn isoliert verstehen. Die Sprach- und Handlungsmöglichkeiten des Gehilfen B – Bedeutung und Gebrauch der Wörter in ihrem einzigen Gebrauchszusammenhang seiner „Praxis" mit A, der eine Referenzbeziehung zugrunde liegt – scheinen alles zu sein, was ihn ausmacht. Die Gegenstände seiner *Welt* sind Elemente, die er nur durch ihren Unterschied zueinander in der gleichen Art der Bezugsweise bestimmt identifizieren kann. Denn das Ordnungsprinzip seiner Welt ist die eine gleiche Art der Bezugsweise der Gegenstandsreferenz bezogen auf einen einzigen „Zweck", den wir aber nicht bezogen auf eine konkrete Situation verstehen können. Unser Bauender ist einerseits in einer Art Zweckrationalität vollständig souverän gegenüber seiner Welt, die er in ihrer – sehr beschränkten – Komplexität vollständig übersieht. Die Wahlmöglichkeiten sind dabei von vornherein vorgegeben und gleichwertig: Hier gibt es nur die Wahl zwischen Gegenständen in einem einzigen Bedeutungszusammenhang. Andererseits erscheint der Regelfolger als vollständig heteronom, weil er im statischen Rahmen dieser Zweckrationalität gar keine im vollen Sinne eigenen Zwecke haben und ausbilden kann, die ihn motivieren würden. Statt einer Geschichte und eines Horizontes von Werten und Interessen für die Bildung von Einzelzwecken hat er nur eine, aber gänzlich externe „Motivation" – nämlich den Befehl des Anderen, der ihm aufgibt, welche Baumaterialien er bringen soll. Dieser Befehl ist offensichtlich in keinem Sinne als ein *rationaler Grund* für den Regelfolger verstehbar, gerade weil er als ein *letzter, vollständig rationaler* Grund – jenseits aller sich kontextuell ergebenden Erfordernisse – verstanden werden soll.

Die Frage ist damit aber, wie hier das Äußern und Verstehen von Sätzen und das Verstehen des Anderen überhaupt gelingen kann. Und in dieser vorkontextuellen „Situation" wird diese Frage durch nichts gelöst.[10] Die Szene der

10 So stellt Raatzsch über die Bauenden fest: „Der Vergleich [zwischen dem Bild vom Wesen der Sprache und der Beschreibung des Lernens der Sprache] ergibt, wie auch Savigny sieht: dasjenige, was Wittgenstein aus Augustinus' Worten ‚extrahiert', ist bei weitem nicht alles, was man daraus abziehen kann. Der Geist fällt raus." Raatzsch, *Eigentlich Seltsames*, S. 119. Es ist allerdings, wie Cavell zeigt, letztlich nicht nur „der Geist", sondern es ist auch die Natur und das

Bauenden erscheint – verstanden als ein abgeschlossenes Bild unserer ganzen natürlichen Sprache – so mechanisch und primitiv, weil nicht nur die eigene Tätigkeit des Übertragens eines Begriffs in den neuen Kontext, sondern auch der Lern- und Individuationsprozess in ihr vorausgesetzt werden muss und, da wir hier gerade *nichts* voraussetzen wollen, uneinholbar scheint.

Die Bauenden sehen wir dann *als* Grenzfall – Wittgenstein nennt, erinnern wir uns, die Sprache der Bauenden *und* unsere Vorstellung dieser Sprache in §2 primitiv. „Primitiv" ist die andere Sprache gegenüber der unseren entweder als einfacher und übersichtlicher Fall, der uns die Annäherung an eine Fragestellung erlaubt, oder durch unseren pejorativen Blickwinkel und unsere Abgrenzung. Wittgenstein führt uns mit seiner Ironie zu Beginn der *Philosophischen Untersuchungen* durch beide Möglichkeiten, um zu einer dritten zu gelangen. Schulte nennt den Kernpunkt solcher Beispiele wie der Szene der Bauenden in den *Untersuchungen* „their *not* being real language; they have a much higher degree of clarity and simplicity, and hence of *Übersichtlichkeit* than real language".[11] Ich denke nicht, dass Schultes *Entgegensetzung* dieser Grenzfälle zu „wirklicher, realer Sprache" hier weit führt. Schulte suggeriert damit, man könnte die Grenzfälle von „wirklicher Sprache" unterscheiden, als läge beides auf derselben Ebene. Sie sind meiner Ansicht nach aber vielmehr konzentrierte negative Analogien, Figurationen oder Abkürzungen unseres alltäglichen Sprachgebrauchs, die ihre Differenz zu dessen Entzogenheit in seiner Totalität recht verstanden *anzeigen.*

Schultes Auszeichnung dieser Fälle als bloße Modelle oder Vergleichsobjekte ist aber hilfreich, weil er den Vergleich mit Wittgensteins Modellen der Sprachspiele in seinen grammatischen Untersuchungen zieht: In Wittgensteins grammatischen Untersuchungen werfen seine modellhaften Sprachspiele ein Licht auf bestimmte Sprachverwendungsweisen, aber nur indirekt auf die Sprache als ganze. Wittgensteins Methode ist hier, sich ähnliche Fälle vorzustellen, um den Gebrauch eines Begriffs zu verdeutlichen und metaphysische Irreführungen abzuweisen. Diese Methode zeigt sich zum Beispiel schön in Wittgensteins Untersuchung des Begriffs des „Erwartens". Wittgenstein imaginiert verschiedene, mehr oder weniger ähnliche Beispielsituationen, in denen wir davon sprechen, jemanden oder etwas zu erwarten, und zeigt damit *immanente Kriterien* dafür, dass man etwas oder jemanden erwartet (vgl. §572ff.). Wittgenstein geht es hier nicht darum, allgemeine und grundlegende Aussagen über unsere Sprache zu treffen, sondern darum, feine interne Differenzierungen unserer Sprache *als Praxis* zu beschreiben, die wir *mit* intentionalen Akten vollziehen. „Begriffe [...] sind der Ausdruck unseres Interesses und leiten unser Interesse." (PU, §570)

Die Grenzfälle Wittgensteins, wie der der Bauenden, ähneln solchen Szenen wie denen der Erwartung, die Wittgenstein konstruiert, insofern sie ebenfalls keine transzendenten Wahrheiten jenseits der alltäglichen Sprachpraktiken zeigen.

Begehren des Einzelnen, was sich mit der „Übersetzung" Wittgensteins von Augustinus' Worten im Beispiel nicht mehr auffinden lässt.

11 Schulte, „The Builders' Language", S. 35.

Trotzdem sind sie offensichtlich nicht, wie diese, brauchbar als Beispiele in einer Reihe von verwandten Fällen (etwa des Erwartens). Die Szene der Bauenden ist eine Vorstellung, aber ihr Modellcharakter ist *in anderem Sinne* eine Konstruktion, als das für die Fälle der grammatischen Untersuchungen Wittgensteins gilt, und sie hat eine andere Art von Beziehung zur Totalität der Sprache. Schulte unterscheidet den sinnvollen Gebrauch solcher Modelle „as an object of comparison to set off the unbounded richtness of our language“ von deren Missbrauch „as a picture of our full natural language“.[12] Und es kommt Wittgenstein hier gerade auf die Neueröffnungsleistung dieses andeutenden und antizipierenden Charakters des Modells an, die er aber eben aus dessen „Missbrauch“ als ein Bild einer vollständigen natürlichen Sprache herausarbeitet.

Verstehen wir den Grenzfall der Bauenden als Bild unserer ganzen natürlichen Sprache, müssen wir es als Bild vollständiger Abstraktion auffassen. Und wir können unter dieser Voreinstellung, die uns nur ein negativ Allgemeines, nämlich die größtmögliche Abstraktion vom Konkreten abverlangt, nicht mehr einsehen, dass wir deren „Ergebnis“ – ein vermeintlich erstes, einfaches und übersichtliches *Etwas* – selbst zusammen mit einem verdeckten materialen Hintergrund oder Kontext konstruieren. „[W]e may talk fruitfully about something (e.g. language (2)) in isolation but must reckon with the fact that, without its context, the isolated something could not count as something definite: without a context it would not even be an isolated something.“[13] Denn es ist der Akt selbst, mit dem wir das Bild hier sowohl bereits unseren Erwartungen gemäß vorstellen, wie wir dann das Ergebnis um eben diesen Akt der Vorstellungstätigkeit immer wieder bereinigen und seine Deutung dieser Erwartung anpassen müssen. „Das Einfache“ „gibt“ es nicht an sich als ein kontextunabhängig Erstes und Grundlegendes, ohne die Frage seiner Brauchbarkeit in einem bestimmten Frage- und Untersuchungs-Kontext. Es ist also nicht durch eine Bestimmung zu erfassendes Besonderes, sondern seine Reflexion ist *Prozess und Ergebnis* unserer Urteilsleistung:

> Aber welches sind die einfachen Bestandteile, aus denen sich die Realität zusammensetzt? – Was sind die einfachen Bestandteile eines Sessels? – Die Stücke Holz, aus denen er zusammengefügt ist? Oder die Moleküle, oder die Atome? – „Einfach heißt: nicht zusammengesetzt. Und da kommt es darauf an: in welchem Sinne ‚zusammengesetzt‘? Es hat gar keinen Sinn von den ‚einfachen Bausteinen des Sessels schlechtweg‘ zu reden. […] Auf die philosophische Frage: „Ist das Gesichtsbild dieses Baumes zusammengesetzt, und welches sind seine Bestandteile?“ ist die richtige Antwort: „Das kommt drauf an, was du unter ‚zusammengesetzt‘ verstehst.“ (Und das ist natürlich keine Beantwortung, sondern die Zurückweisung der Frage.) (PU, §47)

Ideal erscheint insofern der Fall der Bauenden – herangezogen als ein einzelner, einfacher Fall. Er illustriert zunächst eine *primitive Vorstellung einer (ganzen) Sprache*, zerstört aber dann die Illusion der Identität von Vorstellung und „Ge-

12 Schulte, „The builders' language“, S. 31.
13 Schulte, „The builders' language“, S. 32.

genstand" und zeigt eine *rudimentäre „primitive Sprache"*: Es ist eine Entwicklungshypothese, die wir der Betrachtung schon zugrunde gelegt hatten, die uns hier den „Ursprung" der Sprache vermuten lässt, den wir gleichzeitig als Vorstufe von Rationalität beschreiben wollen. Diese einfachen Fälle sind aber in anderem Sinne Modelle, nämlich im Sinne von „Urphänomenen"[14]. Als einfach und grundlegend oder primitiv erscheinen diese Sprachspiele in ihrer Abgeschlossenheit.[15] Richtig fassen wir sie nur auf, wenn wir sie als ästhetische Gestalten, als *indirekte Anzeigen* der ganzen Sprachpraxis des Vollziehens von Unterscheidungen und Bestimmungen wahrnehmen, die aber eben als Anzeigen einer *unverfügbaren Vollzugsweise* immer wesentlich auch die Auslöschung und Überschreibung von vermeintlich kategorialen Bestimmungen, die Defiguration von fixierten Gestalten beinhalten müssen. Diese Erfahrung einer Sinn-Konfiguration aus dem Verlust des Scheins von Bestimmung, die so die Entzogenheit und Grundlosigkeit von Sinn anzeigt, führt zum *Tractatus* zurück. So stellt Matthias Kroß fest, dass für den *Tractatus* mit seiner Grundrelation der Abbildlichkeit von Sprache und Welt dem Beispiel der Maßstab verloren geht, nach dem es überhaupt beurteilt werden könnte.[16]

Der Verweis auf das Negativitätsmoment des *Tractatus* zeigt für solche Grenzfälle der *Untersuchungen* wie die Szene der Bauenden: Es gelingt ihnen, indem sie Erwartungen an die Fundierung von Sprache und Sinn zusammen mit philosophischen vermeintlichen Kernbegriffen dezentrieren, „to set off the unbounded richtness of our language", wie Schulte schreibt (s.o.). Sie zeigen indirekt und negativ die Vielfalt und Komplexität der Praxis unserer Sprachverwendungen, indem sie unsere metaphysischen Hoffnungen enttäuschen. Das heißt, sie wecken eine praktische Beteiligung an der Tätigkeit der Erschließung unserer Welt, indem sie unser „Interesse" an einer Metaebene ent-täuschen, die uns die Welt neutral für den *point of nowhere* zeigen könnte.

Es sind zwei Einstellungen oder Stimmungen bezogen auf das Ganze der Erschlossenheit unserer Welt, durch die uns Wittgenstein in *den Untersuchungen* immer wieder von der „primitiven Vorstellung einer Sprache" zur „primitiven Sprache" führt, wobei dieser Durchgang selbst in gewisser Weise das ganze „Er-

---

14 Bei Goethe hat das „Urphänomen" die Funktion, „das Entstehen statt des Entstandenen [...] zu reproduzieren und auszusprechen." Goethe, Johann Wolfgang, „Maximen und Reflexionen", in: *Goethes Werke*, Bd. 12, hg. v. E. Trunz, Hamburg 1982, S. 603. Es changiert bei Wittgenstein zwischen vollständiger Sinnfülle und absoluter Ausdruckslosigkeit und ist eben in seiner Basalität und Unbestimmtheit weder brauchbar noch wahr im erwarteten Sinne: „[A] primitive language is a model language. [It] suggests *basicness and undefinability* [...]. Here, we are in the realm of *Urbilder* or *Urphänomene.*" Schulte, „The builders' language", S. 27 (Hervorh. C.D.).

15 Vgl. Schulte, der dem Sprachspiel der Bauenden zu Beginn der *Philosophischen Untersuchungen* (nur) als Grenzfall Geschlossenheit und Vollständigkeit zuschreibt. Schulte, „The Builders' Language", S. 34.

16 „Wenn sich zeigt, daß am Grunde des Beispiels Isomorphiebeziehungen liegen, die selbst nicht mehr zugänglich sind, dann entgleitet der Maßstab, an dem die Exemplarität des Exemplars überhaupt noch abgetragen werden könnte. [...] Der *Tractatus* kann zur Begründung der Geltung seines Logik-Begriffs selbst keine Logik mehr namhaft machen." Kroß, „Philosophieren in Beispielen", S. 175.

gebnis" seiner philosophischen Untersuchungen darstellt: die der „Korrektheit" und die des „Suchens nach etwas, was die Beschreibung (das Bild, den Begriff) korrekt (angemessen, richtig etc.) machen würde".[17] Cavell kennzeichnet die Logik der *Untersuchungen* Wittgensteins als „first, the voice of temptation; second, the voice of correctness; and third, the attainment of silence".[18] Sie beginnen also mit einem Zug ins Absolute, einem dialektischen Schein der Vernunft. Dessen Destruktion führt zurück ins Gewöhnliche: aber nicht in der Behauptung von dessen Rede- und Handlungspraktiken *als gerechtfertigt*. Sondern sie führt zurück in die schweigende und vertrauensvolle Anerkennung der eigenen Grundlosigkeit im Sprachvollzug. Dieses „Schweigen" in den *Philosophischen Untersuchungen* entspricht als Charakterisierung einer Stimmung in diesem Durchgang nicht der Resignation angesichts der Unmöglichkeit des Erreichens eines befriedigenden Theorie-Abschlusses, einer Lösung. Sondern es ist die *Demonstration und negative Anzeige* eines *ethischen Anspruchs* auf eine bestimmte Haltung dieser Praxis des Philosophierens selbst, der sich erst in diesem Durchgang als solcher erweist. Zunächst konkurrieren hier scheinbar Arten des Umgangs mit Wissen, bzw. mit dem Mangel an Wissen, der unsere alltäglichen Vollzüge kennzeichnet. Die eine Seite – Cavells „voice of temptation" – versucht, die Sprache (oder Vernunft) vollständig zu begreifen und die allgemeine Regel des Gebrauchs zu geben, und muss jedes Beispiel als Anzeige eines Defizits an Allgemeinheit verstehen. Die andere – Cavells „voice of correctness" – bezieht sich auf die praktische Gewissheit, die wir doch im Gebrauch eines Begriffs haben, und liefert Beschreibungen von Familienähnlichkeiten und konkreten Fällen der Anwendung, ohne eine allgemeine Regel in den Blick zu nehmen.

Schon in §1 der *Untersuchungen* konstatiert Wittgenstein: „Begründungen kommen an ein Ende" – was zu Beginn eines philosophischen Textes eine einigermaßen überraschende Bemerkung ist. Damit scheint Wittgenstein schon vor jeder Diskussion die Partei der „voice of correctness" zu ergreifen und zu behaupten: Philosophie ist überflüssig, weil sie die Leistung einer Letztbegründung, die wir von ihr erhoffen, nicht erbringen kann, da nichts über den Holismus unserer Praxis hinausführt. Aber auch diese Einsicht in Negativität wird noch einmal radikalisiert und lässt uns nicht nur mit dem Verweis auf praktisches Wissen, das in Einstellungen verkörpert und realisiert wird, zurück, sondern mit der Anzeige einer Stimmung: Cavell kommentiert Wittgensteins Rede vom „Ende der Gründe" nicht, indem er auf die Praxis und deren lediglich interne, kontextbedingte Plausibilisierungen von Gründen verweist, sondern indem er eine Erfahrung der Irritation angesichts von Wittgensteins Verweis auf das Ende der Gründe zu Beginn seines philosophischen Bemühens artikuliert, die er schließlich als eine Erfahrung des Komischen deutet:

---

17 Vgl. Raatzsch, *Eigentlich Seltsames*, S. 207.

18 Cavell, Stanley, *Philosophical Passages: Wittgenstein, Emerson, Austin, Derrida*, New Jersey 1995, S. 178. Im Folgenden zit. als PhP.

> But already? And in response to so bizarre a set of actions as described there? [...] In the face of these actions – so mechanical, alien, anything but ones about which, were they mine, my confidence is that I could not be wrong – I stake my understanding of myself? But the very comedy of the moment suggests that a moment comes, sooner or later, at which explanations of one's ground end inconveniently, embarrassingly.[19]

Es zeigt sich erst *in* dieser Erfahrung einer Irritation, Scham oder Komik, dass diese einen entscheidenden Teil des philosophischen Prozesses darstellt. Sie zeigt, dass Wittgenstein auch hier nicht bei einem praxisphilosophischen Blick auf die Immanenz der Sprache stehenbleibt, der relativistische Konsequenzen hätte. Sondern er wird in einem dialektischen Durchgang mit der Erfahrung der Komik angesichts der eigenen, scheiternden Fundierungsversuche zu der dritten „Position", oder besser *Enthaltung von jeder Positionierung* geführt, die Cavell „attainment of silence" nennt. Das bedeutet keine Entscheidung für eine vertrauensvolle *oder* skeptische Lebens- und Wissensform in Sprache. Es zeigt Negativität und Entzweiung als unhintergehbar, nicht nur in der Naturhaftigkeit, dem Gefühl oder der Phantasie des Menschen als Anderem der Vernunft, sondern in seinem Geist selbst: also in gewöhnlicher Sprache. Die Ungarantiertheit, in der wir einen Sprung *des Verstehens aus unserem bisherigen Verstehen heraus* und in die neue Anwendung machen, ist, wie Wittgenstein zeigt, irreduzibel. Gerade diese Ungarantiertheit leben wir in vertrauender Anerkennung dieser Negativität:

> In der Sprache gibt es stets eine Brücke zwischen dem Zeichen und seiner Anwendung. Wir müssen die Kluft selbst überbrücken; das kann uns niemand abnehmen. Keine Erklärung erspart den Sprung, denn jede weitere Erklärung wird ihrerseits einen Sprung benötigen.[20]

Die Anerkennung dieser Grundlosigkeit erlaubt die Deutung der Erfahrung dieser Entfremdung und den angemessenen Umgang damit. In dieser Erfahrung zeigt sich Cavell zufolge ein „sketch of the modern subject, namely one subject to the philosophical aspirations and perplexities depicted in the quasi-fragments of the *Investigations*".[21] Die Bauenden aus den *Untersuchungen* erscheinen allerdings als das *Bild* eines solchen, der Grundlosigkeit ausgesetzten, modernen Subjekts, gerade *insofern* wir sie an einem bestimmten Punkt der Untersuchung als in ihren Möglichkeiten vollständig determiniert wahrnehmen müssen: vor diesem *Anspruch* auf die Darstellung einer *Grenz-*, *Ursituation und Endsituation* unserer Praxis, in der Begründungen *von Beginn an am Ende* sind. Die Ambivalenz des Modells ist, sobald es aus dem tatsächlichen Vollzug im Zusammenhang der Praxis herausgestellt wird, unvermeidbar. Das Modell wird damit nur als Grenzfall,

---

19 Cavell, Stanley, *Conditions Handsome and Unhandsome: The Constitution of Emersonian Perfectionism,* Chicago 1990, S. 97. Im Folgenden zit. als CHU.

20 Wittgenstein, Ludwig, *Vorlesungen 1930-35,* hg. v. Desmond Lee, Frankfurt a. M. 1989, S. 88.

21 Cavell, Stanley, *Philosophy the Day after Tomorrow,* Boston 2005, S. 19. Im Folgenden zit. als PDAT.

das heißt negativ, zur *Erinnerung* an die Praxis der „primitiven Sprache“. Diese Erfahrung kann uns aber als Ent-Täuschung indirekt zu den gewöhnlichen Beispielen der grammatischen Untersuchungen als Erinnerungen an eine gelingende Sprachpraxis zurückführen. Jedes gewöhnliche Beispiel eines Sprachspiels wird dann als durch andere Beispiele gestützt und durch Ähnlichkeiten und Unterschiede *in* der Sprache verortet lesbar, hat aber damit nur relativ zu anderen Positionen im System und den entsprechenden Ähnlichkeiten und Unterschieden Bedeutung.

Die Bauenden erscheinen schon im ersten Paragraphen der *Philosophischen Untersuchungen* als unheimlicher Versuch, die Frage danach, was *den* Maßstab unseres alltäglichen Sprachverstehens bildet, ohne die Abhängigkeit von einem Kontext zu beantworten, in dem eine bestimmte Frage, ein konkreter Zweifel auftauchen könnte. Ihre vier Worte reichen für die eine Handlungsweise, die sie verwirklichen, vollständig und ohne Überschuss aus. Die Stimmung, die dieses Bild unseres Lebens uns vermittelt, ist allerdings die der *Unheimlichkeit* ihrer „Standardisierung“.[22] Denn die Untersuchung zeigt: Das einzige „Interesse“, das hier geblieben scheint, ist an unsere vermeintlich neutrale Theorie-Perspektive gebunden. Es ist die szientistische Orientierung an dieser Standardisierung selbst, die unsere Lesart der Bauenden aufweist. In diese Regulierungsleistung, ob im Exaktheitsideal der Philosophie oder der alltäglichen Standardisierung selbst, wandern dann unsere gesamten, vormals materialen und positiven Werte und Besetzungen ein, und sie nötigt als vermeintlich alleiniger Wert der *Rationalität* dazu, die Vorstellungen und Objekte unserer Welt immer erneut von Bedeutung und Interesse für uns in unseren geteilten Lebensformen zu entleeren.[23] Das ist

22 Friedrich Kambartel kommentiert: „Das Phänomen, welches Wittgenstein hier zutiefst beunruhigt, ist die Zerstörung oder Paralyse der lokalen (unmittelbaren) Handlungs-, Problem- und Verantwortungsverständnisse, ihre Auflösung in den wissenschaftlichen Schein einer übergreifenden Orientierung durch wissenschaftliche Theorien und Erklärungen der Verhältnisse in der humanen Welt. Die wissenschaftliche Sprache und Theoriebildung könnte die Probleme unserer normalen praktischen Situationen nur in einem Falle lösen, um den Preis nämlich, daß es gelänge, unser Leben selbst im Sinne einer situationsinvariant kontrollierbaren und so allgemeinen Sprache zu *standardisieren.* [...] Wie wir gesehen haben, arbeitet Wittgenstein in seinen philosophischen Untersuchungen gegen einen für unser wissenschaftliches Zeitalter charakteristischen Irrtum an, einen Irrtum, der sich darin ausdrückt, wie wir uns mit unserer Sprache, und hier vor allem unserer wissenschaftlichen Sprache, in der Welt orientieren *wollen.*“ Kambartel, Friedrich, „Wittgensteins späte Philosophie. Zur Vollendung von Kants Kritik der wissenschaftlichen Aufklärung“, in: ders., *Philosophie der humanen Welt. Abhandlungen*, Frankfurt a. M. 1989, S. 146-159, S. 157 (Hervorh. C.D.).

23 Husserl beschreibt den Fokus der Naturwissenschaft auf unsere Denk- und Urteilspraxis als Domestikationsinteresse: „Was macht die *‚Exaktheit‘*? Offenbar nichts anderes, als was wir oben bloßgelegt haben: empirische Messung in Steigerung der Genauigkeit, aber unter der Leitung einer schon im voraus durch Idealisation und Konstruktion objektivierten Welt von Idealitäten bzw. gewissen, den jeweiligen Maßskalen zuzuordnenden besonderen Idealgebilden. Und nun können wir mit einem Wort den Kontrast klarmachen. Wir haben *nur eine, nicht eine doppelte Universalform der Welt*, nur *eine* und nicht eine zwiefache Geometrie, nämlich eine solche der Gestalten und nicht auch eine zweite der Füllen.“ Husserl, Edmund, *Die Krisis der europäischen Wissenschaften und die transzendentale Phänomenologie*, Hamburg [3]1996, S. 34. Husserl radikalisierend müsste ergänzt werden: Wir haben *keine* Universalform der Welt. Nur die gelebten Le-

aber ein Ergebnis unserer eigenen Konstruktionsleistung, mit der wir uns unsere Vernunft- und Urteilstätigkeit vorstellen, die uns doch entzogen bleibt.[24] Damit wird Cavell zufolge die Selbstkritik und -aufklärung zur entscheidenden Aufgabe der Philosophie:

> [T]he challenge of philosophy is the challenge of our interests as they stand, including our interest in philosophy itself, specifically in the present case a challenge to show that what is called a philosophical problem is in fact humanly interesting; [and] philosophy has no special or privileged discourse in which to level its challenge.“[25]

Gerade die Unheimlichkeit und Ambivalenz des Grenzfalls der Bauenden – als vollständig abgeschlossen und einfach, also „primitiv“ – eröffnet uns die Erfahrung dieser Grundlosigkeit der Sprache und verwirklicht so die Tätigkeit unserer Urteilskraft neu als Rückwendung auf die gewöhnliche Welt und auf die Art und Weise unserer Sprachvollzüge. Nur aus unserer radikalisierten Endlichkeit und Grundlosigkeit können wir in konkreten Kontexten gemeinsame Verständnisse, Werte und Lebensformen entfalten, fortschreiben und auch kritisieren. Nicht die Destruktion der theoretischen Position, die Sprache als Referenzsemantik erläutert, ist als *direktes Kritikziel* Wittgensteins entscheidend. Der Schein eines *Bedarfs* nach Theorie muss hier lesbar gemacht werden, um als Anlass der Transformation erfahren werden zu können. Ein Vernunftideal, dessen Illustration seine Plausibilität unserer ganzen Praxis von Sprachspielen verdankt, verführt uns hier dazu, „to read our intelligibility [in certain cases; C.D.] as our unintelligibility as such“.[26] Gerade unsere Emanzipation und Aufklärung scheint uns über das gewöhnliche Leben hinauszutreiben – gerade diese erlaubt aber die Anerkennung radikalisierter Endlichkeit.

---

bens- und Denkformen in ihrer Vielfalt. Das Ergebnis des Szientismus ist selbst „eine Art Götzenverehrung – und der Götze ist kein anderer als die Wissenschaft bzw. der Wissenschaftler selbst“. Schulte, Joachim, „Glaube und Aberglaube“, in: ders., *Chor und Gesetz. Wittgenstein im Kontext*, Frankfurt a. M. 1990, S. 43-58, S. 48.

24 Auch Richard Eldridge verweist auf das Moment der Angst, dass die philosophische „Entdeckung“ dieser „Lücke“ zwischen Sprache und Welt, Selbst und Anderem begleitet: „Either we do not imagine a language and its mastery, when we find everything open and mechanical, or we do imagine a language and its mastery, but the nature of that mastery remains hidden, an object of anxieties and uncertainties that in turn motivate the wish for a theory or explanation of the essence of that mastery.“ Eldridge, *Leading a Human Life*, S. 138.

25 Cavell, Stanley, *Themes Out of School: Effects and Causes*, San Francisco 1984, S. 31. Im Folgenden zit. als TS.

26 Cavell, Stanley, *The Claim of Reason: Wittgenstein, Skepticism, Morality, and Tragedy*, Oxford 1979, S. 115. Im Folgenden zit. als CR.

1.1.2. Kriterien: Sprache als praktisches Wissen in Handlungs- und Urteilsweisen

Wir können uns – in der Denktradition einer Referenzsemantik naheliegend – als Grundlage des Vollzugs der Bauenden den Zeigevorgang denken. Aber was nun das Verstehen sichern soll, erweist sich in Isolation als ebenfalls ungesichert: Wir *zeigen* auf Dinge, *ohne* mit dem Akt sicherstellen zu können, dass unsere Bezugnahme absolut eindeutig ist und verstanden wird. Dieses Scheitern des Fundierungsversuchs führt in ein anderes Modell dessen, wie wir mit Bedeutungen umgehen und Sprache gebrauchen. Cavell verweist hier auf den, in den *Untersuchungen* Wittgensteins eher randständigen, Begriff des *Kriteriums*.

Das Ostentativ-Pronomen „dieses" scheint den abstrakten gemeinsamen Nenner aller Namen abzubilden, *der* Name zu sein, das heißt, mehr als ein Beispiel *unter anderen* zu sein. Geleitet von einem Bild der Sprache unter der Grundfunktion des Benennens muss „dieses" nicht nur *auch* ein Name sein, sondern *der Name*: die reinste Darstellung der Referenzfunktion, gereinigt von allen vermeintlich bloß kontextuellen Begleitumständen der Bedeutung. Wir zeigen hier, so scheint es, auf Bedeutung *selbst oder an sich*. In unserem normalen Verständnis ist das Wort „dieses" aber *gar kein* Name. Das Demonstrativpronomen „dieses" ist offensichtlicher- und trivialerweise kein *Beispiel*, das wir nennen und akzeptieren würden, um zu beschreiben, was ein Name ist: „‚Ich' benennt keine Person, ‚hier' keinen Ort, ‚dieses' ist kein Name." (PU, §419) Schlimmer noch: Die vermeintlich größtmögliche Allgemeinheit erweist sich als absolut angewiesen auf raumzeitliche Konkretion. Gerade weil die Bestimmung, die jeder besondere Name liefert, fehlt, muss diese vollständig vom Kontext geleistet werden.[27]

Die Verdinglichung unseres sinnoffenen Verstehens zum „Gegenstand" der Erkenntnis konfrontiert uns mit dem Unheimlichen: Das, was wir als Fundament oder Basis unserer Sprache, also als scheinbar grundlegend für die Funktion des Benennens und damit für Sprache überhaupt betrachtet hatten, ist selbst kein Name. Unsere vermeintliche Formel eines ersten Sprachspiels ist *kein* Sprachspiel, sondern lediglich ein parasprachliches Hilfskonstrukt für den Umgang mit Missverständnissen und Mehrdeutigkeiten in der Sprachpraxis, deren Vielfalt gewöhnlicher Sprachspiele ihm vorausgeht. Das Demonstrativpronomen zeigt so gerade die Angewiesenheit auf den Kontext und auf die praktische Verwendung

---

27 Quine illustriert dieses Problem mit der Konstruktion einer Grenz- oder Ursprungssituation, die die Unübersetzbarkeit und sogar ontologische Relativität unserer Begriffe zeigt. In der behaviouristischen Rekonstruktion des Sprache-Lernens als isolierte „Imitation und Feedback", erscheint die Unterscheidung zwischen einem Referieren auf einen Hasen und dem auf Hasenteile allerdings unmöglich. Quine, W. v. O., „Ontologische Relativität", in: ders., *Ontologische Relativität und andere Schriften*, Frankfurt a. M. 2003, S. 41-71, S. 68. Auch hier zeigt sich, dass keine bloße Referenz, kein „nackter Zeigevorgang", am Boden unserer Sprachpraxis liegen kann. Quine konzentriert sich allerdings auf diese ontologische Unbestimmtheit, nicht auf den Aufweis vorgängiger Intersubjektivität und Situiertheit in je konkreten Kontexten des Lernvorgangs und der Anwendung.

als sinnkonstitutiv für Sprache überhaupt. Denn der Situationsindex des Demonstrativpronomens erlaubt gerade für dieses scheinbar allgemeinste Wort am allerwenigsten, dass es an sich bedeutet und den Bezug auf ein Objekt situationsunabhängig garantiert. Nicht seine größtmögliche Allgemeinheit, sondern diese Negativität steht paradigmatisch für die Kontext- und Praxisbedingtheit *aller Begriffe*. Das, was unser Fall hier modellhaft andeuten kann, ist ein lebendiges Tun der Sprachverwendung in der Verwobenheit von Sprach- und Handlungselementen, das wir selbst auch in unserem Auffassen des Beispiels selbst vollziehen: Verstehen wir das Beispiel aber als Bild, das das Wesentliche unserer Sprache gegenständlich enthält, erscheint dieses Tun sich selbst nur vergegenständlicht und reduziert – und so als Unsinn. Cavell verweist auf die Rolle, die das Zeigen auch jenseits von gegenständlich verfügbaren Bedeutungsgehalten für die Klärung von Bedeutungen spielen kann. Er zeigt aber auch, wie prekär diese Rolle ist:

> The concept of pointing to can be used in conjunction with the concepts of such „objects" as artefacts and natural objects of various kinds, as well as with such „objects" as colors, meanings (or synonyms or homonyms or antonyms), places, cities, continents,… Indeed it would seem you can point to anything you can name (viz. „everything"). But of course, each of these different „objects" will (= can) be pointed to only in definite kinds of contexts. […] Some philosophers might feel that pointing to just plain cannot be done where meanings are in question. (CR, S. 73)

Es ist die Position der *These* von der Unsagbarkeit von Logik und Ethik, die der *Tracatus* vorführt (und sie schließlich ebenso wie die These von ihrer Sagbarkeit als unsinnig ausweist), auf die Cavell sich hier bezieht, wenn er davon spricht, für manche Philosophen sei „zeigen" einfach unmöglich, wo es um Bedeutungen geht (s.o.). Schon diese Skepsis vollzieht insofern eine wichtige Korrektur, als sie darauf verweist, dass wir Bedeutung nicht auf Referenzsemantik reduzieren können, sondern der Bezug auf Gegenstände nur ein mögliches Sprachspiel unter anderen ist. Der *Tractatus* stellt die Gleichförmigkeit von Logik und Welt fest. Darum muss Wittgenstein dort noch die Sprache zur Thematisierung seines „Gegenstandes" letztlich für untauglich erklären, weil jede solche Thematisierung als *Vollzug* der Logik über sich selbst hinausweist: „Dieses *Arbeiten* der Logik *ist* eben das, was im *Tractatus* der Fall ist, alle Tatsachen der Welt sind virtuell ihre Beispiele; alles, was der Fall ist, kann als Beispiel dienen."[28] Dieser Konstitutionsprozess *selbst* kann scheinbar nicht dargestellt werden, sondern nur in Beispielen angedeutet oder aufgewiesen. Damit gibt es keinen externen Maßstab, um die Eignung, die Beispielhaftigkeit des Beispiels zu prüfen.[29]

---

28 Kroß, „Philosophieren in Beispielen", S. 175.

29 Conant liest den *Tractatus* als Vorläufer einer „Arbeit an sich selbst", wie sie die *Philosophischen Untersuchungen* unternehmen. Er schreibt: „The *Tractatus* aims to show that (as Wittgenstein later puts it) ‚I cannot use language to get outside language.' … [O]n the reading of the *Tractatus* suggested here, what is to happen, if the book succeeds in its aim, is not that I (1) succeed in conceiving of an extraordinary possibility (illogical thought), (2) judge ‚it' to be impossible, (3) conclude that the truth of this judgment cannot be accommodated within (the logical structure of) language because it is about (the logical structure of) language and (4) go on to

Wittgenstein fragt angesichts dieses „Mangels": „Was sehen wir, in besonderen Fällen, als Kriterium dafür an, daß Einer die und die Meinung hat?" (PU, §573), „Was ist hier das Kriterium dafür, daß dies ein Fehler war?" (PU, §51) Er untersucht, was „als Kriterium dafür gelten wird, daß jemand [kopfrechnen] kann" (PU, §385), oder überlegt: „Welches sind meine Schmerzen? Was gilt hier als Kriterium der Identität?" (PU, §253)

In unserem Alltagsgebrauch des Wortes verstehen wir „Kriterien" als Maßstäbe für die Zuschreibung eines besonderen Status. Üblicherweise sind dagegen Fragen, wie sie von Philosophen gestellt werden, Fragen nach dem Wesen – etwa nach dem Wesen der Sprache zu Beginn der *Philosophischen Untersuchungen.* Wittgensteins Fragen erweisen sich aber bei genauer Betrachtung als von einer dritten Art.

Kriterien im Alltag sind Bestandteil geteilter, aber klar abgegrenzter und institutionalisierter Praktiken. Wir beurteilen die Güte von Studienbewerbern oder Kunstspringern; für Einigkeit darüber, um welche Art von Personengruppen es sich handelt, sorgen die institutionalisierten Rahmenbedingungen des Kontextes, die wir voraussetzen. Wir wissen, *was* es hier zu beurteilen gilt, und unsere Kriterien für Begriffe dienen als „specifications a given person or group sets up on the basis of which (by means of, in terms of which) to judge (assess, settle) whether something has a particular status or value" (CR, S. 9). Es geht hier also um eine *zusätzlich* bestimmende normative Klassifikation, wo eine *grundlegende* Identität (und Existenz) im institutionellen Rahmen notwendig vorausgesetzt wird. Denkt man an Rawls' Unterscheidung zwischen bloß regulativen und konstitutiven Regeln, die eine Praxis definieren und ihr logisch vorausgehen,[30] sind Kriterien in diesem Alltagsverständnis also eindeutig der ersten Kategorie zuzuordnen.

Dem entspricht Austins Zugriff. In seinem Essay „Other Minds" diskutiert Austin Wissensbedingungen dafür, dass wir einem Vogel das Prädikat „Stieglitz" zuschreiben können und stellt fest, der Sprecher müsse genug Evidenz haben, um mögliche Alternativen auszuschließen. Die Gründe, die jemand dafür angibt, dass er sich bei seiner Identifikation des Stieglitzes sicher ist, können sich z. B. auf das Kriterium des Federmusters auf dem Kopf des Vogels, um den es geht, beziehen. Stieglitze haben rotgefiederte Köpfe. Unter Angabe eines hier *relevanten Gegengrundes* kann sein Gesprächspartner dann aber weiter beanspruchen, dass das für einen Wissensanspruch hier nicht ausreicht. Der relevante Grund für den Zweifel ist kontextbezogen: Der Einspruch kann sich zum Beispiel darauf beziehen, dass

---

communicate (under the guise of only ‚showing' and not ‚saying' it) what it is that cannot be said. Rather, what is to happen is that I am lured up all four of these rungs of the ladder and then: (5) throw the *entire* ladder (all for ouf the previous rungs) away." Conant, James, „Elucidation and Nonsense in Frege and Early Wittgenstein", in: *The New Wittgenstein,* hg. v. Alice Crary/Rupert Read, London 2000, S. 184-217, S. 196.

30 Vgl. Rawls, John, „Two Concepts of Rules", in *Philosophical Review* 64/1 (1955), S. 3-32.

es hierzulande auch andere Vögel mit diesem Kopfmuster gibt. Ein Vogel mit rotem Kopf könnte auch ein Specht sein. Wenn der Sprecher seinen Wissensanspruch nun behaupten will, muss er Austin zufolge genug an Begründungsleistung erbringen, um diesen Zweifel auszuräumen. Was man von ihm erwarten kann, ist „to show that (within reason, and for present intents and purposes) it ‚can't' be anything else, there is no room for an alternative, competing description of it. It does not mean, for example, enough to show it isn't a stuffed goldfinch".[31] Der Anspruch an unsere Wissensbehauptung im Kontext schließt nicht ein, dass sie *auch* absichern müsse, dass es sich *überhaupt* um einen Stieglitz *im eigentlichen Sinne* handle, dass sie also einen philosophischen Wesens-Zweifel abwehren kann.

Austin akzeptiert also nur einen Einspruch bezogen auf das in diesem Kontext begründet Bezweifelbare. Diese Argumentation erinnert an Peirce' pragmatistischen Ansatz[32] und auch an Wittgensteins Überlegungen in *Über Gewißheit*. Peirce stellt fest, dass eine Untersuchung vom „wirklichen lebendigen Zweifel" ausgehen müsse. *Dieser Zweifel* braucht einen Grund, nicht aber jede Behauptung. Mein Wissensanspruch ist nur kontextbedingt gestützt und stützungsbedürftig – Austin spricht vom *relevanten* Grund. Man findet ähnliche Überlegungen in Wittgensteins *Über Gewissheit*, etwa die folgende: „Es wäre falsch zu sagen, ich könnte nur dann sagen, ‚Ich weiß, daß dort ein Sessel steht', wenn ein Sessel dort steht. Freilich ist es nur dann *wahr*, aber ich habe ein Recht, es zu sagen, wenn ich *sicher* bin, es stehe einer dort, auch wenn ich unrecht habe."[33]

Cavell geht mit Wittgenstein aber noch weiter als Austin in seiner Untersuchung sprachlicher Bedeutungskonstitution. Kriterien konstituieren bei Wittgenstein das „was" *zusammen mit* dem Begriff für den Kriterienbenutzer, ohne dass ein institutioneller Rahmen oder eine Basis gründender Einsicht und Wissensgehalte Garantie und Sicherheit für diesen Prozess geben könnte. Diese Konstitution von Welt und Selbst ist bereits ein praktischer Ausdruck von Normen, Werten und Interessen in jeder Begriffsanwendung. Die Kriterienuntersuchung treibt

---

31 Austin, John L., „Other Minds", in: ders., *Philosophical Papers*, hg. v. J. O. Urmson u. G. J. Warnock. Oxford 1961, S. 76-116, S. 84.

32 Die Notwendigkeit eines „genuinen Zweifels" als Ausgangspunkt unseres Strebens nach Gewißheit beschreibt bereits Charles S. Peirce, ebenso wie das „Leerlaufen der Sprache" in einer Untersuchung, die dieses konkreten Ausgangspunktes ermangelt: „Einige Philosophen bildeten sich ein, um mit dem Forschen zu beginnen, genüge es, eine Frage zu äußern, sei es mündlich oder in dem man sie schriftlich niederlegt, und sie empfahlen uns sogar, unsere Studien damit zu beginnen, alles in Frage zu stellen! Aber einen Satz bloß in interrogative Form zu setzen, regt den Verstand keineswegs an, nach einer Überzeugung zu streben. Es muß ein wirklicher und lebendiger Zweifel da sein, ohne ihn ist jede Diskussion wertlos." Peirce, Ch. S., „Die Festlegung einer Überzeugung", in: ders., *Schriften zum Pragmatismus und Pragmatizismus*, hg. v. Karl-Otto Apel, Frankfurt a. M. 1991, S. 149-172, S. 158.

33 Wittgenstein, Ludwig, *Über Gewißheit*, in: *Werkausgabe*, Bd. 8, hg. v. G. H. Wright, Frankfurt a. M. 1984, §549. Im Folgenden zit. als ÜG. Die Vorstellung der Notwendigkeit überwältigender Evidenz für jede Voraussetzung, die wir im alltäglichen Urteilen und Handeln machen, stellt auch Cavell zufolge dagegen Gewissheit dar als läge sie „at the end of an apallingly long road of belief and evidence" (CR, S. 234). Vgl. auch: ÜG, §115.

uns deshalb den Anspruch auf Wahrheiten auf einer Meta-Ebene aus – zum Beispiel den Anspruch auf mentale Zustände des „Glaubens“, „Hoffens“ oder „Erwartens“ oder andere letzte Gründe neben oder hinter unseren praktischen Umgangsweisen mit diesen Begriffen. Denken wir an Wittgensteins Untersuchungen zum Begriff des „Erwartens“: „Ich schaue auf die brennende Lunte, folge mit höchster Spannung dem Fortschreiten des Brandes und wie er sich dem Explosivstoff nähert. [...] Das ist gewiß ein Fall des Erwartens.“ (PU, §576) Dieses Beispiel scheint zunächst die Vorstellung zu stützen, dass die angemessene Rede von meinem „Erwarten von etwas“ ein „Korrelat“ in einem inneren oder geistigen Zustand des Erwartens haben muss. Denn hier scheint es eindeutig, dass es zum einen das faktische Geschehen des Abbrennens der Lunte und mein Verhalten dazu gibt, zum anderen aber „in mir“ „etwas“ geschieht – und für die Rede vom „Erwarten“ scheint das das Entscheidende zu sein. Die Ebene des Geistigen scheint von der materialen des beobachtbaren Verhaltens sauber geschieden und primär. Das scheint aber nur deshalb so, weil ich in diesem besonderen Fall material-physisch *nichts* tue oder sogar tun kann. Aber andere Fälle, wo wir den Begriff gebrauchen, werfen ein anderes Licht auf den Begriff – und zeigen, dass das, was wir hier beschreiben wollen, kein Geist-Körper-Dualismus, sondern ein Verhältnis der Ermöglichung ist. Wir zeichnen dort etwa *auch* ein Verhalten *oder nur* den Fall der Erwartungs*enttäuschung* sprachlich aus, und nur im Gegensatz und in Abgrenzung zu diesem Fall verweisen wir *negativ* auf das primäre Paradigma der gewöhnlich vorausgesetzten erfüllten Erwartung. Wir *sprechen* nur von unserem „Erstaunen“:

> ‚Ich erwarte ihn‘ hieße hier ‚Ich wäre erstaunt, wenn er nicht käme‘ – und das wird man nicht die Beschreibung eines Seelenzustands nennen. [...] Wir sagen aber auch ‚Ich erwarte ihn‘, wenn dies heißen soll: Ich harre auf ihn. Wir könnten uns eine Sprache denken, die in diesen Fällen konsequent verschiedene Verben benützt. Und vielleicht ebenso mehr als ein Verbum dort, wo wir von ‚glauben‘, ‚hoffen‘, usw. reden. (PU, §577)

Cavell kommentiert: „In ordinary cases of Wittgensteinian criteria we want to know the basis on which we grant any concept to anything, why we call things as we do.“ (CR, S. 29) Ausgangspunkt der Sprachphilosophie, die diese alltagssprachlichen Verwendungen von Begriffen rekonstruiert, ist nicht das Bedürfnis nach *Erklärung*, sondern nach *Klärung*, das heißt nach Beschreibung unserer Praxis der Begriffsverwendung, die die Vorgängigkeit der Sprachpraxis anerkennt: „Sieh auf das Sprachspiel als das Primäre!“ (PU, §656) Der Erläuterungsbegriff des Kriteriums zeigt, inwiefern das Streben nach Erklärung, nach Begründung der Sprache, die dem zu Begründenden vorausliegt, hier fehlgeht: Unsere Fragestellung ist gar keine bloß epistemische, wie die Rede von Erklärung suggeriert, sondern sie ist praktisch. So insistiert auch Cavell, dass Kriterien in unserer alltäglichen Sprache und Praxis *mit* gegeben, modifiziert und erweitert werden. Sie sind in ihrer Geschichtlichkeit und Pluralität nicht nur die Ermöglichungsbedingungen von Erkenntnis für uns, sondern ihr Vollzug ist sinnkonstitutiv für unsere alltägliche Welt und unsere Seinsweise als menschliche Wesen in dieser Welt.[34] Die philosophische Methode rekonstruiert und „erinnert" den Prozess, in dem etwas seinen Ort in unserer Welt, also in unseren Praktiken gewonnen hat, in dem sie unsere Redeweisen, unseren sprachlichen Umgang mit dem Begriff untersucht, nicht mehr als das:

> 1) We find ourselves wanting to know something about a phenomenon, e.g. pain, expecting, knowledge, understanding, being of an opinion. [...] 2) We remind ourselves of the kinds of statements we make about it. 3) We ask ourselves what criteria we have for (what we go on in) saying what we say. (CR, S. 29)[35]

Weil Wittgenstein sich der Bezogenheit aller unserer Erkenntnis auf die gewöhnliche Praxis so bewusst bleibt, ist seine Frage nach Kriterien immer die Frage Cavells: „When do we say what?"[36] Die Antwort gibt exemplarische Kontexte und Sprachspiele in Situationen an, und versteht sich so als eine Aussage *sowohl* über unsere Sprache *als auch* über unsere Welt.[37] Für Wittgenstein ist die Funktion aller Kriterien, anzuzeigen, wann etwas *für uns* unter einen Begriff gebracht werden kann, und *damit*, was etwas ist: „what a thing is (called)" (CR, S. 65). Um einen Begriff *anwenden* zu können, muss ich meine Kriterien nicht angeben können. Die Fähigkeit, die Technikbeherrschung setzt kein explizites Wissen um sich selbst voraus: „To say that we have established full criteria for our word does not mean that we can establish what they are on demand: our investments in a word

---

34 Kerr rekapituliert die Methode der *ordinary language philosophy* in ihrer Absetzung von Kants kopernikanischer Wende mit Heidegger wie folgt: „Rather than saying that in order for there to be a world of objects of knowledge for us a thing must satisfy the a priori conditions of human knowledge – whatever these turn out on philosophical investigation to be – Heidegger is suggesting, on the contrary, that in order for us to recognize ourselves as human beings, we must satisfy the conditions of there being things that make a world in the first place. [...] Things need redemption from the way we human beings have come to think, and the redemption (the return) of the things of the world is the redemption (the return) of human nature." Kerr, Ferguson, *Immortal Longings. Versions of Transcending Humanity*, Notre Dame 1997, S. 133. Zum hier angesprochenen Verhältnis von transzendentaler und grammatischer Untersuchung vgl. Cavell: „It is such consequences that are taken to display a difference in the kind of judgments in question, in the nature of concepts employed, and even in the nature of the reality the concepts capture. One hardly knows whether to call this a metaphysical or a logical difference. Kant called it a transcendental difference, Wittgenstein would call it a grammatical difference." (MWM, S. 90)

35 Hammer formuliert: „The point of eliciting criteria is therefore not a matter of uncovering the necessary presuppositions of ordinary speech; rather, it is to respond to a crisis in our agreement." Hammer, Espen, *Stanley Cavell. Skepticism, Subjectivity, and the Ordinary*, Cambridge 2002, S. 38.

36 Cavell, Stanley, *Must We Mean What We Say? A Book of Essays*, New York 1969, S. 39. Im Folgenden zit. als MWM.

37 Mulhall zufolge beschäftigt Cavell im einen Teil seiner Arbeit die Frage, wie Sprecher und Welt aneinander ausgerichtet sind, im anderen, wie ein Sprecher an anderen Sprechern ausgerichtet ist. Mulhall, Stephen, *Stanley Cavell: Philosophy's Recounting the Ordinary*, Oxford 1997, S. 12-23. Das ist nicht sehr glücklich formuliert. Was Cavells Diskussion des Kriterienbegriffs wie des Projektionsbegriffs zeigen soll, ist, dass diese Fragen nicht zu trennen sind.

are rarely liquid. That I know when to assert a concept does not mean that I know why I call it when I do, what the point of its application is." (CR, S. 72)

In den *Philosophischen Untersuchungen* bietet Wittgenstein keine *direkte* Kritik einer Theorie-Position (etwa der der Referenzsemantik) an. Er konfrontiert uns vielmehr mit den unsinnigen Konsequenzen aus irregeleiteten Phantasmen der Vernunft. Die *Philosophischen Untersuchungen* zeigen indirekt und praktisch, „daß jedes Beispiel stets ein Beispiel für etwas ist, dessen Geltung wir im Akt der Beispielsetzung implizit oder, methodisch reflektiert, explizit mitkonstituieren oder modifizieren bzw. konterkarieren".[38] „Die Sprache", als ein Gesamt der Bezüge, in denen wir Situation und Gegenstand verstehen, indem wir immer – und zwar im Vollzug – Bedeutungen *mit* setzen, bleibt hier unthematisch, sie wird auch im Versuch, sie zum Gegenstand zu machen, wiederum wesentlich „nur" vollzogen.

Allerdings bleibt Wittgenstein nicht, wie häufig bemängelt, bei der Dekonstruktion philosophischer Theoreme stehen. Cavell liest Wittgensteins Einsatz des Begriffs des Kriteriums in seiner Erläuterungssprache als einen Weg, den Wittgenstein wählt, um Sprache *als Praxis* zu beschreiben. Hier ist der Ort, um auf das Dilemma des Zeigens in den *Philosophischen Untersuchen* zurückzukommen; Ob ich die Form oder Farbe *meine* (vgl. PU, §58), wenn ich auf einen roten Ball deute, ist aus meinem Zeigevorgang selbst nicht ersichtlich und mir auch nicht dem Vollzug vorgängig in der Form propositionalen Wissens präsent, weil ich eine Vielzahl von Bezugsweisen in jeder bestimmten Situation und deren Erfordernis *unthematisch* mitführe. Es scheint nur unter dem Modell der Referenz auf Gegenstände fraglos, dass jede Art des Verweises – auch auf solche Aspekte oder Bezugsweisen unserer Gegenstandswahrnehmung wie Form, Farbe oder Räumlichkeit – von der gleichen, nämlich eine Referenzbeziehung voraussetzenden, Art ist. Der Zeigevorgang selbst stellt aber keine Eineindeutigkeit der Art der Bezugnahme her, sondern realisiert selbst eine, sehr spezielle, *Art der Bezugsweise* – die auf Objekte. Das Gelingen dieser Aktualisierung ist selbst auf den Kontext seiner Verwendung, auf das Verstehen der Beteiligten der Situation und der mit dieser Situation das Relevante abgrenzenden Fragerichtung angewiesen. Dass er als Geste funktioniert, verweist nicht darauf, dass er Sinnbezüge für uns allererst herstellen könnte, am Boden der Sprachkompetenz läge. Wenn ich auf den Gegenstand zeige, so meine ich einen Bedeutungsaspekt, z. B. seine Form und Farbe, den ich mit meinem Zeigevorgang selbst mit *als den relevanten* auszeichne. Das tue ich, indem ich unzählige weitere Bedeutungselemente dessen mitvollziehe, was wir unter – etwa – einem Stab, Würfel, Hasen usw. verstehen. Und ich setze des Anderen Vermögen voraus, zu sehen, was hier vor diesem Horizont, den auch er selbst zieht, relevant ist.

Die Unbestimmtheit der Referenz entspricht unserer Freiheit sinnoffenen Sprechens in einer geteilten Lebenswelt. Keiner von den Bedeutungsaspekten zum Beispiel *dieses* gelben, hölzernen Würfels mit 1,5 cm Kantenlänge ist an sich,

38 Kroß „Philosophieren in Beispielen", S. 185.

auf einer situationsunabhängigen Metaebene grundlegend. Wir sehen ihn *als* Würfel im Lichte des Ortes des Begriffs „Würfel" in unseren Lebensformen, also etwa im Lichte unserer Praxis verschiedener Brett- und Würfelspiele. Also leistet der Zeigevorgang nur eine *Abkürzung* des Gebrauchs. Selbst das konkrete Missverständnis, das mein Zeigen ausräumen kann, ist ein – wenn auch abweichender – Vollzug von Sprachgebrauchsweisen, die unsere Interessen, Werte und Überzeugungen verkörpern. Und auch das Zeigen leistet nicht den Zugriff auf eine von diesen praktisch realisierten Einstellungen unabhängige, erste und grundlegende Bedeutungsebene. Ryle kommentiert: „Mißverstehen ist ein Nebenprodukt des Könnens. Nur jemand, der zumindest ein bißchen Russisch kann, kann einem russischen Ausdruck einen falschen Sinn beilegen. Fehler sind Ausübungen von Fähigkeiten."[39]

Auch unser Missverständnis ist also das Ergebnis einer Anwendung eben desselben Sprachvermögens, mit dem wir gewöhnlich, gelingend und unthematisch, Sinnbezüge in bestimmten Zusammenhängen und Situationen herstellen:

> Was *bezeichnen* nun die Wörter dieser Sprache? – Was sie bezeichnen, wie soll ich das zeigen, es sei denn in der Art ihres Gebrauchs? Und den haben wir ja beschrieben. Der Ausdruck „dieses Wort bezeichnet *das*" müßte also ein Teil dieser Beschreibung werden. Oder: die Beschreibung soll auf die Form gebracht werden: „Das Wort ... bezeichnet ...". Nun kann man ja die Beschreibung des Gebrauchs des Wortes „Platte" dahin abkürzen, daß man sagt, dieses Wort bezeichne diesen Gegenstand. Das wird man tun, wenn es sich z. B. nurmehr darum handelt, das Mißverständnis zu beseitigen, das Worte „Platte" beziehe sich auf die Bausteinform, die wir tatsächlich „Würfel" nennen, – die Art und Weise dieses ‚Bezugs' aber, d.h. der Gebrauch dieser Worte im übrigen bekannt ist. (PU, §10)

Der Verweis auf „den Gegenstand" leistet im Fall des Missverständnisses nichts als eine Abkürzung unserer Gebrauchsweisen des Begriffs. Aber auch das Missverständnis und die Möglichkeit seiner Korrektur setzen den ganzen Kontext der Bezugnahme voraus. Nicht die isolierte Verweisrelation gründet unsere Sprache, sondern die Möglichkeit der Explikation der problematisch gewordenen Verweisrelation setzt die *ganze Praxis* der vertrauten, gewöhnlichen Zusammenhänge und Sprachverwendungen des alltäglichen Lebens als ganzes voraus. Wittgenstein beschreibt so den Sprachgebrauch nicht wie Austin als, wenn auch durch ihren jeweiligen, sozusagen quasi-institutionellen Kontext limitierte, praktische „Wissensansprüche", obwohl auch er seine Situierung in der praktischen Lebenswelt hervorhebt. Sondern er verweist darauf, dass wir auf der Ebene unserer Situiertheit in unserer Lebenswelt letztlich *keine* Gründe geben können.[40] Im Gegensatz

39 Ryle, Gilbert, *Begriffskonflikte*, Göttingen 1970, S. 74.

40 „Und ist es hier nun sonderbar, daß wenn ich des Gebrauchs der Wörter ganz sicher bin, keinen Zweifel darüber habe, ich doch keine Gründe für meine Handlungsweise angeben kann. Versuchte ich's, so könnte ich 1000 angeben, aber keinen, der so sicher wäre, wie eben das, was sie begründen sollen." (ÜG, §307) Diese tausend Gründe können alle wahr sein und in manchen Umständen sogar angebracht, aber hier, in diesem „Kontext" der philosophischen Untersuchung, wirkt *nichts* als Grund, weil es um die Konstitution von Fragekontexten und Frage-

zu Austin gibt Wittgenstein die Frage nach dem Wesen der Sprache nicht einfach auf. Er gibt ihr aber Antworten, die uns überraschen und unsere Perspektive ändern wie diese: „Das Wesen ist in der Grammatik ausgesprochen." (PU, §371) Hier ist im Sprachgebrauch eine grundlose Gewissheit avisiert, in der Selbst und Welt für uns überhaupt erst erschlossen sind.

Diese Erschlossenheit ist nicht nur insofern in dem Modell von epistemischen Wissensansprüchen nicht angemessen zu erfassen, als sie unhintergehbar bezogen auf unsere Praxis ist. Sie ist auch eine unhintergehbar persönliche *Vollzugsweise* unserer Einbildungskraft. Der Sinn eines Begriffs ist seine Geschichte im doppelten Sinne, seine „history" und auch seine „story", weil er sich erstens nur in *exemplarischen Beispielsituationen* der Verwendung eröffnet, die als solche zweitens immer *für jemanden* als bedeutungsvoll ausgezeichnet sind. Die philosophische Beschreibung ist ebenfalls in diesem Sinne persönliche Rekonstruktion von Begriffen und ihren Kriterien. Die grammatische Untersuchung imaginiert Musterfälle der Verwendung von Begriffen und erinnert uns so an die Zusammenhänge, in denen diese für uns stehen, an die Sprachspiele, in denen wir sie gebrauchen: „The appeal to ‚what we should say if …' requires that we imagine an example or story." (MWM, S. 95) Grammatische Untersuchungen führen nicht zu einem *Ergebnis* der Erkenntnis, sondern zur Anerkennung dieser doppelten Negativität unserer Sprache. Ihre Methode ist die hermeneutische Selbst-Erkenntnis und -Deutung, in der wir uns neu über unser Selbst und über eine Welt klarwerden, insofern diese uns nur in der Form einer Praxis, des gemeinsamen Urteilens und der entsprechenden Sprachverwendungen, erschlossen und bedeutsam sind. Charles Taylor verweist auf dieses hermeneutische Problem in Bezug auf bestimmte, identitätsbezogene Begriffe:

> [Man] benötigt diese Begriffe, um sich das eigene Tun aufs Beste begreiflich zu machen. Aus demselben Grund sind diese Begriffe unentbehrlich für die mit solchen alltäglichen Verwendungen verflochtene Art der Erklärung und Deutung der eigenen Person und anderer Personen, z. B. wenn es darauf ankommt, das Benehmen des anderen zu bewerten, seine Motive zu erfassen oder einzusehen, was man selbst in den letzten Jahren eigentlich vorgehabt hat, usw.[41]

Wittgensteins Kriterien-Begriff zeigt nun, dass *jeder* der Begriffe unserer gewöhnlichen Sprache einen solchen Status als Reflexionsbegriff hat: Als leibliches Sprachwesen *verhält* sich der Einzelne *zu sich selbst* in seinen gewöhnlichen Vollzügen mit, indem er je neu im Sprachgebrauch Bedeutungsdimensionen mitkonstituiert, sie setzt, erweitert und bestreitet. Die Selbstreflexion *erklärt* also nicht und nimmt auch keine Metaperspektive ein. Es gibt keinen fixen, isolierbaren

---

richtungen überhaupt geht, um den ganzen Horizont, in dem wir etwas überhaupt als sinnvolle Frage verstehen können.

41 Taylor, Charles, *Quellen des Selbst. Die Entstehung der neuzeitlichen Identität*, Frankfurt a. M. 1996, S. 117.

Rahmen der Sinngestalten einer bloß faktischen Praxis.[42] Die philosophische Rekonstruktion ist, da sie selbst die gewöhnliche Sprache und ihre Kriterien gebrauchen muss, auch selbst auf eine solche projizierende, vorstellende Tätigkeit angewiesen. Kriterien aufzuweisen, so stellt Cavell fest, ist Sache einer Parasprache, die konkrete, paradigmatische *Sinn-Gestalten* und *-Geschichten* als Horizonte oder Zusammenhänge unserer Orientierung wiederholt und erinnert: „Criteria are the terms in which I relate what's happening, make sense of it by giving it its history, say what goes before and after. What I call something, what I count as something, is a function of how I recount it, tell it." (CR, S. 93f.)

Der Aufweis dieser radikalen Negativität gelingt negativ-kritisch, zum Beispiel wenn sich die Idee des Zeigens als erstem Sprachspiel, die die *Philosophischen Untersuchungen* ins Auge fassen, als unsinnig entpuppt. Solche Ideen sind keine simplen theoretizistischen Fehlschlüsse. Diese Einsicht weist über den Ansatz, Sprachbeherrschung als praktisches Wissen zu verstehen, noch hinaus. Es kommt hier darauf an, den eigentlichen Anspruch, das Bedürfnis des Skeptikers angemessen zu artikulieren. Das ist aber selbst nur in einer andeutenden, hinweisenden Form möglich – denn der philosophische Blick „richtet" sich „nur" auf die eigene unthematische Tätigkeit der Sinnkonstitution: „Nur durch Ausführung der Projektion kann man die Projektionsmethode erklären; und die Projektion findet nur dann statt, wenn sie wirklich ausgeführt wird."[43] Auch des Skeptikers Entdeckung ist das Ergebnis einer solchen – bloßen, nicht an der Bewährung im praktischen Kontext ausgerichteten – Projektion seiner Einbildungskraft, die eine neue Begriffsverwendung zum Beispiel des Wörtchens „dieses" entwirft, samt ihrem ganzen Kontext, den sie doch gleichzeitig ausschließen muss. Es ist „nur" eine Frage der Gestimmtheit, dass dieser Entwurf darauf gerichtet ist, eben diesen selbst entworfenen Kontext, in dem der Sprecher sich auch findet, zu leugnen; wie unser alltägliches Vertrauen auf diese unthematische Erschlossenheit „nur" eine Stimmung ist – in der wir aber unser ganzes Leben leben. Der Skeptiker erliegt also keinem schlichten Irrtum über Tatsachen. Cavell spricht von einer „Erfindung", die dem Skeptiker aber als absolut notwendig erscheint, in die alle seine lebensweltlichen Interessen und Überzeugungen, wie sie seine praktischen Sprachverwendungen verkörpern, einwandern: „What his conclusions find in the world is something he himself has put there, an invention, and would not exist but for his efforts." (CR, S. 223) Wittgenstein spricht davon, dass uns ein „Bild […] gefangen" hält. „Und heraus konnten wir nicht, denn es lag in unserer Sprache, und sie schien es uns nur unerbittlich zu wiederholen." (PU, §115)

---

42 „Wir können unsere ‚Bilder' nicht isoliert von einer Perspektive von außen betrachten, und sie als ‚Rahmen' unserer Welt und deren Tatsachen von der bloß faktischen, kontingenten Empirie unserer Praxis scheiden. Es handelt sich hier um ‚Gestalten der Realität des gemeinsamen Lebens'." Rentsch, Thomas, *Die Konstitution der Moralität. Transzendentale Anthropologie und praktische Philosophie*, Frankfurt a. M. 1999, S. 236.

43 Wittgenstein, Ludwig, *Vorlesungen 1930-1935*, hg. v. D. Lee/A. Ambrose, Frankfurt a. M.: 1984, S. 88f.

Dass unsere tiefsten welt- und selbstkonstutiven Gewissheiten „nur sprachlich" seien und nicht bis zu den Dingen selbst reichen, „das Innere" des Anderen uns unzugänglich bleibt, oder dass unser Wissen immer der Revision offensteht – das sind Formulierungen für unsere Endlichkeit als Sprachwesen, die diese auf den ersten Blick als – epistemischen – Mangel beschreiben. Auf den zweiten Blick haben wir es bei diesen philosophischen Beschreibungen mit Selbst- und Weltdeutungen zu tun, die so wenig wie unsere Alltagsbegriffe auf der Tatsachen-Ebene operieren. Dieses Philosophen-„Problem" ist also eines, das für uns alle als endliche Sprachwesen besteht – „a danger we all run, a fact about human knowing" (CR, S. 222) Denn Kriterien genügen einem bestimmten „Anspruch" tatsächlich nicht: nicht etwa dem Anspruch darauf, das Innere („hinter dem Verhalten") zu erfassen oder absolute Gewissheit zu geben. Sondern eine Gewissheit über die Tätigkeit ihrer eigenen Projektionsleistung als Vernunfttätigkeit zu geben. Die Erschlossenheit der Welt und des Selbst ist, indem wir sie unthematisch entwerfen, radikal unverfügbar und entzogen.[44] Schon Kant stellt fest:

> Die menschliche Vernunft hat das besondere Schicksal in einer Gattung ihrer Erkenntnisse: dass sie durch Fragen belästigt wird, die sie nicht abweisen kann, denn sie sind ihr durch die Natur der Vernunft selbst aufgegeben, die sie aber auch nicht beantworten kann, denn sie übersteigen alles Vermögen der menschlichen Vernunft.[45]

Und Cavell formuliert ganz ähnlich: „Nothing is more human than the wish to deny one's humanity." (CR, S. 109) Den philosophisch Gestimmten führt seine Auffassung der Endlichkeit noch der menschlichen Vermögen der Sinnkonstitution, ihrer „Grenzen" und „Beschränkungen" in den Unsinn. Der Begriff des „Kriteriums" soll dieses Problem nicht ausräumen, sondern Cavell zufolge möglich machen, es zu beschreiben. Denn Kriterien sichern unseren Weltbezug *nicht*:

> It is, for Wittgenstein [...], essential to his philosophizing to account for a certain philosophical vulnerability to, or insistence upon, nonsense, as though the capacity for defeating sense is the same as that for making sense and serves its own wishes. [...] To possess criteria is also to possess the demonic power to strip them from ourselves, to turn language upon itself, to find that its criteria are, in relation to others, merely outer; in relation to certainty, simply blind; in relation to being able to go on with our concepts into new contexts, wholly ungrounded. (PDAT, S. 204f.)

---

44 David Sparti charakterisiert das Verhältnis zum Skeptizismus wie folgt: „Der Widerstreit zwischen der gewöhnlichen Sprache und der philosophischen Einstellung ist neu zu beschreiben: als nicht durch die Unfähigkeit verursacht, der Versuchung die Basis zu entziehen oder sie auszuräumen, sondern durch die Notwendigkeit, zwei gleichermaßen menschliche Impulse gegenüber der Sprache zusammen bestehen zu lassen." Sparti, David, „Der Traum der Sprache. Cavell, Wittgenstein und der Skeptizismus", in: *Deutsche Zeitschrift für Philosophie*, 46/5 (1998), S. 211-236, S. 215. Der Widerspruch zwischen der Stimme der gewöhnlichen Sprache und der der skeptischen Versuchung stellt sich in den negativ-kritischen Überlegungen in den *Untersuchungen* als nicht lösbarer heraus.

45 Kant, Immanuel, *Kritik der reinen Vernunft* A, in: ders., *Gesammelte Schriften*, Bd. 4, hg. v. der Königlich Preußischen Akademie der Wissenschaften, Berlin 1911, S. vii. Zitiert wie üblich nach der 1. Aufl. (A 1781) u. nach der 2. Aufl. (B 1787).

Der philosophische „Unsinn“ verweist hier nicht auf eine falsche Meinung, die sich durch Argumente korrigieren ließe, sondern auf die Grundlosigkeit unserer Freiheitsperspektive eben als endliche Vernunftwesen, die ihr Leben in geteilten Verständnissen und Praktiken selbst – mit jedem Satz, jeder Wahrnehmung und jeder Geste *mit* – gestalten müssen *und* so als immer bereits unthematisch erschlossen vorfinden. Die Verweigerung gegenüber unseren Sinnkriterien bedient sich also *desselben* Vermögens wie ihr alltäglicher (Sprach-) Gebrauch, und nur dieser Sprachgebrauch orientiert an nichts anderem als sich selbst, das heißt der *Aufweis* eben dieses Sprachgebrauchs in grammatischen Untersuchungen kann ihre „Therapie“ sein:

> Denn die Klarheit die wir anstreben, ist allerdings eine *vollkommene.* Aber das heißt nur, daß die philosophischen Probleme vollkommen verschwinden sollen. Die eigentliche Entdeckung ist die, die mich fähig macht, das Philosophieren abzubrechen, wann ich will.[46]

Diese „Entdeckung“ ist nichts als die Erfahrung einer Grundlosigkeit: Unsere Kriterien für Begriffe haben ihren Ort in Gesellschaft, Kultur und Geschichte, und sie geben uns keine absolute Gewissheit. Wie sie uns so Blick und Praxis eröffnen, lässt sich gut an Wittgensteins Behandlung des Grenz-Phänomen des Aspekt-Sehens nachvollziehen.

---

46 Vgl. Kroß, „Philosophieren in Beispielen“, S. 186. Vgl. auch ebd.: „Beginnen wir als Philosophen in der Offenheit von Beispielen zu denken, löst sich der philosophische ‚Krampf‘ (V1, 260) und wir vermögen eine Sensibilität für die Zusammenhänge der Kommunikation und ein Gespür für die Faktizität des Daseins zu entwickeln, in der jenes philosophische Allgemeine bereits zu einem ‚interessanten Allgemeinen‘ geworden ist. Wir sind dann unterwegs zu einer historischen Anthropologie nicht eines vermeintlichen Verhängnisses, sondern der menschlichen Lebensvollzüge in ihrer Ordinarität und Originalität.“ Cavell spielt mit diesem therapeutischen Ansatz der Wittgenstein-Interpretation, wenn er einer philosophischen Fragestellung zuschreibt, „to have causes whose origins are not presented, to which a helpful response may be no more like a solution than like a cure, or say no more like finding an answer than like finding a further question“ (PDAT, S. 211).

1.2. Aspektsehen und Aspektblindheit: Verstehen im Spannungsfeld von Literarizität und Leiblichkeit

Mit Cavells Wittgenstein-Analyse geht es in dessen Destruktion epistemischer Fundierungsbemühungen nicht um eine grundlegende und immer übersehene „Unbestimmtheit" des Sprachgebrauchs. Es geht vielmehr um die Freilegung eines praktischen Anspruchs. Das ist auch für Wittgensteins Analysen zu seinem Vergleichsobjekt des Aspektsehens grundlegend. Der Ausdruck des Aspekt-Erlebens markiert eine *Leerstelle* der Sinnkonstitution und „entringt sich mir" (vgl. PU, S. 524). Wittgenstein vergleicht das mit der Unwillkürlichkeit einer Schmerzäußerung – und zieht damit eine *Analogie* zu unseren natürlich-leiblichen Reaktionsweisen in ihrer Grundlosigkeit. Das Aspekt-Erleben zeigt die Art und Weise alltäglicher „Orientierung" an, die wir alltäglich und ohne Worte bezogen auf ein Ganzes von Welt und Selbst üben, indem wir uns selbst und unsere Welt unthematisch mit unseren Handlungen und Äußerungen in Sinngestalten entwerfen. Dem gerecht zu werden ist nur Sache einer angemessenen Einstellung zu unserer Sprache und damit der Lebenswirklichkeit, die sie beschreibt, aber vor allem gestaltet.

Die „Ent-Täuschung" angesichts der Unbestimmtheit der Sprache setzt die eigentliche kritische Herausforderung der als Praxis verstandenen philosophischen Übung wieder frei. Nun gilt es, die Momente eines grundlegenden und dezentrierenden *Nicht-Verstehens* in der Sprache als Anlässe der Prüfung eigener Vorverständnisse anzuerkennen. Weil unsere Denk- und Urteilsweisen ihre Gegenstände formen, bedarf es hier eines Verzichts auf ein vermeintliches Wissen, der als *ethisch* zu qualifizieren ist. Die Sprachanalyse ist in Analogie zur Anerkennung des Anderen als entzogener Einzelner zu verstehen: Es bedarf dafür einer Anerkennung des unverwechselbar und unaustauschbar Individuellen. Die wird hier als Modus der Anerkennung des Konkreten zur Darstellung gebracht als Sensitivität für besondere Situationen in ihrer Ganzheit, die sowohl als *ethische Haltung* wie auch als *ästhetische Sensitivität* charakterisiert werden kann. Diese Darstellung ist legitim, insofern sie eine Selbstdifferenz anzeigt, unhintergehbar „zu spät" kommt gegenüber dem selbstverständlichen Vollzug. Dieser Modus ist also sowohl vorgängig, die Form unseres gesamten Welt- und Selbstverhältnisses, als auch nachträgliche Erinnerung im Nachleben. Wittgensteins Diskussion der Aspektblindheit zeigt uns insofern als uns selbst schon entfremdet, da wir als Sprachwesen aus unseren Werten und Überzeugungen immer auch herausgesetzt sind. Die Analogie, ob mit dem Vergleichsobjekt des „Aspektsehens" oder mit der Literatur, akzentuiert die Abständigkeit und Anzeigefunktion jeder Darstellungsweise des unhintergehbar entzogenen Vollzugs der Tätigkeit der Urteilskraft und nötigt damit den Leser zu eben diesem Vollzug.

1.2.1. Aspektsehen in den *Philosophischen Untersuchungen*: Rezeptivität und Expressivität des Verstehens

Wittgenstein führt das Phänomen des Aspektsehens in den *Philosophischen Untersuchungen* als Modell oder exemplarische Figur ein, um unser Verhältnis zu unseren sprachlichen Bedeutungen in der Lebenswelt zu untersuchen. Fälle des Aspektsehens sind Fälle, in denen wir etwas als etwas anderes sehen, etwas in etwas anderem sehen: „Ich betrachte ein Gesicht, auf einmal bemerke ich seine Ähnlichkeit mit einem anderen. Ich *sehe*, dass es sich nicht geändert hat; und sehe es doch anders. Diese Erfahrung nenne ich ‚das Bemerken eines Aspekts'." (PU, S. 518) Es scheint sich hier zunächst ganz eindeutig um *Sonderfälle* unseres Wahrnehmens zu handeln. Aber Wittgenstein charakterisiert mit dem Begriff des Aspekterlebens entscheidende Momente unseres Lebens in und mit Sprache.[47] Er spricht hier also scheinbar von „Wahrnehmung" in übertragenem Sinne.

Wenn Wittgenstein den Aspektwechsel im Sehen des berühmten Hase-Entenkopf diskutiert, beschreibt er zunächst den Fall, in dem ich das Bild schlicht und unhinterfragt als Bildhasen sehe. Er charakterisiert dies als unproblematische *Anwendung einer Technik* des Sehens und stellt fest, dass die Rede von einer Entscheidung, Alternative oder einem Täuschungsvorbehalt meinerseits hier unsinnig ist. Auch die Möglichkeit des Misslingens einer Absicht oder das bloße Versuchen, das Bild *so* zu sehen, steht ihm zufolge nicht zur Debatte, sowenig wie bei gewöhnlichen, selbstverständlichen praktischen Vollzügen mit Gegenständen deren Gebrauchsweise zur Debatte steht:

> Zu sagen: ‚Ich sehe das jetzt als ...' hätte für mich so wenig Sinn gehabt, als beim Anblick von Messer und Gabel zu sagen: ‚Ich sehe das jetzt als Messer und Gabel.' Man würde diese Äußerung nicht verstehen. – Ebensowenig wie diese: ‚Das ist jetzt für mich eine Gabel', oder ‚Das kann auch eine Gabel sein.' Man ‚*hält*' auch nicht, was man bei Tisch als Eßbesteck erkennt, *für* ein Eßbesteck; sowenig wie man, beim Essen, für gewöhnlich den Mund zu bewegen versucht, oder zu bewegen trachtet. (PU, S. 521)

Im normalen Kontext des Umgangs mit „Messer" und „Gabel" stellen wir deren Verwendungsweise nicht in Frage, sondern nehmen diese Objekte wahr und agieren mit ihnen in ihrer vertrauten Verwendungsweise. Genauso sehen wir den Bildhasen selbstverständlich, als neue Instanziierung unseres Begriffs „Hase", ohne eine Leistung bewusst zu intendieren. Diese Verwendungsweisen von Begriffen und die entsprechenden Verhaltensweisen sind die praktisch gelebten Strukturen unseres Weltbezuges selbst. Wir haben kein privilegiertes, gegenständliches Wissen von ihnen.

---

47 Mulhall schreibt, „we should expect experiences of meaning to be simply one striking example of a general human attitude to language which parallels that of continuous aspect-perception – call it continuous meaning perception". Mulhall, Stephen, *Inheritance and Originality. Wittgenstein, Heidegger, Kierkegaard*, Oxford/New York 2001, S. 164.

Auf *beide* Fragen, sowohl „was ist das?“ als auch „was siehst du da?“, hätte ich dieselbe Antwort gegeben, also zwischen der Frage nach dem Objektbezug und der Frage nach der Art des Bezuges nicht unterschieden: Ich hätte gesagt, „einen Bildhasen“ und „zur Erklärung auf allerlei Hasenbilder, vielleicht auf wirkliche Hasen gezeigt, von dem Leben der Tiere geredet, oder sie nachgemacht“ (PU, S. 520). Ich hätte nicht auf ein Wesen oder ein geistiges Bild, sondern auf unsere Sprachspiele und Praktiken verwiesen, in denen das Konzept des „Hasen“ seinen Ort hat. Ich hätte Familienähnlichkeiten in unserer Lebensform erläutert, vom Füttern und Streicheln eines Hasen, vom Füttern und Streicheln eines Hundes, von Hakenschlagen, Hasenbraten und vielleicht vom Osterhasen gesprochen. Nichts gründet meinen Bezug, nur die Vielfalt der Begriffsverwendungen selbst, in der wir ein Beispiel selbstverständlich im Lichte solcher Kriterien, in der Kette verwandter und ähnlicher Fälle sehen.

Was auch das Bemerken des Aspekts oder sein Aufleuchten, etwa im Wechsel von Bildhase zu Bildente, offensichtlich vom gewöhnlichen Sehen eines *Gegenstandes* unterscheidet, ist, dass der Auslöser dafür nicht ist, dass sich das Objekt geändert hätte. Es scheint daher zunächst naheliegend zu vermuten, der Unterschied, der im Aspekt-Erleben zu Tage tritt, läge *nur* im Auge des interpretierenden Betrachters. Aber Wittgenstein analogisiert dieses Erleben nicht umsonst dem Wahrnehmen und betont, dass es sich beim Aspektsehen, wie bei der visuellen Wahrnehmung, um einen „Zustand“ handelt und lehnt jeden Deutungscharakter des Aspekterlebens explizit ab: „Sehe ich wirklich jedes Mal etwas anders, oder deute ich nur, was ich sehe, auf verschiedene Weise? Ich bin geneigt, das erste zu sagen. Aber warum? – Deuten ist ein Denken, ein Handeln; Sehen ist ein Zustand.“ (PU, S. 550) Wittgenstein setzt hier Achtungszeichen vor unseren Versuchen, die Ebene der Sinnerschließung, die er thematisiert, begrifflich fixieren zu wollen. Abgrenzen will Wittgenstein hier offenbar das Sehen gegenüber der *Gesteuertheit* und *Absichtlichkeit* des Deutens. Wittgenstein macht aber an anderen Stellen mit ebensolchen Achtungszeichen auch vom Deutungsbegriff Gebrauch, um das Aspektsehen zu erläutern: „Aber wir können auch die Illustration einmal als das eine, einmal als das andere Ding sehen? – Wir deuten sie also und sehen sie, wie wir sie deuten.“ (PU, S. 519, vgl. auch S. 530)

Der Ausdruck des Aspekt-Erlebens ist deshalb nicht die Information über einen geistigen Zustand. Er markiert vielmehr eine *Leerstelle* des Fortsetzens.[48] Ich *sage* nicht: „Ich erlebe jetzt den Aspekt“, oder „Ich sehe es jetzt *als* Bildhasen“. Eine solche *Feststellung* kann nur in der 3. Person geäußert werden. In der 1. Person des Betroffenen ist der Ausdruck der Erfahrung der *Ausruf*: „Jetzt ist es ein Bildhase!“ Und der „entringt sich mir“ (vgl. PU, S. 524). Wittgenstein vergleicht das mit der Unwillkürlichkeit einer Schmerzäußerung – und zieht damit eine Analo-

48 Entsprechend charakterisiert Thomas Rentsch unsere Praxis als ein „freies Fortsetzen bloßer, und das heißt vor allem: nicht festlegender Anfänge“. Rentsch, Thomas, „Praktische Gewißheit jenseits von Dogmatismus und Relativismus. Bemerkungen zu Negativität und Autonomie der Sprache bei Wittgenstein“, in: ders., *Negativität und praktische Vernunft*, Frankfurt a. M. 2000, S. 351-364, S. 358.

gie zwischen Bedeutungskonstitution und unseren natürlich-leiblichen Reaktionsweisen. Damit ist allerdings nicht eine Bestimmung und Zuordnung zu bloßer Faktizität verbunden. Sondern Wittgenstein vermeidet gerade so die hypostasierende Verdinglichung ermöglichender Negativität. Er deutet die Leerstelle des eigenen Vollzugs oder Sprungs an, die jede begriffliche Bestimmung verfehlen müsste, weil sie selbst durch diese Leerstelle ermöglicht ist. Wittgensteins Beschreibung des Aspekt*wechsels*, in dem mir etwa der Bildhase plötzlich als Ente erscheint, zeigt das sehr deutlich. Er ist Paradigma eines sinnstiftenden Integrierens, *aber auch* seines Abbruchs: Ich habe schon vorher eine Passung wahrgenommen, ich habe das Bild schon vorher auf eine bestimmte Weise gesehen. Aber ich habe es im Lichte *einer anderen* Kette von Vergleichsobjekten wahrgenommen.

Das Aspekt-Erleben zeigt die Art und Weise alltäglicher „Orientierung", an, die wir alltäglich und ohne Worte üben. Die ist positiv und eigens als Interpretation markiert mit dem Wörtchen „als" aus der Perspektive der Beschreibung eines Anderen. Dieser „Marker" *verweist* aber auf die sinnkonstitutive Erschlossenheit einer Situation und die Erfahrung dieser Erschlossenheit in Sinngestalten, die wir *mit* jedem Urteil und jeder Handlung *mit* entwerfen, vor jeder mehr oder weniger gelungenen, anhand von Kriterien der Passung oder Konsistenz beurteilbaren, Interpretation. Er bestimmt diese Erschlossenheit nicht mit einem unproblematisch verfügenden Begriff. Wenn man hier von einem *Vorstellen* sprechen kann, dann nicht im Sinne einer intendierten Interpretationsleistung, die gelingen oder misslingen kann. Es ist nicht das bewusste Vorstellen eines anderen Inhalts, sondern, wie das Phänomen des Aspekterlebens verdeutlicht, nur bedingt aktiv. Der Aspekt drängt sich mir plötzlich auf wie eine neue Sinneswahrnehmung zum Beispiel dessen, dass die Ampel auf grün geschaltet hat, ohne aber – so wenig wie das Vorstellen – an äußere Ursachen gekoppelt zu sein:

> Der Begriff des Aspekts ist dem Begriff der Vorstellung verwandt. Oder: der Begriff ‚ich sehe es jetzt als ...' ist verwandt mit ‚ich stelle mir jetzt *das* vor'. Gehört dazu, etwas als Variation eines bestimmten Themas zu hören, nicht Phantasie? Und doch nimmt man dadurch etwas wahr. (PU, S. 551)

Ich *sehe* im Bemerken des Aspekts also tatsächlich „etwas" – nämlich den Gegenstand *im Licht meiner Begriffsverwendungen*. Während ich alltäglich *den Gegenstand* (im Lichte meiner Begriffsverwendungen) wahrnehme. Es geht in Wittgensteins Untersuchungen zum Aspekterleben um den Nachvollzug dieser passiven Synthesis als Verstehen in ganzen Situationen. Man kann diesen Vollzug als ein Vorstellen beschreiben, aber er ist kein reines Erfinden, weil er vorintentional ist. Er kann daher andererseits auch als ein unwillkürliches Wahrnehmen verstanden werden. Drittens erfordert er die Beherrschung einer Technik: Denn hier ist eine andauernde Leistung oder ein Können nötig, das seinen Erfolg nicht im Ergebnis, zum Beispiel einem bestimmten, isolierbaren korrekten Schluss aus Prämissen, hat, sondern in der praktischen eigenen Orientiertheit in der Situation, in einem andauernden Sich-Auskennen. Was die Möglichkeit des Aspektwechsels, die Wittgenstein am Hasen-Enten-Kopf illustriert (PU, S. 519f.), und ähnliche mehrdeutige Bilder Wittgensteins, denen *jeder* Kontext fehlt, uns drastisch vor Augen führen, ist die Entzogenheit von Sinn: dass in keinem Fall einfache Kausalerklärungen unser „Sehen von etwas als etwas" aus den objektiven Eigenschaften des Objekts *begründen.*[49] Überzeugend sind solche Sichtweisen in ihrer – grundlosen – Evidenz, weil sie uns die Welt als verständlich und zugänglich erschließen. „Passungen, die kein Kriterium außer sich selbst haben, sind mit einem Wort *evident*, sind wörtlich ‚ersichtlich', in dem, was man sieht, ‚leuchten' von sich aus ‚ein'."[50]

Was ist aber der Anlass meines Aufmerksam-Werdens, da sich doch hier das Objekt nicht ändert? Wittgenstein warnt wiederum vor der Engführung in begrifflicher Bestimmung: „Vor allem, denke nicht: ‚Was mag da wohl im Aug' oder im Gehirn vor sich gehen?'" (PU, S. 548) Das Interesse liegt in keiner positiven Tatsache, aber eben auch in keiner der Faktizität vorausgehenden transzendentalen Bedingung, sondern darin, dass ich *plötzlich* meine orientierende Wahrnehmungsweise selbst als Bedingung meines Sehens bemerke, also in meiner *erweiterten* Wahrnehmung. Wenn ich den Hasen plötzlich als Ente sehe, sehe ich nicht nur (etwas) mehr, sondern ich sehe *anders*, auf eine andere Art und Weise: *Dies* jetzt *so* zu sehen, *und* gleichzeitig zu erfahren, dass es sich nicht geändert hat, begleitet als Fremdheit die überraschende Sinneröffnung über die Identifikation des Objekts hinaus.

Der Aspekt*wechsel* ist tatsächlich inhaltsleer. Ich erfahre jetzt nur, *wie* ich gewöhnlich im Lichte von Verweisrelationen, Ähnlichkeiten und konkreten Beispielen *etwas* sehe. „Was ich im Aufleuchten des Aspekts wahrnehme, ist nicht eine Eigenschaft des Objekts, es ist eine interne Relation zwischen ihm und anderen Objekten" (PU, S. 549). Das ist aber kein positives Sehen von Etwas, eine gegenständliche Wahrnehmung einer Meta-Ebene. Die *Irritation* geläufiger Urteils- und Lebensweisen *zeigt* vielmehr praktisch gelebte Urteils- und Lebensweisen und zwar als Formen der Geltungsansprüche, die „nur" praktisch Wirklichkeit haben. Das heißt, sie muss sie herausgestellt aus unserer gewöhnlichen Absorption in dieser gelebten Praxis zeigen. Eine Vergegenwärtigung dessen, wie dieses praktische Vollziehen aussieht aus dieser Distanz der Nachträglichkeit, die den Prozess nicht verdinglicht und scheinbar verfügbar macht, ist eine Herausforderung an die *Darstellung.*

Wir erfassen etwa den Würfel beim *Mensch ärgere dich nicht* seiner räumlichen Struktur nicht mit besseren Mitteln und Worten als den Hinweisen auf Räum-

---

49 Lüthy betont das dekonstruktive Element des Aspekterlebens: „Formulierungen wie ‚Wenn du es so siehst, siehst du es richtig', die Wittgenstein auf Fälle des Aspektsehens bei Kunstwerken münzt, haben beim Hase-Ente-Kopf deshalb keinen Sinn, weil dieser Fall das Problem eines bestimmten Verständnisses von ‚richtig' aufzeigen soll – das allerdings auch beim Kunstwerk in die Irre führt. Im Wechsel ist sie für Wittgenstein ein ‚Emblem des Widerstands' gegen jede sich stabilisierende Interpretation." Lüthy, Michael, „Das Medium der ästhetischen Erfahrung. Wittgensteins Aspektbegriff, exemplifiziert an Pollocks Malerei", in: *Imaginäre Medialität – Immaterielle Medien*, hg. v. Gertrud Koch u. a., München 2012, S. 125-142, S. 136.

50 Stegmaier, Werner, *Philosophie der Orientierung*, Berlin/New York 2008, S. 259.

lichkeit, die wir im *abgebildeten* Würfel finden und beschreiben – z. B. indem wir auf bestimmte Linien verweisen, die dem Bild „Tiefe" geben. (vgl. PU, S. 551-552) Denn unser Zugang zu dieser Struktur ist keine bloß kognitive Leistung, sondern eine Frage unseres Umgehens mit Würfeln und mit dem Begriff des Würfels. Wittgenstein insistiert in seinem typischen anti-metaphysischen Gestus, der zugleich ein antireduktionistischer ist, das Bemerken eines Aspekts ließe sich anders als eine tatsächliche Objekt-Änderung „nur" im *Ausdruck* der Person *beschreiben*: „Der Ausdruck der Stimme und Gebärde aber ist der gleiche, als hätte sich das Objekt geändert und wäre nun endlich zu dem oder jenem geworden." (PU, S. 541) Der Ausdruck eines solchen Aspektbemerkens hat also kein eigenes Vokabular: Solche Äußerungen bedienen sich der Standardverwendungen des Wortgebrauchs, mit dem wir (immer vor dem Hintergrund des „stetigen Sehen" von Aspekten) mit Objekten umgehen.[51] Um uns auf die unthematische Projektion von Begriffen hinzuweisen, die wir mit unseren gewöhnlichen Wahrnehmungen und Sätzen *mit* vollziehen, wird hier ein bestimmter Ton, eine besondere Nuance verwendet. Auf welche Art der Begriffsgebrauch durch diese Nuancen *hier* modifiziert wird, ist nicht im Voraus zu bestimmen. Sondern in diesen scheinbar marginalen Modifikationen zeigt sich uns überraschend in unantizipierbarer Weise unsere *ganze Praxis* als fremd, unverfügbar. Es gibt nur „*Erscheinungen* des Auffallens; [...] die sind, was geschieht" (PU, S. 549, Hervorh. C.D.). Diese Erscheinungen der Konstitution lassen sich nicht nur an den Rändern des „Objekts", seiner Darstellungsweise, sondern genauso am scheinbar dem Geschehen genauso nebensächlichen *Ausdruck* des Betrachters ausmachen: Zu solchen Erscheinungen zählt Wittgenstein meinen – vielleicht erstaunten, vielleicht beeindruckten oder auch verstörten – Gesichtsausdruck, wenn mir die Ähnlichkeit auffällt.

Wittgenstein verdeutlicht das, wenn er das Verhältnis zwischen der Wahrnehmung eines furchtsamen Gesichts und der *des Bildes* eines furchtsamen Gesichts diskutiert (vgl. PU, S. 550). In diesen Beispielen der Darstellung von Emotionen wird negativ deutlich, dass wir es beim „stetigen", also unthematischen Aspektsehen zuallererst mit einem primären praktischen Vollzug von Sinnkriterien in Situationen, nicht mit epistemischen Fragestellungen zu tun haben. Das Bild zeigt uns nicht die Essenz der Emotion: Wir reagieren vielleicht in einer Art Erinnerung der Emotion auf ein Bild, das eine Emotion zeigt, zum Beispiel auf das Bild eines furchtsamen Gesichts. Es bleibt offen, in welcher Weise sich dieses „Zitat" der Emotion von der in einer Situation gelebten unterscheidet, wo wir den furchtsamen Anderen beispielsweise beruhigen oder trösten.

Das heißt, Wittgensteins Darstellung kuriert uns von der scheinbar einfachen Antwort, die uns die Vorstellung nahelegt, das Problem sei ein epistemisches: Wir *wissen* nicht darum, dass es *nicht wirklich* ein furchtsamer Anderer ist, dem wir

51 Stephen Mulhall stellt fest, das Bemerken eines Aspekts „– whether linguistic or pictoral – is doubly dependent on the inclination to take over an expression from its standard technique of use and employ it as the immediate expression of an experience." Mulhall, *Inheritance and Originality*, S. 163ff.

uns gegenüber sehen. Denn hier so wenig wie im Praxiszusammenhang schreiben wir als distanzierte Beobachter einem Objekt eine Eigenschaft zu – die Qualität liegt im konstitutiven *Verhältnis* von Akteuren bzw. von Bildbetrachter und Gegenstand. Wir erkennen im Fall des Bildes einer Emotion keine Meta-Bestimmung oder Meta-Funktion, sondern erleben hier wiederum „nur“: nämlich im konkreten Bild eines Falls dessen Eigentümlichkeit quasi rückwärts. Das heißt, wir erfahren nachträglich neu, *wie* wir den Begriff der „Furcht“ unsere Erfahrung praktisch-aneignend erlernen, seine Eingebundenheit in soziale Prozesse, kulturelle Deutungsmuster, leibliche Gebundenheit (Wittgenstein spricht von der Physiognomie eines Aspekts, die später vergeht, „als wäre da ein Gesicht, welches ich zuerst nachahme, und dann hinnehme, ohne es nachzuahmen.“ PU, S. 547). Das „Bemerken des Aspekts“ erlaubt uns das Zurücktreten von unseren selbstverständlichen Handlungs- und Verstehenskompetenzen – aber explizit werden sie uns „nur“ als eine Erfahrung der Art und Weise eben dieser Kompetenzen in einem Modus des Unselbstverständlichen.

An Wittgensteins Beispielen aus dem Bereich des Ästhetischen wird noch offensichtlicher, was er bereits an Beispielen räumlicher Bildwahrnehmung diskutiert: dass wir keine eigenen, abstrakteren oder höherstufigen Begriffe für die Vollzugsweise der Sinnkonstitution haben, die sich also nicht abstrahierend von verkörperten Lebensformen mit deren Verzerrungen und Unschärfen bestimmen lässt. Diese Vollzugsweise wird nur thematisch in negativen Erfahrungen einer Sinntotalität; sie kommt nur in der Unterbrechung und Aussetzung gelebter Sinnantizipationen und -projektionen zur Erscheinung. Die Reflexion dieser Totalität ist an die Erfahrung des Scheiterns des Verfügens über Sinn, an ihre Erfahrung im „entseelten Bild“ des Konkreten in seiner Reichhaltigkeit und Vielfalt gebunden, sie lässt sie nur aus ihrer Negativität als ganze erschließbar werden. Im Fall einer Melodie zeigt Wittgenstein, dass wir hier Beschreibungsbegriffe haben, die zwei Bedeutungsebenen haben: wie die Bezeichnung „dur“ und „moll“. Einerseits sind sie bezogen auf eine wahrgenommene Struktur, andererseits auf die gelebte Erfahrung der Stimmung, eines scheinbar bloßen und zudem marginalen Gefühls, das unser musikalisches Erleben begleitet. Zur Wahrnehmung eines Musikstücks heißt es, „die Begriffe ‚dur‘ und ‚moll‘“ hätten „wohl einen Gefühlswert [...], [könnten] aber auch einzig zur Beschreibung der wahrgenommen Struktur gebraucht werden [...]“ (PU, S. 545). Wir mögen hoffen, dass wir die Struktur eines Musikstücks in seiner Analyse in neutralen Termini beschreiben können, während wir seine Stimmung ganz subjektiv erleben, wenn wir ihm lauschen. Aber die Analyseebene der Totalität des Werks ist als nachträgliche von der Erfahrungsebene abhängig. Das wird daran deutlich, dass ich, um die Struktur zu bezeichnen, nur dieselbe Sprache wie für die Stimmung zur Verfügung habe.

Wittgenstein fragt auch, ob wir nicht einen „rein-visuellen Begriff der zaghaften Stellung, des furchtsamen Gesichts haben“ (PU, S. 545), und seine Antwort ist, dass wir Begriffe hier (nur) so verwenden können, dass sie den „äußeren“ Eindruck, den wir haben, *als* Ausdruck dieses Individuums wiedergeben. Wenn ich die Melodie *als* klagend, den Gesichtsausdruck *als* furchtsam oder die Stellung *als* zaghaft wahrnehme, ist dies eine Reaktion oder Wirkung der Struktur *im* Bild *für mich*,[52] die wir im normalen Lebenskontext mit erfahren. Wittgenstein meint nun, dass wir diese Struktur *als* ein Sinnganzes erfassen müssen. Das heißt, dass wir es nicht ohne diesen Lebenszusammenhang, abstrakt und bloß intellektuell begreifen können. Die Artikulation dieser Sinnkonstitution als unthematisch-passive ist im Gegenteil in gewisser Weise, wie der Stimmungsausdruck der Musik, *noch* subjektiver und erfahrungsabhängiger als unsere Position als Teilnehmer in gewöhnlichen Praktiken und Sprachspielen, auf denen die Möglichkeit ihrer Reflexion aufruht, ohne *als Ganzes* in sie rückübersetzbar zu sein. Das heißt nicht, dass wir in diesen Erfahrungen unseres Sinnhorizonts als ganzem nicht übereinstimmen (können). Aber diese Übereinstimmung ist noch prekärer und intimer als die in alltagssprachlichen Bedeutungen, wie Cavell mit Bezug auf Wittgensteins sekundäre Bedeutungen anmerkt (vgl. CR, S. 189). Die Reflexion darauf bedarf einer Erfahrung: Wir müssen auch unseren Sinnhorizont als ganzen selbst sinnlich erleben (das Bildgesicht als traurig) und zwar als Sprengung des sinnlichen Erfahrens, als Abwesenheit des Lebenszusammenhangs dieser Bedeutung.

Die Vergegenständlichung des Bildes, seine Isolation aus dem Lebenskontext, ist nicht die Ursache dieser Erfahrung, aber ihr unverzichtbarer Anlass *und* ihre Wirkung. Ein „Wissen" von dieser ganzen Organisation vollziehen wir praktisch, indem wir sie in der Melodie wahrnehmen. Wir treten nur vermittelt über die Negativitätserfahrung im Nachhinein, im Aufleuchten des Aspekts aus dieser gelebten und vor-intentionalen Selbstverständlichkeit heraus. Diese „Spezialverwendung" zum Beispiel des Begriffs „dur" (die eine Struktur beschreibt) ist aber auch keine Sache eines höherstufigen Wissens um einen Mangel oder Schein. Diese „Ebene" kennzeichnet ein eigentümliches Zwischen. Es geht hier weiterhin um eine Struktur, eine Lebensform als ganze, die den Sinn- und Geltungszusammenhang, den sie als gelebte im Vollzug haben, als „nur" wahrgenommene nur *als abwesend* mit repräsentieren. Der Betrachter ist hier nicht in der Situation des neutral Erkennenden, sondern eines Erfahrenden, der diese Geltung sozusagen als Spur „erinnern" kann. Diese Erfahrung hat nicht den Status privilegierten Wissens, ganz im Gegenteil ist es eine Erfahrung einer Totalität und zwar als sinnkonstitutive Selbstentzogenheit: Wie wir in gewöhnlichen Einstellungen grundlos in lebensweltlichen Lebens- und Urteilsweisen sozial, historisch und kulturell übereinstimmen, so erfährt sich der Einzelne hier, in der Erfahrung der Organisation selbst, als ganz auf sich selbst zurückgeworfen *und* sich entfremdet. Cavell zufolge *geschieht* gerade so die Anerkennung eines ganzen Lebens für Sprachwesen. Praktisch und rezeptiv anerkennt hier der Einzelne sein Leben und seine Sprache als praktisch und sich selbst gegenüber responsiv:

> What is the natural ground of our conventions, to what are they in service? It is inconvenient to question a convention; that makes it unserviceable, it no longer allows me to proceed as a matter of course; the paths of action, the paths of words,

52 Cavell bemerkt zur Kunsterfahrung: „You often do not know which is on trial, the object or the viewer." (MWM, S. 190)

are blocked. „To imagine a language is to imagine a form of life." (§19 [PU; C.D.]) In philosophizing, I have to bring my own language and life into imagination. (CR, S. 125)[53]

Nicht in Inhalten und Aussagen, sondern in „feine[n] Abschattungen des Benehmens" (PU, S. 541), einem bestimmten Ton oder Ausdruck zeigen sich auch für den Philosophierenden die Formen von Bedeutungen an. So *zeigt* sich mein praktisches Wissen, indem Ausdrücke hier modifiziert sind und ihr Verständnis von dem ihres Standardgebrauchs in unseren Lebensformen abhängt. Was die Angemessenheit dieser Abschattungen oder Ausdrucksformen ausmacht, ist aber genauso wenig vorhersehbar und regelgeleitet wie die Erlebnisse von Aspekten oder Bedeutungen selbst.

Diese metaphysikkritische Frage der *Darstellung* hat einen ästhetischen und einen ethischen Aspekt. Das Bemerken eines Aspekts wird von Wittgenstein eng an das „Erleben von Bedeutung" (vgl. PU, S. 214f.) gekoppelt. Und mit dem Kant der dritten *Kritik* gesprochen, erleben wir hier ästhetische Lust in der Erfahrung der eigenen Passung in die Welt als Vernunftwesen; aber diese Erfahrung ist hier nachträgliche Erfahrung auch unserer intersubjektiven Übereinstimmung in Sprachverwendungen. Die Passung erfahren wir nur als unselbstverständlich, entseelt oder abgestorben und als vereinzelnd: in ihrem (bloßen) *Bild*, das nur in unserer Rezeptivität des Auffassens mit Bedeutung gefüllt ist. Damit zeigt sich unsere Einsicht in diese Konstitution als eine Frage der Anerkennung und „man könnte sagen: Ein Bild *lebt* nicht immer für mich, während ich es sehe." (PU, S. 539)

Dieses vereinzelnde Erleben wird von Wittgenstein analog zu natürlicher Instinktreaktion *und* zu sinnstiftender, kreativer Schöpfung beschrieben und damit menschliche Erfahrungs- und Urteilsweisen als irreduzibel natürlich *und* konventionell. Der scheinbare Widerspruch verweist uns auf den Status von philosophischen Bildern und Modellen als analog zu unthematischen Vorverständnissen, die sinnkonstitutiven Charakter haben, gerade insofern sie proto-rationale Produkte der Einbildungskraft sind. Die Erfahrung meiner Geläufigkeit und faktischen Einübung in historisch und kulturell bedingte Lebens- und Sichtweisen kann ich erst dann machen, wenn diese faktischen Urteils- und Sichtweisen mir in Fleisch und Blut übergegangen sind, ich „das und das *kann*, gelernt ha[be], beherr-

53 Diese Beschreibung des Philosophierens in Umwegen entspricht der Art und Weise unseres gewöhnlichen Verwendens von Begriffen: „Ein Bild wird heraufbeschworen, das *eindeutig* den Sinn zu bestimmen scheint. Die Ausdrucksweise scheint für einen Gott zugeschnitten zu sein, der weiß, was wir nicht wissen können; er sieht die ganzen unendlichen Reihen und sieht in das Bewußtsein der Menschen hinein. Für uns freilich sind diese Ausdrucksformen quasi ein Ornat, das wir wohl anlegen, mit dem wir aber nicht viel anfangen können, da uns die reale Macht fehlt, die dieser Kleidung Sinn und Zweck geben würde. In der wirklichen Verwendung der Ausdrücke machen wir gleichsam Umwege, gehen durch Nebengassen; während wir wohl die gerade breite Straße vor uns sehen, sie aber freilich nicht benutzen können, weil sie permanent gesperrt ist." (PU, §426)

sch[e]" (PU, S. 544). Ich habe kein der Praxis dieser Lebens- und Urteilsformen vorgängiges Wissen von ihnen: „Wir sprechen, machen Äußerungen, und erst *später* erhalten wir ein Bild von ihrem Leben." (Ebd.) Dieses „Bild" erhalten wir, indem wir aus einem selbstverständlichen und geteilten Begriffsgebrauch herausgesetzt werden, aber die Beschreibung der Erfahrung geht auch nicht auf in der konventionellen Begriffsverwendung. Die Erfahrung individualisiert nicht nur das Objekt, sondern betrifft das Ganze, die Totalität der Situation, in der sich Subjekt und Objekt finden. Daraus resultiert eine ihr angemessene Haltung und Vollzugsweise für die Erfahrung und Artikulation dieser Sinnkonstitution: Die Art und Weise der Erfahrung kennzeichnet eine Sensibilität des Wahrnehmens und Vorstellens, in der sich eine Haltung vertrauender Anerkennung als Expressivität zeigt. Entsprechend persönlich muss ihr Ausdruck in den „Abschattungen des Benehmens" (PU, S. 541) oder in einer hinführenden oder andeutenden philosophischen Beschreibung sein.

Ich will, um dieses philosophische Talent als ein *ästhetisches* zu erläutern, im Weiteren einige Anleihen bei Cavells Erläuterungen dazu machen, was es heißt, ein Kunstwerk wahrzunehmen, oder „zu sehen" (vgl. MWM, S. 191f.). Cavell spricht davon, dass wir ein Kunstwerk nicht „erkennen" (*know*), sondern „sehen", dass aber weder *bloßes* Wissen noch *bloßes* Sehen eine Kunsterfahrung ausmacht. „Ich habe es gesehen" sage ich Cavell zufolge gewöhnlich, um eine Basis oder Rechtfertigung meines Wissensanspruchs anzuführen – wie wenn ich feststelle, „ich habe gesehen, dass der Gegenstand rot ist". Diese Feststellung kann ich im Gegensatz zu anderen Rechtfertigungsmöglichkeiten anbieten, zum Beispiel alternativ zu der Information, dass mir jemand diese Tatsache berichtet hat. Wie die Kunsterfahrung ist diese Basis aber nicht selbst noch einmal begründbar. Das „Sehen" des Kunstwerks ist darüber hinaus weder vorrangig sinnlich noch vorrangig intellektuell-begrifflich, sondern verweist auf beider Gleichursprünglichkeit. „Jetzt sehe ich es!" – das ist im Fall des Kunstwerks keine Feststellung oder Information. Es ist ein Ausruf als Ausdruck einer Erfahrung, deren Anlass das Objekt ist, dessen sinnliche Gegebenheit *und auch* begriffliche Bestimmung sie als Erfahrung des Zusammenstimmens hier aber offenkundig übersteigt. Genauer gesagt ist der Ausruf der Ausdruck eben der Erfahrung seiner Konstitution, seiner Gegebenheitsweise als ein solches „Stimmen".

Der bloße Bericht „ich habe das Bild gesehen" erfasst zwar das sinnlich gegebene Objekt unter einem Begriff, aber nicht meine Erfahrung seines Kunstcharakters. Natürlich kann ich berichten, dass ich die „Mona Lisa" im Louvre gesehen habe (am dritten Tag meines Paris-Aufenthaltes, vor dem Besuch der *Sacré Cœur*). Das ist aber eine in ästhetischer Hinsicht uninteressante Bemerkung. Sie hat mit der *gleichlautenden* wenig gemein, mit der ich meine ästhetische Erfahrung artikuliere, die mich erfasst hat, als ich vor dem Bild stand, und die in gewisser Weise in meinem Zeugnis andauert. Cavell nennt das Sehen eines Kunstwerks ein „continuous achievement" (ebd.), das also um seiner Wirklichkeit willen andauern muss und nicht in einem Erfolg terminiert. Damit ist das Erschließen einer Sinntotalität bezeichnet. Der Erfolg ist hier *kein Ergebnis* des Vollzugs, so wenig wie im Fall des Sehens als sinnliche Wahrnehmung, sondern besteht im vertrauenden Vollzug selbst und solange der Vollzug andauert. Er ist auf der anderen Seite an ein ganz anderes Erfahren geknüpft, das als eine Akzeptanz einer *Unterbrechung* der gewohnten Gegebenheitsweise meiner Welt beschrieben werden kann.

Wenn wir etwas deuten, kann sich die Deutung, die *als Hypothese* eingebracht wird, als falsch erweisen. (Vgl. PU, S. 550) Sie ist nicht an eine Sinnerfahrung gebunden, sondern hat äußere Prüfkriterien. Im Unterschied dazu verbindet Aussagen über mein „Sehen" als sinnliche Wahrnehmung und Aussagen über das „Sehen" des Kunstwerks Wittgenstein zufolge, dass sie gewöhnlich nicht verifiziert oder falsifiziert werden können. Die Sinnumgebung ist dem Gegenstand nicht vorgängig noch Sache unserer Zuschreibung. Insofern erfährt man das „Sehen des Zeichens in diesem Kontext" (nämlich dem nur von ihm selbst gestifteten Kontext) als einen „im Sehen nachhallende[n] Gedanken[]" (PU, S. 549). Dieses Zusammenstimmen von Sprache, Selbst und Welt, das unsere lebensweltlichen Vollzüge prägt, erleben wir also hier plötzlich und vorübergehend *wieder* als Faktum, aber nur momenthaft, bis es uns selbstverständlich wird und die Erfahrung vergeht oder erlischt (vgl. PU, S. 546ff.).

Eine solche Sinn-Erfahrung kann uns Anstrengung und Mühe abverlangen. Ich kann *versuchen*, ein Objekt auf eine bestimmte Weise, gemäß einer Deutung zu sehen (vgl. PU, S. 539), wobei das Moment des Gelingens in seiner Plötzlichkeit und Überraschung entzogen bleibt. Ich kann mich an eine Kunsterfahrung herantasten (aber wir *versuchen* nicht das Messer als Messer zu sehen, wenn wir am Esstisch sitzen). Wir können das Kunstwerk *als Kunstwerk* in seiner Ganzheit als Sinnereignis weder aus seinen material-sinnlichen Gegebenheiten noch aus bekannten Traditionen, Techniken oder Wahrnehmungsstrukturen erschließen oder ableiten. Es gibt keinen gesicherten Weg von dieser Anstrengung zu deren Erfolg. Die Rede vom „Versuchen" kennzeichnet hier keine Defizitform gegenüber dem Gelingen, sondern eine Ermöglichungsbedingung des Vollzugs. Sie kennzeichnet ein Talent, das im Verzicht auf ein gesichertes Ergebnis und Gelingen liegt.

Mit diesem *Talent* zum Vorstellen ist nicht die Beliebigkeit einer *bloß* konstruierten und erdichteten Realität verbunden, denn dem entspricht andererseits eine passive Sinnerfahrung, in einer tastenden, nicht abschließenden Sensitivität für das hier und jetzt Wahrgenommene. „Er sieht es (jetzt) als einen Hasen" kann man eben, wie Wittgenstein zeigt, nur in der 3. Person-Perspektive sagen, aber diese Perspektive vermeintlicher Objektivität übersieht das Wesentliche der Erfahrung. Der Gegenstand und seine Erschlossenheitsdimension sind nicht wie Gegensätze – zum Beispiel von Schein und Wirklichkeit – aufeinander bezogen. Die Erfahrung des Aspekt-Erlebens ist nicht die Erfahrung einer *möglichen* Bedeutung oder Fiktionalität. Im Gegenteil: Ihr „Beweis" liegt nur in ihrer Evidenz und Notwendigkeit für den, der sie erfährt, und in den tastenden Rekonstruktionen, in denen er Anderen und sich selbst diese Erfahrung andeuten mag. Deshalb ist sie nicht in herkömmlicher Weise falsifizierbar. Sie zeigt die Konstitution von Sinn *im Überschreiten des bekannten und gewohnten Sinns* an. Daher liegt ihr Anzeichen nur im Ausdruck eines Ausrufs, Tons oder „feinen Abschattungen des Benehmens", die also kein Bewusstsein eines bloßen Scheins *des Bildes*, keine gezogene Unterscheidung von Deutung und Gegenstand markieren.

Dem Talent dafür, diese Erfahrung von zugleich Sinnkonstitution *und* Sinnunterbrechung zu machen, entspricht das Talent, zu ihr hinzuführen – also die Fähigkeit zu ihrer Artikulation. Die Hilfestellungen, die wir dafür geben können, dieses Sinngeschehen als Leerstelle selbst zu *erfahren*, sind nichts als Hinweise oder Anzeigen, die sich eben der Kriterien bedienen müssen, die wir für Begriffe im gewöhnlichen Gebrauch in Sprachspielen verwenden. Sie weisen nur darauf hin, wie wir alltagssprachliche Kriterien überhaupt haben. Wie Wittgenstein feststellt, kann man Ausdrücke gebrauchen wie „Du musst es *so* sehen" oder „Du mußt es *so* phrasieren" (PU, S. 534), um dem Anderen den Weg zum Erlebnis und zum Ausdruck einer Bedeutung zu ebnen. Das gilt auch für die Kunsterfahrung. Damit ist nicht die Anwendung erprobter Argumente oder Rationalisierungen gemeint. Die richtige Annäherung, das heißt auch, die richtige, noch nicht etablierte Beschreibung, die angemessene Abschattung des Benehmens ist *für* diese Erfahrungsweise *in* dieser Erfahrungsweise zu finden, und nur im Versuchen, Tasten und Zögern des eigenen Ausdrucks liegt hier das Gelingen. Solche Hilfestellungen oder Annäherungen dienen gerade dazu, sich auf das Objekt *in seiner Neuheit oder Unvorhersehbarkeit* einzulassen, und müssen deshalb ihr „Ziel" in gewisser Weise leer oder offen lassen, da es hier auf eben die Art der Praxis oder des Umgangs ankommt, die die Hinführungen andeuten: Keine konventionelle Beschreibung erfasst, was hier „so" bedeutet, ich muss es selbst als meine Beziehung zu diesem Objekt finden.

Es erfordert ein Talent der Rezeptivität, das sich nur in der Vollzugsweise eigener Expressivität zeigt, nämlich konzentriert eben auf den eigenen Vollzug, im Verzicht auf Bestimmung, auf Abschluss und Ergebnis. Hinweise formulieren, Sichtweisen andeuten können erfordert keine andere, höherstufige Kompetenz als die, diese Sinnpotentiale im Kunstwerk oder aber im gewöhnlichen Begriff selbst unthematisch zu sehen. Es erlaubt keinen gesicherten Schluss und kein Wissen, weil diese Erschlossenheit, das „Sehen" nur vom Betreffenden selbst als eine persönliche, unhintergehbar subjektiv vollzogene und erfahrene Anerkennung der Negativität der Sprache unserer Verstehensmodi vollzogen werden kann. Kein externes Rationalitätskriterium kann dafür einstehen.

Das heißt, die Hinführung ist selbst eine kreative Tätigkeit des Sinnvollzugs. Sie weist nur auf eine Entzogenheit hin, zum Beispiel durch das Finden einer Analogie oder eines Gleichnisses. Dieses Hinweisen hält im Verzicht auf Bestimmung und in der eigenen Vollzugshaftigkeit eben als Analogie die eigene Abständigkeit offen, nicht etwa zu einem der Erfahrung und Sprache entzogenen Gegenstand, sondern zu sich selbst als vollzogener Sinnentwurf. So kann ich das sinnhafte Ganze, dem ich mich mit dieser Gestaltung gegenübersehe, nicht objektiv prüfen, weil nur seine eigenen Momente diese „Prüfungskriterien" erst liefern. Dieses Moment der Entzogenheit selbst kann ich in einer solchen Analogie erfassen und zum Beispiel das Sinnganze als Kreation der bewussten Instanz eines

Sinnstifters betrachten: „‚Natürlich, so muß es sein!' Es ist da, als habe man die Absicht eines Schöpfers verstanden. Man hat das System verstanden."[54] Diese Analogie ist selbst das Ergebnis einer Kreation oder Schöpfung – aber wiederum nicht eines bewusst intendierenden Subjekts, weil wir unsere Sinnentwürfe nicht bewusst intendieren „können". So sind wir auch unserer Sinnkonstitution, wie sie in diesem Bild angedeutet ist, „unterworfen", *als ob* sie von einem höheren Wesen bewirkt wäre – und zwar weil das Einleuchten der Darstellungsweise (die Analogie) uns im Moment wie die Totalität der Gegebenheit der Welt für uns durch uns (durch unsere unthematische Antizipation und Projektion) erfasst.

Ebenso wie die Rede davon, dass das Objekt des Aspekterlebens ein anderes geworden sei, bei Wittgenstein mit einem „als ob" als fiktional oder figurativ markiert scheint (s.o., S. 53), wird hier die Rede von einer Absicht, die erfasst wird, mit einem „als ob" scheinbar unter Vorbehalt gestellt. Damit wird aber keine bloße Fiktionalität von praktisch entworfenen Sinngestalten und deren Defizienz gegenüber Behauptungen mit fixen Wahrheitsbedingungen markiert. Sondern wir erfahren hier gerade, indem sich uns die Kontingenz von „äußerlichen", sprachlichen Darstellungsweisen unserer Welt und unseres Selbsts zeigt, das Aufscheinen von Sinn als Un-Grund. Denn diese Sinngestalten orientieren „nur" als selbst materiale, historisch und kulturell bedingte Figurationen unsere Wahrnehmung, als Sinnrichtungen ohne einen transzendenten Bezugsgegenstand. Statt in der Anwendung von gegebenen Prüfkriterien erweist sich daher eine solche Sinnerfahrung wiederum nur im Vollzug unserer annähernden, tastenden Beschreibungsweisen für sie, die nicht bestimmen, wie Wittgensteins indirekte Rede des „als ob".

Das Erfahren von Kunstwerken bietet so ein Paradigma für die menschliche, sprachliche Lebensform und die Art, in der wir in ihr Werte und Bedeutungen haben, als eine Lebensform der Endlichkeit, weil wir uns immer *in* unserer auch *zu* unserer Sprache verhalten, in der wir Werte und Bedeutungen verstehen. Es geht hier um eine normative Ebene, die aber nur als scheinbar vollständig kontingent zur Darstellung gebracht werden kann und auch nur *im Prozess* des Findens und Erfahrens dieses scheinbar kontingenten Ausdrucks Wirklichkeit hat. So beschreibt Wittgenstein das Bedeutungserleben als eine, scheinbar beliebige, irrationale und bloß emotive Ausübung einer „Anhänglichkeit an [...] Worte". Wenn wir hier Worte „wählen und schätzen" (PU, S. 560), entspricht dem eine Wertschätzung unserer Realität. „Realität" ist richtig verstanden ein normativer Begriff, der auf unsere Grundlosigkeit zurückverweist. Wir erfahren den Wert unserer menschlichen Seinsweise in Sinnhorizonten nur in eben unseren eigenen faktischen Sinnstiftungen und Symbolisierungsleistungen. Das heißt, wir erfahren auch deren Kontingenz, weil sie uns auf eine *Haltung* zurückverweisen, die uns situiert, die aber eben als uns situierend Notwendigkeit hat. Diese Sinnerfahrung und Haltung der Bereitschaft zu ihrem Ausdruck als ästhetische zu beschreiben,

---

54 Wittgenstein, Ludwig, *Vermischte Bemerkungen*, in: ders., *Werkausgabe*, Bd. 8, hg. v. G. H. Wright, Frankfurt a. M. 1984, S. 486.

ist keine ästhetizistische Engführung, denn so werden wir auch auf die faktisch praktizierten Sprachspiele zurückgeführt. Es wird im Verweis auf diese Haltung und Erfahrung eigentlich gar nichts ausgezeichnet: *Dies so* wahrheitsgetreu und mit Sensibilität zu sehen, heißt schlicht, angemessen zu sehen.

Wittgensteins Bild des Aspektsehens erfasst also in gewisser Weise ein Sehen im übertragenen Sinne. Sein angemessenes Verständnis erfordert die Reflexion auf seinen Status als Modell. Die Art, wie damit nicht sinnlich wahrnehmbare Tatsachen, sondern die begrifflichen Einstellungen, in deren Licht uns Tatsachen erscheinen, beschreibbar werden, ist auch darauf ausgerichtet, einem Relativismus unserer Orientierung in Sinngestalten zu begegnen. Wir können die begrifflichen Strukturen und Formen unserer Wirklichkeit als Lebenswelt nicht in allgemeinen Begriffen erfassen, aber diese Strukturen sind auch keine bloßen Dichtungen oder konventionellen Zuschreibungen. Sie werden als Weisen der Weltwahrnehmung in einer Sensitivität gegenüber je konkretem Kontext und besonderer Situation aktualisiert und bejaht, insofern diese unsere Wahrnehmungs- und Wertungsweisen *mit* ausdrücken. Das Aspekterleben konzentriert uns auf dieses „mit" – es bleibt aber an die konkrete Wirklichkeit gebunden. Wir nehmen unsere Realität in einem normativ aufgeladenen *Vollzug* von Sinnkonstitution, nämlich im Entwerfen, wahr und handeln in ihr: Das tun wir, indem wir sie grundlos gemäß unseren Wahrnehmungs- und Urteilsweisen sehen und *wertschätzen*. Und auch die Reflexion auf diese Werte, Überzeugungen und praktischen Einstellungen ist an diese Haltung der Wertschätzung gebunden, als Anerkennung sinnkonstitutiver Negativität.

1.2.2. Aspektblindheit und skeptischer Zweifel: Einstellungen der Rezeptivität und Expressivität vor und nach der Bestimmung

Wittgensteins Entfaltung des „Aspekterlebens" beschreibt die Unverfügbarkeit der Sinnkonstitution. Wittgenstein beschreibt allerdings auch ein Unvermögen, Aspekte zu erfahren, und nennt es „Aspektblindheit". Wie kann diese Beschreibung hier zur Klärung der Unverfügbarkeit des unthematisch erschließenden Aspektsehens dienen?

Wittgenstein nennt das Unvermögen, Bedeutungs- und Aspektwechsel zu erleben, *Aspektblindheit*. Er koppelt auch dessen Erläuterung eng an Fälle der Kunsterfahrung: „Der Aspektblinde soll die Aspekte A nicht wechseln sehen. [...] Aspektblindheit wird verwandt sein mit dem Mangel des ‚musikalischen Gehörs'." (PU, S. 552) Der Vergleich mit einem Fehlen des musikalischen Gehörs scheint Aspektblindheit bzw. Bedeutungsblindheit als vergleichsweise harmlosen Defekt oder Talentmangel einzuordnen. Aspekt- oder Bedeutungsblinde könnten zum Beispiel Oliver Scholz zufolge lediglich „gewisse Spiele nicht spielen, zudem solche, deren Beherrschung zu dem durchschnittlichen Gebrauch der Sprache nicht erforderlich ist".[55] Und tatsächlich können wir uns einen solchen Defekt auf eine bestimmte Art begriffen sehr leicht vorstellen: wenn wir ihn nämlich als partial verstehen wie die Farbenblindheit (vgl. PU, S. 574). Farbenblindheit ist ein Differenzbegriff zu dem der Fähigkeit, Farben zu sehen. Den Normalfall charakterisiert hier die stillschweigende und irritationslose Übereinstimmung in Kriterien der Farbestimmung.

Die Aspektblindheit scheint aber auch in gewisser Weise einen Idealfall objektiver Situationsbetrachtung darzustellen. Unsere selbstverständlichen Techniken des Urteilens und Sehens, wie unsere Geläufigkeit in der Verwendung von Farbprädikaten, im Umgang mit Hasenbildern, mit Sinnstrukturen und -ganzheiten haben nicht die Überschaubarkeit, abgesicherte Verlässlichkeit und Neutralität von Schlussvorgängen. Mit Schlussvorgängen kann und muss der Aspektblinde sein Unvermögen kompensieren. Ist er damit nicht eigentlich in der viel besseren Erkenntnissituation als der, für den Aspekte unthematische Formen der Wahrnehmung sind? Er muss quasi die Interpretation eines Bildes ableiten – die Art von Deutung als Schlussvorgang zur Verifikation von Hypothesen vornehmen, die wir für das Aspektsehen ausgeschlossen hatten. Er muss sich explizite Regeln und allgemeine Normen bilden.[56] Aber er wird den Aspekt nicht wechseln sehen, das heißt, die Erfahrung unserer passiven und ungesicherten Sinnkonstitution in Situationen kann er nicht machen.[57] Und wir können auch die Techniken der Hinführung und Andeutung ihm gegenüber nicht zur Anwendung bringen, mit denen wir zur Akzeptanz einer Bedeutung beitragen.

Davon zu sprechen, dass der Aspektblinde in seinem scheinbar doch direkteren und genaueren Weltbezug *scheitert*, ist kein Votum für einen Ästhetizismus *statt* des Realismus'. Es geht hier um einen imaginativen Realitätssinn, der *im Vollzug* „Realität" als Raum der Tatsachen erst stiftet. Das heißt auch, dass der Aspektblinde *epistemisch* gar nicht scheitern „kann" – mit seinem Urteilsvollzug bildet er Realität immer unthematisch antizipierend und diesem vorgängig *mit*. Inwiefern ist dann aber von einem Scheitern überhaupt zu sprechen? Sein aspektblinder Blick betrifft und realisiert selbst in gewisser Weise auch – wie die Reaktion des Aspekterlebenden – die „Gestimmtheit" der Situation als konstituierendes Moment der Erschlossenheit des Daseins des Menschen als In-der-Welt-Sein, um

---

55 Scholz, Oliver, „Wie schlimm ist Bedeutungsblindheit? Zur Kernfrage von PU II xi", in: *Wittgenstein über die Seele*, hg. v. Eike von Savigny/Oliver Scholz, Frankfurt a. M. 1995, S. 213-232, S. 229.

56 Mulhall geht z. B. davon aus, dass der Aspektblinde die Fähigkeit zum Aspektsehen durch ein Schlussverfahren *ersetzen* kann, „knowing what a given symbol is supposed to represent rather than seeing it that way". Mulhall, Stephen, *On Being in the World. Wittgenstein and Heidegger on Seeing Aspects*, London 1990, S. 32.

57 Man vergleiche folgendes Beispiel Wittgensteins: „Ich hätte mit jemandem eine Geheimsprache vereinbart; ‚Turm' bedeutet Bank. Ich sage ihm ‚Geh jetzt zum Turm!' – Er versteht mich und handelt danach, aber das Wort kommt ihm in dieser Verwendung fremdartig vor, es hat noch nicht die Bedeutung ‚angenommen'." (PU, S. 553) Der Bedeutungsblinde würde eben jene Fremdheit nicht erleben, denn er versteht nur die – explizite – Vereinbarung.

mit Heidegger zu sprechen.[58] Sie wird selbst nicht intendiert und handelnd bewirkt. Rentsch schreibt: „Verstehen ist immer schon ‚gestimmt', das heißt in unseren Lebenssituationen herrscht immer auch eine affektive, emotionale ‚Färbung' vor, die unsere sonstigen Entwürfe begleitet und qualifiziert."[59]

Der Aspektblinde *übersieht* aber die Fremdheit unserer Selbstverständlichkeiten, das heißt, er verfügt über sie und muss sie eben dafür aber doch in ihrer Unverfügbarkeit voraussetzen. Das, was der Aspektblinde so verstanden übergeht, ist sowohl die Lebensform, aus der heraus er sehen und verstehen muss, was er wahrnimmt, als auch das Moment des Zögerns und Staunens, der Fremdheit und Entzogenheit in unseren Sinnvollzügen angesichts des unbegreiflichen konkreten Einzelnen.[60] Er gebraucht also das gleiche Vermögen wie der, der den Aspekt erlebt, nur in einer anderen Betonung. Dass der Aspekterlebende diese Entzogenheit *sowohl* selbst vollzieht *wie auch* negiert, zeigt sich aber gerade darin, dass er in seiner *Übersicht* verstanden als Verfügen über Sinn in bestimmenden Begriffen scheitert. Er *übersieht* notwendig die eigene passive Erschließung ganzer Situationen und seiner Lebenswelt, die er doch mit dieser Reduktion selbst vollzieht. Quantifizierung, Schematisierung und Reduktion garantieren nicht etwa illusionsfreie und neutrale Wahrheit statt illusionärer Verzerrung, sondern dieses Absehen vom Konkreten stellt selbst eine besondere Modalität und Qualität der unhintergehbaren Erschlossenheit dar, die nun nicht in epistemischen Kategorien beschrieben werden muss, sondern in solchen, die sowohl ethische als ästhetische Momente haben: als eine Unaufmerksamkeit und Abgestumpftheit gegenüber dem besonderen Fall und der Sprache, in der wir ihn beschreiben. Wie Nussbaum schreibt, haben wir nicht die Wahl zwischen der Konstruktion einer Welt und ihrer objektiven und neutralen vom Schein befreiten Repräsentation: „[W]e have a choice only between a generous and a meanspirited construction."[61]

Eine solche vermeintliche Objektivität als „meanspiritedness" oder Selbstzufriedenheit zu charakterisieren, heißt, anzuerkennen, dass hier nicht etwa legitimerweise vom besonderen Fall abstrahiert wird, und auch nicht jede subjektiv gefärbte Sichtweise vermieden wird. Sondern es wird nur *eine andere Sichtweise* auf den Fall exemplifiziert, nämlich eine Sichtweise *verweigerter Anerkennung.* Dafür gibt es aber keine fixen Kategorien und Bestimmungen – auf diese hier zu einer ethischen bestimmenden Beurteilung zurückgreifen zu wollen, liefe viel-

58 Vgl. Heidegger, Martin, *Sein und Zeit*, Tübingen [17]1993, §29-30.

59 Rentsch, Thomas, „Zeitlichkeit und Alltäglichkeit", in: *Sein und Zeit*, hg. v. dems., Berlin 2001, S. 199-228, S. 203.

60 Thomas Rentsch beschreibt die hier verfehlte grundlose Gewissheit, die Verwobenheit von ‚subjektiven' und ‚objektiven' Elementen unseres Alltagslebens mit dem Terminus „Situationsaspekte", und betont deren Unaufspaltbarkeit: „[D]as anthropologische Phänomen der Situation läßt sich dualistisch überhaupt nicht erfassen. Es läßt sich nicht in ein Stück Psychologie und ein Stück Physik zerlegen und nicht in ‚subjektive' und ‚objektive' Bestandteile sortieren." Rentsch, Thomas, *Heidegger und Wittgenstein. Existential- und Sprachanalysen zu den Grundlagen philosophischer Anthropologie*, Stuttgart [2]2003, S. 81.

61 Nussbaum, Martha, „The Literary Imagination in Public Life", in: *New Literary History*, 22/4 (1991), S. 877-910, S. 898.

mehr selbst auf eine ethisch problematische „Aspektblindheit“ hinaus. Hier ergibt sich somit eine weitere Lesart der Wittgensteinschen Aspektblindheit. Man kann eine Abgestumpftheit und Oberflächlichkeit, die Martha Nussbaum als ein moralisches Versagen charakterisiert, mit diesem Begriff Wittgensteins beschreiben: „Obtuseness is a moral failing; its opposite can be cultivated. By themselves, trusted for and in themselves, the standing terms are a recipe for obtuseness.“[62] „Stumpfheit“ oder Aspektblindheit ist damit aber kein zufälliges, individuelles und randständiges Problem, aber eben auch keine Realisierung eines Ideals der Objektivität, sondern ein Art der systematischen Wirklichkeitsverkennung und ein moralisches Versagen. Allerdings ist diese systematische Wirklichkeitsverkennung unserer modernen wissenschaftlichen Weltanschauung fast unvermeidlich. Ein moralisches Urteil über den Aspektblinden perpetuiert nur seine Verkennung: Wir sind alle Skeptiker.

Das *Ganze* unserer Wirklichkeit zeigt sich hier nur noch in einer ästhetischen Darstellung des scheinbar Unwesentlichsten. Nussbaum sieht deshalb im Roman das Potential zur Übung von Sensitivität als einer richtig verstandenen Objektivität, indem wir uns auf die sprachliche Gestalt unserer Wirklichkeit konzentrieren. Der Roman „offers us, by the very fact that it is a novel, training in a tender and loving objectivity that we can also cultivate in life.“[63] Eine solche „liebende Objektivität“ ist durchaus auch schöpferisch. Sie besteht in der Ausübung eines imaginativen Realitätssinns, der Objektivität übt in der Sensibilität für Reduktionen und der kreativ ist, in der Art und Weise, die er findet, um diese auszudrükken. So gelingt es, noch unverwirklichte Möglichkeiten im Gegenwärtigen, Faktischen und über dieses hinaus sichtbar zu machen. Gerade Wittgensteins Analyse der „Aspektblindheit“ als Grenzphänomen und als vermeintliche Grundform des im Begriff verfügenden Zugriffs auf unsere orientierenden Sinngestalten, die aber scheitert, lehrt hier eine Zögerlichkeit, einen Verzicht auf sprachliche Bestimmung. Das ist die Art und Weise, sich hier auf das Andere in seiner Entzogenheit einzulassen: „[T]he achievement is tentativeness and silence.“[64] Warum ist hier der Gegenbegriff zum theoretischen Erfassen der des „Schweigens“ und nicht etwa der (lebendigen) Dialogs? Weil, indem das bestimmende Urteil hier scheitert, die Bilder und Modelle – auch die philosophischen Bilder und Modelle – als Aspekte unseres Weltzugangs sich wieder als vorthematische Produkte unserer Einbildungskraft herausstellen, die es andeutend und hinführend, in der Ausübung der reflektierenden Urteilskraft, zu rekonstruieren gilt. Hier eine eigene und angemessene Form des Ausdrucks „*nach* der gelebten Bedeutung“ zu finden ist eine ästhetische Herausforderung.

Ein Einlassen auf das konkrete Andere geschieht hier in der Transformation einer Entfremdung, die bereits Wirklichkeit hat, nicht als Unmittelbarkeit, aber

---

62 Nussbaum, Martha, „Finely Aware and Richly Responsible. Moral Attention and the Moral Task of Literature“, in: *The Journal of Philosophy* 82/10 (1985), S. 515-529, S. 525.

63 Nussbaum, „Finely Aware and Richly Responsible“, S. 527.

64 Nussbaum, „Finely Aware and Richly Responsible“, S. 528.

eben auch nicht (mehr) als unthematischer Mitvollzug. Das Andere ist nicht unmittelbar präsent, aber geht auch nicht in Begriffen und sozialen Normen auf. Sondern es wird vom Roman in seiner Singularität als Entzogenheit angezeigt, insofern der die Ränder unserer gewöhnlichen Welt zur Darstellung bringt, und so deren Erschlossenheit selbst für uns – neu – ästhetisch gestaltet. Das ist nicht der entscheidende Punkt für Nussbaums Überlegungen, aber das Kunstwerk kann diese Vergegenwärtigung leisten, weil es selbst in seiner Konkretion als unerschöpfliche Totalität unseren gewöhnlichen Praktiken, Begründungen und Plausibilisierungen fremd bleibt, in denen es nicht aufgeht. Insofern geht es hier um ein „Nachleben" des Sinns.[65] Wenn wir, in unserer Erwartung „aspektblind" und szientistisch geschult, Verfügbarkeit für unser Verstehen und unsere Begriffe erwarten, dann kann ein ästhetischer Modus der Betrachtung Annäherungen nur im „Schweigen" ebensolcher fixierenden Begriffe gestatten – das heißt, in einem Modus der Rede, der tastend und hinführend ist. Dazu kann uns aber gerade eine nicht-moralisierende Auseinandersetzung mit Grenzfällen der Aspektblindheit führen – indem wir uns nicht in einem bestimmenden Urteil distanzieren, sondern die Erfahrung zulassen, dass Sinn in ihnen problematisch wird. So entzieht sich jedes Sinngeschehen jedem Versuch, es mit Gründen, Kategorien und Schemata, die ihm äußerlich sind, zu legitimieren, seien es Tradition, Sehgewohnheiten, Genres oder Techniken. Denn die Ebene der Sinnkonstitution ist vor diesem Zweifel nur als Rand von ganzen Situationen, sprich in der Totalität anzeigenden ästhetischen Dimension von Stimmung, Stil und einer Haltung der Sensibilität für Situation und Anderen auszudrücken.

Autoren wie Nussbaum, Diamond oder Murdoch zeigen, wie grundlegend eine Einstellung der ethischen Kreativität und Perzeptivität als Art, Situationen zu erfahren, zu sehen und zu beschreiben, für unsere vermeintlich idealerweise überzeugungs-, normen- und wissensbasierten Entscheidungen und Handlungen ist. Dass ich, was ich tue, *auf die richtige Art und Weise*, im *richtigen Ton* tue, der nämlich der Situation und dem Anderen angemessen ist und eine richtige Wahrnehmung von beiden ausdrückt, markiert keine marginalen Begleitumstände der Entscheidungen, Handlungen und Gründe, mit denen ich souverän bestimmen und realisieren könnte, worauf es ankommt. Sondern was für uns Bedeutung hat, zeigen Sicht- und Handlungsweisen. Sie können aber selbst nur angesichts ihrer Unselbstverständlichkeit für den Aspektblinden oder für den skeptischen Zweifel thematisch werden, versteht man Aspektblindheit als Unvermögen. So begriffen versetzt uns diese Störung in einen Modus ästhetischer Wahrnehmung, in dem sie befragt werden können: Die setzt die Gegenstandsebene und -beurteilung aus. Das heißt, sie konzentriert sich in eben diesem Vollzug von Sicht- und Lebensweisen, in denen wir immer unthematisch Situationen wahrnehmen, nun, in ei-

65 Vgl. Benjamins Begriff des „Nachlebens" der Kunstwerke in deren Übersetzung, das heißt der Entäußerung, Aneignung und Transformation: Benjamin, Walter, „Die Aufgabe des Übersetzers", in: ders., *Gesammelte Werke*, Bd. IV/1, hg. v. Rolf Tiedemann u. Hermann Schweppenhäuser, Frankfurt a. M. 1991, S. 9-21.

ner anderen Betonung, auf diese Ermöglichungsweisen – das heißt, auf die Ränder der Situation, auf scheinbare Marginalien wie Stimmung und Stil von Situationen und Personen.[66] Dass diese Ermöglichungsebene so aber nur indirekt thematisch wird, konfrontiert uns mit der Grundlosigkeit unserer Lebensformen. Versteht man Aspektblindheit andererseits als ethisches Versagen, zeigt sich hier, dass dafür so wenig wie für die Rezeptivität gegenüber Aspekten ein Begreifen in fixen Kategorien und Bestimmungen möglich ist.

Diese Akzentuierung einer Dimension der Grundlosigkeit und eines Vertrauens, das allgemeinen Argumenten, Regeln und Normen vorausgeht, überantwortet trotzdem weder moralische Reflexion noch Sinnreflexion der Schwammigkeit, Ungenauigkeit und Mehrdeutigkeit. Der richtige Ton, die angemessene Geste haben nur die *grammatischen* Kriterien, die wir auch für den richtigen Ausdruck in einem vertrauten Sprachspiel anwenden und angeben können. Mit der Artikulation dieser Dimension erfassen wir aber, wie im vorigen Abschnitt für das Aspekterleben gezeigt, die Bedeutungserfahrung immer nur *mit.* Ton, Geste oder Stil zeigen indirekt die Einstellung, in der diese Verwendung vollzogen wird. Um die auszudrücken gilt es, mit Genauigkeit, Sorgfalt und Strenge Ausdrucksweisen für *diese* konkrete Wirklichkeit als *hier* geeignete Expression von Selbst und Situation zu finden. Das kann die „precise tonality and quality"[67] zum Beispiel einer Umarmung zweier Protagonisten in einem Roman von Henry James betreffen. Deren „fine-tuned perceiving" des Anderen und der gemeinsamen Wirklichkeit, mit einem „sense of lucidity, expressive feeling and generous lyricism"[68] zeigen Nussbaum zufolge die Sensitivität der Protagonisten gegenüber dieser Situation und diesem Anderen in ihrer ganzen konkreten Besonderheit. Es ist das gleiche Vermögen zu Selbst-Ausdruck und Rezeptivität dem Anderen gegenüber, das auch vom Autor und Leser gefordert ist. Hier sei noch einmal an Wittgensteins „Abschattungen des Benehmens" erinnert, die ihm zufolge unser Aspekterleben anzeigen: Die Wahrnehmungs- und Ausdrucksweise unseres Selbst und unserer Welt konzentriert sich nur auf feinste Unterscheidungen und Ab-Stufungen unserer gewöhnlichen Begriffe und des gewöhnlichen Verhaltens. Sie erfordert also eine ungerichtete und *gerade so* präzise Aufmerksamkeit auf ganze Situationen,

66 Diamond beschreibt die Bedeutung der Literatur für die Moralphilosophie am Beispiel der Charakterisierung der Figur des Stiwa in Tolstois *Anna Karenina.* Ihr zufolge sehen wir hier beispielhaft, was wir in Betracht ziehen, wenn wir eine Person verstehen oder einschätzen wollen. Allerdings scheinen die dargestellten Details dafür nebensächlich, etwa wann eine Person errötet oder worüber sie lächelt. Solche Details nennt Diamond hier – in einer offensichtlich offenen Reihung – als Beispiele für Stiwas „Seinsgewebe". Vgl. Diamond, Cora, „Eine ungefähre Vorstellung von Moralphilosophie", in: *Wittgenstein und die Literatur,* hg. v. Wolfgang Huemer/John Gibson, Frankfurt a. M. 2006, S. 187-214, S. 188ff. Für einen Zugang in der Moralphilosophie, der Handlungen und Entscheidungen, ihre Beurteilung und Bewertung ins Zentrum stellt, sind das Marginalien, Stil- oder Geschmacksfragen, moralisch irrelevant und vollständig subjektivem Belieben überlassen. Gegenüber den Überzeugungen, Absichten, Gründen und Handlungen einer Person erscheinen sie als parasitär oder sogar verfälschend.

67 Vgl. Nussbaum, „Finely Aware and Richly Responsible", S. 523.

68 Nussbaum, „Finely Aware and Richly Responsible", S. 521.

auf die Totalität des Anderen als entzogenes Individuum und auf Begriffe als Reflexionsbegriffe. Diese gelebte Aufmerksamkeit wird nur für einen Betrachter sichtbar, der diese Aufmerksamkeit selbst mit seiner Betrachtung realisiert. Iris Murdoch beschreibt sie als „a just and loving gaze directed upon an individual reality".[69]

Das philosophische Potential zum Beispiel des Romans liegt damit weder darin, dass er Beispielmaterial für moralische Reflexion bieten würde, noch darin, dass er Plausibilisierungen und Argumentationsstrategien liefert. Sondern er *zeigt indirekt* das in unserem Leben Bedeutungsvolle, indem er eine einzigartige Gestalt vermittelt, für die wir keine Kategorien „von der Stange" bereits zur Verfügung haben. Er zeigt damit nicht *was* Bedeutung hat, sondern *wie* wir Bedeutungen haben und erleben: Hier wird „Gefühl und Geschmack einer Situation vermittel[t] durch Vertrautheit mit dem spezifischen Verhalten eines Menschen, Vertrautheit mit einem gegebenen Fall, und auf diese Weise [erlaubt,] diesen Fall als ein Ganzes zu sehen".[70] Das heißt, die Praxis des Erfahrens und Artikulierens eines solchen Tons oder Stils wird von Nussbaum als „Schweigen" beschrieben, insofern sie eine kritische Funktion eben in ihrer Schulung der Sensibilität für solche Negativitätsmomente hat, kritisch nämlich gegenüber einer objektivistischen, kategorisierenden Einstellung zu unserer Sprache und Welt, die sie unterbricht. Die „Aspektblindheit" als ein Unvermögen der Perzeptivität und Expressivität muss mit Nussbaum als illusionäre ganze Lebens- und Denkweise charakterisiert werden. Diese Illusion aufzulösen kann dann aber keine partikulare „Fehlerkorrektur" sein, sondern erfordert und bewirkt eine Änderung der Blickrichtung und Lebensform ums Ganze.

Auch die Philosophie der gewöhnlichen Sprache nimmt uns unsere Illusionen, das Konkrete und Singuläre im Allgemeinen begreifbar und verfügbar machen zu können. Sie kann und muss sich Cavell zufolge aber außerdem *in literarischen Formen* ins Verhältnis zur Literatur setzen. Mit dem „Zerstörungswerk" „alles Interessante[n], d.h. alles Große[n] und Wichtige[n]" der kritischen Philosophie Wittgensteins stellt sich in aller Dringlichkeit die Frage neu: „*Woher nimmt die Betrachtung ihre Wichtigkeit?*" (Vgl. PU, §118, Hervorh. C.D.) Diese Krisis weist uns hier nun aber auf die Frage zurück, wie wir ein menschliches Leben in einer menschlichen Welt führen, und unsere unhintergehbaren Gewissheiten in einer Gestimmtheit des Vertrauens, in einer Sensitivität für Welt und Selbst akzeptieren können. Das „Zerstörungswerk" hat dann auch die Funktion, uns von unseren Illusionen über diese scheinbare Destruktion selbst zu kurieren und damit von unserer illusionären Lebensweise und -sicht. Es „zerstört", so Cavell,

> in order to bring to attention, that this impression is our fantasy – no buildings have been destroyed, the things of the world remain as they were, but we, in response to trivial requests for saying what we know but do not know how to value, are deva-

69 Vgl. Murdoch, Iris, „The Idea of Perfection", in: dies., *The Sovereignty of Good*, London 1970, S. 1-44, S. 33.

70 Diamond, „Eine ungefähre Vorstellung von Moralphilosophie", S. 208.

> stated. This is how a change, urged by philosophy, in our sense of what is interesting, great, important can in the moment overtake us. (PDAT, S. 200)

Das Bild der „Zerstörung" lässt uns nun aus der Offenlegung eines *falschen* Bedürfnisses nach Wissen und letzten Gründen dieses Bedürfnis neu verstehen und fragen, was für uns, als situierte, soziale Individuen, unsere tiefsten, selbst- und weltkonstitutiven praktischen Interessen und Bedürfnisse sind, und wie wir sie verstehen können. Die Szenen des Verlusts von Selbst- und Weltverständnis, die die *Philosophischen Untersuchungen* durchziehen, setzen uns neu der Frage danach aus, in welchem Rahmen wir eigentlich philosophische Fragen fragen (wollen): „Ich kenne mich nicht aus." (PU, §123)

Wir *wollen* Unabhängigkeit von den konkreten Situationen, Werten, Sinnkontexten unseres Lebens, in denen Unklarheiten, Mehrdeutigkeiten und Missverständnisse auftreten (können) und in denen wir scheitern können. Wir wollen eine „Freiheit" von den – scheinbar kontingenten, nur situativ auftretenden – Vagheiten, Unbestimmtheiten, Mehrdeutigkeiten der gewöhnlichen Sprache selbst. Das führt uns zum Beispiel zur Rede vom „Zwang durch die Regel", um zu beschreiben, in welcher Art und Weise wir der Regel eineindeutig und unmissverständlich folgen müssen (vgl. PU §230ff.). Wittgenstein findet auch für die folgende Irritation hier eine seiner „mythologischen Beschreibungen" (PU, §221):

> Aber könnten wir nicht auch rechnen, wie wir rechnen (Alle übereinstimmend, etc.) und doch bei jedem Schritt das Gefühl haben, von den Regeln wie von einem Zauber geleitet zu werden; erstaunt darüber vielleicht, daß wir übereinstimmen? (Der Gottheit etwa für diese Übereinstimmung dankend.) (PU, §234)

Diese Rede von „Zauber" und „Gottheit" muss in ihrem Bildcharakter richtig situiert werden – sie ist ein Ausdruck unserer Irritation. Wir sind, und hier liegt die Irreduzibilität metaphysischer Sinnansprüche, auf eine Rekonstruktion der unverfügbaren Sinnpotentiale unserer Praxis verwiesen, die als Sicht- und Lebensweisen in keiner Ableitung und Rationalisierung aufgehen. Das gilt selbst noch, in größtmöglicher Radikalität, für unsere Vorstellungen von unserer Vernunfttätigkeit selbst. Wir *können* uns also als Teilnehmer zum Beispiel unserer mathematischen Praxis in ihrer internen Rationalität geleitet und sinnvoll orientiert verstehen – müssen aber dabei ein Moment des Unverfügbaren in unserer Vollzugsweise selbst anerkennen. Die Leistung der philosophischen Rekonstruktion ist dann eine Praxis des Aufweises der *richtig verstandenen* Analogien und Bilder, die diese Unverfügbarkeit anerkennt, indem eben die Bildung dieser Sinnfigurationen selbst uns als Leistung der Vorstellungskraft entzogen bleibt. Diese „mythologische Beschreibung" führt deshalb nicht über die skeptische Beunruhigung hinaus. Sie kann sie nicht beantworten und in Form eines Arguments widerlegen, wie Cavell feststellt:

> Illumination by mythological descriptions has its limits. It is, for Wittgenstein [...] essential to his philosophizing to account for a certain philosophical vulnerability to, or insistence upon, nonsense, as though the capacity for defeating sense is the same as for making sense, and serves its own wishes. (PDAT, S. 205)

Was nur dieser mythologischen Beschreibung gelingt, ist, gerade in ihrer literarischen oder analogischen Form den Grund unserer Beunruhigung offenzulegen: Weil sie uns zu einer Praxis der Imagination nötigt, zeigt sie die Grundlosigkeit, die irreduzibel für jeden Sprachvollzug bleibt. Sie zeigt auch, dass diese Grundlosigkeit jeder ganzen Lebens- und Sichtweise im rationalistischen Paradigma in ihren Spuren und Symptomen immer wieder neu verdrängt werden muss, aber der Rationalismus selbst hier die unbewusst das ganze Leben leitende Phantasie ist. Das ungeprüfte eigene Leben kennzeichnet für den modernen Menschen nicht ein Zuwenig an Reflexivität. Sondern diese Reflexivität, die ihre eigene Grundlosigkeit verdrängt, führt zu permanent „unterdrückten Zweifeln".[71]

Die Betonung der literarischen Möglichkeiten der Philosophie zur Darstellung von Unsinn ist kein eskapistischer Rückzug aus der Praxis ins literarische Spiel, das, anders als die Praxis, Vieldeutigkeit und Handlungsverzicht erlauben würde. Es geht hier nicht um eine Privilegierung ästhetischer Vieldeutigkeit, die eine Paradoxie am Grunde jedes Verstehens um den Preis des authentischen Sinns von Wahrheits- und moralischen Ansprüchen aufweisen würde.[72] Ich halte einen sol-

---

71 Vgl. einen anderen Verweis Wittgensteins auf die Praxis der Mathematik: „Den Mathematiker muss es bei meinen mathematischen Ausführungen grausen, denn seine Schulung hat ihn immer davon abgelenkt, sich Gedanken und Zweifeln, wie ich sie aufrolle, hinzugeben. Er hat sie als etwas Verächtliches ansehen lernen und hat, um eine Analogie aus der Psychoanalyse (dieser Absatz erinnert an Freud) zu gebrauchen, einen Ekel vor diesen Dingen erhalten, wie vor etwas Infantilem. D.h., ich rolle alle jene Probleme auf, die etwa ein Knabe beim lernen der Arithmetik, etc. als Schwierigkeiten empfindet und die der Unterricht unterdrückt ohne sie zu lösen. Ich sage also zu diesen unterdrückten Zweifeln: ihr habt ganz recht, fragt nur, und verlangt nach Aufklärung." (PG, S. 232-233) Das Training selbst der logischsten Wissenschaft, der Mathematik, ist also nicht nur eine Einübung von Methoden, die wir als ruhend auf wohlbegründeten Grundlagen einsehen können: Dieses praktische Erlernen von Methoden rationaler Überlegung impliziert ein sinnentwerfendes Moment des Unverfügbaren, Prä- oder Proto-Rationalen. Es erfordert aber gleichzeitig dessen Verdrängung, Ablenkung oder Unterdrückung. Die Tendenz zu dieser reduzierten Weise, das eigene Leben zu führen, ist Cavell zufolge das Ziel von Wittgensteins Kritik, wenn er behaviouristische Modelle der Sprachbeherrschung diskutiert: „Wittgenstein carries the suggestion that the option of behaviourism may, as it were, become true, that human kind can no longer afford its historical depth, or what it counts to itself as depth. But can we wait for it to figure itself out here, recount itself? For me this becomes the question whether philosophy is to give way to politics, to give up its patience in favor of the urgency of polemics, of taking sides. As if giving up on the idea that the conditions of philosophy can be achieved through philosophy." (PhP, S. 149)

72 So schreibt Derrida: „Wir müssen die wesentliche Möglichkeit von abweichenden Fällen erklären. [...] Die wesentliche und irreduzible Möglichkeit des *Miss*verstehens [...] muss bei der Beschreibung derjenigen Werte, die als positiv gelten, berücksichtigt werden." Derrida, Jacques, „Signatur Ereignis Kontext", in: ders., *Randgänge der Philosophie*, Wien 1988, S. 291-314, S. 126 u. S. 147. Stone erläutert mit Recht, dass der dekonstruktivistische Ansatz seinen philosophischen Ertrag einer mangelnden Einordnung der Funktionen und Interessen literarischer Sprachspiele oder Textsorten verdankt. Er stellt in diesem Sinne fest: „Ich neige zu der Auffassung [...], dass der Dekonstruktivist – durch seine gleichgültige Behandlung des literarischen Interesses, als wäre es einfach das Interesse an einer beliebigen ‚Kommunikation' – die Bedeutung des literarischen Pluralismus ungenau beschrieben hat. Man lasse den Gedanken fallen, dass da, wo es vielfältige Lesarten gibt, das Verständnis zusammengebrochen ist – und die Paradoxie verschwindet." Stone, Martin, „Einige Bemerkungen über den alten Spruch ‚Jede Lektüre eines Textes ist eine Interpretation'", in: *Wittgenstein und die Literatur*, hg. v. John Gib-

chen Ansatz zur Rolle von Literarizität oder Metaphorizität vielmehr für eine Spielart der Kripkeschen „skeptischen Lösung" des Regelfolgenproblems.[73] Während in gewöhnlichen Fällen des Verstehens der eindeutige Sinn durch eine Eindeutigkeit des Kontextes gegeben ist, so die Behauptung, zeigt sich in den scheinbaren Sonderfällen des Literarischen die unhintergehbare Unbestimmtheit und Pluralität aller Deutungen des Zeichens, das in seiner Materialität, wie Derrida zeigt, konstitutiv jeden Kontext überschreitet. „[U]m lesbar zu sein, muß eine Unterzeichnung eine wiederholbare, iterierbare, nachahmbare Form haben; sie muß sich von der gegenwärtigen und einmaligen Intention ihrer Produktion lösen können."[74]

Die kritische Herausforderung, die diese Nähe von Philosophie und Literatur darstellt, liegt in der Nötigung zum Verzicht auf ein Denkinstrumentarium standardisierter Kategorien und Denkmethoden. Die Philosophie bedarf solcher Kategorien und Methoden aber als akademische Disziplin natürlich auch. Damit ist hier die Übung zur Aufmerksamkeit auf das Konkrete eine Übung der Kritik der eigenen Begriffe, aus deren Verstellung und Verfehlung des Konkreten in einer Orientierung an bloß abstrakter Allgemeinheit heraus.[75] Unsere gewöhnliche Sprache selbst hat sowohl einen Aspekt gewöhnlicher Begriffsverwendung, wie sie die grammatischen Untersuchungen aufzeigen, als auch einen Aspekt des Literarischen, der diesen ersteren an seine Grenze führt, insofern jede Äußerung bereits alltäglich gewordene Begriffsverknüpfungen und Ähnlichkeiten überschreitet. Es kann also nicht um die negativistische Betonung von Elementen vermeintlicher Defizienz und Brüchigkeit von Sinn gehen, als stünden diese im Gegensatz zu unseren „Illusionen" über gewöhnliche Rede, wenn wir sie gebrauchen. Sondern die Vertrautheit und das Moment der Entfremdung unseres Sprechens sind keine Gegensätze und sind nur durch einander zu beleuchten. Beide Aspekte zuzulassen und angemessen zu rekonstruieren gelingt als Praxis der Lektüre der eigenen Sinnkriterien – die Momente eines grundlegenden und dezentrierenden *Nicht-Verstehens* als Anlässe der *vertrauensvollen, wahrhaftigen* Prüfung eigener Vorverständnisse anerkennt.[76]

---

son/Wolfgang Huemer, Frankfurt a. M. 2006, S. 271-307, S. 303. Auf der anderen Seite entgeht ihm mit dieser *Einordnung* „des Literarischen" als eine Praxis der Vieldeutigkeit aber die Art der Grenz*überschreitung*, die die Methode der Dekonstruktion *und* die der Alltagssprachphilosophie kennzeichnet.

73 Kripke nennt seine Lösung selbst eine „skeptische". Vgl. z. B.: Kripke, Saul, *Wittgenstein on Rules and Private Language*, Cambridge 1982, S. 69.

74 So Derrida, „Signatur Ereignis Kontext", S. 313.

75 Blumenberg spricht von „absoluten Metaphern", die „sich gegenüber dem terminologischen Anspruch als resistent erweisen, nicht in Begrifflichkeit aufgelöst werden können". Blumenberg, Hans, *Paradigmen zu einer Metaphorologie*, Bonn 1960, S. 11. Diese Unverfügbarkeit zeigt der späte Wittgenstein als konstitutiv für jeden Begriff der Alltagssprache.

76 Ganz ähnlich fordern die Vertreter der Kritischen Theorie Horkheimer und Adorno, deren Nähe zum Projekt der Alltagssprachphilosophie Wittgensteins damit deutlicher wird, als man erwarten würde: „Das Vorfindliche als solches zu begreifen, den Gegebenheiten nicht bloß ihre abstrakten raumzeitlichen Beziehungen abzumerken, bei denen man sie dann packen kann, sondern sie im Gegenteil als die Oberfläche, als vermittelte Begriffsmomente zu denken, die

Wenn dies als (literarische) Interpretation markiert wird, so ist der Status der Rede von „Interpretation" hier „nur" der eines Reflexionsbegriff; es geht nicht um *die Unterscheidung* zwischen literarischer Interpretation und unmittelbarem Verstehen. Der Begriff verweist darauf, dass wir in dieser oder jener Situation urteilend immer *mit* Situationen menschlichen Lebens als exemplarisch auswählen bzw. anerkennen und ihnen und unseren Begriffen so den Status von Paradigmen geben. Diese orientierenden Paradigmen zu untersuchen, fordert deshalb selbst die *Originalität des Bezugs*, der sich hier *vor dem Hintergrund der etablierten Grammatik* mit diesem neuen Bild für unseren Weltzugang herstellt, indem sie also diesen in einem Bild oder einer Figur neu und anders bündelt und konzentriert.

Dieses Verständnis der Reflexionspraxis der Philosophie bestimmt sie als grundlegend ethisch und ästhetisch: insofern sie Neueinübung der Vorstellungskraft ist, das eigene Leben als Ganzes zu sehen. Die Aufmerksamkeit auf das *Nicht-Einfache* als ein *Modus* der philosophischen Überlegung, wie Diamond ihn einfordert, weist den Verzicht auf Verfügung und Bestimmung in Kategorien als unverzichtbar für ihren Prozess der Selbsterkenntnis aus.[77] Dieser Modus ist individuell und persönlich zu realisieren als eine Stellungnahme zur Welt, die insofern passiv ist, als sich in ihr sowohl diese Welt als auch das Subjekt als bedeutungshaft erst konstituiert. „Nun ist aber endlich der Zusammenhang der Ethik mit der Welt klarzumachen. [...] Ich bin meine Welt. [...] ‚Bedeutung' bekommen die Dinge erst durch ihr Verhältnis zu meinem Willen."[78]

Diese „Leistung" ist ein Aufzeigen von Negativität als Ermöglichungsbedingung unseres endlichen Lebens als Sprachwesen. Diamond zeigt entsprechend das Potential der Literatur in Analogie zum Philosophieverständnis des *Tractatus*. Der

---

sich erst in der Entfaltung ihres gesellschaftlichen, historischen, menschlichen Sinnes erfüllen – der ganze Anspruch der Erkenntnis wird preisgegeben. Er besteht nicht im bloßen Wahrnehmen, Klassifizieren und Berechnen." Adorno, Theodor/Horkheimer, Max, *Die Dialektik der Aufklärung. Philosophische Fragmente*, Frankfurt a. M. 2003, S. 33.

77 „Gilt es nicht als selbstverständlich, dass die *Beschreibung*, wie die Welt ist, eine einfache Sache ist? [...] Wenn wir in der Philosophie das moralische Leben von Menschen vor einem solchen Hintergrund sehen, werden wir sicher ungläubig auf die Idee reagieren, die *Nicht*einfachheit literarischer Werke selber sei für die Moralphilosophie wichtig. [...] Die Implikation ist, dass es keine einfache Aufgabe ist, herauszufinden, wie man erhellend über menschliche Erfahrung schreibt – und auch keine einfache Aufgabe, darüber zu lesen. Aber dies sind keine Streitpunkte oder Fragen, die nach der vorherrschenden Ansicht über dieses Thema zur Moralphilosophie gehören; wenn sie Fragen danach sind, dann können wir sie nur durch unsere Vertrautheit mit nicht einfachen Weisen der Sprachverwendung, durch unsere Reaktionen auf diese Weisen der Sprachverwendung als Fragen erkennen." Diamond, „Eine ungefähre Vorstellung von Moralphilosophie", S. 210ff. Hunziker kommentiert Diamonds Auffassung: „Die Literatur macht uns auf Weisen aufmerksam, über das Leben und was in ihm gut und böse ist, nachzudenken, welche die philosophischen Bedingungen für ein gutes moralisches Argument gerade ignorieren. Zu diesen anderen Denkformen gehört nicht zuletzt das Erzählen und Lesen von Geschichten (in einem sehr weiten Sinne) – und zwar nicht nur als Illustration, sondern als eine eigene Weise der Argumentation." Hunziker, Andreas, „Hermeneutische Ethik nach Wittgenstein und die Literatur", in: *Hermeneutische Blätter*, 1/2 (2009), S. 265-270, S. 270.

78 Wittgenstein, *Tagebücher*, S. 172.

adressiert den Leser, indem etwas *nicht* gesagt wird. Der Leser soll also auf eine Lücke des Verstehens reagieren bzw. muss die Erfahrung einer Lücke zulassen. Und diese Sensitivität wird in diesem Text indirekt „gelehrt“: Der *Tractatus* zerstört des Lesers fehlgeleitete Erwartung an den philosophischen Text auf einen Inhalt, eine Begründungsleistung oder ein System. In der Irritation dieser Erwartung erfährt der Leser seine an dieser Erwartung orientierte Lebensweise als entfremdet. Diese Erfahrung führt ihn zurück zur Anerkennung des konkreten Anderen und zur grundlosen Übereinstimmung in der Sprache als einen *Zwischen-Raum*, der dem objektivierbar Bestimmten vorausgeht.

Eine Expressivität, die in jedem unserer Vollzüge *mit* wirkt, zeigt das Individuum als Totalität „nur“ in Gesten der Indirektheit im Zwischen und lässt sich nicht auf Regeln und allgemeine Begriffe bringen, sondern verlangt eine literarische, zurückhaltende, tastende Beschreibung feinster Differenzen im *ganzen* Verhalten.[79] Diese Expressivität von Personen durchwirkt ihr ganzes Leben, und bezeugt sich (nur) in ihrem ganzen Leben. Es bedarf dafür, sie zu beschreiben und ihr gerecht zu werden, einer Anerkennung des unverwechselbar und unaustauschbar Individuellen. In der Anerkennung dieser Sinnoffenheit liegt die Möglichkeit des Gewinns „neuer Arten des Verständnisses, neuer moralischer Visionen“.[80]

Solche „Gesten“ des Verzichts, der An- und Hindeutung, sind aber keinem speziellen Bereich, etwa dem der Literatur und Kunst vorbehalten. Ihrer bedarf recht verstanden auch die angemessene Auffassung der (grammatischen) Erinnerungen der Alltagssprachphilosophie. Explizit wird diese Dimension im Finden und Erfinden von Reflexionsbegriffen wie z. B. Wittgensteins Begriff des Aspektsehens einer ist. Hier zeigt sich aber auch: Der praktisch geleisteten unthematischen Anerkennung in selbstverständlich gelebter Praxis entspricht die Anerkennung der Entfremdung aus dieser Praxis und Wiederholung von deren grundlosem Vertrauen in einer *Praxis* der Lektüre der eigenen Sinnbedingungen, die ethisch als Modus der Anerkennung zu charakterisieren ist, und in der es nicht um Vollständigkeit, sondern um Aufrichtigkeit und Ernsthaftigkeit geht.[81] Dieser Modus *erscheint* als das Andere der Rationalität, erweist sich aber als ihre eigentliche Form.

---

79 Besonders der Roman schule, so Diamond, und zwar ihr zufolge im Gegensatz zur philosophischen Reflexion, darin, „Gesten, Manieren, Gewohnheiten, Redewendungen, Gedankenwendungen, Mimik – sei es eines Individuums oder eines Volkes – als moralisch expressiv [zu] erkennen. Die intelligente Beschreibung solcher Dinge ist Teil der intelligenten, scharfsichtigen Beschreibung des Lebens, dessen, was im menschlichen Leben von Bedeutung ist, was im menschlichen Leben Unterschiede macht.“ Diamond, „Eine ungefähre Vorstellung von Moralphilosophie“, S. 206.

80 Diamond, „Eine ungefähre Vorstellung von Moralphilosophie“, S. 214.

81 „Why someone wishes to insist, more or less emptily, that there must be another interpretation: since one interpretation eclipses another it may present itself as denying the possibility of that other. Completeness is not a matter of providing *all* interpretations but a matter of seeing one of them *through*. […] A performance of a piece of music is an interpretation of it, the manifestation of one way of hearing it. And it arises, if it is serious, from a process of analysis. […] I would like to say that what I am doing in reading a film is performing it.“ (PH, S. 37)

Da es hier um die Art und Weise geht, in der wir Orientierungsweisen leben und projizieren, ist der literarische Ausdruck hier keine „indirekte" Form des Bezugs auf des Anderen unerreichbare Individualität, Personalität und Unverwechselbarkeit, der eine „direkte" Bezugsweise gegenüberstünde. Ein naheliegender Kandidat für solche Direktheit sind leibliche Verhaltens- und Ausdrucksweisen wie Schmerzäußerungen. Aber zum einen sind diese, wie Wittgenstein in den *Untersuchungen* zeigt, selbst symbolische Ausdrucks-, Bewältigungs- und Distanzierungsformen vom vermeintlich „unmittelbaren Erleben". Zum anderen geben sie so ebenso wenig wie literarische Formen *bloß indirekt* Nachricht von etwas Unerreichbarem, etwa entzogener „Belebtheit" oder Kreatürlichkeit des Anderen. Immer liegt in der gegenseitigen Verwiesenheit von „Leib" und „Seele" aufeinander, von verschiedenen „Oberflächenbeschreibungen" und unserem Verhältnis zueinander die Bedeutung dieses individuellen Ausdrucks. Die Möglichkeit verschiedener Beschreibungen zeigt sich als das Negativitätsmoment unserer Sprache in der Immanenz, ohne dass wir dazu auf ein transzendentes Anderes rekurrieren müssten. In der Erfahrung der Entzogenheit dieser Relation zeigt Cavell das „Kriterium" der Anerkennung, das keine vorgängige Wesensebene andeutet. Insofern ist auch diese philosophische Reflexion eine Einübung einer „willingness to trust" (MWM, S. 198), die dieser Entzogenheit *als Lektüre* Rechnung trägt, wie sie auch die Rezeption von Kunstwerken ausmacht:

> The idea [...] is that human expression, the human figure, to be grasped must be read. To know another mind is to interpret a physiognomy, and the message of this region of the *Investigations* is that this is not a matter of ‚mere knowing'. I have to read the physiognomy and see the creature according to my reading, and treat it according to my seeing. (CR, S. 356)

Das Erfassen des Anderen ist eine Sache der „Lektüre" des Anderen. Damit sind wir nicht auf eine bloße Interpretation mit unzähligen gleichwertigen Deutungsalternativen, aber auch nicht auf den Bereich des Literarischen gegenüber gewöhnlicher Rede oder Wissenschaftsdiskurs verwiesen, sondern auf eine Sensitivität gegenüber der Verschränktheit einerseits, der Spannung andererseits von unseren Erfahrungen und deren sprachlichem Ausdruck. Und das gilt schon für jede ganz gewöhnliche Beschreibung des Anderen wie „er hat Schmerzen".[82] Ein

82 Das Problem ist nicht, dass Diamond die Rolle der Vorstellungskraft überschätzt – in diese Richtung geht Moyal-Sharrocks Kritik an Diamonds Misstrauen gegenüber der Philosophie. Diamond hält philosophische Reflexion allerdings zu Unrecht tendenziell für unfähig zum Reflektieren des Besonderen und Einzigartigen und damit per se für unfähig, die Vielfalt moralischer Verständnisse in den Blick zu nehmen. Moyal-Sharrock geht allerding soweit, zu behaupten, dass „reminders, even ethical reminders [...] needn't all stem from the creative imagination, they can stem from *analytical* perspicuity and attention". Vgl. Moyal-Sharrock, Daniele, „Cora Diamond and the Ethical Imagination", in: *British Journal of Aesthetics*, 52/3 (2012), S. 223-240, S. 232. Mir scheint dagegen bei beiden dieser Gegensatz allzu dichotomisch. Die Herausforderung liegt dann gerade darin, die Rolle der Vorstellungskraft stärker auch für die Philosophie als unverzichtbaren Aspekt herauszuarbeiten, der ihre analytischen Methoden immer auch wieder in Frage stellt und verunsichert.

Training unserer Responsivität und zwar als Vermögen, das Nicht-Einzuordnende und Unerwartete auf sich zukommen zu lassen und im Verzicht auf Bestimmung wertzuschätzen, ist auch eine Selbstbeschreibung der Aufgabe der Philosophie. Es geht also nicht um bestimmte literarische Formen, wie etwa die Metapher, sondern um eine literarisch-imaginative Einstellung und Perzeption einer Dimension jeder Rede, die weder als Objektreferenz noch als Sprachgebrauch in dieser oder jener Sprecherrolle beschrieben werden kann.[83]

Diese Erfahrung ist auch die Erfahrung einer Entfremdung, weil sie unsere Orientierung in Sinngestalten als grundlos, nicht gründend in der Sicherheit von Wissen und Argumentation zeigt. Gerade dem modernen Menschen, der sich von dem scheinbar bloßen Mythos von der Welt als Schöpfung und sich selbst als Geschöpf verabschiedet hat, zeigt dieses Bild seine Endlichkeit. Er sieht sie im Bild und erfährt sie in der Darstellungsweise des Bildes. Dieses andere Licht, diese neue Erschlossenheit, die sich uns zeigt, die wir nicht bewirken, entspricht deshalb auch einer neuen Stimmung der Anerkennung, die des Durchgangs durch den skeptischen Zweifel bedarf und als ihr Anderes präsent halten muss. Die Notwendigkeit, diese Stimmung zu artikulieren, zeigt sich in Cavells Anleihen beim Stil und Pathos religiöser Texte:

> [W]e want the old words, but transfigured by our unprecedented experience of discovery, displacement, and inhabitation, of mad conflicts between the desire for freedom and the immediacy of heaven, and unending disappointment with our failings to become a new world.[84]

Mit Cavells Wittgenstein-Analyse geht es bei dieser Transfiguration nicht um die Einsicht letzter „Unbestimmtheit" des philosophischen Texts, die seine literarische Rezeption erlauben würde, sondern um die Erfahrung von dessen vollständiger Bestimmtheit, die zugleich die Erfahrung der vollständigen Bestimmtheit der eigenen Individualität ist, die gerade deren Begegnung als ihre Unverfügbar-

---

83 Wittgenstein beschreibt figürliches Sprechen als sekundäre Rede gegenüber dem gewöhnlichen Sprachgebrauch. Damit ist allerdings weder dessen vermeintlich parasitärer Status noch ihre ausgezeichnete Stellung gegenüber dem gewöhnlichen Sprechen behauptet. Cavell versteht die Metapher, wie etwa auch den Witz, als einen *Grenzfall* des Natürlich-Konventionellen, als „the touchstone[s] of the unnatural" (CR, S. 415). Für ihn haben diese Grenzgänge das Potential, uns durch die Irritation zur Erkenntnis des sonst unthematisierten, weil selbstverständlichen Gewöhnlichen zu führen. Auch diese Rolle ist die einer *ästhetischen Vergegenwärtigung* des unselbstverständlich gewordenen Selbstverständlichen. Cavell argumentiert mit Bezug auf die metaphorische Rede, diese könne unsere Kriterien transzendieren – sie würde diese aber nicht bestreiten, sondern sie ausdehnen, als ob sie auf bloße Vertragspunkte reduziert („contracted") seien. Es scheint hier also, als machte die Engführung oder Reduktion gewöhnlicher Redepraxis deren Transzendierung durch die Metapher möglich: „What makes metaphor unnatural is its occasion to transcend our criteria; not as if to repudiate them, as if they are arbitrary; but to expand them, as though they are contracted." Cavell, Stanley, *In Quest of the Ordinary: Lines of Scepticism and Romanticism*, Chicago 1988, S. 148) Hier zeigt sich aber gerade, dass schon jeder gewöhnlicher Sprachvollzug sich als Sinnentwurf konstitutiv selbst transzendiert.

84 Cavell, Stanley, *Cities of Words: Pedagogical Letters on a Register of the Moral Life*, Boston 2004, S. 28. Im Folgenden zit. als CW.

keit erlebbar macht. Die „übersichtliche Darstellung" dieser vollständigen Bestimmtheit ist kein Werk unseres willentlichen Bewirkens, nicht Sache begrifflicher Konstruktion. Als „kategorische Imperative" zu (ästhetischer) Originalität auf der einen Seite, zu (ethischer) Treue zu sich selbst oder Wahrhaftigkeit auf der anderen führt uns dieser Modus zu Wirklichkeit, Selbst und Sprache zurück.[85] Es geht um die Bereitschaft zur Stellungnahme des singulären Einzelnen gegenüber der Welt als ganzer in Sprache – und diese Stellungnahme ist keine souveräne Leistung. Sie wird in der Erfahrung einer subjektkonstitutiven Entfremdung und Vereinzelung in Sprache möglich und nötig und nötigt zur Artikulation der eigenen Grundlosigkeit als Reflexion der eigenen Verstehens- und Lebensformen in ihrer Kontingenz. Sie bemüht sich, unvermeidlich *in* diesen Formen, nachträglich einen Blick auf das – eigene – Leben als Ganzes und dessen Notwendigkeiten zu gewinnen. Dafür muss ich eine eigene Form, Kriterien der Kritik und damit der Würdigung meines Lebens erst im Angesicht seiner Verdrängungen und Verdeckungen *passiv* finden, ohne deren Sinn als Bestimmung im Rückbezug auf eine vermeintliche Norm zu behaupten. Sie sind sowohl Auslöser meiner Vergegenwärtigungstätigkeit wie auch Spur und Negativitätsanzeige dieser Totalität. Diese Erfahrung erweist sich damit aber hier als eine Lust an der Sprache zusammen mit einer Erschütterung der Dezentrierung, eine „pleasure of some kind, and a kind of liberation or relief, and [...] a sense of arrival, or completeness, as of relationship perfected, not finished but permanent." (EA, S. 384)

Diese Tätigkeit der Einbildungskraft bringt hier erst das philosophische Problem zur Erscheinung, aber eben indirekt, insofern es uns in diese Tätigkeit „hinein verstört". Es konfrontiert uns mit unseren phantasmatischen Vorstellungen, den Illusionen der Vernunft von sich selbst, die diese notwendig projiziert. Diese Phantasien sind das Ergebnis unserer philosophischen Privilegierung von bestimmten Begriffen. Sie als selbstbewirkt darzustellen, erweist uns so als verführbar durch den Impuls zum metaphysischen Denken, der uns über die gegenwärtige Praxis und Identität hinaustreibt. Cavell spricht speziell dem Aphorismus in den *Untersuchungen* dieses Potential einer solchen Verstörung, aber auch Verführung und Anrede als konstitutiv für unsere Rationalitätsansprüche zu:

> The power of grammatical investigations in *Philosophical Investigations* is a function of their leading a word back from its metaphysical capture by the appeal to its everyday use. The power of the aphoristic is a function of its granting the appeal, even in a sense the reality, of the metaphysical. It is a mode of reflecting the clarity brought by grammatical methods, one that in itself, as itself, exhibits this clarity, together with a satisfaction or acknowledgment of the obscurity from which clarity comes. To say that this exhibition is essential to the work of the *Investigations* is to say that appeals to the ordinary which fail this mode of reflection are not Wittgen-

---

85 Wellmer beschreibt Textauslegung in eben dieser Spannung als „Möglichkeit und Notwendigkeit einer Neulektüre und Neueinschreibung von Texten, die mehr einer Bewegung auf einen Sinn *hin* gleicht als der Eruierung eines (immer schon) vorhandenen." Wellmer, Albrecht, „Kommentar zu Emil Angehrn", in: *Philosophie der Dekonstruktion. Zum Verhältnis von Normativität und Praxis*, hg. v. Andrea Kern/Christoph Menke, Frankfurt a. M. 2002, S. 213.

steinian appeals, they do not take their bearing from the power to make philosophical problems completely disappear – hence appear. They do not, accordingly, express our interest in these problems, and so leave us subjected to them without understanding what kind of creatures we are, what our life form as talkers is, that we are thus fascinatable, that philosophy is seductive. (EA, S. 385)

Der Aphorismus bewirkt im philosophischen Text wie die plötzliche Klarheit, die der mathematische Beweis schenkt, einen Bruch, aber so auch eine Einladung zum Perspektivwechsel. Aphorismen können in plötzlicher Klarheit eine Welt als ganze *anders* zeigen. Hier bedeutet das auch einen Abbruch. Es geht darum, sie uns überhaupt wieder als *unsere* Welt, die Heimat für unsere Seinsweise als Sprachwesen, zu zeigen, wenn unsere hypostasierten Bilder unserer Vernunftvermögen uns blind – aspektblind – für sie gemacht haben. Man denke an Wittgensteins: „Wenn ein Löwe sprechen könnte, wir könnten ihn nicht verstehen." (PU, S. 568) Was soll dieser Satz in einem philosophischen Text? Die Antwort darauf zu finden, wird hier zur Aufgabe als Frage nach dem Selbstverständnis der Philosophie. Wir lesen den Satz vielleicht als unerwarteten und umso einleuchtenderen Kommentar zur menschlichen Lebensform und dem Phantasma der privaten Sprache. Diese *Wirkung* stellt sich aber über einen Effekt der Verunsicherung ein, weil die Darstellung zunächst selbst paradigmatisch und praktisch zeigt, dass wir uns „nur" in Figurationen oder Paradigmen in unserer Welt orientieren. Die Darstellung erscheint als vollständig kontingent. In gewisser Weise hätte dieses Bild zum Beispiel den Löwen nicht gebraucht.

Wir müssen, was wir hier sagen wollen, nicht in *diese* Form kleiden, können aber keinen „Gehalt" der Rede von ihrer Form isolieren. Nachträglich zeigt sich so diese Form als unhintergehbar für den Ausdruck, in unserer Sinn-Erfahrung. Sie ist keine Vorstufe des Verstehens, sondern bietet die Möglichkeit *ästhetischen* Verstehens. Mit Originalität und Geschmack für die Situation und deren Sprache als persönlichem Talent geschieht hier die Darstellung unserer Vernunftansprüche aus ihrer Ent-Täuschung, indem ihnen – ästhetische – Befriedigung an der Grenze unserer Vermögen gewährt wird. Das heißt, Teil dieser ästhetischen Befriedigung ist die Erfahrung der Unverfügbarkeit unserer Sprach- und Urteilsvollzüge, auf die sich metaphysische Versuchungen richten.

Die Philosophie erlaubt in der Verwendung solcher literarischer Strategien der Verunsicherung *als einzige* Versicherung unserer Handlungs- und Urteilsweisen in „bloßer" ästhetischer Befriedigung nur eine (doppelte) Perspektive auf sich selbst.[86] Sie zeigt die Spannung, in der sie steht und sich halten muss, zwischen

86 Cavell spricht im Anschluss an Kants Formulierung zweier Standpunkte, dessen der intelligiblen und dessen der empirischen Welt, von den beiden „Ufern" der Philosophie als dem gewöhnlichen und dem literarischen: „How shall we place the farther shore of perspicuousness, the literary? Let us say it is, alluding to Kant, a standpoint from which to see the methods of the Investigations, their leading words home, undoing the charms of metaphysics, a perspective apart from which there is no pressing issue of spiritual fervor, whether felt as religious, moral, or aesthetic. Standpoint implies an alternative, a competing standpoint, a near shore. [...] From each shore the other is almost ignorable, and each imagines itself to own the seriousness of the

der Suche nach letzten Erklärungen, geleitet vom Ideal wissenschaftlicher Exaktheit, *und* dem Modus selbstverständlichen Vollziehens bestimmter institutionalisierter Methoden und Formen der Untersuchung.

Investigations' work. When the farther ignores the rigors of the near, it consigns philosophy to the perennial, the perhaps customary eternal. When the near ignores the yearning of the farther, it merely conforms to the customary institutional demands of the university.“ (EA, S. 382f.)

1.3. Individuum und Sprache: Subjektivierung zwischen Einübung und Emanzipation

Die Figur des Kindes an der Schwelle zur Initiation in Sprache und Gemeinschaft findet sich in Wittgensteins Werk immer wieder. Sie ist für Cavell wiederkehrender Prüfstein philosophischer Letztbegründungsansprüche. Wittgenstein beschreibt das Sprachelernen des Kindes als behaftet mit Momenten der Irrationalität, er spricht von Überredung oder Abrichtung. Aber diese Begriffe zeigen kein Problem unseres Lernprozesses, sondern des Paradigmas für diesen Lernprozess, das wir mitbringen. Diese Enttäuschung eines Letztbegründungsanspruchs erlaubt Cavell zufolge die Anerkennung der eigenen Individuationsgeschichte als grundlos, undurchschaut und gebrochen. Philosophische Negativitätsanalyse eröffnet so erst wieder ein künftiges sinnoffenes Gestalten, weil sie zum ersten auf die Unhintergehbarkeit der Praxis für die Geltung unserer Sinnkriterien verweist, und noch die Reflexion als Praxis erweist. Sie zeigt aber zum zweiten in *Gesten* der Anerkennung an der Grenze der Praxis der Reflexion deren radikale Negativität selbst. Sie wird als geteilte in einer Grundlosigkeit gestiftet und antizipiert und muss immer neu im Vollzug gestiftet werden, in einer Projektionsleistung der Einbildungskraft, die nur eine Haltung des Vertrauens gelingen lässt.

Denn wir müssen immer „in" unserer Sprache sprechen *und* sind selbst in der philosophischen Reflexion als Realisierung unserer Vor-Einstellungen und Werte immer auch aus ihr und ihnen herausgesetzt. Die unthematische, intuitive Einführung und nachträgliche Explikation und Problematisierung von Bildern oder Modellen kennzeichnet die Grenzreflexion der Philosophie und ist die Art und Weise, in der die Philosophie *ihre eigene Tätigkeit* imaginativ durchläuft und aufweist. Sie zeigt: ich muss immer je konkret vorgreifend ein Verständnis von Situationen entwickeln, ohne den Vollzug dieses Verstehens selbst begreifend zu beherrschen. Ich muss nicht nur mein Verständnis, sondern auch die Anwendungsweise meiner Begriffe immer ungesichert mit etablieren. Dabei bin ich auf eine ungarantierte Anerkennung angewiesen. Die kann einerseits als geteilte Übereinstimmung verstanden werden. Sie ist aber auch deren vermeintliches Gegenteil: eine vereinzelnder „ästhetischer" Vollzug, der sich selbst – im Sinne der bruchlosen Verwirklichung eines geteilten Musters oder Modells – verunmöglicht.

Die Vorstellung oder Darstellung der eigenen Sprache und so des eigenen Lebens ist so verstanden, gerade weil sie proto-rational ist, eine Gründung des Politischen. Sie übt die „Praxis" einer vernünftigen, demokratischen Gesellschaft ein, die immer an den eigenen Grundlagen und am eigenen Sinn fürs Gemeinsame, am Gemeinsinn, arbeitet. Dieser Ansatz stellt den Zentralbegriff des Diskurses für die zeitgenössische politische Theorie in Frage, weil das Verhältnis des Einzelnen zu seiner Sprach-Gemeinschaft sich hier als ebenso leibhaft-natürlich wie unverfügbar-entfremdet erweist. In der Weise der Rekonstruktion selbst wird eine Gestimmtheit der skeptischen Resignation *und* der Sinnoffenheit als „Gemeinsinn" philosophisch erfahrbar, problematisch und erneuert.

1.3.1. Das Sprachelernen des Kindes: Negativität der Urteilspraxis und die Geste der Anerkennung

Aus dem Referenzmodell betrachtet erscheint die Situation des Kindes, das unsere Sprache lernen soll, als käme es in ein fremdes Land und würde schon eine Sprache beherrschen, nur kontingenterweise nicht diese (vgl. PU, §32). Diesem Modell eines Kalküls der Sprachverwendung folgend, erlaubt mir die Einsicht in *Gründe* die begründete und vernünftige Annahme der anderen Sprache und ihrer Bedeutungen. Wenn Wittgensteins Überlegungen zeigen, dass für dieses Modell diese Gründe dem Modell selbst *sowohl* externe *wie auch* in ihm vollständig gesetzt sein müssten, kommt das Modell an seine Grenze. Das führt das den Leser zur Annahme von Sprache als geteilte Praxis. Aber als Theoriebehauptung verstanden hat auch diese Einsicht ihre Paradoxien.

Das erweist sich auch in Wittgensteins Regelfolgen-Diskussion. Wittgenstein konstruiert den Fall des Schülers, der nach einigen korrekten Anwendungen plötzlich die Regel „+2" umsetzt, indem er vier addiert, und unseren Korrekturversuch damit beantwortet, dass er auf die Reihe weisend behauptet „Ich bin doch auf die gleiche Weise fortgefahren". Das ist Wittgenstein zufolge so, „als reagierte ein Mensch auf eine zeigende Gebärde der Hand von Natur damit, daß er in der Richtung der Fingerspitze zur Handwurzel blickt, statt in der Richtung zur Fingerspitze" (PU, §185). Wittgenstein macht dem philosophischen Wunsch nach Grundlagen unseres Verstehens mit seiner Analogie hier zunächst ein Zugeständnis: Er akzeptiert versuchsweise die Zeigegeste als einen letzten Grund, eine Art anthropologische Konstante. Aber selbst wenn sogar der „von Natur aus" Abweichende das Zeigen doch „von Natur" als Zeigen begreift, ist es doch noch zu interpretieren und kann fehlinterpretiert werden. Umso tiefgreifender ist dann nach dieser Analogie das Problem, mit dem uns unser abweichender Regelfolger konfrontiert: Das richtige Verständnis des Hinweises und sogar meiner Technik des Hinweisens selbst kann der Fingerzeig so wenig „von Natur" enthalten wie der Regelausdruck der Addition selbst.

Der Verweis auf eine „Natur" des Regelfolgens bzw. Regelfolgenden ist bei Wittgenstein hier offensichtlich eher ein Platzhalter für ein Problem als ein Fundierungs- und Erklärungsversuch: Uns bleibt nur, Regelfolgen als Praxis ohne jede ihr selbst vorausliegende Fundierung zu verstehen, in der erst Regelkompetenz die Möglichkeit (bewusster) Abweichung eröffnet. Das heißt, dass wir unserem Schüler, wenn er hier einen „Fehler" macht und auf ihm besteht, nicht – wie dem willentlich und wissentlich irregulär Handelnden – eine (böse) Absicht, aber genauso wenig – wie dem Unwissenden – einen Irrtum zuschreiben können. Weder Aufklärung noch Sanktion versprechen daher eine Lösung des Problems. Der Sprachelernende kommt eben nicht in ein fremdes Land, dessen Sprache er nicht beherrschen würde, während er eine eigene Sprache aber durchaus bereits gemeistert hätte und die hinweisenden Erklärungen der Einheimischen als solche verstehen und zum Erschließen von deren Begriffen und Bezugssystem nutzen könnte (vgl. PU §32). Schon die Rede davon, dass unser Schüler gar keiner Regel folgt, viel mehr noch, dass er die Regel willkürlich interpretiert, ist also problematisch: Selbst die Deutung seines Verhaltens als Ausdruck eines „verkehrten" Verständnisses setzt unser Deutungssystem und unsere Verstehenstechniken voraus, die er aber erst erwirbt. Die Suche nach der Basis der „richtigen" Interpretation der Regel führt uns nicht zu einem letzten Grund, der unserer Praxis extern wäre, sondern in einen Regelregress. Nichts weist hinaus über die „nur" *angemessen* guten Gründe für jede Handlungs- und Urteilsweise *in* unserer Praxis, auch für die vermeintlich grundlegende, fundierende Art und Weise, in der wir zeigen:

> There is decisively good reason (justification, explanation) for the direction in which we normal ones look – it allows me to point for you in the direction I am looking in, so that ease and accuracy are incomparably better assured than in the alternative possibility. But I can imagine that someone just may not get it. […] Whether and how we accommodate ourselves to our impotence here, or to the other's power, will probably depend on our relationship with this person beyond this incident, if there is any. (CHU, S. 88f.)

Saul Kripke kritisiert die Vorstellung „einer Natur" des Regelfolgens ebenso wie die, ein mentaler Deutungsakt oder irgendeine private Entität könnte das richtige Anwenden eines Begriffs garantieren. Ihm zufolge gibt es keine Rechtfertigung oder objektive Tatsache, die garantiert, dass ein bestimmtes Individuum mit „+" die Addition meint. Die Funktion der Addition meinen heißt nichts anderes als sie erfolgreich ausführen. Es gibt nur die erfolgreiche Praxis selbst, die aber den geglückten Einzelvollzug nicht erklärt. Dass wir voneinander behaupten können, mit „+" Addition zu meinen, hängt, so kann man Kripke verstehen, von einem Sprachspiel ab, das sich nur aufgrund unserer faktischen generellen Übereinstimmung in Gang hält. Kein der Zeit und Praxis enthobenes Moment unserer Begriffe oder unseres Verständnisses dieser Begriffe gewährleistet also, dass unsere Äußerungen auch morgen noch richtig verstanden werden:

> When we initially presented the paradox, we perforce used language, taking present meanings for granted. Now we see, as we expected, that this provisional concession was indeed fictive. There can be no fact as to what I mean by „plus", or any other word at any time. […] Indeed, there is no fact about me that distinguishes between my meaning a definite function by ‚plus' (which determines my responses in new cases) and my meaning nothing at all.[87]

Die Performanz in diesem Fall ruht nicht auf letzten, privaten, äußeren Gründen. Sie hat Kripkes Deutung nach allerdings in gewisser Weise eine Basis: die bloße Faktizität der Praxis unserer Deutungen. Diese ist der einzige „Grund", auf dem

87 Kripke, Saul, *Wittgenstein on Rules and Private Language*, Cambridge 1982, S. 21.

wir annehmen dürfen, dass Person X und Person Y heute und morgen dasselbe tun, wenn sie zwei addieren.

Kripkes Ansatz ist eine klare Kritik der Annahme einer privaten Sprache, die von Wittgenstein diskutiert wird. Der Einzelne wird sich nur im Vollzug, das heißt unter öffentlichen Sinnkriterien und für eine Öffentlichkeit der Sprachverwender, selbst verständlich, nie aber privat. Gelingensmaßstäbe für seinen Vollzug sind nur die, die der Sprach- und Urteilspraxis immanent sind. Diese Kriterien setzt und realisiert er also mit seinem Vollzug selbst, aber notwendig in Übereinstimmung mit den Vollzugsweisen der Gemeinschaft selbst.[88] Ein externes Legitimationskriterium für das richtige Regelfolgen gibt es nicht – nur die Bewährung durch die Anschlussfähigkeit der Anwendung in der Praxis. Insofern „löst" Kripkes Ansatz auch das Problem einer privaten Sprache, weil er zeigt, dass wir die Position und das Können des einzelnen Sprachverwenders immer als in geteilten sprachlichen Praktiken konstituiert verstehen müssen, die er mit seiner Begriffsverwendung fortsetzt und erweitert. Kripkes Lösung ist also eine konventionalistische. Normative Kraft kommt Regelfolgen nur per tatsächlichem, akzeptiertem Vollzug zu: Es gilt als „richtig" also vollständig kontingenterweise. Das „Ich" unterwirft sich hier also, indem es an der geteilten Praxis teilnimmt, in seiner unregulierten Subjektivität der ungeprüften und unprüfbaren Autorität eines Allgemeinen, das es andererseits selbst erst mit konstituiert.

Der Lehrende repräsentiert hier keinen anderen Maßstab als den, den die etablierten Vollzüge einer Gemeinschaft darstellen, weil und indem er ihn als kompetenter Sprachbenutzer internalisiert hat. Er repräsentiert diese Denk- und Handlungsformen also als kraft ihrer Positivität legitimiert (und zwar aufgrund der Abwesenheit eines metaphysischen Legitimationskriteriums). Damit unterliegt allerdings diese Übereinstimmung immer einem Fiktionalismusverdacht: Sie mag von kompetenten Akteuren mit ihren Äußerungen mitprojiziert und -antizipiert werden. Aber diese Immanentisierung, die Geltung an Performanz bindet, macht Redesinn zum immer vorläufigen Sinn. „An sich" hat das Regelfolgen und damit das Sprachelernen willkürlich-relativen Charakter. Denn die Korrektur und Sanktion von Fehlern scheint sich nur auf die Einsichten und Gründe *in der jeweiligen Praxis* – nicht aber auf *an sich richtige* Einsichten und Gründe – berufen zu können. Das Lehren erscheint dann als Form überredenden Zwangs, mit dem der Schüler vernunftlos bloß zu richtigem im Sinne von sozial erwünschtem Denken und Verhalten abgerichtet werden kann und muss.

Was erscheint Cavell nun problematisch an dem „skeptischen" Schluss des Konventionalismus, den Kripke zieht? Er ist ihm zufolge nicht mit Argumenten zu widerlegen. Jedes Verständnis der Regel, aus dem wir richtig oder falsch, angemessen oder unangemessen beurteilen können, ruht auf nichts als auf unserer

88 Damit ist für Kripke also auch das Privatsprachenargument widerlegt. „[What] is denied is what might be called the ‚private model' of rule following, [i.e.] that the notion of a person following a given rule is to be analyzed in terms of facts about the rule follower alone, without reference to his membership in a wider community." Kripke, *Wittgenstein on Rules and Private Language*, S. 109.

gesicherten Übereinstimmung, die nur im selbstverständlichen Vollzug unserer Praktiken verfügbar ist.[89] Cavell teilt Kripkes Einsicht, dass wir uns auch in unserem Denken auf nichts Wohlbegründeteres als unsere je spezifischen Formen des Urteilens – des Regelfolgens –, mit einzelnen Sprachpraktiken stützen können. Er teilt auch seinen holistischen Ansatz, demzufolge wir es beim Sprachelernen mit dem „Erlernen" einer ganzen Praxis, nicht nur mit einzelnen, isoliert lehr- und prüfbaren Inhalten zu tun haben.

In gewisser Weise ändert Cavell nur das Vorzeichen von Kripkes Ansatz. Kripke spricht von der *Abwesenheit eines Grundes*, und Cavell liest Kripkes Wittgenstein-Lektüre im Geiste dieser Einsicht in Negativität als von einer resignativen Stimmung geprägt. Diese Ent-Täuschung kann man aber auch als Konstitutionsbedingung der *Grundlosigkeit* fassen – es gibt kein Etwas, dessen Mangel hier gezeigt oder gefunden worden wäre. Das hat Konsequenzen für den Begriff der kommunalen Übereinstimmung, in der sich Individuen hinsichtlich der Bedeutung ihrer Begriffe befinden. Cavell macht das an einem Zitat Kripkes deutlich, in dem dieser Wittgenstein leicht abwandelt. Bei Kripke heißt es: „We act unhesitatingly but blindly."[90] In Wittgensteins Text ist der Wortlaut: „Ich folge der Regel blind." (PU, §219) Man kann diesen Unterschied der Formulierung so deuten: Wittgenstein stellt fest, dass wir ohne explizite und ohne praxisexterne Rechtfertigung sprechen, denken und addieren. Entsprechend versteht Wittgenstein den Verweis des Lehrers als Verweis auf sich selbst und sein Beispiel der Praxis der Begriffsverwendung, mit dem er sich dem Schüler als Exemplar präsentiert, ohne aber Autorität zu beanspruchen: Er liest seine Haltung als Ausdruck der *bloßen Neigung* zu sagen „So handle ich eben", wenn die Begründungen erschöpft sind und der „Spaten sich zurückbiegt" (Vgl. PU, §217). Diese Rede von Neigung und Rechtfertigung wird aber bei Kripke verstanden, als hätte sie den Status eines *Arguments*, oder einer Tatsachenbehauptung. „Neigung" scheint ein wohlbestimmter Theoriebegriff zu sein, der nichts Problematisches hat. Kripkes skeptische Lösung des Regelfolgenproblems lässt dann aus der Enttäuschung epistemischer Letztbegründungsprojekte unsere Übereinstimmung als bloß sozialkontingente erscheinen. Er expliziert sie als Übereinstimmung in Neigungen, die Regel so oder anders zu interpretieren, die auch die einzige Legitimation sind, sie so oder anders zu interpretieren. Weil dem Regelfolgenden bei Kripke jede externe Rechtfertigung für seine Anwendung der Regel fehlt, ist seine Auffassung der Regel auf nichts als auf seine arbiträre Neigung gestützt. So kommentiert Cavell:

89 Vgl. Putnam, der dazu schreibt: „I do not think our attunements are a foundation, or a basis, or a justification. They are rather the preconditions of intelligibility of our utterances." Putnam, Hilary, „Rules, Attunement, and ‚Applying Words to a World'. The Struggle to Understand Wittgenstein's Vision of Language", in: *The Legacy of Wittgenstein: Pragmatism or Deconstruction*, hg. v. Ludwig Nagl/Chantal Mouffe, Frankfurt a. M. 2001, S. 9-24, S. 18.

90 Kripke, *Wittgenstein on Rules and Private Language*, S. 90.

> Kripke, in his version of the scene of instruction, in effect paraphrases it as the announcement „Then I am licensed to say, ‚This is what I am inclined to do'" (which is, I think importantly, a paraphrase counter to Wittgenstein's formulation) and takes it to be a strong gesture, implying something like „Do it my way or suffer the consequences." I do not deny the possibility. But I find it at least as plausible to take what Wittgenstein actually writes, namely „Then I am inclined to say: ‚This is simply what I do,'" in which perhaps nothing is imagined to be said, to be a *weak* gesture, even passive, implying something like „I cannot see here where or how to make myself plainer, but here I am, doing what I do, whenever you find you are interested again." (PDAT, S. 204)

Cavell spricht von „Neigung" dagegen als einem andeutenden, tentativen Reflexionsbegriff. Die hier angezeigte Grundlosigkeit der philosophischen Rede entspricht auch der der Praxis selbst: einer „schwachen Geste" des Lehrenden im Gegensatz zur „starken (nämlich ausschließenden) Geste" des Lehrenden bei Kripke, mit der dieser das *einzige* „Recht", das es hier gibt, gegen den abweichenden Schüler behauptet: das der positiven Praxis. Mit dieser Begriffswahl der „Geste" selbst – wobei für die Geste entscheidend ist, dass sie *nichts* aussagt, *kein* Sprechakt und auch *keine* Handlung ist – setzt sich Cavell von den Implikationen eines Modells der Überredung und der Abrichtung ab, die in Kripkes Lesart dominieren. Cavell insistiert: Das ist gar kein *Recht.* Die starke Geste des Autoritätsanspruchs ist deshalb möglich – „Abrichtung" ist wohl immer ein Bestandteil von Sozialisationsprozessen –, aber sie ist ein Missbrauch. Die schwache Geste, die Cavell in des Lehrenden „so handle ich eben" sieht, ist die Geste einer Anerkennung des Anderen und der radikalen Negativität der Grundsituation von Sprachwesen. Es gilt dabei, in der philosophischen Rekonstruktion der Sinnkonstitution gerade die Ununterscheidbarkeit der beiden Haltungen der starken und schwachen Geste festzuhalten. Denn unsere ungarantierte Situation als Sprachteilnehmer entspricht der Negativität unserer philosophischen Beschreibungssprache: Ob die Geste sich als Machtausübung oder -verzicht erweist, kann nur unser ganzes gemeinsames Leben zeigen. Und wir können uns der Entzogenheit unserer eigenen Verstehensvollzüge „nur" *im Bild oder Modell* des „Rechts auf etwas" annähern, das wir dann explizieren können, ohne auch damit ausschließen zu können, seinen Status als wörtliche und direkte Bestimmung misszuverstehen.

Die „schwache Geste" des Lehrers oder Repräsentanten der Gemeinschaft, von der Cavell im Gegensatz zu Kripkes „starker Geste" spricht (s.o.), um die Haltung des Lehrers zu charakterisieren, steht also für die Bereitschaft, Differenz im konkreten Fall auszuhalten und für die Bereitschaft, meine Sprache, mein Leben und seine scheinbar unerschütterlichen Gewissheiten im je konkreten Fall davon in Frage stellen zu lassen, dass wir sie hier nicht teilen, statt das als Unvermögen des Anderen, z. B. des Lernenden zu verstehen. Ich kann mir der Angemessenheit meiner Lebens- und Denkweisen nie gewiss sein und ebenso wenig dessen, dass ich dem Anderen in seiner Fragilität und Verletzlichkeit gerecht werde. Ich kann mich bezogen auf diesen Fall auf keine akzeptierten Unterscheidungen und Wertungen, die im Gebrauch sind, berufen – er kann immer zum Grenzfall werden. Richard Eldridge schreibt:

> Nothing – in particular no grasp of states or structures or processes that somehow underlie and mandate compliant performances – rules out the possibility of misunderstanding and removes the teacher and pupil from the drama of (possible) resistance and accommodation.[91]

Es ist unverzichtbar, den Status solcher Begriffe wie dem des „Widerstandes" und der „Anpassung", die Eldridge hier scheinbar selbstverständlich verwendet, als Reflexionsbegriffe selbst sprachkritisch zu prüfen und sie als Teile einer philosophischen Parasprache auszuweisen. Sonst führen sie zu sozialrelativistischen oder behaviouristischen Interpretationen – Theorie-Positionen, die Cavell meines Erachtens in Frage stellen möchte. Cavell verweigert sich dem Schritt Kripkes, die Feststellung der Abwesenheit oder des Mangels einer metaphysischen Begründung als Theorieresultat oder These zu setzen. Das ist ihm zufolge richtig verstanden eine parasprachliche Bemerkung oder Erinnerung an unsere Endlichkeit – eine Gewissheit, um die wir *nicht nicht* wissen können. Sowohl für die Praxis als auch für die Reflexion beansprucht Cavell leere Hände, was letzte Rechtfertigungen betrifft. Und diese Einsicht in die Negativität unserer Vollzüge hat eine ethische Pointe: Angesichts dessen, dass keine Tatsache unsere Übereinstimmung in Urteils- und Handlungsweisen gründet, müssen wir den Anspruch auf genuine Normativität nicht aufgeben, aber unsere Vorstellung davon *als Bild* einsehen und es dezentrieren lassen. Denn einlösen lässt sich dieser Anspruch nur in einer Haltung der Erwartung und Gelassenheit, die Sinngeschehen als entzogen zulässt. Statt einer allgemeinen These beansprucht Cavell für die philosophische Reflexion wie für die Alltagspraxis, dass wir mit Irritationen von konkretem Fall zu konkretem Fall angemessen umgehen und umgehen können – sowohl mit lebensweltlichen Irritationen unserer Vorverständnisse als auch mit den Irritationen unserer scheinbar selbstverständlichen philosophischen Voraussetzungen.

Sowohl auf der Ebene philosophischer Überlegung, wo der Status der eigenen Begriffe als Reflexionsbegriffe immer wieder hervorgearbeitet werden muss, als auch im alltäglichen Umgang, zum Beispiel mit dem Schüler, geht es um schweigende Anerkennung. Dem Kind gegenüber geht es um eine Haltung des Machtverzichts, indem ich mit meinem Beispiel der Sprachverwendung zwar meine Lebensform und praktische Gewissheiten mit vollziehe und damit auch bestätige, sie aber gleichzeitig nur als *mögliche* gemeinsame Lebensform darstelle und ungarantiert antizipiere. Damit setze ich den Anspruch auf Rechtfertigung des Akts als Realisierung einer praktischen Norm aus, den mein Vollzug sonst als seinen bereits fixierten Sinn beanspruchen müsste. Es geht auch um die Anerkennung dessen, dass diese Lebensform und ihre Denk- und Vollzugsweisen ungarantiert und ungeschützt gelebt werden müssen, weil sie ihre Wirklichkeit und Geltung nur *im* Vollzug haben. Kein Kriterium klärt dabei für mich, ob mein Schweigen genuine Erwartung des Anderen oder Machtausübung gegenüber dem Anderen in der Projektion eines Sinnhorizontes ist, dem er sich integrieren *muss*, weil sein

91 Eldridge, Richard, *Leading a Human Life. Wittgenstein, Intentionality and Romanticism*, Chicago 1997, S. 218.

richtiges Folgen damit antizipiert und determiniert ist. Aber nur im Vorzeichen dieser Einstellung liegt die Differenz zwischen Kripkes starker und Cavells schwacher Geste (s.o.), nicht in fixen Merkmalen und Unterschieden. Nur das Vorzeichen macht sie entweder zur Anzeige einer Sinneröffnung als Antizipation geteilter, humaner Praxis oder zur fixierenden Determination geteilter, positiver Praxis. Kripkes skeptische Lösung des Regelfolgenparadoxes erlaubt als Theorieresultat eine alltägliche Einstellung für den Lehrenden, in der er sich wegen der „Unmöglichkeit" einer externen Legitimation in seiner Repräsentantenrolle für die Gemeinschaft sicher fühlt. Cavells Endlichkeitsanalyse reklamiert für Theorie und Alltag eine praktische Einstellung, die akzeptiert, dass wegen dieser „Unmöglichkeit" jede Repräsentantenrolle für die eigene Praxis ebenso notwendig wie prekär ist. Cavell liest also die Grundlosigkeit unseres Sprachhandelns nicht als allgemeine Tatsache mangelnder Rechtfertigung, sondern interpretiert sie als Negativität, die uns auf konkrete Fälle und darauf, ihnen individuell und je spezifisch gerecht zu werden, zurückwirft:

> I do not, put otherwise, find that the case [der Fall des Schülers der die Regel ‚+2' plötzlich anwendet, indem er vier addiert, C.D.] generalizes into a surmise, let alone a thesis, of skepticism, since the little myth of instruction strikes me as asking that we take crises or limits of learning case by case, asking ourselves how important it is that we agree, and how thoroughly, in various strains of our form or forms of life, and where we may, or can, or ought to, or must, tolerate differences, even perhaps be drawn to change *our* lives – or suffer the consequences. (PDAT, S. 204)

Wie in der Begriffsarbeit der Philosophie kommt es in der Alltagspraxis hier auf eine bloße Geste an, in der die eigene Grundlosigkeit als Individuum sich anzeigt oder geleugnet wird: Die *Geste* ist hier die entscheidende Antwort auf eine Irritation; sie drückt die Einstellung des Lehrenden aus und qualifiziert dessen Antwort als Anerkennung oder Missachtung von Alterität und Negativität der eigenen Praxis. Der Umgang mit dem Grenzfall verlangt dem Lehrer einen ebenso ungesicherten Übergang ab, wie es der Sprung des Lernenden zum Verstehen und Fortsetzen ist. Dass sein eigenes Urteilungsvermögen ihm hier in dessen Spuren thematisch wird, verlangt die Anerkennung seiner radikalen Endlichkeit und damit des Anderen.

Für Cavell ist entscheidend: Es ist *nicht mehr* als Ausdruck einer „Neigung", dem Anderen, der meine Praxis der Begriffsverwendung nicht teilt, als Antwort zu sagen „So handle ich eben". Er bestimmt diese Erfahrung und ihren Ausdruck als vollständig kontingent. Gerade diese Kontingenz der Reaktion und Expression kennzeichnet aber die Notwendigkeit, um die es hier geht. Diese Erscheinungsweise, dieser Ausdruck ist die Antwort auf eine Erfahrung, die die Negativität der Ermöglichungsdimension unserer Selbst- und Weltverständnisse anzeigt. Diese Erfahrung unterbricht deren Vollzug – und zeigt damit diese Grenze als nicht vom Subjekt aktiv in Bestimmungen gezogen an. Sie wird *passiv und unthematisch* mitvollzogen. Insofern stellt mein Ausdruck meiner Erfahrung sich dafür immer *nur* als Beispiel dar, behauptet *als Vollzug* aber (noch) nicht die eigene Rechtfertigung mit. Die Geste der Macht ist dann eine Geste der Resignation. Nur in solchem Schweigen und Erwarten eröffnet sich aber Sinn, indem ich dem Anderen überlasse, seinen Weg zu finden und darauf vertraue, dass der ihn in unsere gemeinsame Welt führt:

> In the scene of instruction the common background against which I define the *this* that I do is not available, not because it is, as it were, denied in my philosophical determination to assert my uniqueness, but because along with my reasons our common world of background has become exhausted. [...] The teacher's inclination in what is to be said shows readiness – (unconditional) willingness – to continue presenting himself as an example, as the representative of the community into which the child is being, let me say, invited and initiated. (CHU, S. 72)

Die unbedingte Bereitschaft zur Erwartung und zur Aufrechterhaltung des eigenen Beispiels ist Anerkennung der eigenen Grundlosigkeit, gerade in der Aussetzung der Inanspruchnahme der eigenen, gewöhnlichen Sprache, des scheinbar verlässlichen Instruments der Rationalität selbst. Nur diese Aussetzung führt zum Gebrauch als Anerkennung von Grundlosigkeit zurück. Aber wo diese Darstellung des eigenen Beispiels als Bruch mit der Sprache und damit als Anzeige der ganzen Sprache notwendig wird, muss ich diese Anlässe selbst als solche akzeptieren. Das tue ich in der Bereitschaft, mich auf ihr kritisches Potential einzulassen und damit auf die Kritik unserer geteilten, geschichtlich und kulturell konkreten Selbstverständnisse.[92]

Ich halte den Verweis auf diese sinnentwerfende *und* -erwartende Tätigkeit für entscheidend für die positive Auslegung des berüchtigten Regelparadoxes: Keine Regel kann ihre künftige Auslegung mitregeln. Damit ist auf Vagheit und Ungenauigkeit der gewöhnlichen Sprache verwiesen, die immer alternative Beschreibungen eines Vollzugs in einer ganzen Situation zulässt und Missverständnisse nicht ausschließen kann. Erst diese Negativität eröffnet aber auch den *ganzen* Horizont menschlicher Freiheit gerade als ganze Praxis der Sprache und der unantizipierbaren Sinnoffenheit jedes Selbstverhältnisses. Die Abweichung des Anderen und die Irritation darüber zeigen so verstanden die Grundlosigkeit der Gewissheiten unseres Lebens und eigener Freiheit an, keinen Performanzmangel. Solche Irritation kann vielmehr zum Anlass der Prüfung meiner Selbstverständnisse werden – nicht zuletzt der eigenen Verständnisse vom Wirken der eigenen Vernunft und Sprache selbst.

> Wenn aber das hinweisende Lehren bewirkt, – soll ich sagen, es bewirkt das Verstehen des Worts? Versteht nicht der den Ruf „Platte!", der so und so nach ihm handelt? – Aber dies half wohl das hinweisende Lehren herbeiführen; aber doch nur zusammen mit einem bestimmten Unterricht. Mit einem anderen Unterricht hätte dasselbe hinweisende Lehren dieser Wörter ein ganz anderes Verständnis bewirkt. (PU, §6)

---

92 Vgl. Cavell: „Words come to us from a distance; they were there before we were, we are born into them. Meaning them is accepting that fact of their condition." Cavell, Stanley, *The Senses of Walden*, San Francisco 1972, S. 64. Im Folgenden zit. als SW.

Sprechen lernt das Kind als Vollzug eines ganzen Horizonts der Denk- und Handlungsweisen, die es in geteilten Praktiken verinnerlicht, und in deren Anwendung und Variation es erst zum Einzelnen in einer sozialen Welt wird. Insofern dieser Prozess selbst als rationalitäts*stiftender* prä- oder protorational ist und ein Subjekt erst formt, kann man ihm ein Moment der Gewalt zuschreiben: „Solche primitiven Formen der Sprache verwendet das Kind, wenn es sprechen lernt. Das Lehren der Sprache ist hier kein Erklären, sondern ein Abrichten." (PU, §5) Man kann aber auch genauso gut und ebenso modellhaft sagen, dass Kind „müsse" diese Integration und Identitätsstiftung frei wählen, weil sowohl die Drohung mit Sanktionen als auch die Belohnung in ihrer Bedeutung erst mit diesem Prozess für das Kind gesetzt werden. Beide Beschreibungs*weisen* sind Annäherungen an eine Konstitutionsebene, ohne dass diese Annäherungen ihr eigenes richtiges Verständnis garantieren könnten. Es geht hier auch nicht um einen je abgeschlossenen Initiationsprozess, sondern ein fortwährendes Lernen, indem in diesem Vollzug sowohl das Angemessene in dieser Situation beurteilt und verwirklicht wird, als auch der Sprecher sich selbst im Vollzug immer wieder korrigiert und die Disposition variiert und erweitert. „Gelernt" wird hier nicht als intentionaler noch rein kognitiver Akt, sondern in Form eines welt- und selbstbildenden, passiven Vollzuges, der künftig auf Erhaltung und Stabilisierung dieser Welt und dieses Verständnisses der eigenen Identität gerichtet sein wird:

> The mind cannot be led at every point; teaching (reasons, my control) comes to an end; then the other takes over. And the object of my instruction (my assertions, questions, remarks, encouragements, rebukes) is exactly that the other shall take over, that he or she shall be able to go on alone. But correctly, that is, that the other do what I would do, make what I make of it. The differences between normality and abnormality are philosophically not as instructive as their fundamental unity – that both depend on the same fact of civilization, that it expects complete acceptance and understanding from its natives. And yet it can say so little about itself in achieving its acquisition. In both cases you have to go on alone; in the one case towards acceptance, in the other towards isolation. (CR, S.112)

Keine Legitimation aus guten Gründen fundiert den Lernvorgang, weder für den Schüler noch für den externen Beobachter. Eine Handlungs- oder Urteilsweise zu erlernen, scheint dann zur Sache bloßer, vernunftloser Überredung und Verführung zu werden. Cavell verweist aber darauf, dass es keine klare Differenz zwischen dem Lernen des Kindes und seinem Erwachsen-Werden gibt. Diese Feststellung geht noch über Wittgensteins scheinbar desaströses Zwischenergebnis hinaus. So kommentiert Cavell das Sprachelernen des Kindes:

> [P]erhaps we are too quick to suppose we know what it is in such situations that makes us say the child is learning something. In particular, too quick to suppose we know what the child is learning. To say we are teaching them language obscures both how different what they learn may be from anything we think we are teaching, or mean to be teaching; and how vastly more they learn that the thing we should say we had ‚taught'. Different and more, not because we are bad or good teachers, but because learning is not as academic a matter as academics are apt to suppose.

> [...] T]here is not the clear difference between learning and maturation that we sometimes suppose there is. (CR, S. 171)

Wenn wir das Kind die Verwendung von Begriffen lehren, muss unser *Hinweisen* eine Art der Abkürzung für die ganze Begriffsverwendung sein, wie der Zeigevorgang. Der Überschuss kann nicht in externen guten Gründen für diese Sprachverwendung liegen, sondern liegt in der Sinn projizierenden Tätigkeit des Kindes. Hier geht es nicht um Inhalte und Einsichten, sondern um Projektionsweisen und Sichtarten. Deshalb ist der Vorwurf auf der anderen Seite nicht widerlegbar, der Lehrpraxis wohne ein Moment der bloßen, irrationalen Abrichtung inne. Was z. B. „Schmerz" in unserer Welt ist und bedeutet, lernt das Kind sozusagen nebenher, wenn es ihn erfährt, und die Eltern ihm Deutungen und Trost für sein Leiden anbieten. Das Kind lernt in dieser Erfahrung und im praktischen Umgang damit, den ihm seine Bezugspersonen vorleben, sich seinen Schmerz verständlich zu machen. Das ist auch das Vermögen, sich so von diesem Schmerz zu distanzieren, und seine Aufmerksamkeit auf anderes zu richten. Schmerz wird so erst „Schmerz", ein Begriff und damit eine (versteh- und bewältigbare) Erfahrung.

Das scheinbar *eigentlich* zu Lernende, die korrekte Verwendung des Wortes muss „einem bestimmten Unterricht" überlassen werden, der die Praxis selbst, und damit auch deren interne Gründe, mit vermittelt. Denn es geht hier nicht um eine bloß intellektuelle Bildung. Der Prozess ist nicht allein an der Wahrheit ausgerichtet, sondern an der jeweiligen Lebenspraxis. Diese Lehre kann keine Metaebene für sich beanspruchen, die sie gewöhnlichen (Fehl-)Verständnissen überlegen machen könnte. Verzichte ich auf eine bedeutungsidealistische Annahme, scheint mir „nur" die beliebige und willkürliche soziale Übereinstimmung als „Bedeutungsgarant" zu bleiben.

Aber das Lernen des Kindes ist andererseits nicht schlicht Bewältigung und Integration von Natur, Neigung und Irrationalität. Das Kind lernt, im Wesentlichen unanleitbar, selbst vorstellend und spielend, indem es unsere Handlungs- und Urteilsweisen praktisch einübt. Das heißt nicht, dass die Tätigkeit des Kindes als Spiel unproblematisch und definitiv vom „wirklichen" oder „realen" Tun abzugrenzen wäre. Diese Vorstellung liegt nahe, weil man annehmen könnte, dass es die entsprechenden Zwecke noch gar nicht internalisiert hätte und erst als Ergebnis seines Spiels intentional verwirklichen könnte. Das Wirkliche wird aber von unseren (symbolischen) Vollzügen konstituiert, und zwar insofern diese immer auch und grundlegend ein imaginatives Entwerfen sind. Diese ermöglichende Synthesis ist sozusagen das „Hauptgeschäft" des Kindes. Hier werden mögliche Zwecke überhaupt erst zu Möglichkeiten in der Welt des Kindes, und zwar indem sie als praktische Vollzüge sozusagen nur angetestet oder ausprobiert werden. Das heißt nicht, dass Zwecke hier nur „vorgetäuscht", diese nicht wirklich verfolgt werden. Die Leistungen der Imagination, die in die Welt hinausreicht und sie formt, fügen erst Konstellationen einer Welt in Symbolisierungsleistungen zusammen. Das heißt, damit dieses sprachliche Lernen von Sprache überhaupt „erfolgreich" sein kann, muss das Kind ein Vermögen zur imaginativen

Analogiebildung bereits haben, mit dem es „folgen“, das heißt, Verbindungen sehen und zu einer (Lebens-)Welt synthetisieren kann.

Es erwirbt so Interpretationen und Bewältigungsstrategien für seine chaotische Welt, indem die Welt ihm zu seinem Anderen *und* nur damit zur eigenen Welt, strukturiert in seinen Begriffen, wird und es sich selbst in ihr verstehen lernt. Es lernt Wunsch und Wille, Phantasie und Wahrnehmung zu trennen – wobei die Verschiebungen und Verdichtungen von Primärprozessen, wie Freud sie nennt, in diesem selbst imaginativen Prozess in unseren Begriffen und Identitäten untilgbare Spuren, Brüche und auch Wunden hinterlassen.[93] In diesem Prozess der Überformung und Substitution wird Phantasie zum Anderen der Vernunft – aber nur, indem sie selbst an diesem Prozess beteiligt ist; denn das Lernen des Kindes ist ein Vorstellen, Assoziieren und Imaginieren.

Sinnkonstitution bleibt, als ein Vorstellen neuer Situationen in paradigmatischen Mustern, ein prozessuales Geschehen der Ersetzungen, Verschiebungen und Verstellungen. Diese Tätigkeit des Unter-Scheidens, das Genesis und Geltung trennt und verschränkt, ist aber nicht entweder bewusst und souverän oder passiv: sie setzt diesen Unterschied erst vorthematisch. Das Ich ist, wie Freud formuliert, nicht Herr im eigenen Haus: In dieser Selbstentzogenheit liegt die Singularität des Individuums, die Cavell „separateness“ nennt. Die ist aber damit eben keine (beweis- oder begründbare) Tatsache, kein substanzialisierbares, fixes und etwa atomistisches Wesen: „Our separateness […] is the unity of our condition.“ (MWM, S. 339) Diese Individualität bleibt unhintergehbar an Negativitätserfahrungen und sprachliche Vollzüge gebunden, aus denen heraus sie sich bildet. Solche Negativitätserfahrungen, wie es schon der Schmerz des Kindes ist, erschließen als Erfahrungen von Brüchen und Irritationen Sinn neu, aber nie endgültig oder abschließend. Das Aushalten der Differenz von Phantasie und sozialem sprachlichen Sinn ist damit eine bleibende Aufgabe der Selbst-Aufklärung, die selbst als Sinn projizierende, imaginierende Tätigkeit zu verstehen ist, gerade angesichts des Grenzfalles, der nicht in unsere Erwartungen, Begriffe, Praktiken und Urteilsweisen passt:

93 Castoriadis beschreibt die Entwicklung des Subjekts als Verdeckungsgeschichte, in einem unauflöslichen Spannungsverhältnis eines entzogenen „Ursprungs“ und gebildeter, spannungsvoller Identität. Diese „Geschichte einer Serie von Schöpfungen unterschiedlicher Vorstellungen [ist die] Geschichte eines Stromes von Vorstellungen/Affekten/Intentionen, der erst mit dem Tod des Subjekts enden wird und in dessen Verlauf schlagartige Umwälzungen sowie tiefgründige Revisionen der psychischen Organisation eintreten, deren übereinandergeschichtete und miteinander verbundene Ablagerungen das ‚reife‘ Subjekt ausmachen. Im Grunde handelt es sich dabei um die Sozialisation der Psyche, anders gesagt: um die Schöpfung eines gesellschaftlichen Individuums durch das *teukein* und das Tun der anderen. Dieser Geschichte sind jedoch auf jeder ihrer Stufen Spuren ihres Ausgangspunktes eingeschrieben: eines ersten Zustands, in dem Subjekt, Welt, Affekt, Intention, Verknüpfung und Sinn dasselbe sind.“ Castoriadis, Cornelius, *Gesellschaft als imaginäre Institution. Entwurf einer politischen Philosophie*, Frankfurt a. M. 1984, S. 493.

> It is through fantasy that our conviction of the worth of reality is established; to forgo our fantasies would be to forgo our touch with the world. And does someone claim to know the specific balance sanity must sustain between the elaborating demands of self and world, some neat way of keeping soul and body together?[94]

Dieser Raum des Imaginären wird nicht schlicht überformt, integriert und rationalisiert. Die Form dieser Aneignung ist selbst eine Imaginationstätigkeit, nämlich das Spiel, die zunächst ungerichtete und selbstzweckhafte Darstellung von Handlungs- und Urteilsweisen. Das Kind ist kein Erwachsener mit Zielen und Begriffen für das eigene Tun. Es widmet sich der unthematischen Erschließung und der Erfahrung der Erschlossenheit seiner Welt und wendet nicht mechanisch ein erworbenes und verfügbares praktisches Wissen an. Es ist kein Erwachsener, der eine etablierte Praxis ausübt, wie Cavell feststellt, kein

> adult (or anyway, master of the adult activity). […] You *and* the child know that you are really playing – which does not mean that what you are doing isn't serious. Nothing is more serious business for a child than knowing it will be an adult – and *wanting to be*, i.e., wanting to do the things we do – and knowing that it can't really do them yet. What is wrong is to say what a child is doing as though the child were an adult, and not recognize that he is still a child playing, above all growing. (CR, S. 176, Hervorh. C.D.)

Der Lehrende auf der anderen Seite ist weder bloßer Vermittler von Informationen, noch Trainer von Techniken und Praktiken, sondern ebenso auf sich selbst zurückgeworfen wie das Kind.[95] Wenn ich dem Ende der Gründe mit einer Machtgeste oder einer Begründung auf der Metaebene auszuweichen suche, vermeide ich zusammen mit der Konfrontation des Anderen auch die Möglichkeit sinnoffenen eigenen Lebens. Ich kann *nur* in unserer gemeinsamen Praxis Gründe für diese Praxis artikulieren, als Sicht- und Lebensweisen in ihr. Indem ich in einer Haltung des Vertrauens in meine Kompetenz *und* unsere Übereinstimmung auf ein Beispiel verweise, werde ich hier daher auf mich selbst, den Anderen und meine Worte zurückgeworfen.[96] Die Formulierung der Situation des Kindes als Figur unserer Endlichkeit, als Ideal kann dann, gerade weil sie der philosophischen Erwartung letzter Gründe zunächst als defizitär und abgeleitet erscheint, als Analogie auf die Entzogenheit jeder Sinnkonstitution *als Geschehen* verweisen. In der Kontingenz dieser literarischen Formulierung wird es möglich, die Kontin-

---

94 Cavell, Stanley, *The World Viewed: Reflections on the Ontology of Film*, New York 1971; erweitert: ^{2}1979, S. 85. Im Folgenden zit. als WV.

95 Mulhall kommentiert: „[T]he error amounts to picturing the acquisition of a language as if children came into the world already possessed of a language, only not the one spoken by those around them; whereas in reality, they come possessed only by themselves, of their body of personal responses to their teachers and their world." Mulhall, *Recounting the Ordinary*, S. 9.

96 Hammer formuliert: „The point of eliciting criteria is therefore not a matter of uncovering the necessary presuppositions of ordinary speech; rather, it is to respond to a crisis in our agreement." Hammer, *Stanley Cavell*, S. 38.

genz meiner Lebensform als von mir selbst in dieser geschichtlichen Situation entworfen wahrzunehmen und anzuerkennen. Cavell spricht davon, dass

> [w]hat justifies what I say and do is, I feel like saying, *me* – the fact that I can respond to an indefinite range of responses of the other, and that the other, for my spade not to be stopped, must respond to me, in which case my justification may be furthered by keeping still. The requirement of purity imposed by philosophy now looks like the wish to leave *me* out, I mean each of us, the self, with its arbitrary needs and unruly desires. (CHU, S. 77)

Es ist hier an mir selbst, meine Selbstverständnisse angesichts dieser Irritation zu prüfen. Diese Situation des *Nicht-Wissens* am Ende der Gründe ist auch ein Bild für die Situation des Philosophen und zeigt, dass wir als Sprachwesen der eigenen Endlichkeit nicht nur nicht entkommen, sondern ihr in besonders radikaler Weise ausgesetzt sind. Die Tätigkeit der Philosophie hat nicht die Aufgabe einer Prüfung von unabhängigen Gründen, sondern die Aufgabe einer Tätigkeit der Imagination angesichts des Grenzfalles der eigenen Theorie, der uns so auch die Konfrontation unserer ganzen eigenen Identität und Praxis abverlangt und diese Phantasie selbst wieder als konstitutiv einsetzt. Unsere Sprache und deren Bilder und Vormeinungen können wir nicht vollständig überschauen und aufklären. Und obwohl wir ihre normativen, illusionären und imaginären Implikationen nie als gerechtfertigt behaupten können, müssen wir für sie einstehen. Das heißt aber eben nicht, sich auf geteilte Argumente berufen zu können, sondern praktisch, auf die eigenen Selbst- und Weltverständnisse bezogen, Farbe zu bekennen: „Being exposed, as I am in the case of ‚my concept of the other' means that my assurance in applying the concept isn't provided for me."[97] Die Responsivität dieser Endlichkeit gegenüber bedarf des Aufs-Spiel-Setzens der eigenen gewöhnlichen Voraussetzungen selbstverständlichen Verstehens, das Wittgenstein zufolge zu unserer gewöhnlichen Sprache zurückführt. Eben diese gewöhnliche Sprache zu sprechen erweist sich aber damit selbst als vorstellendes Experimentieren und Ausprobieren von Sinnverbindungen und Assoziationen, die dem Begreifen des Kindes in einer Welt der Vorstellungen entspricht. Wittgensteins negative, sprachphänomenologische Methode macht die Grundlosigkeit menschlicher Praxis für die philosophische Reflexion *als Praxis* fruchtbar und nutzt dafür den Grenzfall des sprachelernenden Kindes als Prüfstein und Analogie. Einsicht in sie ist (negative) Selbsterkenntnis – die uns auf den sprachlichen Vollzug als imaginativen Vollzug zurückführt:

> [Q]uestions as ‚What should we say if?' or ‚In what circumstances would we call ...?' asked of someone who has mastered the language (for example, oneself) is a request for the person to say something about himself, describe what he does. So the different methods are methods for acquiring self-knowledge. (MWM, S. 66)

---

97 Diamond, Cora, „The Difficulty of Reality and the Difficulty of Philosophy", in: *Reading Cavell*, hg. v. Alice Crary/Sandford Shieh, New York 2006, S. 98-118, S. 110.

Diese Analogie erlaubt uns das Einnehmen einer *ganz anderen* Sichtweise in der Art und Weise der Imagination. Die Vergleichsobjekte einer Reihe müssen wir hinzudenken, die *relevanten* Ähnlichkeiten müssen wir selbst sehen. Das nimmt uns kein Beispiel ab. *Wir* müssen dem Fall, der sich uns darstellt, gerecht werden und müssen zusammen mit unserer Beziehung zum – letztlich entzogenen – Anderen auch gemeinsame Praktiken und Verständnisse der Welt gestalten, in der wir leben „wollen". Das ist aber eben nur näherungsweise als „Willensakt" zu beschreiben, in einer Analogie, die wörtlich zu verstehen das Unthematische und Unverfügbare dieser Tätigkeit verzerrt. Sie ist keine Leistung des Verstandes, sondern einer ungesicherten und unthematischen Imaginationstätigkeit der reflektierenden Urteilskraft, die wir nicht intendieren, beherrschen oder überblicken können. Auf das eigene, ungesicherte *Interesse* an unseren Worten und deren Bedeutung verweist uns die Philosophie nur zurück und zeigt es uns als praktisches Interesse an uns selbst, als eine Form der Lebensführung. Philosophisch üben wir diese Tätigkeit als ein freies Vorstellen unserer Sinnbedingungen, das diesen Bedingungen Gestalt gibt. Wir imaginieren notwendig subjektiv Fälle unseres Sprachgebrauchs, die wir selbstzweckhaft vorstellen. Das Beispiel ist dabei notwendig nur ein Fall unter anderen möglichen Fällen, ein Spielfeld unserer Vermögen:

> The method of language games, or the kin (Austinian) method of saying what we should say when, are nothing, not even one man's opinion, let alone the sublime acts of arrogation they turn out to be, unless they are games that I imagine myself to play, words I find I have it in mind or at heart to say. (MWM, S. 177-178)

In dieser Tätigkeit des Spiels liegt die Ermöglichungsbedingung sprachlichen Sinns, nicht in einem objektivierbaren Grund. Die Bilder, die uns Wittgenstein zufolge „gefangen halten" (PU, §115) sind selbst Ergebnisse dieses Spiels, sie werden wiederum nur in solchem Spiel, in mythologischen bzw. symbolischen Redeweisen der *Philosophischen Untersuchungen* und deren bloß anzeigender Explikation formulierbar und dezentrierbar.[98] Reflexionskompetenz liegt hier nur in der Bereitschaft, sich so in den eigenen, vermeintlich grundlegenden Vernunftbestimmungen dezentrieren zu lassen, in einer Haltung der Aufmerksamkeit und Achtsamkeit.

Es ist deshalb keine pragmatistische Gebrauchstheorie der Bedeutung, auf die uns Wittgensteins Satz verweist: „[D]ie philosophischen Probleme entstehen, wenn die Sprache feiert." (PU, §38) Denn das „Feiern der Sprache" führt in Sackgassen und Irrwege, die uns zu einer neuen Betrachtungsweise *und* Praxis der Reflexion des Anderen zwingen. Es erlaubt die Formulierung der Ansprüche der Vernunft an sich selbst, aber in anderer Form, als wir es zunächst erhoffen: es erfordert eine Praxis der Reaktion auf „bloße" Irritationen, und zwar in einer Parasprache der Reflexionsbegriffe, die Stimmungen und Gesten artikuliert, wie

98 Kroß kommentiert: „Demnach ist Gewißheit keine Größe, die zu Sprachspielen und Handlungsweisen gleichsam wie von außen hinzutritt, sondern ein dem Ganzen eines Systems einwohnendes Moment." Kroß, Matthias, *Klarheit als Selbstzweck: Wittgenstein über Philosophie, Religion, Ethik und Gewißheit*, Berlin 1993, S. 154.

Kripkes resignativen Zug, die zunächst als bloß zufällig und irrational erscheinen. In dieser Aussetzung von Sinn zeigt sich nicht etwas anderes, sondern das Gleiche, nämlich unsere vermeintlichen philosophischen Bestimmungen. Sie zeigen sich aber neu und transformiert, entsprechend der Beschreibung der Wiederholung bei Kierkegaard: „Die Dialektik der Wiederholung ist leicht, denn was sich wiederholt, ist gewesen, sonst könnte es sich nicht wiederholen, aber eben dies, daß es gewesen ist, macht die Wiederholung zu einem neuen."[99] Die Erfahrung der Irritation, des Unsinns öffnet neu das Zulassen von Sinn, als spielerisch-kreativen Vollzug unserer Denk- und Lebensmöglichkeiten und als Anerkennung des Anderen in unserer Alltagswelt.

1.3.2. Sprachkritik als Autobiographie und als Gründung des Politischen: Singularität, Alterität und ein Sinn für geteilte Sprache

Wenn Wittgenstein überlegt, was es heißt, wenn Menschen „die Anhänglichkeit an ihre Worte fehlt" und sie Worte nicht „wähl[en] und schätz[en]" (PU, S. 560) – so kontempliert er eine radikale Entfremdung als Pathologie modernen Lebens, die gerade aus dessen Überwindung der Entzweiung des Subjekts in Natur und Kultur, Verstand und Phantasie resultiert. Aus dieser Entfremdung als einem Produkt der Reflexivität menschlichen Lebens selbst muss die negativ-kritische Praxis der Philosophie ihre eigene Möglichkeit wieder hervorarbeiten. Es bedarf der Artikulation dieser Entfremdung, die ein Leben in sprachlichen Denk- und Lebensweisen produzieren *muss*. So kann der unvermeidliche Schein, das Imaginäre, das die Vernunft als Bild von sich selbst projiziert, artikuliert werden: in der Akzeptanz der Fremdheit und Unverfügbarkeit dieser Vernunfttätigkeit als deren Hoffnungsperspektive und Wirklichkeit.

Wittgenstein diskutiert in den *Philosophischen Untersuchungen* die Möglichkeit privater Sprache. Seine Interpreten haben abwechselnd versucht, diese Möglichkeit zu belegen und zu widerlegen. Der Kern unserer Privatsprachenphantasien liegt aber in der *praktisch-existentiellen* Herausforderung des Faktums der Sozialität in der Moderne. In einer modernen gemeinsam zu gestaltenden Welt ist das Geschäft der Philosophie nicht der positive Entwurf des guten Lebens und auch nicht das Liefern der Fundierungen unserer Wissensbemühungen. Cavell charakterisiert es als eine Praxis der Einübung darin, mit den eigenen Enttäuschungen der Hoffnung auf verfügbare Sinngarantien auch in szientistischen Substituten nicht-resiginiert leben zu lernen, „how to accept a therapy of disillusion (or of dismantling) without succumbing to disillusionment, I mean disillusionment as an attitude, something between discouragement and cynicism" (TS, S. 59). Das

99 Kierkegaard, Sören, *Die Wiederholung. Ein Versuch in der experimentierenden Psychologie von Constantin Constantius*, in: ders., *Werke*, Bd. 2, Reinbek bei Hamburg 1961, S. 23.

heißt, gerade diese negativ-kritische Arbeit entspricht der Anzeige einer Sinnoffenheit oder Hoffnungsperspektive, die aber die Enttäuschung falsch verstandener Vernunftansprüche und Hoffnungspotentiale selbst konfrontieren bzw. aushalten muss. Die *Philosophischen Untersuchungen* sollen beides: uns lehren, wie man eine solche Therapie der Desillusionierung akzeptiert und das Hoffnungspotential in dieser Anerkennung einer Leerstelle von Grundlosigkeit und Endlichkeit aufweisen.

Diese Emanzipation von der Emanzipation gelingt nur in einer Erfahrung der Negativität, in einer Dezentrierung und deren Artikulation, die im „Objekt", das heißt dem Text, einen Anlass findet, aber keine Ursache. Sie entspricht als Aussetzung eines falschen Selbst- und Weltverhältnisses der Kantischen „Kausalität aus Freiheit". Denn sie „verwirklicht" als Selbst-Artikulation neu eine nur an sich selbst orientierte Tätigkeit der Urteilskraft in einer Einstellung persönlicher Aufmerksamkeit auf die Modelle und Reflexionsbegriffe des eigenen Selbstverständnisses. Das ist auch die Form gelingenden Lebens. Die Interpretationstätigkeit ist hier Praxis *und* deren „bloße" Darstellung, eine Erinnerung des eigenen Selbst, die auch im Bereich der Sprache auf die Gerichtetheit und Zweckgebundenheit einer Sprachbeherrschung verzichten muss, die sich als souveräne Methodenkompetenz versteht. Benjamin beschreibt die Möglichkeit zur Aneignung oder Anerkennung unbewusster und verdrängter Individualgeschichte im Bild der Archäologie. Das kann auch als Analogie zur Möglichkeit philosophischen gelingenden Umgangs mit der passiv-entwerfenden Art und Weise verstanden werden, wie wir unsere Sinnhorizonte entfalten. Der Einsicht in die Abwesenheit eines Ersten und Ursprünglichen, der Alterität für sich selbst jeder Identität aber auch jeder philosophischen Reflexion, entspricht eine *bloße Haltung* des Reflektierens. Sie formuliert „nur" Warnungen davor, sie so zu verstehen, als ob sie a priori ihr eigenes angemessenes Verständnis als geschichtlich-faktisch ausgebildete Sprachformen unserer Welt mitführen oder zu diesem angemessenen Verständnis anleiten könnten.[100]

Diese Warnfunktion ist hier noch einmal sprachphilosophisch radikalisiert: Sie weist auf eine Einstellung, die Negativität anerkennt. Ich muss undeterminiert immer je konkret ein Verständnis von Situationen entwickeln, ohne dieses Vermögen selbst im begreifenden Verstehen zu beherrschen. Entsprechend charakterisiert Cavell diese Einstellung nicht positiv, sondern als einen „sense of obscuri-

---

100 Diamond formuliert diese negative-kritische Rolle so: „In reading Wittgenstein or Kant, we can take the word ‚transcendental' as a kind of warning. For Kant, the connection between ethics and the transcendental subject is such that ethics is destroyed, there is no ethics, if you try to move ethical thought into the realm of what we can know, the empirical world. For Wittgenstein, the connection between ethics and the transcendental is not, as it was for Kant, a matter of tying ethics to something other than what we can know, other than the empirical world. Not as with Kant, it is equally destroyed if we try to push it into synthetic a priori judgments." Diamond, Cora, „Ethics, Imagination and the Method of Wittgenstein's *Tractatus*", in: *The New Wittgenstein*, hg. v. Alice Crary/Rupert Read, London 2000, S. 149-174, S. 168.

ty" (vgl. CHU, S. xxxii). Wir können der menschlichen Grundsituation der Negativität der Sprache *philosophisch* nicht in der (aktiven) Stellungnahme in positiven Thesen gerecht werden, sondern nur in der sensiblen Aufklärung der Missverständnisse des Status unserer Orientierungen, die sich in Symptomen wie der skeptischen Stimmung der Resignation anzeigen. Die Konfrontation gegenüber meiner Praxis und deren Sinngestalten, um diese in ihrer Gewordenheit und Kontingenz zu erhellen, erfordert eine Haltung des Verzichts: nicht nur auf eine Position der fraglosen Objektivität, sondern auch auf den Schein eines garantierten Wir, einer gegebenen Übereinstimmung der Sprachgemeinschaft, die mich der eigenen, exponierten Ausübung meiner Vermögen der Selbstverständigung entheben könnte. Diese Exponierung ist konstitutiv und für die Beurteilung des Gelingens dieser Anerkennung gibt es keine fixen Kategorien. Wie Kant schon von der Unprüfbarkeit der Gesinnung spricht, können wir das Gelingen dieses authentischen Selbstverhältnisses deshalb immer in Frage stellen:

> We want to be able to see that, given what animals are, and given also our properties, what we are like (given our „marks and features" and theirs), there are general principles that establish the moral significance of their suffering compared to ours, of their needs compared to ours, and we could then see what treatment of them was and what was not morally justified. We would be given the presence or absence of moral community (or thus-and-such degree or kind of community) with animals. But we are exposed – that is, we are thrown into finding something we can live with, and it may at best be a kind of bitter-tasting compromise. There is here only what we make of our exposure, and it leaves us endless room for double-dealing and deceit.[101]

Die Erfahrung dieser Kompromisshaftigkeit, die das Leben von endlichen Vernunftwesen begleitet, deutet Wittgensteins Philosophie Cavell zufolge als eine „specific experience of embarassment and disappointment directed to one's culture as a whole (hence to oneself as compromised in the culture), to its inability to listen to itself".[102]

Der praxisphilosophische Ansatz führt in einen zivilisations- und kulturkritischen Skeptizismus, wie er auch die Konsequenz der Position Kripkes ist. Der beharrt *mit Recht* auf der bloßen Immanenz praktischer Vollzüge. Das heißt, dass wir als soziale und individuierte Subjekte zunächst chaotische und unreglementierte Sinnlichkeit, Phantasie und Naturhaftigkeit zu einer sozialen Identität und deren Urteils- und Handlungsformen integrieren müssen. Er zeigt weiter, dass wir dann keine garantiert vernünftige Individualität und gerechte Gesellschaft mit dieser Versöhnung erkaufen, sondern diese auch in gesellschaftlichen Strukturen bloßer instrumenteller, verdinglichender Rationalität preisgeben – ohne aber noch die Hoffnung auf ein Anderes der Geisteswelt oder eines besseren Reichs

---

101 Diamond, „The Difficulty of Reality and the Difficulty of Philosophy", S. 111.

102 Cavell, Stanley, *This New Yet Unapproachable America: Lectures after Emerson after Wittgenstein*, Chicago 1988, S. 69. Im Folgenden zit. als NYUA.

der Zwecke aufrechterhalten zu können. Die Erfahrung einer Enttäuschung und eines Verlusts muss dann als Sinn-Erfahrung der Negativität und Grundlosigkeit analysiert und anerkannt werden. Gerade dass Naturhaftigkeit und Prä-Rationalität nicht bruchlos in unseren Praktiken aufgehen, erscheint dann als Hoffnungsmoment, weil sich hier zeigt, dass unser Sinnvollzug selbst immer protorational, das heißt unverfügbar bleibt. Die Aufgabe der Sozialisation und des Spracherwerbs ist eine andauernde Aufgabe. Diese Aufgabe trägt jedes Subjekt mit jedem Schritt aus den gemeinsamen Praktiken heraus *und* in sie hinein. Und jeder Schritt setzt damit die Intransparenz des Subjekts für sich selbst fort, da er nicht nur Sinn fortschreibt, sondern auch weiter verschiebt. Die Einsichten einer Praxisphilosophie dürfen diese Negativität nicht zum blinden Fleck werden lassen.

Hier hat der skeptizistische Zug der Philosophie „außerhalb der Praxis" seine Rolle. Denn als „notwendiger Schein", den diese Selbstverwirklichung und -homogenisierung produziert, erlaubt er eine Neuerfahrung der absoluten Negativität noch unserer Vernunftausübung. Dieser Schein spiegelt die Grundlosigkeit unserer geteilten, demokratischen und kontingenten Praktiken der Selbstverwirklichung und -deutung. Er entspringt mit Kant gesprochen einer „Fehlanwendung" der Vernunftvermögen auf sich selbst.[103] Die erscheint aber nun als ebenso alltäglich wie unvermeidlich. Die Aufgabe, dies zu zeigen und zu bewältigen, nähert die Philosophie allerdings scheinbar primitivsten Praktiken der Sinnstiftung und Bewältigung von Kontingenz an: Der Boden des religiösen Ritus ist „das Naturgeschehen, vor allem die Erscheinungen des Todes, der Geburt und des Geschlechtslebens".[104] Diese Naturhaftigkeit wird im Ritus gestaltet, und zwar als ein „Furchtbares", das Wittgenstein als Ursache *und* Wirkung des Ritus versteht. Es ist wie Matthias Kross in Bezug auf Wittgensteins Bemerkungen über Frazers *Golden Bough* schreibt, „‚eine Erfahrung in unserm Innern' (BGB, S. 42f.) in der Praxis des Ritus (im Falle Frazers: der Magie) geborgen."[105] Anders gesagt, erlaubt der Ritus als Form der Entzogenheit, in der diese nicht aufgeht, diese Erfahrung der Unverfügbarkeit. Gerade sie wird in der Philosophie geläufig versucht zu rationalisieren und zu domestizieren. Das notwendige Scheitern dieses Versuchs hat

103 Kant beschreibt den transzendentalen Gebrauch, oder Missbrauch, der Vernunft als deren Fehlanwendung in der Empirie, im (scheinhaften) Versuch die Einheit der Apperzeption mit Argumenten zu untermauern: „Also wird es Vernunftschlüsse geben, die keine empirischen Prämissen enthalten, und vermittelst derer wir von etwas, das wir kennen, auf etwas schließen, wovon wir doch keinen Begriff haben, und dem wir gleichwohl, *durch einen unvermeidlichen Schein*, objektive Realität geben." Kant, *Kritik der reinen Vernunft* B, S. 397, Hervorh. C.D.

104 Ricken, Friedo, „Religionsphilosophische Interpretationen zu Wittgensteins Bemerkungen über Frazers Golden Bough I", in: *Religion aber wie? Religionsphilosophische Perspektiven*, hg. v. Heinz Robert Schlette, Würzburg 2002, S. 33-48, S. 44. Ricken stellt dieser „Einbettung des Menschen in die Natur" das „bewußt gewählte, konventionelle Symbol" gegenüber (ebd.). Aber unsere Symbole sind sowenig bewusst gewählt wie die Phänomene, die auf die Naturhaftigkeit und Faktizität des Menschen verweisen. Als Sprachwesen unterliegen wir einer Grundlosigkeit und Kontingenz. Sprache und Sozialität sind „bloß" naturgeschichtlich.

105 Kroß, *Klarheit als Selbstzweck*, S. 246.

aber einen ganz vergleichbaren Effekt der Erfahrung von Unverfügbarkeit wie der Ritus. So wie der Ritus einer Unverfügbarkeit Gestalt gibt, das heißt sowohl Darstellung als auch Praxis ist, wird die Übung der Philosophie über den Umweg des Skeptizismus zur Darstellung der Naturhaftigkeit *des Geistes*, die das eigene Leben in und mit Sprache als ungarantiert und als Wunder ausweist, als Sinngeschehen jenseits eigenen Verfügens. Man könnte das hier beispielhaft sich Zeigende das durch einen Impuls des Innehaltens neu aktivierte, unhintergehbar individuelle Vermögen zum Sehen und zur Vision menschlichen Lebens nennen. Diese Art der Vergegenwärtigung muss der internen Abständigkeit ihres eigenen Bildes gedenken, sie mit zur Darstellung bringen.[106]

Gerade dass die philosophischen Begründungskonstruktionen *seltsam* erscheinen, uns mit philosophischem Unsinn konfrontieren, eröffnet diese Sinnentzogenheit neu. Es zeigt den „lebendige[n] Zusammenhang der Geschichten",[107] wie Schapp die holistische Angewiesenheit auf die narrativen Strukturen einer Pluralität von Sinnkriterien beschreibt. Unseren paradigmatischen Situationen und ihren Ähnlichkeiten und Unterschieden verdankt sich der Schein der Verstehbarkeit philosophisch-reduktionistischer Abstraktionen. Aber diese Abstraktionen sind damit nicht einfach Irrtümer: Sie zeigen, wenn wir sie neu verstehen, negativ ein lebendiges Ganzes von Bedeutungszusammenhängen und -verknüpfungen, die zu ziehen wir selbst mit jedem Vollzug immer neu mit beteiligt sind. Der Anspruch der Metaphysik zeigt sich hier neu als Bedarf nach einer gelingenden Form der Selbstreflexivität noch der philosophischen Tätigkeit selbst, angesichts ihrer Teilhabe am Chaotischen, Ordnungsfernen und damit Nicht-Bestimmbaren. Als notwendiger und unaufhebbarer Schritt zur Emanzipation erweist sich in dieser und für diese Darstellung auch unsere Entfremdung. Sprache präsentiert sich uns erst in Abbreviaturen, in Bildern unseres Lebens, als nicht-präsent, verloren, unverfügbar – und zeigt so, scheinbar paradoxal, unsere eigene Autonomie an:

> [P]hilosophy does not move us from ignorance to knowledge, but from confusion or chaos to clarity or order, from being lost to finding ourselves, and [...] the first step of a philosophical answer to a philosophical problem is to demonstrate to us that we are indeed lost, confused, chaotic, even when we think of ourselves as full of conviction. (PDAT, S. 182)

---

106 Vgl. „Hier stoßen wir auf eine merkwürdige und charakteristische Erscheinung in philosophischen Untersuchungen: Die Schwierigkeit – könnte ich sagen – ist nicht, die Lösung zu finden, sondern, etwas als die Lösung anzuerkennen, was aussieht, als wäre es erste eine Vorstufe zu ihr. Wir haben schon alles gesagt. – Nicht etwas, was daraus folgt, sondern eben das ist die Lösung!/Das hängt, glaube ich, damit zusammen, daß wir fälschlich eine Erklärung erwarten; während eine Beschreibung die Lösung der Schwierigkeit ist, wenn wir sie richtig in unsere Betrachtungen einordnen. Wenn wir bei ihr verweilen, nicht versuchen, über sie hinauszukommen./Die Schwierigkeit ist hier: Halt zu machen." Wittgenstein, Ludwig: „Zettel", in: ders.: *Werkausgabe*, Bd. 8, hg. v. Joachim Schulte, Frankfurt a. M. 1984, §314.

107 Vgl. Schapp, Wilhelm, *In Geschichten verstrickt. Zum Sein von Mensch und Ding*, Frankfurt a. M. [3]1985, S. 95.

Diese Selbstentzogenheit als Autonomie erfassen wir nur in einer Rezeptivität gegenüber unseren eigenen Denkformen, die neu gegründet wird in der Aussetzung (das heißt sowohl der Ausstellung als auch der Unterbrechung) etablierter, gewohnter Denk- und Handlungswege, das heißt ihrer eigenen Produkte. In dieser Passivität des Antwortens der Urteilskraft auf sich selbst kann sich neu die Möglichkeit der lebendigen, produktiven Teilnahme an unserer Kultur zeigen und an einem Prozess der Verständigung darüber, was in ihr und für uns Bedeutung hat. Insofern hat diese philosophische Praxis auch eine kulturkritische Dimension. Cavell spricht von einer *Versuchung* „[of] giving up on the aspiration to a life more coherent and admirable than seems affordable after the obligations and compromises of adulthood begin to obscure the promise and dreams of youth and the rift between public demands and private desires come to seem unbridgeable" (CW, S. 11). Angesichts dieser Tendenz zur Resignation des modernen Lebens in der Immanenz eröffnet philosophische Praxis gerade als Verzicht auf das Politische (d.h. auf eine Stellungnahme für und gegen etwas, auf wirkungsvolle Urteile) Cavell zufolge den Raum des Politischen neu: als grundlos, im Sinne genuiner, und selbstkritikfähiger Kommunalität. Diese Möglichkeit liegt in nichts anderem als Wittgensteins vielgeschmähtem Bekenntnis zu philosophischer Wirkungslosigkeit. (Vgl. PU, §124, §126) Die entspricht einer Verweigerung, die gerade als Aussetzung oder Absage an verfügendes Urteilen und Handeln eine andere Art des Wirkens anzeigt:

> Disobedience has been taken (in Eden, to divine command; in Kant's moral philosophy, to inclination) as a criterion of freedom. [...] I want to go beyond the thought that freedom is shown in the capacity to say no, to the thought that it is shown in saying no in one's own voice (responsive to different circumstances, capable of distinguishing consent from duress) – perhaps related to the cause of Emerson's and Nietzsche's search of a ground on which to say yes, the yes they took as the sign of a human existence, that thinkers before them, whom they were going beyond, had taken as the sign of a political existence. (S. 161)

Die Notwendigkeit des „Ungehorsams" bringt Cavell nicht mehr, wie die klassische Aufklärung, als Kritik am falschen Glauben an äußere Autoritäten vor, sondern gegen eine Figur des Ideals der Autonomie als Verfügen über die eigenen Überzeugungen, Werte und Verbindlichkeiten, gerade weil diese als nur selbstgesetzt und keiner äußeren Autorität verdankt verstanden werden. Diese Vorstellung und Lebensweise verunmöglicht aber die Anerkennung des Anderen und damit der Unverfügbarkeit des Geschehens von Sinn. Kehrseite dieser Vorstellung ist deshalb eine Orientierung an einer geteilten Welt als bereits gegeben in bestimmenden Begriffen und Selbst- und Weltverständnissen. Auch gegen diesen Anspruch auf Akzeptanz des Wirklichen als Maßstab des Möglichen und Wünschenswerten zeigt das „Ja in eigener Stimme" (s.o.) eine Haltung des Ungehorsams an. Es artikuliert *meine* unvertretbare Zustimmung zu unserer Gemeinschaft und zur Gestalt meines Lebens, und zwar in einem Anspruch auf die Unverfügbarkeit des Individuums für alle Verstehensansprüche, auch den einer falsch verstandenen Selbstgesetzgebung. Hier wird die Teilnahme an meiner Gemeinschaft zum philosophischen Thema, weil selbst der philosophische Text sich als Erbe der Begriffe und Einstellungen seiner sozialen Welt begreifen muss. Statt das zu leugnen, wird hier Autonomie im eigentlichen, vollen Sinne *nur noch* durch meine Verweigerung eines solchen Konformitätsanspruchs selbst ausgedrückt: „In refusing my agreement, I do not withdraw from the community: the refusal is itself part of my belonging."[108]

In einer Philosophie als Praxis, die den sinnoffenen Austausch über die Kriterien der eigenen Lebensform einübt, ist zunächst das Reagieren auf die Erfahrung eigener Entfremdung gefordert, und das Reagieren auf die Bilder und Phantasmen, die diese Entfremdung produziert. Unser *wahres* Bedürfnis wird erst *gegen* unser etabliertes Selbst-Verständnis, gegen die in unseren Verständnissen wirksame Vorurteile wieder hervorgearbeitet und darstellbar, also etwa auch gegen die Vorstellung, Autonomie müssten wir als „Selbst-Gehorsam" verstehen und leben: indem wir die sinnoffene, undeterminierte Vorstellung unseres Geisteslebens aus den Bildern seiner fixierenden Entstellung wieder zulassen. Sowohl unsere Begriffe als auch diese Bilder selbst zeigen sich damit wieder als das Ergebnis der freien Tätigkeit unserer Einbildungskraft. Wie für die Annahme und Kritik des Kunstwerks gilt für dieses Modell, dass „no other case necessarily supports this one, and [...] my access to this one may disappear" (PDAT, S. 92). Die Anziehung, die dieses Beispiel auf uns ausübt, liegt auch in der Erfahrung seines Nicht-Verstehens, seiner Unverfügbarkeit.[109] Als historisch-kulturell bedingte und persönlich geformte konkrete Figurationen sind unsere Vorverständnisse der Kritik offen. Die muss wiederum unhintergehbar persönliche Untersuchung der eigenen Denk-Voraussetzungen und deren ebenso persönlicher Ausdruck sein.[110] So er-

108 Laugier, Sandra, „Wittgenstein and Cavell. Anthropology, Skepticism and Politics", in: *The Claim of Community. Essays on Stanley Cavell and Political Philosophy*, hg. v. Andrew Norris, Stanford, CA 2006, S. 19-37, S. 33.

109 „Wittgensteins Kritik besagt [...] letztlich, dass wir uns nicht in der Zukunft oder noch einmal hinter uns oder in uns aufstellen können, um so das Ganze unserer Handlungen, der sie leitenden Absichten oder Verständnisse noch einmal in einem metaphysischen *big picture* von Welt und Ich, Subjekt und Objekt, Sprache und Wirklichkeit zu über- und zu durchschauen. Wir verfügen nicht über ein *big picture* von außen, weil wir ständig noch am Prozess des Unterscheidungshandelns tätig beteiligt sind, aktiv tätig beim Prozess der sprachlichen Bestimmungen von Identität und Differenz, aber auch z. B. bei der Bestimmung des Verhältnisses von begrifflicher und empirischer Geltung." Rentsch, „Praktische Gewißheit jenseits von Dogmatismus und Relativismus", S. 359.

110 Cavell schreibt: „The idea or picture is mine, a responsibility of mine to be responsive to, a piece of my life that is, whether natural or violent, not inevitable, a contingency of having something as constraining (a freighted term of Kant's) as a human life, a life constrained to make itself intelligible (to itself) to find itself in words." (PhP, S. 137) Benjamin verweist ganz ähnlich in der berühmten Metapher der Archäologie auf die Subjektivität, Kontingenz und Fragmentarität von „Bildern" unserer Selbstverständnisse: „‚Sachverhalte' sind nicht mehr als Schichten, die erst der sorgsamsten Durchforschung das ausliefern, um dessentwillen sich die Grabung lohnt. Die Bilder nämlich, welche, losgebrochen aus allen früheren Zusammenhängen, als Kostbarkeiten in den nüchternen Gemächern unserer späten Einsicht – wie Torsi in der Galerie des Sammlers – stehen. [...] So müssen wahrhafte Erinnerungen viel weniger berichtend verfahren als genau den Ort bezeichnen, an dem der Forscher ihrer habhaft wurde. Im strengsten Sinne episch und rhapsodisch muß daher wirkliche Erinnerung ein Bild zugleich von dem,

heben wir den Anspruch auf die Möglichkeit der Übereinstimmung und vertrauen auf einen gemeinsamen Sinn, auf Kommunalität als Kommunikabilität.

Es geht in diesen philosophischen Einübungen in das Zulassen des Geschehens von Sinn also gerade um ein Sich-ins-Verhältnis-Setzen zur Gesellschaft als Urteilsenthaltung, weil es erfordert, die Unbequemlichkeit der unbrauchbaren Konvention zu erzeugen *und* zuzulassen. In dieser Irritation zeigt sich die interne Differenz und Alterität unserer Sinngestalten, die nur unthematisch als Leerstelle „des Gewöhnlichen" offengehalten bleibt, die aber immer wieder verdrängt und verstellt wird, wie Cora Diamond schreibt:

> What is the everyday if it is so hard to achieve? It is within the everyday that there lie the forms and varieties of repudiation of our language games and distance from them, the possibility of being tormented by the hiddeness, the separateness, the otherness of others.[111]

In diesen Rändern des Persönlichen und der Gemeinschaft werden aus Phantasien und Verzerrungen unsere Sinngestalten lesbar. Indem ihr unthematischer Entwurfscharakter verdinglicht wird zur bestimmenden Kategorie, produzieren sie Überschüsse und Irritationen des Unsinns, die unserem begreifenden Verstehen Widerstand leisten. So wird uns unsere unverfügbare Individualität und geteilte Welt als ganze in ihren „Entstaltungen" negativ, als verfehlt lesbar, aber eben in dieser Lektüre wird der Vollzug unserer Sinngestalten auch wieder praktisch.[112] Die „Leistung" dieser Lektüre ist Sache von nichts als meiner Responsivität auf Brüche und Abgründe des Sinns.[113] Diese Antworten auf sich selbst[114] haben also keinen Begründungsgang, der seine Notwendigkeit im Voraus erweisen könnte. Denn die Dimension der Sinnerschlossenheit, die hier auf dem Spiel steht, ermöglicht und begrenzt Rationalität. Die (transformierende) Art der Aufnahme der Irritationen, die Wittgenstein anbietet, das heißt ihre sinnoffene Arti-

---

der sich erinnert, geben." Benjamin, Walter, „Denkbilder" (1931-1933), in: ders., *Gesammelte Schriften*, Bd. IV/1, hg. v. Rolf Tiedemann/Herrmann Schweppenhäuser, Frankfurt a. M. 1991, S. 305-438, S. 400f.

111 Diamond „The Difficulty of Reality and the Difficulty of Philosophy", S. 113.

112 Sandra Laugier formuliert das folgendermaßen: „That our ordinary language is founded on nothing but itself is not only a source of anxiety as to the validity of what we do and say: it is the revelation of a truth about ourselves that we do not want to recognize – that ‚I' am the sole possible source of their validity." Laugier, „Rethinking the Ordinary", S. 87.

113 Nicht unähnlich beschreibt Menke die Prozessualität des Kunstwerks, die sich in den ‚Lücke' einer Interpretation zeige, und die „den Schein korrigiert, der sich an ihre einzelnen Aussagen heftet: daß sie das ästhetisch Erfahrene im Medium der Aussage zur Darstellung bringen könnten. Und zwar korrigiert sie ihn, indem sie gegen den identifizierenden Schein der einzelnen Aussagen (oder Aussagegruppen) die ästhetische Erfahrung in ihrer begrifflichen Uneinholbarkeit zum Ausdruck bringt." Allerdings ist hier eine Dimension der Sprache selbst in ihrer Entzogenheit angezeigt. Menke, Christoph, *Die Souveränität der Kunst. Ästhetische Erfahrung nach Adorno und Derrida*, Frankfurt a. M. 1991, S. 13.

114 Vgl.: „[Wir] können [...] nicht einfach in die Welt treten und aus ihr unser Selbstverständnis ablesen. Wir sind darauf angewiesen, eine Antwort auf die Welt zu geben. Wir müssen Entwürfe unserer selbst ausführen und erst finden, um überhaupt leben zu können." Rentsch, *Konstitution der Moralität*, S. 235.

kulation ist der einzig mögliche „Beweis" der Notwendigkeit gerade dieses Ausdrucks gerade dieser Realität. Das heißt aber, diese Redeweise muss sich bewusst immer dem Verdacht aussetzen, zufälliger Ausdruck von bloßen Launen zu sein. Diesen Verdacht artikuliert Wittgenstein auch immer wieder freimütig selbst, mit Formulierungen wie „dann will ich sagen", oder „wir sind geneigt, uns so auszudrücken", „gleichsam", „es kommt uns vor wie". Wir sehen dann, dass wir es hier mit parasprachlichen Hilfsausdrücken für unsere sprachliche Sinnkonstitution zu tun haben:

> There is nothing I can say in general about why I write as I do, speak the way I speak. At this stage, or at any other, it may reduce for you to a matter of my whim, or say inclination. Yet to say why I write is in a sense what I explain all day, or show, in every word I write, so that it may clarify itself at any moment. (CHU, S. 97f.)

Cavell zufolge beginnen die *Philosophischen Untersuchungen* nicht umsonst scheinbar aus einer zufälligen Laune (*whim*) heraus, die Wittgenstein etwas unserer ersten Intuition nach Abseitiges, Marginales in den Blick nehmen lässt: nämlich zwei Grenzfälle, das sprachelernende Kind und die Szene der Bauenden. Diese Laune erweist sich allerdings als Stimmung unseres Lebens als individualisierte Sprachwesen. Die Erfahrung der Unzufriedenheit und Resignation konfrontiert uns mit uns selbst. So wie unsere philosophische Rede unsere Selbstverständnisse verzerrt und reduziert manifestiert, treten wir uns selbst als Wesen gegenüber, die diese Verständnisse praktisch üben.

Die Rezeptivität eröffnet im Umweg über den Text „a new look at oneself and a fuller realization of what one is doing or feeling" (CR, S. 179).Wittgenstein beginnt mit den Untersuchungen dieser Grenzfälle, bevor seine Kriterien und die unter Wittgenstein-Interpreten kanonisierten grammatischen Untersuchungen ins Spiel kommen. Denn dieses Verfahren wird nur als ein Nachspiel möglich: Aus der Dekonstruktion der Versuche, Sinnbedingungen zum „Gegenstand" der Theoriebildung zu machen. Sie werden dann in einer Praxis der Endlichkeitsreflexion thematisch, in der wir uns selbst als unverfügbar anerkennen.[115] Was wir zunächst für eine Reihe fortschreitender und aufeinander aufbauender Argumente gehalten haben, durch die uns eine philosophische Autorität führt, stellt sich dann als Dialog des Autors mit sich selbst dar, zwischen eigenen, widerstreitenden Einstellungen. Dieser Widerstreit destruiert die vermeintliche Autorität und die Setzung von Behauptungen unaufhörlich praktisch. Dieser Dialog ist ebenso selbstzweckhaft wie der Lernprozess des Kindes, er hat keinen externen Legitimationsgrund noch ein Ziel, das ihm äußerlich wäre. Diesen Durchgang muss das moderne Selbst Cavell zufolge noch als unabschließbare Konfrontation mit den Verstellungen der Tätigkeit der Vernunft durch diese selbst durchlaufen. Er versteht es in Anspielung zum Beispiel auf Dantes *Göttliche Komödie* als praktisch-

115 „This, if anything, is the Western tradition: not a specific set of values, but a belief that the human soul is too deep for there to be any easy answer to the question of how to live." Lear, *Open Minded*, S. 27f.

ethische Aufgabe der Selbstwerdung, Selbstkonfrontation und Selbsttranszendenz. Philosophie muss als Darstellung und Anerkennung der eigenen Grundlosigkeit dann auch verstanden werden in einer „mythology of human restlessness or strife" (PDAT, S. 197).

Damit wird das Problem, das die Philosophie als ein intellektuelles Problem der Letztbegründung beschreibt, vielmehr als praktisches Problem der – ernsthaften – Lebensführung gedeutet, eine ernsthafte Lebensführung, die hier von der sprachphilosophischen Arbeit an sich selbst repräsentiert wird.[116] Das heißt aber nicht, dieses Konstitutionsproblem als nur individualethisches zu begreifen, sondern es zeigt sich, dass es zugleich auch ein sozialontologisches ist. Cavell konstatiert: „[T]he demand is not the subject of a separate study within it, call it Ethics. It is as if the necessities of life and culture depicted in the *Investigations* are beyond the reach of what we think of as moral judgment." (NYUA, S. 40) Jenseits der Reichweite moralischer Urteile sind die Notwendigkeiten von Leben und Kultur, die in den *Untersuchungen* dargestellt werden, insofern diese weder für die gute Gesellschaft noch das individuelle Leben gute Gründe vorgeben. Sie zeigen nur Entzogenheit und Alterität an und führen vor, was es heißt, aufmerksam und undeterminiert Situationen sehen und neu sehen zu können.[117] Das scheinbar selbstverständlich (schon) Verstandene, nämlich die alltägliche Sprache, erweist sich dem philosophischen Blick als rätselhaft und kryptisch, als unverständliches Anderes.[118] Diese Charakterisierung, die Adorno dem Kunstwerk in signifikanter Abgrenzung von gewöhnlichem Leben zuerkennt, trifft damit in der Philosophie der gewöhnlichen Sprache in gewisser Weise unser gesamtes gewöhnliches Selbstverständnis als Sprachwesen in einer geteilten Welt.

---

116 Philosophische Praxis wird damit als Erbe der religiösen Übung gelesen, die schon Kierkegaard als Alltagsgeschäft verstanden hatte: „Der Ernst ist gerade, daß Christus unmittelbare Mitteilung nicht geben kann, daß die einzelne unmittelbare Aussage lediglich in dem gleichen Sinne wie das Mirakel dazu dienen kann, aufmerksam zu machen, auf daß alsdann der Aufmerkende, indem er am Widerspruch anstößt, wähle, ob er glauben will oder nicht." Kierkegaard, Sören, *Einübung im Christentum,* in: ders. *Werkausgabe,* Bd. 2, hg. v. Emanuel Hirsch u. a., Düsseldorf 1971, S. 142. Im Gegensatz zu Kierkegaards Tendenz dazu, das menschliche Selbstverhältnis als religiöse Privatangelegenheit zu verstehen, ist diese Übung des Selbst wie auch schon bei Hegel bei Wittgenstein gleichzeitig eine Problematisierung der eigenen Gesellschaft und Sozialität.

117 Hier die Cavellsche Formulierung des Marxschen Anspruchs, die Philosophie müsse praktisch werden, die unmissverständlich den traditionell religiösen Ruf nach Bekehrung und Erlösung aufnimmt und in die Aufgabe der Philosophie transformiert: „The changes required have to be directed to the fact that it is not only philosophers who have interpreted the world; but all men, that all men labour under a mistake – call it a false consciousness; and that those who learn true labour are going to be able to do something about this because they are the inheritors of philosophy, in a position to put philosophy's brags and hopes for humanity, its humanism, into practice." (SW, S. 93)

118 Adorno zufolge sind Kunstwerke „Schriften, nicht erst die, die als solche auftreten, und zwar hieroglyphenhafte, zu denen der Code verloren ward und zu deren Gehalt nicht zuletzt beiträgt, daß er fehlt". Adorno, Theodor W., *Ästhetische Theorie,* in: ders., *Gesammelte Schriften,* Bd. 7, hg. v. Rolf Tiedemann u. a., Frankfurt a. M. 1970-80, S. 189. Wir lernen bei Wittgenstein, dass wir uns selbst in unserer selbstverständlichen alltäglichen Urteils- und Sprechpraxis ebenso entzogen, diese Praktiken grundlos sind.

Das heißt, es führt uns nicht zu einem positiv gegebenen Ort oder einer Utopie gelingenden gewöhnlichen Sprechens zurück, wenn wir Wörter „von ihrer metaphysischen wieder auf ihre alltägliche Verwendung“ (PU, §116) zurückführen. Diese Praxis bricht unser falsches Ideal von Rationalität, insofern wir es als Bestimmung verstanden haben, und eröffnet nur neu die Erschlossenheit unserer Welt als unverfügbar. Die kommunikative Möglichkeit, uns in einer gemeinsamen, lebenswerten Welt als Sinnes- und als soziale Wesen gemeinsam verstehen zu können, ist auf die Anerkennung konstitutiver Entzweiung, auf die Akzeptanz von Alterität und Nicht-Verstehen angewiesen. Diese humane Welt ist in ihrer gegenwärtigen praktischen Gestalt kontingent und insofern immer auch insofern wirklich, als sie sich in den Fehlformen, die wir in der Wirklichkeit aufweisen können, erschließt. Auch diese Möglichkeit der kritischen Analyse und ihrer Umsetzung ist damit aber, wie die Teilnahme an der Praxis selbst, unhintergehbar persönlich und ungesichert. Es ist „the possibility of my access to experience which gives to my desire for the attaining of a self that is mine to become, the power to act on behalf of an attainable world I can actually desire“ (CW, S. 33). Die Aufgabe jedes gewöhnlichen Lebens, im Namen einer „erreichbaren Welt, die ich begehren kann“, zu handeln, wird damit also so wenig subjektiver Beliebigkeit und Laune überlassen wie die Aufgabe, diese Welt zu konzeptualisieren. Das zeigt sich gerade, wenn die Laune der Ausgangspunkt oder Anlass der philosophischen Überlegung zu sein scheint, und diese Gestalt damit kontingent. Nur indem ihre Gestalt für sie selbst als kontingent erscheint, kann sie ihrer Prozessualität als Tätigkeit der Urteilskraft Rechnung tragen.

Infrage steht also für den philosophischen Impuls nicht argumentative Schlüssigkeit, sondern eine Haltung der Anerkennung von Entzweiung und Alterität zu sich selbst, das heißt zu den eigenen kontingenten Selbstverständigungsweisen und gelebten Weltsichten. Diese gewöhnliche, selbstverständliche und unthematische Haltung kann man als lebensweltliche Ernsthaftigkeit beschreiben.[119] Sie bleibt gebunden an das Konkrete, das die eigenen Sprachformen erschließen. Ihre Aufgabe ist die Tätigkeit des imaginativen Erfahrens und Ausdrückens der eigenen Lebensgestalten und damit auch der eigenen reflektierenden Tätigkeit selbst. Warum zeigt Wittgensteins Philosophie diese Unverfügbarkeit in Untersuchungen alltäglicher Sprache? Sie zeigt uns in dieser Sprache sedimentierte Gleichnisse, Selbst- und Weltverständnisse, die „in die Formen unserer Sprache aufgenommen [sind]“ (vgl. PU, §299), und so gewöhnlich selbstverständlich erscheinen. Sie zeigt sie aber neu *in ihrem Gleichnischarakter*, indem sie die Gleichnisse, in der die Vernunft sich ihre eigene orientierende Tätigkeit vergegenwärtigt, auslegt. Sie zeigt sie als „nur“ Anzeige von Ähnlichkeiten, als Brücken des Verstehens dafür,

---

119 Für diese Ernsthaftigkeit einer Tätigkeit des sprachlichen Transzendierens des (immer sprachlich) Gegebenen gibt es keine allgemeinen Kriterien, sie erweist sich als radikale Infragestellung des eigenen Selbst, die Pierre Hadot selbst als (philosophische) Lebensform beschreibt: „Die Infragestellung der Rede führt tatsächlich zu einer Infragestellung des Individuums, welches entscheiden muß, ob es sich entschließen will, nach Gewissen und Vernunft zu leben oder nicht.“ Hadot, Pierre, *Philosophie als Lebensform*, Frankfurt a. M. 2003, S. 145.

dass unsere Urteilskraft *sich selbst* im Denken orientiert. Sie setzt das kreative Schweben der Einbildungskraft neu frei, das diese Verbindungen schlägt, dessen Ausdruck nicht im Begriff Bestimmung findet, sondern als Antwort auf die je konkrete Wirklichkeit sinnoffen bleibt. Im Verzicht auf falsche Souveränität findet sich das Subjekt „(not primarily as an agent, but) as one to whom the world presents itself in experience."[120]

Cavells *moral perfectionism* geht davon aus: „The self is always attained, as well as *to be* attained." (CHU, S. 12) Das Kind lernt natürlich und in der Transzendenz bloßer Naturhaftigkeit, seine Welt in Sprache zu verstehen und sich in Sprache auszudrücken. Die zweite Bildung ist die Wiederholung und Erinnerung dieser Bildung des eigenen Lebens in ihrem Vollzugs-, aber auch Entfremdungscharakter. Der Text der *Philosophischen Untersuchungen* „portrays our lifes (with their little outbreaks of madness) as something extraordinary, strange, in a sense unnatural" (PDAT, S. 201) – so charakterisiert Cavell seinen Eindruck („sense"). Was Cavell hier als „Eindruck" markiert, ist selbst eine Annäherung an den Prozess der Sinnkonstitution über den Umweg der „literarischen" oder „mythologischen" Deutung unserer Zerrbilder des Vernünftigen. Sie fordert uns ungarantierbar das richtige, nämlich indirekte Verständnis ab – und Cavell insistiert darauf, dass dieses selbst wiederum nur Sache einer angemessenen Lektüre-Praxis sein kann, die die Grenzen eigenen Verfügens über Sinn akzeptiert.

120 Lovibond, Sabina, „Ethics, Contemplation and the Source of Value", in: *Wittgenstein and the Moral Life. Essays in Honor of Cora Diamond,* hg. v. Alice Crary, Cambridge, MA 2007, S. 305-326, S. 306.

2.
Vollzug und Beurteilung menschlichen Tuns: Angemessenes Handeln und selbstkritische Lebensform

Wenn wir uns von der Vorstellung isolierter mentaler Denkvorgänge verabschieden müssen, weil Reflexivität sich nur als intelligentes Vollziehen angemessen verstehen lässt, dann müssen wir fragen: Was heißt es, dass wir – angemessen und vernünftig – handeln können? Wenn auch Sprechen und Denken als praktische Vollzüge begriffen werden müssen, lässt sich nur über diesen Weg oder Umweg thematisieren, wie wir uns als Vernunftwesen verstehen können. Dieses Vermögen angemessen zu rekonstruieren, erfordert grundlegend auch eine Anerkennung und Reflexion auf die Möglichkeiten des Scheiterns und Verfehlens. Entsprechend grundlegend ist Austins Analyse des Entschuldigens anzusetzen.[121] Aus ihr eröffnet sich ein Blick auf den Menschen als Sprachwesen, das sich mit jeder Handlung und Rede in seinen Sinngestalten als sprachlichen Formen seiner Welt und seines Selbsts *mit* entwirft. Weil wir uns immer im Handeln *mit* orientieren, ist die Untersuchung dieser Anerkennung und Reflexion von Negativität ein geeigneter Ansatzpunkt, um unsere Möglichkeiten zur gelingenden, selbstbestimmten Lebensführung und zur philosophischen Selbstreflexion in den Blick zu nehmen.

Kant spricht von unserem „Vermögen, einen Zustand von selbst anzufangen".[122] Handeln können ist nicht als ein angeborenes und unveränderliches Vermögen zu verstehen, sondern an eine Aufgabe der Emanzipation geknüpft. Indem wir Fähigkeiten erwerben und sie intelligent, das heißt weiter lernend und kritisch, ausüben, bilden wir die Sinngestalten eines eigenen autonomen Lebens aus. Wir können und müssen uns auch immer wieder aus diesen Horizonten herausarbeiten, erworbene Identität und Weltverständnisse hinter uns lassen auf eine Hoffnungsperspektive von Selbst und Gemeinschaft hin, die sich nur in der Unterbrechung, Irritation oder „Entstaltung" unserer gewohnten Perspektiven zeigt.[123] Allerdings sind uns diese Freiheitspotentiale einer gemeinsamen humanen Welt gerade in unserer Endlichkeit und Negativität immer schon Wirklichkeit.

---

121 Vgl. Austin, „A Plea for Excuses", in: ders., *Philosophical Papers*, hg. v. J. O. Urmson u. G. J. Warnock, Oxford 1961, S. 175-204.

122 Kant, *Kritik der reinen Vernunft* B, S. 561.

123 Friedrich Kambartel sieht den Menschen der Kantischen Konzeption verpflichtet als handelndes Wesen vor einer dreifachen Aufgabe: „Er muß Handlungen im engeren Sinne erwerben und sich damit aus der Natur herausarbeiten. Er muß seine Handlungen selbst orientieren und sich damit zugleich aus Herrschaftszusammenhängen zu einem nicht entfremdeten Leben befreien. Er muß schließlich diesem Identitätsinteresse einen Inhalt geben, der es zusammen mit dem entsprechenden Interesse anderer in einem gemeinsamen Handlungszusammenhang einlösbar macht und in diesem Sinne seine (bloß auf sich selbst bezogene) Subjektivität überwinden." Kambartel, Friedrich, „Autonomie, mit Kant betrachtet. Zu den Grundlagen von Handlungstheorie und Moralphilosophie", in: ders., *Philosophie der humanen Welt. Abhandlungen*, Frankfurt a. M. 1989, S. 117-131, S. 129.

Diese Aufgabe der Emanzipation ist deshalb nicht schlicht Souveränitätsgewinn, sondern grundlegend auch eine Aufgabe der Anerkennung eigener Handlungs- und Entscheidungsgrenzen, der Sinn und Freiheit konstituierenden Negativität eines endlichen Lebens.

Jede Frage nach unseren Handlungen erweist sich als korreliert mit der praktischen Frage: Was soll ich tun? Diese Frage aber angemessen beantworten zu können, erfordert die Einsicht, dass das keine Sollensvorgabe im wörtlichen Sinn ist. Es ist ein *Faktum der Vernunft*, dass wir uns immer selbstverständlich im Entwurf von Sinngestalten in ganzen Situationen orientieren und uns so auch zu uns selbst und über uns selbst hinaus verhalten. Diese Orientierungs*weise* ist die Form einer gemeinsamen guten Welt. Unser Handeln ist leibliches Vollziehen in geteilten Urteils- und Handlungsweisen und orientiert sich an Lebensgestalten und Werten einer gemeinsamen Welt, die wir erhoffen, antizipieren und „wollen". Diese Orientierungsweise ist notwendig indirekt. Sie betrifft „nur" die Art und Weise der Ausbildung und Umsetzung von Absichten und Zwecken, die zum Beispiel selbstverständlich bedachtsam, sorgfältig, umsichtig ist *und* sein soll. Diese Modi unseres Handelns sind unendlich vielfältig ebenso wie ihre Beschreibungsformen und nur konkret in den – unendlich zahlreichen – Situationen ihrer Anwendung aufzuweisen.

Daher ist auch die Sprache ihrer philosophischen Rekonstruktion notwendig prekär. Dieser Entwurf einer gewöhnlichen Welt ist weder als ein Sollen unproblematisch angemessen gefasst, noch geht er im pragmatischen Aspekt unseres Lebens auf. Dass wir diese Hoffnungsperspektive aber doch formulieren müssen, ohne auf eine Meta-Perspektive zurückgreifen zu können, macht sie anfällig für Missverständnisse und Reduktionen und zwingt uns in der philosophischen Rekonstruktion nicht zur Einsicht in Thesen, sondern zu einer Praxis in eben den unantizipierbar gebotenen Modi sorgfältigen, umsichtigen, rezeptiven Vorgehens wie sie für unser Handeln selbst nötig werden. Unsere Art und Weise, in unseren Vollzügen ein menschliches Leben führen zu können, ist nur aus sinnkonstitutiven Momenten der Negativität und unter Berücksichtigung grundloser Gewöhnlichkeit angemessen zu erfassen.[124]

124 Castoriadis beschreibt dieses Verdeckungsmoment so: „Nie hat man das Tun selbst gedacht, weil man immer nur zwei seiner besonderen Momente hat denken wollen: Ethik und Technik. Und nicht einmal diese hat man wirklich gedacht, da man nicht denken wollte, wovon sie Momente sind. Denn das Tun ist in seinem Wesen bereits verkannt, wenn man nicht sieht, daß es ein Sein-Lassen ist, und wenn man es statt dessen einzelnen Bestimmungen unterordnet, die von diesem Tun erst hervorgebracht werden, die aber anders dargestellt werden, als übten sie ihre Herrschaft von einem Anderswo her aus: das Gute und das Böse (von dem das Wirksame und Unwirksame nur abgeleitet sind)." Castoriadis, *Gesellschaft als imaginäre Institution*, S. 287.

2.1. Die Negativität der Maßstäbe des Handelns: Zur Einstellung intelligenten und kritischen Handelns

Austin kritisiert in seinem kleinen Aufsatz „A Plea for Excuses“[125] eine Perspektive objektivistischer Reduktion des Begriffs des Handelns. Er spricht von unserer „idea of an act as a fixed physical thing that we do, as distinguished from conventions and as distinguished from consequences“.[126] Mit der Entkontextualisierung dieses Modells dränge sich uns dann eine „over-simplified metaphysics“ auf – als wäre „Handlung“ eine „self-explanatory, ground-level description, one which brings adequately into the open the essential features of everything that comes, by simple inspection, under it.“[127] Für seine Kritik dieser Vereinseitigungen und eine angemessenere Rekonstruktion des Handlungsbegriffs zeigt Austin, inwiefern wir Handeln immer, aber nicht explizit als intelligentes Handeln verstehen. Das zeigt er, indem er eine bestimmte Art von Äußerungen in Bezug auf Handlungen analysiert: Entschuldigungen. Mit einer Entschuldigung verhalten wir uns zur eigenen Handlung. Wir grenzen sie aber, wie Austin zeigt, erst damit, im Bezug auf ihr Misslingen überhaupt als Handlung ab. Wir bestimmen sie im Nachhinein und negativ. Austin zeigt hier, dass wir Handlungen so verstehen müssen, dass deren unthematisches Gelingen primär ist. Denn entscheidende Bedingungen gelingender Vollzüge und gelingenden Lebens treten erst aus der Analyse von Scheitern, Misslingen und Verfehlen in den Blick. Sichtbar wird dabei: Es ist nicht, *was* wir tun, worin sich Normativität als bereits vorausgesetzt anzeigt. Sondern die *Einstellung*, in der wir handeln oder aber, uns selbst erläuternd, auch mit dem Scheitern umgehen können, zeigt unser offenes Selbst- und Weltverhältnis an.

Austin zeigt mit seiner Analyse des Entschuldigens als eine negative Bestimmung und Abgrenzung der Handlung im Nachhinein, dass ein sprachlich-hermeneutischer Akt der Welt- und Selbsterschließung mit Anderen konstitutiv für alle unsere Vollzüge ist. Das Paradigma oder Modell solchen hermeneutischen Verhaltens zu sich selbst sind hier Fälle, in denen wir uns entschuldigen müssen. Es sind also Grenzfälle, in denen die Zuschreibbarkeit und Verantwortung für unsere Handlung in Frage steht. Die Vielzahl der Arten wie wir uns, in dem wir uns zu Anderen verhalten, zu uns selbst verhalten, ist nicht im Handlungsbegriff kurzzuschließen. Die Selbstentzogenheit und die Normativität, die unser menschliches Leben als ein Leben von Individuen, die immer im Werden sind, charakterisiert, wird sonst verfehlt.

Die Probleme, die sich daraus ergeben, werden hier an einem Randphänomen von Davidsons handlungstheoretischen Analysen aufgezeigt: der Willensschwä-

---

125 Vgl. Austin, „A Plea for Excuses“, in: ders., *Philosophical Papers*, hg. v. J. O. Urmson u. G. J. Warnock, Oxford 1961, S. 175-204.

126 Austin, John L., *How to Do Things with Words. The William James Lectures delivered at Harvard University in 1955*, hg. v. James Opie Urmson, Oxford 1962, S. 106, Hervorh. C.D.

127 Austin, John L., „A Plea for Excuses“, S. 178.

che, die Davidson aus dem moralphilosophischen Kontext ihrer klassischen Interpretationen löst, aber weiterhin unter einem hochnormativen Begriff vernünftigen Handelns beschreibt, den sein Holismus aber nicht einlösen kann. Diese Normativitätsansprüche tatsächlich einzulösen, weist, so soll gezeigt werden, über den Kontext vernünftiger Handlungsentscheidung und -rechtfertigung hinaus auf hermeneutische Fragen nach der Rolle von Negativität für Sinn- und Identitätskonstitution. Diese Analyse wird mit einer kritischen Interpretation des Prinzips der Nachsicht, das Davidson als hermeneutisches Prinzip für Interpretationen von Äußerungen im Gegensatz zu Handlungen in Anschlag bringen will, im Sinne Austins und Wittgensteins ergänzt.

2.1.1. Was zeigt das Scheitern alltäglicher Vollzüge? Der Begriff der Absicht und die Einstellung der Sorge und Aufmerksamkeit in Austins Analysen zum Entschuldigen

Unsere explizite Bezugnahme auf *diesen* gewöhnlichen Vollzug geschieht *gewöhnlich* nur auf negative Weise und im Nachhinein. Infrage steht dabei zunächst nicht, ob überhaupt eine Handlung stattgefunden hat, sondern eine problematische Nebenfolge der Handlung. Wir sehen uns hier mit einer problematischen Wirkung unserer Handlung und damit, rückwirkend, mit der Notwendigkeit konfrontiert, sie (neu) zu bestimmen: Wenn ich dir auf den Fuß getreten bin, sage ich also etwa: „Entschuldigung, ich habe nicht aufgepasst." Die Erläuterung, die ich hier im Nachhinein liefere, formuliert den Anspruch, dass das Geschehen *nicht* ganz, vollständig oder im vollen Sinne als meine Handlung, das heißt auch als Bestimmung meiner Person gelten soll. Damit wird die Handlungszuschreibung – wie Austin feststellt – vom Akteur selbst eingeklammert;

> it isn't fair just to say X did it; perhaps he was under somebody's influence, or was nudged. Or it isn't fair to say baldly he *did* A; it may have been partly accidental, or an unintentional slip. Or, it isn't fair to say he did simply A – he was really doing something quite different and A was only incidental, or he was looking at the whole thing quite differently.[128]

Wie schon gesagt, die Erläuterung, die ich hier im Nachhinein liefere, formuliert den Anspruch, dass das Geschehen *nicht* ganz, vollständig oder im vollen Sinne *als meine Handlung* gelten soll. Denn als meine Handlung ist sie immer auch eine weitere Bestimmung meiner Person. Die Einschränkung ist also hier nötig, weil die Verschränkung beider Perspektiven im Normalfall selbstverständlich ist – jeden Vollzug verstehe ich, schon indem ich ihn unternehme, als mein Handeln *und* als Geschehen in der Welt. Wir sehen – auch unsere eigenen – Handlungen in Situationen selbstverständlich als absichtlich *und* in ihren faktischen Konsequenzen; in dieser Sicht irritiert, artikuliert die Entschuldigung den eigenen An-

128 Austin, „A Plea for Excuses", S. 176.

spruch, etwas *nicht* im vollen Sinne getan zu haben, und bezieht sich dabei auf den Stand der Dinge, den der eigene Vollzug herbeigeführt hat. Die Aussage ist bezogen auf den Zustand in der Welt, den die Handlung bewirkt hat, und den ich, obwohl er ihre Folge ist, nicht als vollständig angemessene Beschreibung meiner Handlung zulassen möchte. *Nur* aus seiner – problematischen – Konsequenz wird mein Handeln also explikationsbedürftig. Entsprechend wird die Erläuterung zwar mit Adverbien entfaltet, die eine Negation einer primären, positiven Zuschreibung auszudrücken scheinen. Austin kritisiert aber diese Annahme:

> [W]e should be asking ourselves such questions as why there is no use for the adverb ‚advertently'. For above all it will not do to assume that the ‚positive' word must be around to wear the trousers; commonly enough the ‚negative' (looking) word marks the (positive) abnormality, while the ‚positive' word, if it exists, merely serves to rule out the suggestion of that abnormality.[129]

Für das Adverb „absichtlich" wie für das Adverb „frei" gilt in Bezug auf Handlungen: Hier haben wir es nicht mit Prädikaten zu tun, die wir einem „Gegenstand" zu- oder, im sekundären Fall, absprechen, sondern mit Reflexionsbegriffen, die die Art und Weise beschreiben, wie wir Vollzüge überhaupt unternehmen und verstehen. Sie beziehen sich auf eine Dimension, die konstitutiv für unseren Handlungsbegriff ist. Deshalb wird, wie Austin feststellt, nur der defizitäre Modus als solcher ausgezeichnet, wobei gerade diese Abweichung aber zeigt, dass wir Handlungen konstitutiv als „absichtlich" begreifen. Wir schreiben zum Beispiel die Absichtlichkeit einer Handlung nicht im Einzelfall entweder zu oder sprechen sie ab. Wir müssen im Normalfall nicht thematisieren, dass wir etwas (absichtlich) tun, weil wir auf die eigene Fähigkeit, unsere Absichten hier und jetzt zu verwirklichen, und damit auch zur Gestaltung des eigenen Lebens vertrauen. Auch wenn wir eine Handlung thematisieren, nämlich im Misslingensfall, setzen wir deren Absichtlichkeit als die Art und Weise voraus, in der Handlungen vollzogen werden. Wir beanspruchen hier aber für bestimmte Aspekte, Teile oder Folgen der Handlung zum Beispiel deren Unabsichtlichkeit. Damit schränken wir die Verantwortung für die Handlung ein, wir können sie aber nicht schlicht ablehnen. Erst der defizitäre Modus des Handelns rückt diese Gelingensbedingungen in den Blick. Denn diese bestimmen nicht im Sinne von Regeln Grenzen des Handelns, sondern bedingen als implizite Handlungsformen dessen Vollzug. Der objektivistische Handlungsbegriff führt also in die Irre.

Im Normalfall steht die Freiwilligkeit oder Freiheit des Vollzuges also nicht im Sinne einer kausalen Handlungsursache des ganzen Vollzugs zur Debatte, sondern nur in Bezug auf einen Aspekt der Handlung. Manchmal geht es, wie Ryle zeigt, bei der Verwendung des Begriffspaares „freiwillig"/„unfreiwillig" auch um eine Unterscheidung zwischen Handlungen von Personen und Geschehnissen, die ihnen lediglich widerfahren:

---

129 Austin, „A Plea for Excuses", S. 192.

> Die Frage „willentlich oder unwillentlich" bedeutet also manchmal: „Hat er es getan oder ist es ihm widerfahren?" Manchmal setzt sie voraus, daß er es getan hat, aber sie bedeutet dann: „War er bei der Ausführung aufmerksam oder unaufmerksam?" oder „Hat er es absichtlich getan oder versehentlich, mechanisch oder instinktiv etc.?"[130]

Die Entschuldigung betrifft Fälle der letzteren Sorte. Die Frage „willentlich oder unwillentlich" setzt auch hier ebendas hier voraus, was sie zu befragen scheint: Da wir überhaupt von einer Handlung ausgehen, das heißt Fälle der ersten von Ryle erwähnten Art ausschließen, gehen wir auch davon aus, dass sie „willentlich" im Sinne von frei vollzogen wurde. Dass wir davon ausgehen, zeigt sich darin, dass wir hier in einen Dialog der Klärung eintreten. Wir *spezifizieren* unter dieser Voraussetzung nur, was hier „schiefgegangen" und in diesem Sinne „unwillentlich" ist. Die Formen unseres Handelns sind unendlich vielfältig, und so vielfältig sind auch die Aspekte unseres Handlungsbegriffs, die wir mit einer Entschuldigung konkret, negativ und indirekt hervorheben können. Sie verweisen sowohl auf die Angewiesenheit unseres Handelns auf Faktizität als auch auf unsere Freiheitsperspektive und zeigen genau genommen diese Freiheitsperspektive als selbst an Faktizität zurückgebunden: Der Anspruch, im besonderen Fall „unabsichtlich" etwas bewirkt zu haben, verweist darauf, dass wir unsere Vollzüge frei wollen (können), der Bezug auf ein „versehentliches" Tun verweist darauf, dass wir faktischen Gelingensbedingungen ausgesetzt sind. Der Bezug auf einen Mangel an Kenntnis der Situation – „ich habe es unwissentlich getan" – zeigt an, dass wir gewöhnlich auch unsere Absichten in Vorverständnissen des praktischen Wissens ausbilden; der Bezug darauf, dass ich „unaufmerksam" gehandelt habe, zeigt, dass wir gewöhnlich unsere Situationsbedingungen selbstverständlich mit in den Blick nehmen, wenn wir handeln, usw.

Immer erfordert das Misslingen die Klärung dessen, was eigentlich geschehen ist, in Abgrenzung davon, was intendiert war. Wir beziehen uns deshalb nicht auf mentale Willensakte, nicht unvermittelt auf eigene Intentionen selbst, sondern erläutern Handlungen vermittelt über den Misslingensfall: Wir sagen hier, *dies* sei unabsichtlich, irrtümlich, versehentlich geschehen, um uns zu entschuldigen: Denn wir verstehen unter dem Begriff einer Handlung einen freien Vollzug, das heißt, wir setzen bis zur Konfrontation mit dem Gegenteil – also den problematischen Folgen – unthematisch voraus, dass wir die erforderlichen Kenntnisse und Fähigkeiten haben, um sie richtig zu vollziehen, und uns auch keine Situationsumstände daran gehindert haben: eine Voraussetzung, die wir mit unserer Entschuldigung in genau zu bezeichnender Hinsicht einschränken können.

Die „ganze Handlung" ist nicht positiv bestimmt, denn die positiven Modi meines Vollzugs als seine Gelingensbedingungen sind unendlich. Nur als Verhalten, als Teil der Welt und Wirklichkeit in seinen problematischen Wirkungen wird mein Vollzug aber überhaupt abgeschlossener Gegenstand der Thematisierung. Die Einschränkung meiner Verantwortung für das Bewirkte kann die ver-

---

130 Ryle, Gilbert, *Der Begriff des Geistes*, Stuttgart 1969, S. 95.

schiedensten angemessenen Beschreibungen von Handlungsmodi haben: als unabsichtlich, irrtümlich, versehentlich, zufällig usw. Ich habe *dies* getan, aber kann beanspruchen, dass man nicht berechtigterweise *einfach* sagen kann, dass ich es getan habe. Der Sinn, in dem ich es getan habe, bedarf nur hier – anders als in unproblematischen, nicht der Thematisierung bedürftigen Fällen – überhaupt der Artikulation, und zwar in Form einer Modifikation. Ich bestimme also nicht „die Handlung", sondern artikuliere lediglich eine Differenz zum Möglichkeitsraum der erwartbaren Fälle einer Handlung, der hier nur negativ erscheint. Nur in dieser Form einer Modifikation wird die Erläuterung meines „Tuns" nötig, tatsächlich gegeben, und nur so ist sie überhaupt möglich, sie muss sich auf konkrete Situationsumstände beziehen.

Die Handlungsbeschreibung selbst, so zeigt Austin hier, liegt keineswegs auf der Hand, wie wir vermuten könnten, wenn wir Handlungen schlicht als Manifestationen von vorgängigen mentalen Entitäten, nämlich von Absichten auffassen. Für meinen gewöhnlichen Vollzug gibt es unendlich viele Möglichkeiten der Beschreibung, die sich auf verschiedenste beobachtbare und nicht beobachtbare Aspekte beziehen: Ich trinke Kaffee, sehe die Tasse, greife nach ihr, fasse nach, öffne den Mund usw. Davidson charakterisiert diese Vielfalt der Beschreibungsmöglichkeiten von absichtlichen und unabsichtlichen Aspekten der „Handlung" als Akkordeon-Effekt: Wir können die Handlungsgrenzen je nach Fragekontext abgrenzen, bestimmen und beziehen dabei immer mehr oder weniger ihrer Folgen als Handlungsbestimmungen ein.[131] Austin schreibt – anlässlich seiner Überlegungen zu Sprechakten, aber ausdrücklich mit Bezug auf die Art, wie wir alle Handlungen verstehen: „we do bring in a greater or lesser stretch of ‚consequences' always, some of which may be ‚unintentional'. There is no restriction to the minimal physical act at all."[132] Es gibt also keine an sich richtige Bestimmung „der Handlung". Denn diese wird von verschiedensten Vollzugsweisen charakterisiert. Der Vollzug ist eine Aktualisierung von Handlungsdispositionen, er fällt nicht unter eine bestimmte explizite Regel. Die „richtige" Beschreibung lässt sich nur aus einem konkreten Frageanlass spezifizieren, das heißt aus einer Störung oder einem Fehler – das heißt, „richtig" bedeutet hier: für die Bestimmung dieses Misslingens *relevant*. Meine Absicht wird deshalb nicht für die Frage der „vollständigen" Bestimmung einer vorgegebenen Entität der Handlung thematisch, sondern im Fall des Misslingens negativ in der Abgrenzung *gegen eine* Zuschreibung. Wie Geert Keil an einem schönen Beispiel erläutert: „[W]ährend wahr ist, daß Ödipus absichtlich den Verkehrsrowdy erschlug, ist es unwahr, daß er absichtlich seinen Vater erschlug."[133] Nicht *obwohl* ich es unabsichtlich getan habe, entschuldige ich

131 Vgl. Davidson, Donald, „Handeln", in: ders., *Handlung und Ereignis*, Frankfurt a. M. 1985, S. 73-98, S. 87-89.

132 Austin, *How to Do Things with Words*, S. 108.

133 Keil, Geert, *Kritik des Naturalismus*, Berlin/New York 1993, S. 205. Frege hatte das entsprechende Problem der Unbestimmtheit der Bezeichnungstermini als Negativität der Sprache schon in „Über Sinn und Bedeutung" erläutert, Frege, Gottlob, „Über Sinn und Bedeutung",

mich: Erst in der Entschuldigung, die ich hier geben muss und kann, indem ich einen defizitären Handlungsmodus anführe, wird mein Handeln thematisch.

Die Untersuchung des Entschuldigens als Form, wie wir mit dem Misslingen von Handlungen umgehen können, wirft ein Licht auf die Art und Weise, wie Normativität unsere Vollzüge nicht vorgängig, sondern eben als deren Vollzugshaftigkeit praktisch durchzieht und formt. So zeigt Davidson, „daß einen Fehler zu machen in jedem Fall heißen muß, etwas anderes absichtlich zu tun".[134] Diese grammatische Bemerkung verweist auf den schon beschriebenen Aspekt des Handelns, dass die Kenntnisse, Fähigkeiten und Wertschätzungen, die wir im Handeln manifestieren, ein „etwas" der Handlung unbestimmt lassen. Sie wird als Aktualisierung von Mustern von Handlungsweisen verstehbar, geht aber als konkreter einzelner Fall in diesen nicht auf. In Davidsons Handlungstheorie wird diese Immanenz der Normativität von Handlungsvollzügen herausgearbeitet – verbunden mit der Kritik an moralistischen Engführungen des Handlungsbegriffs. So bestimmt Davidson „mit Absicht handeln" folgendermaßen:

> [Der Akteur] schreibt einem Sachverhalt (einem Zweck oder der eigenen Ausführung einer Handlung, die bestimmte Bedingungen erfüllt) positiven Wert zu; er glaubt (oder weiß oder nimmt wahr), dass eine Handlung einer Art, deren Ausführung ihm freisteht, den geschätzten Sachverhalt fördern oder hervorbringen oder verwirklichen wird, dementsprechend handelt er (d.h. er handelt wegen seiner Wertsetzung bzw. seines Wunsches und seiner Überzeugung).[135]

Diese Beschreibung der Vollzugsweise unseres Handelns als praktisches Urteilen ist in klassischer Weise an die Form des praktischen Syllogismus bei Aristoteles rückgebunden, der zwei Teilgründe, nämlich zum einen einen (allgemeinen) Wunsch, eine Pro-Einstellung oder „Wertsetzung", zum anderen eine Überzeugung verknüpft. Der Wunsch, sich z. B. vor Zug zu schützen, und die Überzeugung, dass mit dem Schließen des Fensters dieses Ziel erreicht wird, erklären die Handlung: Ich schließe das Fenster.

Das Spezifikum der Verbindung von normativem und faktischem Moment als Charakteristikum des Lebens von *Sprachwesen* zu beschreiben, geht aber noch einen wichtigen Schritt weiter als aristotelisch orientierte Ansätze der Handlungstheorie. Davidsons Handlungstheorie zum Beispiel zeigt dass, gemäß dem klassischen praktischen Syllogismus, ein überzeugungs- oder wahrheitsbezogenes und ein wunsch- oder sollenbezogenes Moment zusammen als „Handlungsgrund" wirksam werden. Eine Pro-Einstellung wird im Urteil mit einer Überzeugung, als Vorstellung davon, welche Handlungsweise den Wunsch verwirklichen kann, verknüpft und zu einer Handlung aktualisiert.

---

in: ders., *Funktion, Begriff, Bedeutung. Fünf logische Studien*, hg. u. eingel. v. Günther Patzig, Göttingen 1962, S. 38-63.

134 Davidson, „Handeln", S. 76.

135 Davidson, Donald, „Wie ist Willenschwäche möglich?", in: ders., *Handlung und Ereignis*, Frankfurt a. M. 1985, S. 43-72, S. 57.

Nach einer frühen Konzeption Davidsons, die er später korrigiert, umfassen Dispositionen habituelle Charakterzüge, die das Verhalten einer Person bestimmen, andauerndes, aber beherrschtes Verlangen, aber auch momentane Launen.[136] Mit diesem Spektrum vermied Davidson jede Festlegung darüber, welchen Grad an Reflektiertheit seine Pro-Einstellungen erreichen. Der Pro-Einstellung fehlt im einen Grenzfall (nämlich da, wo sie Laune oder bloßer Wunsch ist) jedes Rationalitätsmoment, im anderen, dem beherrschten Verlangen, jedes sinnlich-affizierende. Es ist aber nicht leicht zu sehen, wie das möglich sein kann: Auch die Laune muss aktualisiert werden, durch die Überzeugung, die die Vermittlung mit dieser Situation erst leistet. Letztere validiert die Motivation, indem sie bestimmt, was hier so handeln bedeutet. Das zeigt: Diese Überzeugung und dann das Urteil, mit dem ich handle, müssen selbst eine „Interpretation" der Pro-Einstellung sein, die damit zumindest in gewissem Maße allgemein und rationalisierungsfähig sein muss, um in Verbindung mit der Überzeugung handlungsmotivierend sein zu können. Und die Disposition eines beherrschten Verlangens scheint andererseits gar kein handlungsmotivierendes Moment mehr zu haben, das ja aber auch nicht durch die bloß wahrheitsbezogene, aktualisierende Überzeugung ins Spiel kommen kann. Mit seiner späteren Konzeption von Pro-Einstellungen verschränkt Davidson schon in seinen Pro-Einstellungen Welt- und Selbstverständnis: Sie sind nicht nur individuelle Persönlichkeitsmerkmale, spontane individuelle Wunschbildungen oder Wertsetzungen, sondern haben einen Weltbezug. In dieser Spannung sind sie als Formen des Selbst- und Weltentwurfs zum einen intern zweistufig: Motive *und* Orientierungen. Zum anderen bedeutet ihre Aktualisierung mit dieser internen Alterität unhintergehbar auch die Aktualisierung eines Selbstverhältnisses, nicht nur einen Weltbezug.

In dieser Rekonstruktion ist allerdings immer noch ein hermeneutisches Moment im Spiel, das von Davidson nicht explizit gemacht wird. Die Pro-Einstellung muss selbst als vollständig subjektive und momenthafte Neigung bereits positive Wertung und Bejahung einer Handlungs*weise* sein, also ein Allgemeinheitsmoment enthalten. Sie ist bereits erworbenes praktisches und normativ aufgeladenes Wissen. Andererseits ist die Aktualisierung, die nach Davidson durch den Bezug der situationsbezogenen Überzeugung auf die Pro-Einstellung vorgenommen wird, selbst auf eine Situationswahrnehmung angewiesen, konkret, aber doch von unseren Sicht*weisen* bestimmt. In der Überwindung einer „Lücke" wird

136 Vgl. dazu Davidson: „Das Wort ‚Einstellung' erfüllt hier eine gewaltige Aufgabe, denn es muß nicht nur permanente Charakterzüge umfassen, die sich im Verhalten eines ganzen Lebens zeigen, wie etwa die Liebe zu Kindern oder der Hang zu lärmender Geselligkeit, sondern auch die flüchtigste Laune, wie der plötzliche Wunsch, den Ellbogen einer Frau zu berühren. Im allgemeinen dürfen Proeinstellungen nicht als – seien es noch so kurzfristige – Überzeugungen aufgefaßt werden, wonach jede Handlung einer bestimmten Art ausgeführt werden soll bzw. lohnend oder unter Berücksichtigung aller Umstände wünschenswert sei." Davidson, Donald, „Handlungen, Gründe und Ursachen", in: ders., *Handlung und Ereignis*, Frankfurt a. M. 1985, S. 19-42, S. 20. Davidsons „Proeinstellung" bestimmt so verstanden die Einstellung des selbstverständlichen Vertrauens in unser praktisches Können unter, mit der wir unsere Tätigkeiten vollziehen. Auf der anderen Seite intellektualisiert diese Konzeption diese Einstellung zu sehr.

sowohl der implizite Maßstab bejaht als auch damit neu bestimmt in seiner konkreten Verwirklichung – das gilt für den epistemischen und den ethischen Aspekt des praktischen Urteils. Grundlegender als bei Davidsons muss deshalb in der Gleichursprünglichkeit von Normativität und Faktizität hier ein Negativitätsmoment angesetzt werden, das nicht in einem bloßen Schlussvorgang, sondern in einem Akt produktiven Verstehens überbrückt wird: wir bestimmen hier in einem Sprung gewöhnlich unthematisch das Verhältnis von Geltungsebene und Genesis, sehen diese Situation persönlich, und zwar indem wir von der bloßen Voreinstellung absehen *und* sie als allgemeine Disposition aktualisieren. Diese Rolle der Urteilskraft für unsere gewöhnlichen Vollzüge hat Ryle in seinen Analysen zum intelligenten Handeln gesehen. Dieses Negativitätsmoment der ungarantierten und unabsehbaren Ausübung der Urteilskraft trennt das Verhalten als Verwirklichung einer „eingleisigen" Disposition wie Ryle es nennt, vom intelligenten, nicht nur gewohnheitsmäßigen Tun. Die eingleisige Disposition kann in einem Bedingungssatz gefasst werden, dessen Verwirklichungen immer in der gleichen Weise vor sich gehen. Zerbrechlich sein zum Beispiel heißt, unter bestimmten Umständen sicher oder wahrscheinlich in Stücke gehen.[137] Ryle weist aber auch darauf hin, dass intelligente Handlungen zwar bis zu einem bestimmten Punkt gut mit dem Modell eingleisiger Dispositionen beschrieben werden können, diese aber letztlich nicht komplex genug sind. Intelligentes Handeln muss als Verwirklichung von Dispositionen beschrieben werden, deren Verwirklichungen von unbegrenzter Vielfalt sind.[138] In dieser „Unbestimmtheit" liegt die Situationssensitivität der Urteilskraft. Mit ihr weist der Vollzug sowohl einen zentralen Bezug auf die Identität des Akteurs auf wie auch über diese hinaus. Wir vollziehen unsere Handlungen *selbst* vor einem ganzen Hintergrund der Selbst- und Weltverständnisse, den wir dabei weiter mit formen und gestalten. Der Prozess des Schließens, wie Davidson ihn beschreibt, – wenn auch nicht sein Aspekt des „Wunsches" oder der Pro-Einstellung – scheint dagegen eine ebenso monologische wie unpersönliche Angelegenheit zu sein. Dass der Wunsch bereits sprachlich und allgemein ist und sein muss, kommt damit ebenso zu kurz wie das kreative und subjektive Moment in der „Aktualisierung" dieser Vorverständnisse.

Davidson behandelt die Äußerung eines Akteurs „ich habe es ohne Grund getan" als Verweis darauf, dass *kein weitergehender* Grund vorliegt als der, „daß man es hat tun wollen."[139] *Indirekt* ausgesagt ist hier also Davidson zufolge nur, dass die Handlung absichtlich ausgeführt wurde. Das ist richtig und wichtig, weil es zeigt, dass unsere Situation als Handelnde nicht in „Gründen" und guten Argumenten aufgeht, ohne dass uns diese Grundlosigkeit auf bloße Neigungen und Privatinteressen zurückwerfen würde. Die Art der Rationalität unserer Handlungen verweist vielmehr auf die Gebundenheit jedes Individuums an einen kulturellen und geschichtlichen Horizont seiner Selbstverständnisse und einen kon-

137 Ryle, Gilbert, *Der Begriff des Geistes*, Stuttgart 1969, S. 52f.
138 Ryle, *Der Begriff des Geistes*, S. 51f.
139 Vgl. Davidson, „Handlungen, Gründe und Ursachen", S. 23f.

kreten Kontext seines Handelns. Rekonstruiert man aber die Rolle dieses Hintergrundes wie Austin mit Bezug auf die paradigmatische Rolle des Entschuldigens für unsere Praxis, dann wird deutlich, dass Davidsons Beschreibung selbst nur dort nötig und verständlich wird, wo jemand in Frage stellt (und einen praktischen *Grund hat*, in Frage zu stellen), dass man *dies* hat tun wollen.

Die Funktionen müssen allerdings genau unterschieden werden: In Situationen des Misslingens ist der Status der Bemerkung, dass man „x hat tun wollen", nicht der der Angabe eines Grundes, sondern der einer Verteidigung gegen einen Vorwurf. In der philosophischen Rekonstruktion kann ich so die Ermöglichungsbedingung des Handelns thematisieren: Dann ist der Status der einer grammatischen Bemerkung. Das heißt, wo kein Fehler vorliegt, wird schlicht und ergreifend gar nichts gesagt, sondern die Handlung als *Ausdruck* eines Individuums in der geteilten Situation genommen und „weitergemacht". Vergisst man diese unthematische Art und Weise unserer Vollzüge, scheint die Privilegierung einer Absicht des Handelns, als eines dem Handeln selbst gegenüber vorgängigen geistigen Akts der Planung und Entscheidung unvermeidlich. Aber das Wollen *ist* eben die Tat, wie Wittgenstein feststellt:

> Das Wollen, wenn es nicht eine Art Wünschen sein soll, muß das Handeln selber sein. Es darf nicht vor dem Handeln stehen bleiben. Ist es das Handeln, so ist es dies im gewöhnlichen Sinne des Wortes; also: sprechen, schreiben, gehen, etwas heben, sich etwas vorstellen. Aber auch: trachten, versuchen, sich bemühen, – zu sprechen, zu schreiben, etwas zu heben, sich etwas vorzustellen, etc. (PU, §615)

Und: „Ich kann das Wollen nicht wollen" (PU, §613), wie Wittgenstein feststellt. Sehr viele gewöhnliche Vollzüge erscheinen grundlos in komplexeren Situationen, und kommen gar nicht *als Einzelhandlungen* in den Blick – insofern ich sie *aus dem Gesamt meiner motivationalen und epistemischen Einstellungen heraus* als das betrachte, was hier nötig *und* gewollt ist.[140] Der „Wille" eines Akteurs spielt hier keine ausgezeichnete oder vorgängige Rolle und muss deshalb auch nicht explizit ins Spiel gebracht werden. Dass ich die Straße unterwegs, auf meinem Weg zur Bank, überquert habe, braucht *einen Grund* weder im Sinne einer eigenen Überzeugung, dass dies ein geeignetes Mittel zur Erreichung eines bestimmten Ziels ist, noch die explizite Setzung dieses Ziels – also weder die eigens aktualisierte motivationale Einstellung noch die bewusst gefasste Überzeugung, die Davidson der motivationalen Einstellung zur Seite stellt. Ohne konkreten Anlass, das heißt ohne Problem nach einem Grund gefragt, kann ich Dutzende angeben,

140 „We must reject any model of personal practical thought according to which all my projects, purposes, and needs should be made, discursively and at once, considerations *for me*. I must deliberate *from* what I am. Truthfulness requires trust in that as well, and not the obsessional and doomed drive to eliminate it. How truthfulness to an existing self or society is to be combined with reflection, self-understanding, and criticism is a question that philosophy, itself, cannot answer. It is the kind of question that has to be answered through reflective living. The answer has to be discovered or established, as the result of a process, personal and social, which essentially cannot formulate the answer in advance, except in an unspecific way." Williams, *Ethics and the Limits of Philosophy*, S. 200.

das heißt Beschreibungen der Art und Weise meines Handelns oder besser Tuns angeben, aber nicht die letztgültige und erschöpfende.

In gewisser Weise ist diese Vollzugsweise in Analogie zu den unbeabsichtigten Nebenfolgen unserer Handlungen angemessener verstanden als unter dem Begriff der „Absicht", also als ein „grundlegender" mentaler Akt aus einer Meta-Perspektive: Sie ist vorreflexiv oder unthematisch. Grundlegend für jedes Handeln ist die Tätigkeit praktischer Urteilskraft. Ich sehe diese Situation *selbst* in diesem Moment *als ganze* im Lichte meiner orientierenden Sinngestalten und damit häufig auch schon, was zu tun ist. Gerade mit diesem unthematischen Entwurf bin ich in meinem Vollzug weder durch die Situation noch durch meine Gewohnheiten determiniert. Meine „Absicht" gibt es nur als „Grenze" dieser Situation, wie sie sich in meinen Vorverständnissen als ganze zeigt. Nicht umsonst stellen daher Wittgenstein-nahe Interpreten wie von Wright fest:

> Intentionalität ist kein geistiger Akt und auch keine [die Handlung] begleitende charakteristische Erfahrung. [...] Ein Verhalten bekommt seinen intentionalen Charakter dadurch, dass es vom Handelnden selbst oder von einem Beobachter in einer weiteren Perspektive gesehen wird, dadurch, dass es in einen Kontext von Zielen und kognitiven Elementen gestellt wird.[141]

In *weiteren Perspektiven* erschließt sich der Sinn einer Handlung, das heißt in einem Horizont des eigenen Verständnisses dessen, was der Fall und dessen, was wünschenswert ist. Wissen „is expressed in the action".[142] Aber dieses Wissen ist kein neutrales Wissen über Tatsachen, sondern praktisches und situationssensitives Wissen, wie man die Handlung „mit Geschick und Verstand" ausführt.[143] Es geht hier um Vorverständnisse als Vermögen, Arten der Betrachtung und der Wertschätzung, die der Handelnde unthematisch aktualisiert, indem er sich in der Situation verhält. Er verhält sich aber damit auch zu sich selbst und diesen Vermögen und Vorverständnissen. So zeigt sich die Bedeutung des Begriffs der Handlungsfreiheit des Subjekts als Erläuterungsbegriff in Analysen des Misslingens indirekt, in dieser negativen Form: Hier erscheint der Handelnde nicht als souveräner Herr seiner Handlung und der Deutung seiner Handlung, sondern muss sich dazu, aufgrund der Negativitätsmomente des Handelns, erst neu verstehend verhalten. Der Begriff der Absicht wird selbst klärungsbedürftig, wenn wir ihn zur Charakterisierung eines besonderen Ereignistyps – nämlich des Typs „Handlung" – heranziehen wollen: Er kann einen ganz alltäglichen Modus der Defizienz unseres Vollzugs unter anderen beschreiben, soll aber auch als positiver Begriff für die Bedingung meiner Handlungsfreiheit als solcher einstehen. Er verweist aber auf nichts als meine Orientierung am Gelingen, die sich negativ zeigt und einsichtig wird im Misslingen.

---

141 von Wright, Henrik, *Erklären und Verstehen*, Frankfurt a. M. 1974, S. 108.

142 Anscombe, G.E.M., *Intention*, Cambridge, MA ^{2}2000, S. 89.

143 Vgl. Ryle, *Der Begriff des Geistes*, S. 50.

„The defense, very soundly, insists on a fuller description of the event in its context“,[144] so stellt Austin fest. Die Entschuldigung beansprucht, eine angemessene, umfassendere Beschreibung der Handlung zu leisten – aber damit ist kein Gegensatz zu einer expliziten vorangegangenen, „ursprünglichen“ Beschreibung gemeint, die ich im Kopf gehabt hätte, als ich die Handlung unternommen habe. Gewöhnlich verstehen wir Handlungen ohne – explizite – Beschreibungen geschweige denn Begründungen und Erklärungen. Sie sind in eins *Ausdruck von Werten* und *schaffen Fakten*: „Actions which are normal will not tolerate any special description.“ (MWM, S. 37) „Angemessener“ ist die Beschreibung, die die Entschuldigung gibt, insofern sie die relevanten Aspekte von Situation, Selbstverständnis des Handelnden und damit die „Handlung“ überzeugender verknüpft und darstellt angesichts des Vorwurfs, auf den sie antwortet. Sie kann das aber, ohne etwa einen vorherigen „Standpunkt“ nun als falsch erscheinender Wissensansprüche aufgeben zu müssen, insofern das praktische Urteilen als Handeln gar kein *bestimmendes* Urteil darstellt. Sie liefert eine Beschreibung eines Teils der Situation, die erlaubt, diesen *nicht* als Teil der beabsichtigten Handlung, das heißt als Ergebnis erfolgreicher Verwirklichung meiner Vorverständnisse, Kenntnisse und Fähigkeiten, aber doch als zu verantwortende faktische Handlungsfolge zu verstehen.

Diese Rekonstruktion zeigt aber auch, dass die Entschuldigung mehr als eine bloße Beschreibung liefert: Hier wie im gelingenden Handeln ist immer eine evaluative *und* gleichzeitig eine deskriptive Perspektive leitend, wobei beide gleichursprünglich verknüpft sind. Wir nehmen als Handelnde eine Situation und unsere Handlungsmöglichkeiten im Lichte unserer orientierenden Sinngestalten wahr, indem wir diese mit entwerfen, und urteilen *mit unserem Vollzug*, dass *diese* Handlung eine Verwirklichung dessen ist, was wir schätzen, dass sie ein Beispiel des Guten in unserer geteilten Welt sein wird. Im gewöhnlichen Fall ist dieses Urteil schlicht mit unserem Handeln vollzogen, das heißt einfach: Mein Tun ist *hier* angemessen. Weder die Umstände noch die Wertschätzung werden explizit thematisiert, sondern ihr erfolgreiches Ineinandergreifen zeigt sich daran, dass an sie praktisch handelnd angeschlossen wird. Das zeigt, dass unser Vollzug in unserer geteilten Welt eine doppelte Bezogenheit aufweist: Zum einen verstehen wir Handeln als faktisches Ereignis, das Ursachen und Folgen hat, die sich kausal erklären lassen. Zum anderen verstehen wir sie als normativ beurteilbares Handeln, für das wir Begründungen geben können.

Wir sehen eine Handlung – wie jedes Geschehen oder Objekt unserer Welt – überhaupt erst als solche in unseren Vorverständnissen *und* ziehen diese Vorverständnisse zur Beurteilung des Handelns heran. Beides geschieht gewöhnlich implizit und *mit demselben Vermögen*, kritisch zu vollziehen bzw. zu folgen.[145] In die-

144 Austin, „A Plea for Excuses“, S. 176

145 Ryle kommentiert sehr schön: „Wenn ich imstande bin, die Leistung eines andern zu beurteilen, dann halte ich beim Zuschauen nach Fehlern und Ungereimtheiten Ausschau, aber das tut auch der andere bei der Ausführung. Ich bin bereit, die Glücksfälle zu sehen, deren er sich vorteilhaft bedienen kann, aber er ist es auch. Er lernt im Verlauf seiner Tätigkeit, und auch ich

sem Bezug auf Faktizität und Normativität wird die Handlung und damit wird auch unser Handlungswissen nur dann thematisch, wenn die Handlung problematische Folgen hat. Nur hier, angesichts des Verfehlens, steht dessen angemessene Beschreibung auf dem Spiel, und damit auch unser Vorverständnis der Situation und die damit verbundene normative Perspektive. Wären diese Vorverständnisse nicht hier wie bei jeder gelungenen Handlung im Spiel, gäbe es gar keine Notwendigkeit der Thematisierung; die simple Korrektur würde genügen. Anscombe verdeutlicht die Gleichursprünglichkeit von normativer und faktischer Perspektive, die gewöhnlich nicht unterschieden sind: „I do what happens. That is to say, when the description of what happens is the very thing which I should say I was doing, then there is no distinction between my doing and the thing's happening."[146] Mit dem Verfehlen treten sie auseinander, weil hier das Geschehene sich nicht als das unthematisch Gute erweist. Damit tritt auch das Ich in Erscheinung, indem es sich sowohl als der erfährt, der diesen Verstehens- und Werthorizont als normativ-faktischen gesetzt hat und ihn verantwortet, als auch als Autor der Handlung und ihrer Konsequenzen.

Entschuldigen, wie es Austin untersucht, zeigt: Zur *negativen* Bestimmung offen ist der Fall, der uns der Kritik und dem Vorwurf aussetzt. Die *absichtliche Handlung* ist unthematischer und persönlicher Mit-Vollzug ihres Sinnhorizonts, dem ein Ziehen des eigenen Handlungsrahmens in dieser Situation entspricht: der also unendlich viele Dinge „unabsichtlich" mitvollzieht. Dieser Mitvollzug ist aber gerade als vorthematischer primär und ermöglicht es, im Nachhinein von einer konkreten Absicht zu sprechen, die ich in der Abgrenzung vom Misslungenen isolieren kann. So kann ich sagen: „Ich wollte dir Tee einschenken, aber die Kanne ist mir aus der Hand gerutscht." Das sinnkonstitutive *Umfeld* der Handlung und Absicht wird auch angesichts des Misslingens indirekt, über eine Abgrenzung beispielhaft thematisiert: „Ich habe die Treppenstufe nicht gesehen", „ich bin geschubst worden", „ich habe die Wasserhähne verwechselt", usw. Das sind Umstände, die hier erst vergegenständlicht und isoliert als faktische Misslingensursachen thematisch werden, um zu erläutern, welche Handlungsfolge *nicht* von mir beabsichtigt war. Das heißt, sie werden als faktisch-kontingente Momente, zusammen mit den (ebenso zufälligen) Folgen meiner Handlung von deren ermöglichendem normativ-faktischen Sinnhorizont abgegrenzt und vor diesem Horizont ausgezeichnet. Der Horizont selbst bleibt dabei unthematisch und kommt nur negativ in den Blick.

Ein Handlungsbegriff, der Handeln einerseits mit Bezug auf Motive des Akteurs als bloßes Geschehen erklärbar versteht und dessen normative Dimension andererseits davon strikt abgrenzt, führt in die Irre. Er muss von jeder Handlung erwarten, dass sie *jenseits* der naturkausalen Faktizität normativ gerechtfertigt ist.

---

lerne im Verlauf seiner Tätigkeit. Der intelligent Handelnde handelt kritisch, der Zuschauer folgt kritisch. Handeln und Verstehen sind grob gesagt bloß verschiedene Ausübungen desselben Handwerks." Ryle, *Der Begriff des Geistes*, S. 67f.

146 Anscombe, *Intention*, S. 52f.

Damit einher geht die Vorstellung einer Begrenztheit jeder Situation durch Verpflichtungen. Eine solche Vorstellung verunmöglicht aber eigentlich die Selbsterläuterung, die Entschuldigungen für unsere Vollzüge als sinnoffenes Beginnen spielen. Und in einem solchen Bild wird Handeln selbst unerträglich, gerade insofern es ein sinnoffenes Beginnen, also die Verwirklichung von Werten und Fähigkeiten ist, die sich erst in dieser Verwirklichung als solche zeigen. Denn wir haben in diesem Bild keine Möglichkeit des Umgehens mit dem Misslingen, dessen Möglichkeit doch konstitutiv für unser Handeln ist: „If for all excuses there were relevant obligations, then there would be no excuses and action would become intolerable. Any *particular* excuse may be countered by a *specific* obligation, not even the best excuse will always get you of the hook." (MWM, S. 26) Die Kritik einer solchen Konzeption von Handeln als dem Folgen vorgegebener allgemeiner Regeln behauptet nicht, dass im gewöhnlichen Handeln Normativität keine Rolle spielt, sondern zeigt an, dass sie es nicht in Form allgemeiner Regeln tut.

Die Entschuldigung liefert weder eine allgemeine Rechtfertigung aufgrund unwiderlegbarer Gründe, die aus einer neutralen Perspektive auf die Handlung „von außen" vorgebracht würden. Sie bezieht sich also nicht isoliert auf die normative Ebene. Noch gibt sie eine Kausalerklärung, indem sie auf bestimmte, bloß subjektive Motive des Akteurs als Ursache der Handlung verweisen würde. Sondern sie bezieht beide Momente aufeinander, in einer anfechtbaren Welt- und Selbst-Interpretation, die eine Leistung der Einbildungskraft ist, und in der ich meine „Gründe", das heißt, meine Orientierungen erst (wieder-) finde. Hier zeigt sich, dass sich der Einzelne nie vollständig transparent ist. Wir orientieren uns im gewöhnlichen Fall grundlos und verhalten uns in Praktiken, Einstellungen und Überzeugungen, die sowohl einen normativen als auch einen kognitiven, sowohl einen motivationalen als auch einen wertbezogenen Aspekt aufweisen und grundlegend *sprachlich* sind. So grundlos ist dann auch die Explikation unserer Gründe. Als solche stehen sie der Debatte offen, ohne vollständig transparent oder bereits in einem rationalistischen Sinne faktizitätsenthobene Rechtfertigungen zu sein. Scarano spricht davon, dass Motive zweifach charakterisiert werden können: Zum einen insofern sie „als mentale Zustände kausal wirksam sind. Sie weisen auf der andern Seite aber eine propositionale Struktur auf, können deshalb auch logische Beziehungen eingehen und damit den Raum normativer Gründe eröffnen".[147] In den Begriffen der bisherigen Analyse formuliert sind Motive sowohl Dispositionen als auch die Absichten, die sie aktualisieren. In dieser Dopplung und ihrer Überdetermination lesbar werden beide Momente aber nur *in der Handlung*. Sie zeigt sowohl einen Sinn- und Werthorizont als auch die Intention ihres Akteurs an.

Die Perspektiven, in denen wir Situationen sehen, und vor denen wir dann auch handeln, reflektieren wir nicht als Gründe im Sinne von allgemeinen Re-

147 Scarano, Nico, „Motivation", in: *Handbuch Ethik*, hg. v. Marcus Düwel/Christoph Hübenthal/Micha Werner, Stuttgart 2002, S. 448-453, S. 452.

geln. Austin lässt uns als Paradigma für die kritische Distanzierung von konkreten Situationen, in der wir Motive reflektieren, das Paradigma des Misslingens und der Entschuldigung betrachten. Denn hier werden „Gründe" nur als problematisch und situationsbezogen formulierbar gegenüber den unthematischen Sinngestalten unserer Welt- und Selbstverständnisse. Dabei bleibt aber das normative Ganze unserer Dispositionen und Werte der unthematische Hintergrund unserer Überlegung. Eine Weise, unsere Endlichkeit als handelnde Wesen zu thematisieren, ist: Wir können nie „vollständig" begründen, was wir getan haben und sind so auch nie „gerechtfertigt". Deshalb reicht der Verweis auf die Tatsachen oft schon aus, um die entsprechende normative Einstellung des Handelnden mit zu beschreiben.[148] Die Situationsbeschreibung, die Teil der Entschuldigung ist, ist daher kein Anwenden allgemeiner Prinzipien, unter denen die besondere Situation unproblematisch als Fall subsumiert werden könnte, und die unser Handeln rechtfertigen. Dieses Modell von Handlungsgründen als Rechtfertigungen legt nahe, dass wir alltäglich in vorgegebenen Regeln agieren und unser Handeln immer lückenlos rechtfertigen können müssen oder mit berechtigten Vorwürfen konfrontiert sein können, weil die Übertretung von Regeln zur Debatte steht. Solche institutionalisierten und verrechtlichten Situationen als Modell einer Standardsituation des Handelns anzusehen, ist aber ein rationalistisches und legalistisches Missverständnis unserer Handlungskontexte.[149] Während ich mit einer Rechtfertigung einen Fall unter eine Regel gebracht habe – also mit Verweis auf die Regel alles hier Relevante über ihn gesagt zu haben beanspruche – und

148 Vgl. „Oft wird eine Handlung durch eine direkte Beschreibung des beabsichtigten Resultats besser erklärt als durch die Feststellung, daß das Resultat beabsichtigt oder erwünscht war. [...] Weil Rechtfertigung und Erklärung einer Handlung so oft Hand in Hand gehen, deuten wir den primären Grund einer Handlung häufig dadurch an, daß wir eine Behauptung aufstellen, die, sofern wahr, auch die relevante Überzeugung oder Einstellung des Handelnden verifizieren, vindizieren oder bestätigen würde. [...] Die Rechtfertigungsrolle eines Grundes ist unter Voraussetzung dieser Interpretation abhängig von der Erklärungsrolle, doch das Umgekehrte gilt nicht." Davidson, „Handlungen, Gründe und Ursachen", S. 26.

149 Vgl. Dazu Austin selbst: „[T]here are many (specific) ways in which an action can go wrong (at least as many as the myriad excuses we are entitled to proffer when what we have done has resulted in some unhappiness); but it would be incorrect to suppose that we are *obligated* to see to it (to take precautions to insure), *whenever* we undertake to do anything, that none of these ways will come to pass. Our obligation is to avoid something at a time and place or in a way which is likely to result in some misfortune, or avoid being careless where it is easy to be, or to be especially careful where the action is dangerous or delicate, or avoid the temptation to skip a necessary step when it seems in the moment to make little difference." (MWM, S. 26) Annette Baier stellt fest: „To show an action to be justified it is not enough to show that there were good reasons for it, one must also show that it broke no authoritative rule, or that, if it did, there was nothing better one might have done, nothing, that is, that had better reasons of a morally or legally acceptable kind." Baier, Annette, „Actions, Passions and Reasons", in: dies. *Postures of the Mind. Essays on Mind and Morals*, London 1985, S. 109-138, S. 122. Diese Regelkonformität ist aber für gewöhnliche Handlungen nicht der Anspruch, mit dem wir handeln.

mich keiner Antwort und Ablehnung aussetzen muss, ist die Angewiesenheit auf Anerkennung und Antwort des Anderen konstitutiv für die Entschuldigung und damit ein sinnoffenes Wirken von Intersubjektivität für unseren Begriff des Handelns insgesamt. In der Entschuldigung muss erst in der Interpretation gefunden werden, was die relevanten Fakten und, was ihre angemessene Bewertung ist. Wer eine Rechtfertigung vorbringt, kann, so Austin,

> argue that it was a good thing, or the right or sensible thing, or a permissible thing to do, either in general or at least in the special circumstances of the occasion. To take this line is to justify the action, to give reasons for doing it; [...] we accept responsibility but deny that it was bad: in the [defense of the excuse], we admit that it was bad but don't accept full, or even any, responsibility.[150]

Wenn ich mit der Entschuldigung also ein Recht auf Nachfrage anerkenne, dann geht es hier in Anbetracht der Konsequenzen um eine konkrete Antwort auf die Frage, inwiefern ich X *nicht* – im vollen Sinne – getan habe. Es geht nicht unspezifisch und allgemein darum, warum ich es überhaupt, oder warum ich nicht *etwas anderes* und Besseres oder Richtigeres im Sinne von „Regelgerechtes" getan habe. Wir sind nicht generell „rechenschaftspflichtig" gegenüber Normen, die fixieren, was zu tun ist, sondern positionieren uns zum Abweichenden oder Suboptimalen: Und das Normative ist dabei keine Rekursinstanz im Sinne feststehender Regeln, sondern wird im Sprechen ebenso wie im Tun selbst entfaltet und entwickelt. Die Selbsterläuterung ist deshalb ebenso riskant und ungesichert wie Handeln selbst.

2.1.2. Intention und Hermeneutik: Willensschwäche und das „Prinzip der Nachsicht" bei Davidson

Die Erläuterung der Handlung und dessen, was geschehen ist, ist Sache unseres Umgangs mit dem Scheitern. Angesichts des eigenen Scheiterns verhalten wir uns nicht desinteressiert zu einem Erkenntnisgegenstand, sondern erläutern uns, um die Situation praktisch zu bewältigen, auch immer selbst. Deshalb ist die menschliche Fähigkeit, die eigenen Wünsche angemessener oder weniger angemessen zu bewerten und zu beurteilen,[151] auch ein Thema für die Analyse des Handlungsbegriffs. Um das näher zu beleuchten, will ich hier näher auf Davidsons Analyse des Phänomens der Willensschwäche eingehen. Diese Überlegungen kann man mit Davidsons Fazit zusammenfassen: „Das Besondere an der Unbeherrschtheit ist, daß sich der Handelnde selbst nicht verstehen kann: Er erkennt in seinem eigenen absichtlichen Verhalten etwas wesentlich Vernunftwidriges."[152]

150 Austin, „A Plea for Excuses", S. 176.
151 Vgl.: Frankfurt, Harry, „Freedom of the Will and the Concept of a Person", In: *Journal of Philosophy*, 67/1 (1971), S. 5-20.
152 Davidson, „Wie ist Willensschwäche möglich?", S. 72.

Davidson korrigiert mit seiner Analyse ein einflussreiches philosophisches Fehlverständnis. Trotzdem bleibt auch sein Ansatz, wie ich zeigen möchte, ambivalent. Das hängt wesentlich damit zusammen, dass Davidson praktische Vernunft als Handeln nach Gründen versteht. Diese zentrale Rolle des Begriffs des Grundes für seine Überlegungen werde ich zunächst nicht problematisieren, sondern in meiner Rekonstruktion übernehmen. Dabei wird ihr problematisches Moment deutlich werden.

Das Phänomen, dass ich wider besseres Wissen das Unvernünftige tun kann, ist für viele moralphilosophische Ansätze ein höchst problematisches und wird oft so verstanden: Ich gebe der Versuchung nach, etwas zu tun, was ich *eigentlich* als unvernünftig eingesehen habe, und zwar deshalb, weil das Begehren stärker ist als die Vernunft. Ich weiß beispielsweise, dass ich kein drittes Eis essen sollte, weil es ungesund ist, werde aber vom Verlangen übermannt und hole doch noch eines. Davidson korrigiert mit seiner handlungstheoretischen Behandlung des Problems der *akrasia* solche oft im engen Sinne moralphilosophischen, immer aber rationalistischen Interpretationen: Er stellt fest, dass man mit diesem Ansatz *akrasia* vor einem dichotomischen Gegensatz zwischen Lust und Sinnlichkeit einerseits, Sitte und moralischer Überzeugung andererseits versteht. Wir verstehen hier defizitäre oder irrationale „Gründe", wie Neigungen, Begehren oder bloßes Verlangen, nur vor dem Gegensatz zu voll ausgebildeten und tatsächlich vernünftigen Gründen. Der „irrationale Grund" – mein Verlangen nach dem dritten Eis – erscheint dieser Erläuterung von *akrasia* zufolge eigentlich *gar kein* Grund zu sein.

Das impliziert als Modell praktischen Urteilens die statische Vorstellung zweier Systeme, von denen im Fall der Willensschwäche „das irrationale System" die Oberhand behält. Beide Seiten sollen als Lieferanten propositionaler „Gründe" verstanden werden. Und doch liefert hier eigentlich die zweite Seite der Dichotomie, der Verstand, die Maßstäbe und Prinzipien, vor denen die erste Seite überhaupt nur formulierbar und beurteilbar wird. Das heißt, was der Willensschwache tut, ist hier nach dem Muster einer vernünftigen Entscheidung verstanden *und doch* als nicht nur unvernünftig, sondern sogar als vernunftwidrig. *Akrasia* wird dualistisch auf die „Existenz" zweier Bereiche des Geistes bezogen, eines rationalen (regelgeleiteter Entscheidung) und eines irrationalen (der bloßen Wunschbildung), die als prinzipiell gleichartig, aber doch nur nach den Maßstäben, die der rationale Teil setzt, verstanden und beurteilbar werden.

Der schlechtere Grund ist hier einerseits genaugenommen gar nicht als wirklicher Grund dargestellt. Denn er erscheint als bloßer, unvernünftiger Wunsch gegenüber dem vernünftigen Motiv oder Prinzip, das nicht zum Zuge kommt, obwohl es situationsunabhängig als Prinzip bereits den Status eines akzeptablen Grundes hat. Mit der Allgemeinheit einer Regel erscheint es als höherer Maßstab, durch dessen Bestimmung der schlechtere, bloße Wunsch erst interpretierbar wird. Auf der anderen Seite muss dieser schlechtere, irrationale „Grund" aber trotzdem als rational, nämlich als defizitäre Form von Rationalität, verstanden werden, weil nur so verständlich werden kann, wie er überhaupt den besseren, also tatsächlichen Grund überwinden und selbst in einer Handlung zum Tragen kommen kann. Der andere, „irrationale" Bereich (das Unbewusste etwa) erscheint damit analog zum Rationalen als andere Vernünftigkeit, die die Stufe der Rationalisierung und Anerkennung als Grund aber nicht erreicht hat, und deshalb in einer vernünftigen Überlegung rationalerweise immer und genaugenommen ohne, dass es dafür konkreter Abwägung bedürfte, dem rationalen Bereich unterzuordnen ist, was aber im Fall der Willensschwäche nicht gelingt.

Diese dichotomische Konzeption aber trägt erstens, wie Davidson argumentiert, der Intuition nicht Rechnung, dass meine Wünsche sich *in meinen Handlungen* ausdrücken *müssen*. Und zweitens: Gerade der Akt und die Instanz der „Entscheidung" oder Abwägung zwischen Gründen – das heißt zwischen den beiden Systemen – und deren Geltung wird hier zum entscheidenden Moment für das willensschwache Handeln, gerade sie aber kann mit diesem Modell *nicht* erklärt werden.[153] So stellt auch Jonathan Lear, wenn auch aus einer gänzlich anderen, nämlich psychoanalytischen, Theorietradition heraus, fest: „Akrasia wird als eine Struktur von propositionalen Einstellungen dargestellt, die zu einer Handlung führen. Doch was diese Struktur nicht erklärt, ist die Tatsache der Irrationalität selbst: in diesem Fall, warum der bessere Grund nicht zum Zuge kam."[154]

Für den Begriff des Subjekts hat diese Konzeption zwei Konsequenzen: zum einen *muss* es sich selbst als vollständig souveräner Herr seiner Handlungen und Entscheidungen verstehen, weil diese sogar die Kontrolle und Einordnung der eigenen irrationalen Momenten einschließt. Es ist aber andererseits vollständig machtlos, weil es dem Irrationalen, so es die Oberhand gewinnt, willenlos ausgeliefert bleibt. Die „vernünftige Überlegung" erscheint damit zweitens immer als Vollzug defizitär, nicht vernünftig im vollen Sinne: Sie scheint nur die Regel vorzugeben, der aber das *tatsächliche* Wollen fehlt – insofern es in der kritischen Prüfung als zunächst bloße Lust dem Prinzip untergeordnet wurde –, um überhaupt handlungsmotivierend sein zu können. Das Wollen ist vollständig in die „unvernünftige" Neigung eingegangen. Zum dritten wird das Subjekt gerade als entscheidungsfähiges Subjekt vollständig überflüssig, auch dann, wenn es „rational" handelt – die Abwägung des wichtigeren Grundes könnte auch ein Computerprogramm, die Ausführung der Handlung auch eine Maschine übernehmen. Statt im Modell eines Dualismus von Vernunft und Gefühl bzw. Phantasie muss daher praktisches Urteilen als Vollzugsweise des Entwurfs und der Verwirklichung der Individualität und Welt einer ganzen Person verstanden werden. Die Identität und die Sichtweise eines Akteurs auf eine Situation lassen sich, wie auch Bernard Williams feststellt, nicht unabhängig von Gefühlen und noch unverstandenen Reaktionen begreifen, weil er in seinem praktischen Urteilen und Handeln immer im „Werden zu sich selbst" ist. „Und es gibt keinen Grund anzunehmen, wir könnten notwendig begreifen, daß er [die Situation] in diesem Licht sieht,

153 Davidson, „Willensschwäche", S. 57ff.

154 Lear, Jonathan, „Ruhelosigkeit, Phantasie und der Begriff des Geistes," in: *Deutsche Zeitschrift für Philosophie*, 57/1 (2009), S. 49-71, S. 54.

ohne daß wir dabei auf die Gefühlsstruktur seines Denkens und Handelns Bezug nehmen."[155]

Davidson korrigiert eine solche dualistische Auffassung und damit sowohl die gängige Überzeugung, der Willensschwache erläge notwendig einer moralischen Schwäche als auch die, er vertrete logisch widersprüchliche Überzeugungen. Davidsons Rekonstruktion der Willensschwäche verzichtet also scheinbar konsequent auf eine allgemeine Stufung der Wertigkeit von konkreten Gründen, weil er es ablehnt, in unserem alltäglichen Handeln moralische oder logische Erwägungen gegenüber anderen Aspekten zu privilegieren. Wie sieht dann aber seine Erklärung der Willensschwäche aus?

Ich entscheide mich ihm zufolge, handle ich willensschwach, zwar bezogen auf die Ebene der Willensfreiheit frei und absichtlich, nämlich für einen konkreten (prima facie) Grund, aber ich entscheide mich gegen das Wertvolle *im Lichte aller Gründe*. Deshalb ist meine Handlung doch auch nicht im vollen Sinne frei und absichtlich. Ich entscheide in diesem Fall also Davidson zufolge für einen Proto-Grund, eine Vorstufe eines Grundes, insofern er nicht meinem Abwägungsprozess unterworfen wird. Davidson versucht so, der Einsicht in die Pluralität der Gründe Rechnung zu tragen. Davidson sieht und verlangt mit Recht eine Beschreibung dessen, dass der rational Handelnde nicht nur Beschreibungen seiner Handlungsgründe geben, sondern diese beurteilen und bewerten kann. Er löst dieses Erfordernis über eine immanente Zweistufigkeit jedes praktischen Urteils ein: Der Handelnde muss sich in seiner Beschreibung, will er sich als rational verstehen, sowohl für einen konkreten (prima facie) Grund als auch für das Wertvolle *im Lichte aller Gründe* entscheiden. Diesen Prozess als Autonomieproblem unserer gewöhnlichen Vollzüge in ihrer Normativität zu beschreiben, schließt Davidson aber aus, wohl deshalb, weil er den Problemhorizont der Ethik an das dichotomische Modell der Vernunft knüpft und ihren Sinn auf die Einhaltung der konventionellen Sitte beschränkt. Als mangelhafte Umsetzung solcher bloß konventionell gültiger Regeln, die der Lust entgegenstünden, will Davidson *akrasia* nicht verstehen.

Der Maßstab des praktischen Urteils wird hier selbst als Form *und* als Produkt des Abwägens verschiedener Handlungsgründe betrachtet, weil Davidson die Vorstellung der Orientierung des Urteilens an ihm selbst externen, letzten Moralprinzipien abweist. Diese Form wird aber nicht selbst als posttraditionale und postkonventionelle Vorstellung der Vernunft von sich selbst – das heißt als identitätskonstitutiver und historisch konkret geformter und situierter Wert – reflektiert. Der Maßstab für die Evaluation von Gründen erscheint bei Davidson als abstrakter Rationalisierungsbedarf, der die Anschlussfähigkeit der zur Debatte stehenden Handlung klärt, als Frage befriedigender Erklärung „im Lichte aller Gründe". Ein solcher Maßstab für das rationale praktische Urteilen ist aber durchaus selbst ein *konkreter* Wert höherer Ordnung, der in der posttraditionalen

155 Williams, Bernard, „Sittlichkeit und Gefühl", in: ders., *Probleme des Selbst. Philosophische Aufsätze 1956-1972*, Stuttgart 1978, S. 329-365, S. 356.

Gesellschaft überhaupt erst als Vernunftideal zum Zuge kommt, durch den Einzelnen als vernünftigen Teilnehmer einer sozialen Welt nun aber auch selbst gesetzt und akzeptiert werden muss. Wir verstehen gewöhnlich unter einem höheren Wert ein konstitutives Welt- und Selbstverständnis, in dessen Licht bestimmte partikulare Werte – oder in Davidsons Theoriesprache: Proeinstellungen – *für mich* beurteilbar werden. In seinem Licht entscheide ich mich auch gegen bestimmte Wünsche, weil ich sie vor diesem Wert als Ausdruck einer von uns als niedrig oder schlecht bewerteten Lebensweise und Identität verstehen muss. Ich verzichte auf mein drittes Eis oder die Torte: nicht nur weil ein gesundes Leben *alles in allem* ein wichtigerer Wert ist, sondern weil das bedeutet, dass es ein wichtiger Wert *für mich* ist. Oder ich esse das dritte Eis oder die Torte: weil mir der Diätwahn meiner Zeitgenossen würdelos und fremdbestimmt erscheint. Davidsons Urteilsmaßstab ist nun ein höherer Wert der Rationalität, mit dem er diesen Begriff neu bestimmt: als eine *Art und Weise* des Urteilens im Gegensatz zu der statischen dichotomischen Gegenüberstellung von Verstand und Sinnlichkeit.

Davidsons Vorschlag für eine angemessenere Theorie-Konzeption für praktische Rationalität sieht so aus: Als „uneingeschränkt gültiges Urteil" gegenüber dem prima-facie-Urteil zählt Davidson zufolge nur das, was realisiert in einer Handlung vor dem *bisherigen, bekannten* Hintergrund als holistisches Ganzes bestehen und wirksam werden kann. Das uneingeschränkte Urteil wird in seiner Verwirklichung frei von seinen stützenden Gründen, das prima-facie-Urteil bleibt aber immer auf sie angewiesen. Das Modell ist also holistisch und bindet das Urteilen an dessen Vollzugshaftigkeit. Es wird so dem dualistischen und statischen Modell von Gründen als gegebenen Rechtfertigungen gegenübergestellt. Hier sind *gute* Gründe nur *wirksame* Gründe. Jeder unserer Gründe ist als solches hier *prima facie*: er ist nicht nur (immer) vorläufig, er *ist* gar nicht (real), insofern er nicht in der Handlungsstruktur wirksam wird. Davidson weist die „Homogenität unseres Raums der Gründe" nicht auf eine Weise als Vernunftideal aus, der man Fiktionalismus vorwerfen könnte. Er stellt diesen orientierenden Maßstab als Prozessform dar, so dass wir daran im freien Urteilen orientiert sind, ihn aber weder als Imperativ verstehen, noch werden wir davon als von einer faktischen Wirklichkeit bestimmt. Diese konzeptuelle Fixierung des Urteilsprozesses selbst produziert so aber den Schein einer immer virulenten Vorläufigkeit von Geltung. Sie legt uns auf die gegenwärtige Sicht der Situation fest und fordert jedem neuen Vollzug sowohl ab, dieser Gesamtsicht kompatibel zu sein und von ihr gestützt zu gelten, als auch gleichzeitig unbedingter Grund zu sein.[156]

Davidson unterlegt schon seiner Analyse ein bestimmtes Modell rationalen praktischen Urteilens, um dann als deren Ergebnis eben dieses Bild als Theorie-Ertrag zu präsentieren: Das Bild führt er unter der Hand schon in der Kritik eines

156 Annette Baier bemerkt meiner Ansicht nach sehr treffend mit Bezug auf Davidsons Konzeption von prima-facie Gründen: „[A]ny individual effective reason is left ontologically insecure. In as far as it is part of the whole network it is real, but in so far as we separate it out, who knows?" Baier, „Actions, Passions and Reasons", S. 128.

moralistischen Gegensatzes von Lust und Vernunft/moralischer Güte ein: „Es gibt zahlreiche Fälle, in denen der unmittelbare Genuß zugunsten eines Prinzips der Höflichkeit oder des Pflichtgefühls zurückgestellt wird, obwohl wir urteilen (oder wissen), daß wir uns *unter Berücksichtigung aller Umstände* für den Genuß entscheiden sollten.“[157] Mit diesem prozeduralistischen Ansatz rettet Davidson auch den aristotelischen Internalismus, demzufolge Wünsche sich in Handlungen ausdrücken müssen. Der Willensschwache Davidsons handelt absichtlich, frei und aus Gründen, nur hält er eine Handlungsweise (aus einem Grund) für besser, tut aber etwas anderes (aus einem anderen Grund). Davidsons Erklärung beansprucht die Einsicht in die Materialität unserer Sinngestalten, Orientierungen, Selbst- und Weltverständnisse. Er sieht, dass „wir die Vorstellung aufgeben [müssen], wir könnten Konklusionen über das Wünschenswerte (oder Bessere) oder Verpflichtende von den Prinzipien ablösen, die diese Konklusionen erst anschaulich machen“. Er verknüpft damit aber auch ein Modell des praktischen Urteilens, das er zunächst nur als Vergleich ins Spiel bringt, wenn er behauptet, praktisches Urteilen „gleich[e] in dieser Hinsicht dem Schließen aus probabilistischen Indizien.“[158]

Was mit Davidsons Explikation dieses internalistischen Modells und seiner Inanspruchnahme des Begriffs des Grundes als entscheidend für das praktische Urteilen verdeckt wird, ist das Moment *absoluter* Negativität als Sinnkonstitution im Prozess des Handelns und der Willensbildung selbst. Dieses Moment kann nicht als Summierung von Wünschen und Überzeugungen rekonstruiert werden, weil es den sinnoffenen Prozess der Verwirklichung der materialen, geschichtlichen Sinngestalt in der konkreten Handlung selbst als Neuentwurf unseres ganzen unthematischen Horizonts von Welt- und Selbstverständnissen betrifft. Dessen produktive und imaginative Verschränkung von normativer und faktischer Dimension macht die Urteilstätigkeit zur autonomen, die deshalb keine bloße probabilistische Entscheidung im Sinne des Abwägens und Summierens gegebener Gründe sein kann. Wenn auch die konkreten Orientierungen und Praktiken der Lebenswelt von Davidson als unhintergehbar anerkannt werden, so erscheint mit der Analogie Davidsons zum probabilistischen Schließen doch der Maßstab des *Vollzugs* des Beurteilens und Bewertens selbst bloß die Form der Reflexionspraxis zu sein: Statt der Pluralität der Gründe, die Davidson darstellen will, scheint es hier nur *um deren Homogenisierung* zu gehen. Da das der einzige Begriff von Rationalität ist, der Davidson interessiert – den der klassischen Moralphilosophie qualifiziert er ja als schlichte Traditionshörigkeit – hat das Konsequenzen auch für ein mögliches Verständnis von Autonomie.

Willensstärke oder Freiheit in einem höheren Sinne – von Autonomie nämlich – wird hier nur als Orientierung an der Kontinuität und Homogenität meiner Selbst- und Weltverständnisse verstehbar, an einem Horizont also, in den diese impliziten Beschreibungen und Wertungen selbst eingehen, vor dem sie ver-

157 Davidson, „Willensschwäche“, S. 56, Hervorh. C.D.

158 Davidson, „Willensschwäche“, S. 65.

stehbar sind und den sie als Verwirklichungen mit formen. Damit wird aber der Status dieser Orientierung an der „Homogenität der Gründe" als selbst identitätskonstitutives und konkretes Ideal, das eine selbst materiale, das heißt geschichtlich situierte Gestalt des Guten darstellt, für uns ausgeblendet und unkritisierbar. Davidson benutzt und vermischt zwei Freiheitsbegriffe: den absichtlichen Handelns (vor bestimmten Orientierungen und Werten) und den selbstbestimmter Lebensführung und Bewertung eigener Orientierungen und Werte. Er weist aber nur den ersten als solchen aus. Damit erscheint aber die selbstbestimmte, souveräne Willensbildung als Ideal des Prozesses der *ganzen Lebensführung*. Beides verstehen wir so als möglichst selbsttransparentes Fortschreiten zu zunehmender Rationalisierung. Das wird der Unverfügbarkeit unserer Urteilsprozesse, Subjektgeschichte und ganzen Individualität aber nicht gerecht.

Die Ergebnisse dieser Verdeckung zeigen sich zum Beispiel, wenn Davidson *habituelle* Willensschwäche, also eine bestimmte Weise, das eigene ganze Leben zu führen, erklärtermaßen nicht betrachten will und diese als Grenzfall des Grenzfalls aus seinen Überlegungen zur Willensschwäche ausschließt.[159] Aber im Ergebnis seiner Rekonstruktion von *punktueller* Willensschwäche erscheint *alles* Handeln als – habituelle – Willensschwäche. Denn zum einzig validen Grund *für* eine Handlung wird ihm zufolge, dass ich meinen „Primärgrund" im Lichte *aller Gründe* akzeptieren kann, was sich aber erst im Nachhinein herausstellen kann. Der Handelnde muss nun also nach dem „Prinzip der Selbstbeherrschung"[160] immer einen Grund für seine Entscheidung liefern, der in den Horizont seiner Überzeugungen und Werte integrierbar ist. Jeder Grund bleibt damit aber auf der anderen Seite immer mangelhaft im Sinne von Davidsons Primärgründen. Denn er wird zwar erst in der Abgleichung mit dem holistischen Ganzen der Gründe überhaupt zum Grund im vollen Sinne, aber er stiftet gleichzeitig selbst erst das „Licht aller Gründe" mit, dessen Homogenität als letztes und endgültiges Entscheidungskriterium dienen soll.

Dass Davidson hier Homogenität und Kontinuität von Selbst und Horizont sowohl als konstitutiv für den Begriff des Handelns als auch als einen höheren bzw. höchsten Wert, als letztes Kriterium angemessenen Urteilens versteht, ist nicht ausgewiesen. Denn dafür müsste er in Betracht ziehen, dass eine Handlungstheorie bei der Frage nach der Bewertung und Auszeichnung von tiefen Werten und Orientierungen nicht um die Problematisierung des Begriffs des „Individuums" und der Art, wie es sich selbst und seine Welt in Sinngestalten entwirft und diese transzendiert, herumkommt. Ein Vorverständnis dieses Konzepts des Individuums führt er verdeckt mit und bestimmt das Individuum nicht nur als endlich Handelnden, sondern als Reflektierenden, der sich selbst kohärent und transparent ist *und* zu sein anstrebt. Diese Ebene ist in den Grenzen der Handlungstheorie aber gar nicht thematisierbar, wenn diese sich strikt von der Ethik abgrenzt. Mit diesem blinden Fleck wird dieser „Wert" und dieses Faktum

159 Davidson, „Willensschwäche", S. 47f.
160 Davidson, „Willensschwäche", S. 71.

der Vernunft nicht etwa zum rein formalen Kriterium, sondern zum reduktionistisch funktionalen der Selbsterhaltung eines Ich, das seine Verstehensvoraussetzungen und -praktiken hier mit seinen Urteilsleistungen immer weiter bestätigen muss, und nicht mehr grundlegend in Frage stellen kann. Die Konsequenz dieses blinden Flecks ist hier, dass der Begriff vernünftigen Handelns grundlegend paradox erscheint.

Der Status höherer Werte und Zwecke als Sinngestalten, Figurationen oder Hoffnungsperspektiven, die selbst Vollzugscharakter haben, kultur- und subjektgebunden sind und insofern auch immer wieder überschritten, kritisiert und revidiert werden müssen, kann nicht geklärt werden. Das gilt letztlich sogar für den Maßstab vernünftigen praktischen Urteilens selbst. So verstanden ist das Problem der „Willensschwäche" aber immer virulent. Denn meine „Gründe" sind letztlich im Rahmen von Davidsons Theorie bis zu ihrer Integration in den „Horizont aller Gründe" nur als bloße Vorstufen von Rationalität zu verstehen. Diese Integration wird aber mit jedem Urteils- und Handlungsvollzug neu aufgeschoben. Mein praktisches Urteilen formt und entwirft selbst diesen ganzen Horizont der Gründe neu, der hier als Maßstab der Beurteilung dienen soll. Gerade dass Urteilen vollzugshaft ist, macht unter Davidsons Voraussetzungen zum Subjekt- und Vernunftverständnis jede Entscheidung irrational, nämlich gegenüber sich selbst verfrüht und verspätet. So missversteht Davidson die Herausforderung individuellen Lebens „im Werden", das immer mit Widersprüchen und Konflikten nicht nur seiner Interessen, sondern auch seiner Ansprüche und Vorverständnisse der eigenen Identität konfrontiert sein kann.

Das Ergebnis der dualistischen Konzeption der Moralphilosophie, die noch nicht praktisch geworden ist, ist ein allumfassender skeptischer Schluss: *Jede* Artikulation der Situation muss dann, wenn sie handlungsleitend wird, suspekt, als bloße Regel aber kraftlos sein. Das ist das Problem eines Moralismus, der die Einsicht, dass die Tätigkeit der Urteilskraft sich immer auch auf sich selbst bezieht, als Regulierung der Sinnlichkeit durch den Verstand begreift: Statt den Anspruch auf eine ungesicherte Lebensweise bereit zur Konfrontation von Konflikten und Widersprüchen in konkreten Situationen zu artikulieren, setzt der Philosoph mit dem Erläuterungsbegriff der *akrasia* hier ein Modell eines statischen Konflikts voraus, mit dem wir dieser Grundlosigkeit ausweichen können. *In seinem Modellcharakter* ist diese Voraussetzung hier nicht einmal mehr präsent.

Die Konzeption Davidsons ersetzt das dualistische Modell der Vernunft durch ein prozedural-holistisches. Auch hier läuft aber das Konzept der Willensschwäche Gefahr, in seiner Rolle als Begriff der Selbsterläuterung des Handelnden verstellt zu werden. Die Einsicht „Ich handle irrational" ist bei Davidson nämlich nicht als Anlass für die genuine und produktive Klärung der eigenen Intention verstehbar, sondern es bleibt bei der reduzierenden Rationalisierung, mit der der Akteur über sich selbst urteilt und sich selbst verurteilt und dieses Ungenügen genau genommen *immer* konstatieren muss. Diese Reaktion der Abwehr vermeintlicher Irrationalität fordert dann – statt dass wir genuine Handlungsmotive verwirklichen – nur die immer neue weitere Integration unseres Handlungshorizonts im Urteil ein. Das beschreibt Lear als pathologisches Symptom mit Bezug auf die Freudsche Psychoanalyse: Unser Handelnder

> kann jetzt [nämlich mit diesem Urteil über sich selbst] dem, was er tut, einen Sinn abgewinnen. Er behauptet von sich, sich selbst unter dem Aspekt einer organisierten Struktur propositionaler Einstellungen zu verstehen. *Und er mag diese Einstellungen sogar selbst herausbilden.* [...] Doch hier ist es kein Grund, der eine Handlung veranlasst; Agieren und Angst veranlassen die Herausbildung des Grundes. [...] Akrasia würde dann als eine Abwehrreaktion auf Irrationalität auftreten, nicht als deren originäre Instanziierung. Sie würde dann ein abwehrendes Missverständnis jener Irrationalität unterstützen.[161]

Wir müssen hier die Zuschreibung einer Willensschwäche als Versuch verstehen, um jeden Preis das eigene Handeln als explizit und argumentativ begründet beurteilen zu können – sei es auch schlecht begründet. Dann wird diese Zuschreibung aber in einem Regress zu einer bloßen Abwehrreaktion gegenüber vermeintlicher „Irrationalität", das heißt gegenüber unseren als Ganzes immer grundlegend unthematischen, vorgängigen und projektiven Orientierungsweisen der Einbildungskraft. Solche Abwehr verstellt dann jeden Prozess authentischer Willensbildung, statt seine Realisierung zu sein.

Davidsons Thematisierung von Handeln und der Reflexion unserer Handlungen liegt ein *hermeneutisches* Problem des Begriffs des „Willens" zu Grunde: Unsere Ziele und Intentionen sind nicht nur Sache eines impliziten, souveränen Wissens als Form des Weltbezugs. Sie sind auch Ergebnisse unserer Erfahrungen und immer auch Ergebnis von Brüchen und Verdeckungen, von Missverständnissen und Reduktionen. Diese können wir einsehen und korrigieren, aber nur, wenn wir uns einer Situation *aussetzen*, in der wir *nicht* verstehen, was wir tun, statt wiederum souverän urteilen zu wollen, und zwar hier über uns selbst und unsere eigene Irrationalität. Das heißt auch, sich dem Faktum auszusetzen, dass wir uns grundlegend nicht selbst transparent sind. Auch der Akt des Verstehens ist immer sowohl erkenntnis- als auch werte- und normenbezogen. Die Erfahrung solcher Brüche muss Anlass eines Perspektivwechsels werden können. Um dieses Negativitätsmoment angemessen reflektieren zu können, liegt es daher wieder nahe, mit dem Paradigma von Fällen des Umgangs mit dem Scheitern unserer Handlungen und Orientierungen zu arbeiten, das Austin vorschlägt: Entschuldigungen. Denn die Art des Handelns und Sichverstehens einer Person ist irreduzibel Sache ihrer individuellen und von den unvermeidlichen Brüchen einer Individualgenese markierten Sicht auf eine Situation. Daher gilt wie im Scheitern auf der Ebene unserer Handlungsfolgen auch für das Scheitern unserer Orientierung, dass der oder die Handelnde hier ihre Anlässe „von außen", als Erfahrungen der Unterbrechung eigenen Verstehens, wahrnehmen und ernstnehmen muss.

Um eine solche produktive Neuorientierung aus dem Verlust von Sinn und der Irritation von Sinngestalten zuzulassen, bedarf es daher nicht einer Orientierung am homogenen Horizont der Gründe als Tätigkeit, die diesen Horizont künftig weiter

161 Lear, „Ruhelosigkeit, Phantasie und das Problem des Geistes", S. 60.

homogenisiert. Ich muss diese Irritation anerkennen und ihre Interpretation aus den Sinnüberschüssen in einem Anderen – sei das ein problematischer Begriff, ein Grenzfall oder mein Gegenüber – versuchen. Denn ich bin mir grundlegend nicht selbst transparent. Hier kommt es also auf einen Modus der Reflexion an, in dem ich die bekannten Gründe und die identitätskonstitutive Einheit meiner Vorverständnisse aufs Spiel setze. Versteht man Rationalität als Fähigkeit zu Bestimmung und Fixierung, muss dieser Modus als irrational erscheinen. Es geht hier nicht um die Tätigkeit der bestimmenden, sondern um die der reflektierenden Urteilskraft, der das angemessene Verständnis einer praktischen Einstellung der Sorge und Aufmerksamkeit gegenüber dem Anderen in seiner noch unbegriffenen Konkretheit als Art und Weise der Reflexion gelingen kann. Nur über diesen „Umweg" wird ein Ich sich hier noch selbst zum Thema. Menschliche Identität ist als Vollzug, als ein „Werden zu sich selbst" zu verstehen und praktisches Urteilen ist die Form dieses Vollzugs und *gleichzeitig* die Ausbildung konkreter Intentionen. Zu einem vernünftigen Leben und der Möglichkeit der Emanzipation gehört dann weniger der Gegensatz von partieller und vollständiger Selbsttransparenz, sondern die neue Artikulation dessen, was in meinem Leben Bedeutung hat, angesichts einer Irritation eigener Vor-Urteile, die unserer grundlegenden Selbstentzogenheit entspricht.

Diese Kritik ergibt sich aus der Einsicht in den Doppelcharakter von Orientierungen oder Sinngestalten als einerseits konstitutive, tiefste Selbstverständnisse, andererseits als konstitutive Vorstellungen guten Lebens in einer geteilten Welt: Teil jedes eigenen Vollzugs, auch des absichtlichen Handelns, ist die Antizipation, der Entwurf einer Identität und der Welt, nach der ich – als solche Person – strebe. Dieses Verständnis von Orientierungen lässt sich noch in Davidsons Analyse und seinen materialen Gründe unterbringen, auch wenn er den Akzent nicht darauf legt. Das erfordert aber andererseits auch, der Art und Weise der konkreten, kreativen, sinnoffenen, aber damit auch brüchigen und von Verdeckungen geprägten Entwicklung, Entfaltung, Artikulation und Desfiguration von Sinngestalten Rechnung zu tragen, was Davidsons Analyse nicht erlaubt: Damit müssen wir dem Erfahrungs-Korrelat unserer Sinngestalten verstanden als Maßstäbe, Davidsons „Primärgründen", einen Eigenwert als Erfahrungen, die uns zur Selbsterläuterung nötigen, zuschreiben, und sie nicht nur als defizitäre Vorstufen voll ausgebildeter Gründe begreifen. Wir erfahren, was für uns wertvoll ist – wir sind uns unserer Werte nicht im Sinne voll ausgebildeter Propositionen bewusst, die wir auf Situationen lediglich anwenden.

Die Fragerichtung, die hier von Davidson angedeutet, aber kaum artikuliert wird, verdankt sich einer historischen Situation von Subjektivität, in der der absorbierte Vollzug in den sedimentierten Lebensformen einer selbstverständlichen Sittlichkeit keine Option mehr ist. Aber das Problem des Selbstbewusstseins, das damit virulent wird, ist in den Konzepten ausreichender oder mangelnder pragmatischer Begründung von Entscheidungen und möglichst vollständiger und souveräner Willensausübung nicht zu beleuchten. Es verlangt Antwort auf die Frage nach meiner Autonomie als Anerkennung und Reflexion von Endlichkeit. Diese Frage wird bei Davidson gar nicht thematisierbar; unter anderem wegen der großen Rolle, die der Begriff des expliziten und wohlbestimmten Grundes in seinen Überlegungen spielt, und auch, weil seine Zuordnung der Willensschwäche zu einem Thema der Handlungstheorie *statt der Moralphilosophie* zu kurz greift. Er wiederholt genaugenommen die Engführung, die er einer moralphilosophischen Lektüre des Begriffs der Willensschwäche vorwirft, indem er diese ausschließt. Das liegt auch daran, dass bei ihm eine explizite Reflexion auf den Status des historischen Erläuterungsbegriffes der *akrasia* fehlt. Wir beziehen uns im philosophischen Diskurs nicht umsonst auf „das Phänomen der Willensschwäche" immer mit Verweis auf den griechischen Begriff, der aber in einer anderen moralischen Wirklichkeit, nämlich mit einem substantiell und praktisch gefüllten Begriff des guten Lebens, seinen Ort und Sinn hatte. Das Verständnis dessen, was *akrasia* heißen kann, ruht auf einem ethischen Narrativ, das seine Selbstverständlichkeit für uns verloren hat. *Akrasia* wird bei Davidson aus dieser hermeneutischen Leerstelle heraus zum Begriff, um den Begriff des praktischen Urteilens vor dem Hintergrund des modernen Subjekts ohne substanzielle Ideale guten Lebens zu thematisieren. Das reflektiert er aber nur sehr bedingt explizit.

In Davidsons Analysen zur Hermeneutik, die er von denen zur Handlungstheorie klar abgrenzt, zeigt sich ebenso wie in den letzteren deutlich negativ, dass an der Schnittstelle beider Ansätze die grundlegende, existentialethische und sprachphilosophische Dimension der Negativitätsanalyse von Davidson liegt. So beschreibt er die Interpretation des Anderen als im Grenzfall *radikale Interpretation* und lehnt dieses skeptische Problem an Quines Exponierung der „Unbestimmtheit der Referenz"[162] an. Als praktische Kompensation dieses Problems entwickelt er eine Diskursregel, die er Prinzip der rationalen Anpassung nennt: „We make maximum sense of the words and thoughts of others when we interpret in a way that optimises agreement."[163] Mir scheint instruktiv, dass dieses *principle of charity* von Davidson von ihm nicht auf die Frage unseres Handelns, sondern nur auf die Problematik des Verstehens angelegt ist, und es hier ihm zufolge nur darum geht, dem Anderen antizipierend überwiegend wahre und rationale Überzeugungen zu unterstellen. Das Prinzip muss angesichts dieser Problemlage nicht nur einen Verstehens*vorschuss* anzeigen. Sondern es muss scheinbar einen grundlegenden *Mangel* an Verständnis und Kenntnis (eben der Überzeugungen des Anderen, die wir hier „nur" unterstellen müssen) substituieren. Eigentlich ist dieser Vorschuss aber nicht nur in unsere Diskurssituationen, sondern in unsere *praktischen Vollzüge* schon präthematisch eingearbeitet, und kann nie eingeholt werden. Das Prinzip verweist so verstanden auf Endlichkeit und Fragilität des Einzelnen in seinen ganzen Vollzügen und Lebensformen.

Dieses hermeneutische Moment unserer Vollzüge darf selbst nicht zum Problem theoretischen Wissens isoliert und hypostasiert werden. Es ist auch kein bloßes regulatives Ideal: Ich *gehe nicht davon aus*, dass wir – „Interpret" und Spre-

162 Vgl. Quine, „Ontologische Relativität".

163 Vgl. Davidson, Donald, „On the very Idea of a Conceptual Scheme", in: ders., *Inquiries into Truth and Interpretation*, Oxford 1984, S. 183-198.

cher bzw. Handelnder – eine gemeinsame Lebenswelt miteinander teilen, eine „Annahme", die sich immer als falsch herausstellen könnte. Unsere Übereinstimmung hier und jetzt ist an kein Konditional geknüpft „if you accept the facts and the logic I do" (MWM, S. 23), das wir als erfüllt annehmen müssen, obwohl wir es empirisch nicht garantieren können. Diese Übereinstimmung ist keine Hypothese, sondern zeigt sich ständig in geteilter, gelebter Praxis. Ein objektivistisches Missverständnis missversteht die Ungarantierbarkeit dieser Übereinstimmung als beträfe diese ein betretbares Land, das der Andere eventuell kontingenterweise nicht bewohnt. Ich bin in gewöhnlichen Situationen kein *Interpret* des Anderen, sondern Adressat oder Betroffener seiner Vollzüge *in* einer ganzen Situation *mit* ihm. Damit sind immer grundlegende geteilte Verständnisse in gemeinsamen Lebensformen vorausgesetzt, die Rekurs der Klärung im Fall des Missverständnisses bieten, aber nicht garantieren. Die Einstellung, in der wir diese Verständnisse praktisch aktualisieren, ist eine reziproke Einstellung der Anerkennung oder Nachsicht. Sie betrifft nicht nur mögliche Erkenntnisbeschränkungen des Anderen. In dieser gewöhnlichen Welt zeigt sich daher auch der grundlose und nicht isolierbare Anspruch auf Achtung des Anderen: Ich *verstehe* gewöhnlich, was er tut, insofern ich es in unserer geteilten Welt sehe – aber dieses Verstehen ist kein vollständiges Verstehen des Anderen noch ein allgegenwärtiges Urteil. Sondern indem ich mit ihm interagiere und dem Austausch mit ihm über unsere Voraussetzungen offen bin, anerkenne ich ihn selbstverständlich und unthematisch gerade in seiner Verletzlichkeit und Entzogenheit als einzigartiges Individuum. Allerdings bleibe jeder Beteiligte in seiner oder ihrer Individualität letztlich auch sich selbst entzogen.

Weil es hier nicht nur um die Perspektive des Anderen und die Wissenssituation gegenüber dem Anderen geht, sondern um seine und um meine ganze, unausdrückbare Individualität, ist gar nicht von vornherein klar, was hier „Nachsicht" dem Anderen gegenüber, die Davidson zufolge schlicht eine epistemische Tugend ist, von uns verlangt. Auch die Konzeption dieser Einstellung verweist aber richtig verstanden auf die Leerstelle der praktischen Urteilskraft, weil unsere Handlungs- und Urteilsweisen nicht bereits rechtfertigen können, was ich vor ihrem Hintergrund hier und jetzt tue oder sage, sondern in diesem aktuellen Ausdruck immer auch überschritten werden. Das heißt auch, dass ich *selbst* sehen muss, ob und in welchem Sinne der Andere *hier* meine Nachsicht, meine Fürsorge, meine Zurückhaltung, mein insistierendes Nachfragen oder meine Hilfe braucht. Das ist Sache der richtigen Sicht der konkreten Situation vor eigenen Selbst- und Weltverständnissen und des Sich-Verhaltens zu diesen Vorverständnissen und Praktiken selbst.

Weil hier nicht von vornherein eine Regel positiv vorgegeben und eindeutig bestimmt sein kann, bedeutet dieses kritische Vollziehen und Verstehen auch, dem unerwartet an mich gerichteten Vorwurf offen zu sein, dass ich mich selbst in meinem Tun und Urteilen falsch oder unangemessenerweise als gerechtfertigt verstehe. Das kann heißen, dass meine scheinbar großzügige und gemeinnützige Interpretation des Anderen und mein entsprechender Umgang mit dem Anderen

– diese im engeren Sinne moralischen Konnotationen sind im englischen „charity“ nicht umsonst ganz prominent, auch wenn sie nicht im Fokus von Davidsons Überlegungen stehen – *eigentlich* nur von persönlicher Selbstzufriedenheit oder Gleichgültigkeit geleitet war. Es kann auch heißen, dass mein Versuch, großzügig und gemeinnützig zu deuten, zum *Anspruch* wird, *gerechtfertigt* zu bestimmen. Das bestimmende Urteil ist aber immer eine unangemessene, den Anderen als Anderen verkennende, Verurteilung – ohne dass dieses Verfehlen selbst wiederum in einem bestimmenden Urteil angemessen erfasst werden könnte. Denn es geht hier um die Dimension des Entwurfs eines gemeinsamen, sinnoffenen Lebens in Sinngestalten, die als Vollzugsdimension den eigenen Sinn nicht fixieren kann und darf. Die Bereitschaft, sich den Negativitätserfahrungen der Unterbrechung solcher zum Urteil fixierten eigenen Orientierungen zu stellen, entspricht dieser Entzogenheit jedes Individuums auch für sich selbst.

Für eine solche Infragestellung muss der Andere ein Verhältnis zu mir beanspruchen, das ohne Garantie sein muss, aber eben aus solchem grundlosen Vertrauen die Möglichkeit der Konfrontation des Anderen einschließt. Keine Situationsregel und kein übergeordnetes Prinzip holt hier die Grundlosigkeit und Unverwechselbarkeit unhintergehbar entzogener Individualität und der ebenso entzogenen Bezogenheit auf den Anderen ein. Um das Problem der Anerkennung des Anderen angesichts dieser Negativität zu diskutieren, ist ein Prinzip der Nachsicht in der Tat ein guter *Platzhalter*. Es ist aber auch nicht mehr als das, nicht mehr als selbst ein Erläuterungsbegriff oder eine Analogie für sinnkonstitutive Negativität. Moralistisch beanspruche ich sonst gegebene Urteilsmaßstäbe und Begriffe gegenüber dem Anderen, scheinbar als Mittel für einen Austausch, tatsächlich aber anstatt eines solchen genuinen Austausches: „[I]f I deny that I require any particular standing with you in order to confront you, my utterance may claim authority to speak for a particular institution, with its own ordinances, or for morality as such, and risks moralism.“ (PDAT, S. 182)

Solche negativen Erfahrungen der Unterbrechung eigener Moralisierung zeigen aber auch die gewöhnliche und unthematische, proto-rationale Befriedigung, die unser intelligentes Tun als selbstverständliches und unthematisches Tun des Angemessenen, des Richtigen begleitet: Das praktische Urteil folgt keinem vorgeordneten Sollen, aber auch keiner im Lichte aller Gründe wohlbegründeten Entscheidung, analog zur Abwägung von Wahrscheinlichkeiten. Im alltäglichen Gelingen äußert sich eine Erfahrung der Passung in die Welt unserer Verständnisse in einer Vielfalt von positiven Reaktionen, ob als Freude am gelungenen Werk, Genuss am eigenen Klavierspiel, Zufriedenheit, wenn sich die alte Dame für meine Hilfe bedankt. Dieses ästhetisch-moralische Gefühl der Stimmigkeit kann als Reformulierung von Kants Gefühl der Achtung vor dem Gesetz verstanden werden. Aber hier zeigt sich deutlicher, dass es eine Erfahrung unserer alltäglichen Situiertheit in Welt ist, unserer unthematischen Orientiertheit in pluralen Sinngestalten, und daher vielfältig erfahrbar – trotzdem bleibt es nicht auf der Ebene bloß sinnlicher erfahrender Mannigfaltigkeit, sondern ist die Erfahrung, dass diese bereits begrifflich vermittelt ist, und andererseits jeder Begriff an konkrete Erfahrung gebunden bleibt. Es geht hier um das je konkret erfahrene Zusammenstimmen von Ich und Welt, Sprache und Phänomenen, das trotzdem nicht deren Identität bezeugt. Die Zustimmung in dieser Erfahrung einer Befriedigung angesichts der Passung in die Welt ist gedoppelt: sie betrifft unseren gewöhnlichen Vollzug, und sie betrifft unsere Lebensformen als gewöhnliches Beispiel für sie *in* diesem Vollzug. Wir sehen das Gewöhnliche hier in seiner Konkretheit als Instanziierung *und* Darstellung dessen, wie wir handeln und uns verstehen.[164] Diese ästhetische Lust an der eigenen Lust ist ein Ja zu dieser wirklichen Gestalt unseres Lebens und damit sowohl zu den Deutungen meiner Welt und meines Selbst als auch zu deren Gebundenheit an Geschichte und Faktizität. Sie ist auch ein Nein zum Ausweichen vor dieser Ungesichertheit und Endlichkeit in Rechtfertigungen, vermeintlich letzte Gründe und Moralprinzipien. Auch die philosophische Aufgabe ist damit „nur" als die Aufgabe zu verstehen, Überschüsse der oder „Reaktionen" auf die Begriffe unserer eigenen Theoriearbeit in den Blick zu nehmen. Hier zeigt sich Sprachphilosophie als Weiterführung der Bekümmerung der praktischen Philosophie um eine menschliche Welt, zu der das Ideal eines angemessenen, möglichst illusionsfreien Selbstverhältnisses gehört.[165] Die Analyse des Prinzips der Nachsicht aus Davidsons Hermeneutik weist auf diese Fragen als seinen Horizont.

Hier zeigt sich, dass die Handlungsbeurteilung und das Verstehen des Anderen und des eigenen Selbst nicht einfach einen Gegenstand erfassen, sondern ihn in einer Tätigkeit der persönlichen Reflexion zu dem machen, was er – für uns – ist.[166] Dann ist es ein ernstzunehmendes Problem, in welcher Sprache und Haltung diese Fragen nach der Sprache unserer Wertungen angemessen geklärt werden können. Wie für die Tätigkeit der reflektierenden Urteilskraft Kants geht es hier nicht um eine Subsumption unter Begriffe, sondern darum, in einer kreativen, subjektiven Leistung eine Erfahrung *und* ihren Begriff zu finden. Und dies

164 In der Reaktion auf diese internen Differenz unserer alltäglichen Vollzüge ist unsere Befriedigung gedoppelte, und hier, nicht in einem Erklärungs- und Begründungsakt auf einer Meta-Ebene, liegt die Selbstreflexivität in dieser Dimension. Ästhetische Lust ist bei Kant eine Zustimmung oder Anerkennung der Lust selbst über den Umweg des ästhetischen Objekts. Diese Bejahung ist mit Alenka Zupančič in ihrer Interpretation von Nietzsche über Lacan gesprochen ein „‚yes' to the agreeable feeling itself. This is a ‚yes' not to the object that gratifies us, but to the gratification itself (i.e. to the ‚satisfaction as object')." Zupančič, Alenka, *The Shortest Shadow. Nietzsche's Philosophy of the Two*, Cambridge, MA 2003, S. 143.

165 Die Verbindung zum praktischen Problem meines Selbstverständnisses als Akteur drängt sich aber auch im Werk Davidsons auf: Die Frage, wie Jakob sich selbst sieht, wenn in die Kirche geht, ob er seiner Mutter gern den Gefallen tut, oder er es aus Pflicht tut, kann – mit einem Beispiel von Davidson aus seiner Handlungstheorie selbst – ihrem Selbstverständnis nach eigentlich gar kein interessantes Problem für eine Handlungstheorie in Davidsons Sinn sein; er stellt sie aber doch. (Vgl. Davidson, „Handlungen, Gründe und Ursachen", S. 23f.) Die Handlungstheorie steckt aber ihre eigenen Grenzen zu eng, um das Problem der Angemessenheit von Handlungsgründen vor ganzen Selbstverständnissen zu thematisieren, das Problem der Entzogenheit des Akteurs für sich selbst in seinen tiefsten Wertungen und das Ideal eines möglichst täuschungsfreien Lebens.

166 Vgl. Taylor, Charles, „Was ist menschliches Handeln?", in: ders., *Negative Freiheit. Zur Kritik des neuzeitlichen Individualismus*, Frankfurt a. M. 1999, S. 9-51, S. 48.

bedarf einer Wahrhaftigkeit gegen sich selbst und eine ernsthafte Prüfung der Identität, der Werte und der Weltverständnisse, die wir ausgebildet haben.

Wahrhaftigkeit gegen sich selbst ist ein grundlegendes Paradigma des Anspruchs der modernen Subjekts auf Vernunft, eben weil dessen Selbst- und Weltverständnisse nicht *als gelebte* per se schon Autorität beanspruchen können, und weil diese Orientierungen in unseren Urteilsvollzügen ebenso zum Ausdruck kommen, wie sie in ihnen *als Vollzüge* transzendiert werden. Es geht um die Einsicht, dass

> unsere Beschreibungen unserer Motivationen und unsere Versuche, zu formulieren, was wir für uns für wichtig halten, nicht einfach Beschreibungen sind, da ihre Gegenstände nicht völlig unabhängig sind. Und dennoch sind sie ebensowenig entsprechend dem Prinzip des „anything goes" völlig willkürlich. Es gibt mehr oder weniger adäquate, mehr oder weniger aufrichtige, eher zur Selbsterkenntnis oder eher zur Selbsttäuschung tendierende Interpretationen. Aufgrund dieser doppelten Tatsache, weil eine Artikulation falsch sein kann und dennoch dasjenige prägt, in Bezug auf das sie falsch ist, glauben wir manchmal, daß falsche Artikulationen zu einer Verzerrung der betreffenden Realität führen. Wir sprechen nicht einfach von Irrtum, sondern ebenso von Illusion oder Verblendung.[167]

Der Zweifel, ob ich mich in meinem Selbstverständnis von Illusionen leiten lasse, bedarf einer Hermeneutik von Situation und Selbst, die sich gerade auf die Überschüsse meiner etablierten Sichtweisen konzentriert, weil ich aus diesen heraus nicht nur handle, sondern auch reflektieren muss. Deshalb geht es hier darum, eine Haltung der Sensibilität für Reaktionen zu entwickeln, die Vorverständnisse und Identität dezentrieren.

Die Tätigkeit der kritischen Reflexion führt vor die Ausdifferenzierung von moralischen, klugheits- und wahrheitsbezogenen Fragestellungen zurück. Die Frage, ob das gelingt, als Frage danach, ob ich wirklich mein eigenes Leben so täuschungsfrei wie möglich lebe, verlangt keine nähere Bestimmung eines Grundes, sondern die Anerkennung der Abwesenheit eines letzten Grundes und damit die Anerkennung der Undurchschautheit der eigenen Sinngestalten und Orientierungen. Mit Cavell wird das zu einer Frage, der wir in einer Haltung der Aufmerksamkeit auf die eigene Sprache und damit auch Praxis gerecht werden, in der Anerkennung dieser Grundlosigkeit und Alterität als Hoffnungspotential. Hier sieht Cavell den Fluchtpunkt von Austins Analysen zum Entschuldigen:

> Who, such as Austin, would so dwell on excuses who did not surmise that the human necessity for action, and of action for motion, is apt to become unbearable – its consequences, concomitants, upshots, effects, results, and so forth [...] unsurveyable, the body a parchment of its displacements. [...] Excuses mark out the region of tragedy, the beyond of the excusable, the justifiable, the explainable (the civil?)

167 Taylor, „Was ist menschliches Handeln?", S. 41f.

> Who among philosophers has a theory of forgiveness, and whether it is givable? It would be a theory of comedy.[168]

Die *Tragödie* scheint zu sein: Auch wenn ich meine Einstellungen in Frage stelle, kann ich das nur vor und als Ausdruck dieser Einstellungen tun.[169] Ich bin also scheinbar niemals frei in meinem Urteil. Jede explizite Selbstreflexion ist – analog zur Entschuldigung – der vernünftigen alltäglichen Praxis nicht als Reflexionsleistung vorgängig, sondern ihr gegenüber abkünftig. „Intelligente" Tätigkeit der Reflexion zeichnet sich durch eine Haltung der Sensitivät und eine Bereitschaft zur Infragestellung der eigenen Selbstverständnisse aus. Angesichts der Intransparenz des Reflektierenden für sich selbst geht es um eine Haltung, in der alltäglichen Erfahrungen und Reaktionen als Momenten der Selbstreflexion und -artikulation Rechnung getragen wird, deren Sinn nachgegangen werden muss, nicht als gegeben vorausgesetzt. Denn solche Erfahrungen dürfen nicht wiederum rationalisiert und mit fixierten Begriffen und Urteilen kategorisiert werden, statt als Störstellen des Verstehens anerkannt zu werden. Das gilt auch für die philosophische Reflexion und ihre Begriffe selbst.

---

168 Cavell, Stanley, *A Pitch of Philosophy: Autobiographical Exercises*, Boston 1994, S. 87. Im Folgenden zit. als PP.

169 „I am, at the time of mature reflection, what I have become, and my reflection, even if it is about my dispositions, must at the same time be expressive of them. I think about ethical and other goods from an ethical point of view that I have already acquired and that is part of what I am. In thinking about ethical and other goods, the agent thinks from a point of view that already places those goods, in general terms, in relation to one another and gives a special significance to ethical goods." Williams, *Ethics and the Limits of Philosophy*, S. 51.

2.2. Moralphilosophie und Situation

Die Negativitätsanalyse der praktischen Urteilskraft soll nun auch für eine kritische Rekonstruktion der Rolle der Urteilskraft in der Ethik fruchtbar gemacht werden: Das Ziel internalistischer Ansätze der Moralphilosophie ist es, die Rede von einem Motiv *neben* einem moralischen Grund zu vermeiden, das dann eigens und außermoralisch (etwa über Sanktionen) begründet werden müsste. Hier soll gezeigt werden, dass diese Konzeption als Konzeption radikalisierter Grundlosigkeit der Gleichursprünglichkeit der faktischen und der normativen Ebene des Lebens von Sprachwesen gerecht werden kann.

Die Einsicht in diese Negativität der Lebensform von (menschlichen) Sprachwesen erfordert, die Pluralität von Sinngestalten eigenen Lebens und die Möglichkeit des Widerstreits von Ansprüchen, deren Geltung wir akzeptieren, als konstitutiv anzuerkennen. Denn die Position, der zufolge sich solche Widerstreite durch Rekurs auf ein letztes Moralprinzip notwendig auflösen ließen, geht fehl. Nicht nur ist es – anders als in epistemischen Fragen – nicht logisch widersprüchlich, dass für eine Situation zwei (Handlungs-) Gründe gelten, denen ich aber kontingenterweise nicht beiden gerecht werden kann. Sondern diese Möglichkeit verweist auch darauf, dass die Vorstellung unseres Orientierungshorizontes als homogen, in sich wohlintegriert und widerspruchsfrei unsere Lebenswirklichkeit grundlegend verfehlt und verstellt. Auch als regulatives Ideal führt eine solche Vorstellung in die Irre und verstellt, dass die Bildung und Entfaltung von Gründen nicht nur eine unabschließbare, sondern konstitutiv kreative Tätigkeit ist. Unsere Orientierungen entfalten sich nicht aus irrationalen Neigungen, Primärgründen oder sonstigen *Vorstufen* von Rationalität zu deren eigentlicher widerspruchs- und verdeckungsfreier Gestalt in Gründen, sondern Rationalität ist immer schon praktisch, auch als Übung der Selbstdeutung und Artikulation. Als Prozess ist diese nur richtig verstanden, wenn als konstitutiv dafür Selbstentzogenheit, die Anerkennung von Momenten der Störung und Irritation gegebener Selbst- und Weltverständnisse und damit ein Moment der Selbstüberschreitung begriffen wird.

Das Problematischwerden von „Identität" in speziellen Situationen ist kein Randphänomen, sondern zeigt an, dass Subjekte sich selbst in ihrer Identität konstitutiv entzogen sind. „Identität" ist hier ein Reflexionsbegriff, kein Prädikat. Erst im Scheitern werden die Sichtweisen, die ich internalisiert habe, in einem Reflexionsprozess, der selbst praktisch sein muss, zu *meinen Gründen* und werde ich nachträglich gegenüber meinen Vollzügen, die mich zeigen, zum Subjekt. Es zeigt sich hier, dass ein individuelles Leben nicht als eine Folge von Entscheidungen und Verwirklichungen eigener Absichten und Interessen eines „fertigen" Ich verstanden werden kann, wobei sich diese individuellen Entwürfe und Entscheidungen zu einem – im besten Fall kooperativen – Gemeinwesen und dessen

Praktiken addieren würden.[170] Die Vorgängigkeit der intersubjektiven Perspektive zeigt sich in Negativitätsanalysen zur praktischen Urteilskraft als Sprachlichkeit und damit Grundlosigkeit unserer Orientierungen. Mit Kant gesprochen zeigt sie sich als Selbstverständlichkeit und Wirklichkeit des moralischen Gesetzes für uns: Ich muss von der Form der Selbsttranszendenz unserer geteilten Sinngestalten und auch meiner Subjektivität in dieser geteilten Welt nachträglich und *scheinhaft* absehen, wenn ich die Intersubjektivität einer gemeinsamen Welt als Voraussetzung und orientierende Idee zugunsten eines partikularen und egoistischen Interesses verleugne: Kant spricht davon, dass ich mich zur Ausnahme mache – dass ich mir selbst aus Eigeninteresse den Status einer Ausnahme vom moralischen Gesetz, dessen Geltung ich aber doch anerkennen muss, zuschreibe. Mit diesem bestimmenden Urteil habe ich aber den Status des moralischen Gesetzes als Hindeutung auf die Leerstelle der Urteilskraft notwendig verfehlt.[171]

2.2.1. Die Negativität der Sprache und das Vokabular der Werte

Praktisches Urteilen ist ebenso wie jedes Sprechen ein Sprung und unarantierter Neubeginn angesichts der Grundlosigkeit unserer Orientierungen. Ihm entspricht in seiner Unverfügbarkeit die Vorgängigkeit der Intersubjektivität einer gemeinsamen Lebenswelt. Dass wir in Normalfällen *keine* isolierte besondere Absicht voraussetzen, zeigt dass „das Geistige" unserer Praxis nicht vorausgeht oder transzendent ist, sondern nur als in ihr gelebt Wirklichkeit hat. Der Bruch oder die Irritation unseres Verstehens, wenn wir es mit Fällen des Misslingens zu tun haben, verweist auf die Zweistufigkeit gewöhnlicher Handlungserklärungen, die als Gründe *und* als Erklärungen fungieren: Sie sind sowohl schon als subjektive Motive bereits Ergebnis eines impliziten Aneignungs- und Anerkennungsprozesses, mit dem sie als Dispositionen allgemein werden. Werden sie in einer expliziten Beurteilung und Bewertung durch das Subjekt für gut befunden, das heißt zu allgemeinen Gründen, bleibt dieser Beurteilungsprozess doch an das Individuum und seinen Beurteilungs- bzw. Erfahrungsstandpunkt gebunden. Wir *erfahren*, was uns unhintergehbar für unsere Identität erscheint, nachträglich und negativ

---

170 Vgl.: „Unseren Handlungen liegen [...] meistens keine bewußten Entscheidungen zugrunde; vielmehr geben wir uns große Mühe, Entscheidungen, wo immer möglich, aus dem Weg zu gehen. Gewohnheit macht den Großteil unserer Handlungen aus, und die Straße überqueren wir meist, ohne zuvor eine Entscheidung getroffen zu haben. Entscheidungen sind in der Regel nur dann erforderlich, wenn gewohnte Handlungsabläufe zusammenbrechen oder so viel auf dem Spiel steht, daß es sich lohnt, die Mühen des Denkens auf sich zu nehmen. Entscheidungen sind also nicht die Regel, sondern die Ausnahme." Margalit, Avishai, *Politik der Würde. Über Achtung und Verachtung*, Berlin 1997, S. 132.

171 Wer in Fragen moralischer Grundsätze „auch nur die geringste Ausnahme einräumt", wird „ihre Allgemeinheit vernichten, deretwegen allein sie den Namen der Grundsätze führen." Kant, Immanuel, „Über ein vermeintes Recht aus Menschenliebe zu lügen", in: ders., *Gesammelte Schriften*, Bd. 7, hg. v. der Königlich Preußischen Akademie der Wissenschaften, Berlin 1912, S. 425-430, S. 430.

als von uns bereits anerkannt; wir akzeptieren unsere tiefsten Gründe nicht in einem idealerweise unparteilichen Abwägen von Argumenten. Kant spricht nicht umsonst vom *Gefühl* der Achtung. Gewöhnlich bejahen wir mit unserer Handlung sowohl das Paradigma unserer Einbildungskraft als auch unseren urteilenden Vollzug selbst, also seine Aktualisierung für diesen Fall. Diese doppelte Bejahung zeigt sich nachträglich negativ, wenn wir Bedauern angesichts des Misslingens und Scheiterns partikularer Absichten empfinden, aber auch als Irritation oder Gewissensbiss, wenn unsere – egoistische – Handlungsweise ihrer Allgemeinheit oder Selbsttranszendez als Vollzugsform widerstreitet. Dieses Bedauern und das Zögern verweisen als „Achtungszeichen" negativ auf nichts zurück als meine selbstverständliche Bejahung meiner Handlung *und* meiner Handlungs- und Urteilsweisen, einfach indem ich sie unternehme – das heißt: dass ich mit meinem Vollziehen als Verwirklichung meiner Handlungsweisen und Urteilsweisen die Welt, die ich mit dessen „Gesetzen" konstruiere und der ich Wirklichkeit gebe, als die meine anerkenne. Was auch Davidson zeigt, ist die praktische Selbstverständlichkeit dieses Reflexionsakts in unserem Handeln selbst. Wir arbeiten uns nicht rein intellektuell aus bloßen Vorurteilen und überlieferten Haltungen heraus, sondern in unseren praktischen Vollzügen und aus Anlass von deren Scheitern mit unseren expliziten Begründungen und Reflexionen, die selbst als praktisches Vollziehen verstanden werden müssen.

Diese Art der Reflexion erfordert den Einsatz eines Vokabulars der Selbst- und Weltdeutung, das heißt eines Vokabulars der Werte. Und sie erfordert Austin zufolge die Arbeit an dessen Verfeinerung und weiterer Entfaltung. Der Prozess des Erläuterns ist ein Neubegreifen nicht nur der Situation und meiner Möglichkeiten erfolgreichen (künftigen) Handelns, sondern der eigenen Identität. Diese Reflexion erfordert, anders als die bloße Korrektur ungünstiger Nebenfolgen, nicht nur den *Einsatz* des eigenen Vokabulars der Selbst- und Weltdeutung, sondern dessen Erweiterung und Entfaltung. Meine Sprache wird mit meiner Erläuterung des Misslingens um eine Möglichkeit und um eine Unterscheidung (dessen, was für mich und uns in Situationen wie diesen relevant ist) reicher, die sie gleichzeitig als relevanten Aspekt erinnert. So steht die Erläuterung in der Spannung zwischen dem Auffinden des Tatsächlichen und dem Einbilden des Möglichen. Sie ist keine „Interpretation" in einem ausgezeichneten Sinne, also in der Unterscheidung von einem selbstverständlichen, „blinden" Verstehen. „Interpretation" ist hier als Reflexionsbegriff verwendet.

Nach einem Misslingen nötigt sich mir *eine neue Sicht* auf meine Handlung in unserer gewöhnlichen Welt auf, indem ich die Sichtweise dieses Anderen auf mein Tun respektiere und einbeziehe. Das kann ich, weil meine Sprache und mein Horizont in deren Sinnoffenheit in gewöhnlichen Situationen neue und je konkrete Sichtweisen ermöglichen und das auch angesichts des Bruchs des Verstehens im Verfehlen möglich ist. So kann ich das unvorhergesehene Geschehen als tatsächliche Wirkung meines Tuns trotzdem von meiner „Handlung" abgrenzen. Der neue Aspekt und die neue Beschreibung nötigen sich mir erst angesichts problematischer Handlungsfolgen auf, aber ihre Möglichkeit ist in der Art und

Weise, wie wir uns – unthematisch, vorintentional und „schweigend" – orientieren, bereits enthalten. Insofern zeigen die sprachlichen Mittel der Selbsterläuterung im Nachhinein die Gleichursprünglichkeit und Irreduzibilität von Tatsachenwelt und intersubjektiver Welt an. Gedeutete Faktizität wird mit ihrer Thematisierung zum weiteren praktischen Wissen integrierbar, weil Sprache nicht von vornherein Beschreibungsmöglichkeiten für alle Situationen bereit hält, aber sinnoffen ist, so dass neue Beschreibungen generiert werden können, wenn die unthematische, selbstverständliche Orientierung in der Situation versagt: „However well-equipped our language, it can never be *forearmed* against all possible cases that may arise and call for description: fact is richer than diction."[172]

Wie die Entschuldigung antwortet jede Selbsterläuterung auf eine Erfahrung der Irritation und Störung. Sie bleibt auf die Handlungs- und Urteilsweisen der alltäglichen Lebenswelt angewiesen, die sie nicht nur artikulieren kann, sondern aktualisieren muss. Entsprechend artikuliert sie zunächst *nur* den Verzicht auf terminierende Bestimmung. Sie artikuliert nicht die selbstgewisse Intention eines Subjekts, sondern ihr Anlass ist die Erfahrung des Bedauerns angesichts des Scheiterns meiner Willensentscheidungen und Sichtweisen. Nicht ihr Inhalt, Zweck oder Absicht des Sprechers machen ihren entscheidenden Punkt aus: Sondern ihr Ton, der über diese Gehalts- und Absichtsebene hinaus den Bedarf der Erläuterung und meine *Offenheit* für die Erläuterung und Antwort anzeigt. Die Klärung ist „nur" auf diesen Ton verwiesen: Sie muss ihn interpretieren, als Ausdruck einer Anerkennung unserer Übereinstimmung in ihrer Grundlosigkeit.

Die *Leistung* der Erläuterung und ihrer neuen Sichtweise ist so gleichermaßen *passive Erfahrung* von Negativität, weil sich ein vorintentional mitvollzogener Sinnhorizont hier im Versagen der Sichtweise anzeigt, mit der ich die Handlung begonnen habe. Hier zeigt sich auch, dass sich dieser Verstehens- und Handlungshorizont als geteilter bildet und entwickelt – er ist nicht einfach vorausgesetzt und vorgängig, sondern muss prozessual verstanden werden. Es zeigt sich aber auch, dass meine Angewiesenheit auf Sprache wie auf Faktizität und Leiblichkeit nicht aufgeht in dem Konzept eines Raums der wohlformulierten und holistisch schlüssigen Gründe. Vielmehr begrenzen *und* entgrenzen grundlegende Erfahrungen und Verständnisse von Tod, Leiden, Scheitern in ihrer Entzogenheit für das Begreifen eine ganze Orientierung, *in der* wir einzelne Werte auch explizieren können. So sehe ich das unüberschreitbar Faktische als *Markierung oder Anzeige* der Grenze der Souveränität meines endlichen Vollziehens, die sich so in ihrer Endlichkeit und Negativität anzeigt.

Das Scheitern macht die Überbrückungsleistung des unthematischen Verstehens in dieser Situation explizit, weil es den Akteur aus seinem selbstverständlichen Vollziehen heraussetzt. Die Entschuldigung zeigt das als produktive Überbrückung der *Differenz* zu meiner Deutung vor der Handlung. Angesichts des Scheiterns kann ich meine Unterscheidungen und Wertschätzungen neu zu den meinen machen. Als Selbst, verantwortlich für die eigenen Wertungen und

172 Austin, „A Plea for Excuses", S. 195 (Hervorh. C.D.).

Handlungen, trete ich erst hier, indem ich mir problematisch werde, für mich in Erscheinung. Meine Aufgabe ist dann aber nicht nur eine kritisch-distanzierte Prüfung, sondern die Wiederholung einer Anerkennung des endlichen eigenen Lebens in einer gemeinsamen Welt. Die Selbsterläuterung bedarf des „Umwegs" über das Misslingen meiner Entäußerung in der Welt. Subjektivität, so zeigt sich hier, muss als prozessuales und wesentlich diskontinuierliches Konzept verstanden werden, will man individuelle Freiheit und die Möglichkeit von Emanzipation hier angemessen verstehen. Brüche und Misslingen sind keine äußerlichen, sondern konstitutive Elemente jedes Selbst. Jedes Ich bedarf seiner Verwirklichung im Handeln in einer Welt mit Anderen, in dem ich erst über Brüche und Verfehlen zu mir selbst werden kann.

Nicht das *was*, sondern das *wie*, die Art und Weise des Vollzugs, oder auch der Mit-Vollzug einer sinnermöglichenden Haltung oder Einstellung, macht mein gutes, gewöhnliches Vollziehen aus: ich bin hier in einem ungesicherten Modus der Aufmerksamkeit und Sorge im eigenen Leben an dessen Gestaltung tätig. Austin spricht vom Anspruch auf „due care and attention",[173] auf angemessene Sorge und Aufmerksamkeit, den man an die Grundhaltung meiner Vollzüge stellen kann. Das ist eine Formulierung, die auf einen Modus verweist, nicht auf einen garantierten Inhalt oder ein Ergebnis. Was *hier* „due", *angemessen* ist, legt keine allgemeine Metaregel fest, sondern wird in *dieser* Situation in eben der Übung von Aufmerksamkeit und Sorge der praktischen Urteilskraft sowohl praktisch bestimmt wie auch verwirklicht.[174] Das ist aber keine Willensleistung oder Entscheidung, sondern ich kenne mich in Situationen gewöhnlich aus – nicht umsonst bestimmt Wittgenstein die Vergegenwärtigungsleistung der Philosophie wesentlich über den Bruch dieser vorintentionalen Selbstverständlichkeit, die Erfahrung, dass ich mich *nicht* auskenne (vgl. PU, §123). Nur die undeterminierte Offenheit der Urteilskraft in ihrer Rezeptivität gegenüber *dieser* Situation kann unthematisch wirken, um die hier angemessene Vorsicht und Umsicht walten zu lassen. In dieser Negativität verschränken sich Tatsachenwelt, intersubjektive Welt und Sprache gleichursprünglich und sind irreduzibel aufeinander. Die Rede von unserem Handeln in einem „Raum der Gründe" tendiert demgegenüber zum Intellektualismus: Keine noch so gründliche Überlegung von Gründen enthebt mich der Ungesichertheit, Leiblichkeit und Faktizität meiner Vollzüge, noch der Möglichkeit, mich dem Anderen erläutern zu müssen. Diese

173 Vgl. Austin, „A Plea for Excuses", S. 194f. Nicht zufällig drängt sich hier der Bezug auf Heideggers Begriff der Sorge als ein Sich zu sich Verhalten in der Endlichkeit und Zeitlichkeit auf. Vgl. Heidegger, *Sein und Zeit.*

174 Vgl. Austin: „The extent of the supervision we exercise over the execution of any act can never be quite unlimited, and usually is expected to fall within fairly definite limits (‚due care and attention') in the case of acts of some general kind, though of course we set very different limits in different cases. We may plead that we trod on the snail inadvertently: but not on a baby – you ought to look where you are putting your great feet. Of course it *was* (*really*), if you like, inadvertence: that word constitutes a plea, which is not going to be allowed, because of standards. And if you try it on, you will be subscribing to such dreadful standards that your last state will be worse than your first." Austin, „A Plea for Excuses", S. 194f.

Negativität *entspricht* der Negativität der gewöhnlichen Sprache. Sprache ist nicht das unzulängliche Instrument ihrer intellektuellen Beherrschung.

Ich habe den Kaffee verschüttet: „Mir ist die Tasse entglitten", ist eine offensichtliche Beschreibung des Geschehenen, die ich, als unverwechselbare Einzelne, entschuldigend an den Gastgeber adressiere. Gewöhnlich wird damit der Fall erledigt sein. Ein Freund ist verletzt, weil ich ihn, da mir andere Dinge dringender erschienen, in einer ihm wichtigen Angelegenheit nicht unterstützt habe. Hier wird die Klärung der Situation und unserer Erwartungen komplizierter ausfallen. Die Art und Weise, wie wir beide mit seiner Erfahrung der Enttäuschung umgehen, wird unsere künftige Beziehung mit bestimmen. In beiden Fällen artikuliert sich aber mein Bedauern und die Anerkennung der Ansprüche des Anderen wiederum nur in einem bestimmten *Modus des Vollzugs* – diesmal des Vollzugs der Klärung. Der – wiederum selbst unthematische – Ton des Bedauerns und die persönliche und sensible Art der Selbsterläuterung gegenüber meinem Anderen zeigen meine Freiheit an. Das erfordert eine Selbsterläuterung, die in entscheidender Weise selbst *kein Handeln* ist, sondern als bloße Anerkennung von Unverfügbarkeit zur Möglichkeit des gewöhnlichen Handelns, in der empirische und ermöglichende Dimension *im Verhalten* koinzidieren, nur *zurückführt*. „Freiheit" oder „Freiwilligkeit" ist hier kein Prädikat, das wir unseren Handlungen ebenso vorgängig zuschreiben würden, wie wir es in defizitären Fällen aberkennen könnten.[175] Es ist ein Reflexionsbegriff, unter dem wir Handlungen überhaupt beschreiben.

Austin kritisiert mit seiner Formulierung unserer Handlungsverantwortung als Anspruch auf „angemessene Sorgfalt und Aufmerksamkeit" ein Fehlverständnis des situativ erschlossenen Sollens als eine moralische Forderung im dichotomischen Gegensatz zur empirischen Welt der Tatsachen. Diese strikte Trennung liest Praxis und individuelle Freiheit quasi-juridisch, als wäre das faktische Verfehlen der gegebenen Regel – dem Sollen – zu folgen, mit einer Sanktionsdrohung belegt. Entschuldigungen als Selbsterläuterungen würden damit überflüssig: Ich bestimme *mich* aber im Nachhinein angesichts des faktisch Misslungenen über den „Umweg" *meiner Welt*, die umfassendere Beschreibung des Geschehenen, indem ich es als etwas auffasse, was ich, als die, die ich bin, in dieser Welt nicht tun wollen kann. Und doch muss ich das Geschehene als faktisch von mir bewirkt anerkennen. Ihm bin ich als meiner Entäußerung ausgesetzt, weil ich keinen Spielraum habe, das faktisch Bewirkte zurückzunehmen. Das zufällige Scheitern erweist sich so als ein Ausdruck dessen, „daß wir für unsere Handlungen verantwortlich sind (auch für diejenigen, worin wir ‚vom Fluß der Naturnotwendigkeiten fortgerissen worden sind'), daß in solchen Fällen keine Ausrede und keine Berufung auf die Notwendigkeit möglich ist, kurz, daß wir stets und

175 Vgl. dazu Austins Bemerkung, dass wir mit dem Begriff „frei" eine Dimension, in der Handlungen überhaupt beurteilbar warden, anzeigen: „Like ‚real', ‚free' is only used to rule out the suggestion of some or all of its recognized antitheses. As ‚truth' is not a name of a characteristic of assertions, so ‚freedom' is not a name for a characteristic of actions, but the name of a dimension in which actions are assessed." Austin, „A Plea for Excuses", S. 180.

ständig als freie Akteure handeln."[176] Diese Beschreibung von Alenka Zupančič mag es allerdings so erscheinen lassen, als wäre die Bürde handeln zu müssen, tatsächlich unerträglich. Aber wir müssen nicht nur, sondern können eben auch das „Was" der Handlung selbst zusammen mit unserer Verantwortung immer erst im moralischen Dialog klären und beschreiben und im Nachhinein wiedergutmachen. Es ist in dieser Ungleichzeitigkeit nie fixiert und gegenständlich bestimmt, sondern bleibt sinnoffen, anschlussfähig und neu interpretierbar. In dieser Negativität liegt unsere Freiheit, wieder neu anfangen zu können.

Damit ist nicht statt regelunterworfenen isolierten Einzelhandlungen die Existenz eines anderen „type of thing we do – the ordinary or unremarkable thing" behauptet. Man könnte vermuten, dass unsere Insistenz auf der Dichotomie von freiwillig-unfreiwillig und auf der von gerechtfertigt-nichtgerechtfertigt uns diese „Kategorie" übersehen lässt.[177] Aber es gibt hier gar keine Kategorie: Das Kriterium der Angemessenheit ist negativ und unbestimmt, insofern es nur auf eine Vollzugsweise hindeutet. Denn keine positive Regel oder propositionale Einstellung determiniert, oder könnte auch nur auf die Vielfalt unserer Situationen und Situationsverständnisse bezogen eindeutig bestimmen, was ich *hier* tun sollte. Dieser Vollzug ist als gewöhnliches Beispiel, als selbstverständliche Verwirklichung und Neuschöpfung des Angemessenen akzeptiert – indem er stillschweigend als mein Vollzug gesehen wird, ist die allgemeine, oder besser: die Freiheits-Perspektive bereits enthalten. Dieser negative Aufweis zeigt, dass wir es hier nicht mit einer von anderen Handlungstypen unterscheidbaren Subkategorie zu tun haben, sondern mit einer Bedingung des Handelns, die wir als konstitutiv verstehen müssen.

Diese Freiheit liegt in der Grundlosigkeit. *Selbst* ein Leben zu führen ist damit nichts als eine Sache der *eigenen* offenen und selbst-distanzierenden Aufmerksamkeit auf ein Anderes, Unverwirklichtes oder Unverstandenes des eigenen Lebens. Mein Leben mit Anderen bedarf meiner Imaginationskraft, das heißt des moralischen Sehens dieser Situation und der Aufmerksamkeit auf die Reaktion auf die Wirkungen meines Tuns und Urteilens. Das ist eine epistemische Herausforderung, gerade insofern es eine moralische ist.[178] Dass die Entschuldigung mein Bedauern artikuliert, ist als Analogie instruktiv: Analog zur Entschuldigung angesichts des Misslingens meiner Handlung kann meine noch unintegrierte „Erfahrung" der Störung meines Selbstverständnisses Anlass zur Selbsterläuterung

176 Zupančič, Alenka, *Die Ethik des Realen. Kant, Lacan*, Wien 1995, S. 33.

177 Vgl. Gould, Timothy, „The Names of Action", in: *Stanley Cavell*, hg. v. Richard Eldridge, Richard, Cambridge 2003, S. 48-78, S. 73.

178 Iris Murdoch reklamiert in vergleichbarer Weise die Rolle der „Vision" für das moralische Denken: „[C]lrear vision is a result of moral imagination and moral effort. There is also of course ‚distorted vision' and the word ‚reality' here inevitably appears as a normative word. […] Goodness is connected with knowledge: not with impersonal, quasi-scientific knowledge of the ordinary world, whatever that may be, but with a refined and honest perception of what is really the case, a patient and just exploration and discernment of what confronts one, which is the result not simply of opening one's eyes but of a certain perfectly familiar moral discipline." Vgl. Murdoch, „Idea of Perfection", S. 36f.

im Blick auf mein ganzes Leben sein. Die Anerkennung dieser Endlichkeit zu leisten und zu artikulieren ist auch die Rolle der Philosophie. Ihre Form ist daher keine neutrale Erläuterung aus einer Perspektive der dritten Person, sondern nachträgliche eine Auslegung unserer tiefsten Vorstellungen, Verwirklichungen, Gestalten eines Lebens, von dem wir hoffen, dass es ein gutes gewesen sein wird.

Gerade weil unsere Sicht- und Seinsweisen als ganze nie affektiv neutral sind, kann und muss die Konfrontation mit Situationen auch eine Irritation oder Selbstinfragestellung auslösen können. Diese Distanzierung ist im Grenzfall eine Wende ums Ganze, eine Distanzierung vom ganzen gewordenen Ich. Hier erfährt sich der Einzelne in der unhintergehbaren Grundlosigkeit von Sprachwesen und ihren Orientierungen und erkennt sie an. Es zeigt sich hier, dass wir sprechen und handeln, ohne in allgemeiner Weise garantieren zu müssen oder zu können, dass was wir tun, nicht misslingt, dass was wir sagen, nicht missverstanden wird oder sein Redeziel verfehlt, und dass wir uns nicht in fixierten Kategorien der Selbst- und Weltdeutung über die Endlichkeit unserer Existenz und Möglichkeiten selbst täuschen. Wir haben für diese Grenzreflexion auf verschiedenen Ebenen nie ein eigenes, von der Sprache des Faktischen abgegrenztes und unmissverständliches Vokabular zur Verfügung.

Die Konzentration auf das handelnde Individuum und seine Intention in der Handlungstheorie verstellt ebenso wie die isolierte Betrachtung des Verstehens orientiert an Wahrheit und Rationalität ein angemessenes Verständnis von Autonomie *als* Negativität, als Leerstelle der Inkommensurabilität und Einzigartigkeit des Einzelnen in seiner Intransparenz für sich und den Anderen, seiner Fragilität und Bedürftigkeit. Gerade diese Privilegierung kann aber unsere Aufmerksamkeit auf ein scheinbares Randgebiet einer philosophischen Rekonstruktion des Handlungsbegriffs lenken: auf *Fälle des Scheiterns* und *Reaktionen* auf den Anderen oder das Andere, im Sinne des Fremden und Irritierenden.[179] Deren Vielfalt kann uns den Blick neu eröffnen auf den Reichtum unseres (moralischen) Lebens. Meine Reaktionen auf den Anderen oder das Andere sind so vielfältig wie gewöhnlich, und allerdings nicht im engen Sinne moralisch, weil sie sich meinem Weltbild und Selbstverständnis als ganze verdanken.

Das Paradigma der Selbstreflexion ist hier also nicht die souveräne, isolierte Introspektion. Die Reflexion erfolgt diskursiv und nachträglich, und zwar gegenüber einem Du – dem betroffenen Anderen, grundlegender aber noch als Zwiegespräch mit sich selbst, das Alterität nicht zum Gegenstand hat, sondern als Un-Grund der eigenen Tätigkeit der Urteilskraft realisiert. Es ist die Artikulation der eigenen unthematischen Sinngestalten und Vorstellungen der Einbildungskraft. Die Störung als Anlass dieser Selbstreflexion ist nicht affektiv neutral. Sie wird begleitet von einer Erfahrung z. B. des Bedauerns, das kein Gefühl schlicht sub-

---

179 Bernard Williams verweist auf die Rolle solcher Erfahrungen unserer Werte und Orientierungen in ihrer Vielfalt, „‚nonmoral' reactions such as dislike, or resentment, or contempt, or such minor revelations of the ethical life as the sense that someone is creepy". Williams, *Ethics and the Limits of Philosophy*, S. 37f.

jektiv-willkürlichen Reagierens ist. Es ist gerade insofern persönlich, weil es mich als Handelnden betrifft, aber mich gerade so von meinem selbstverständlichen Handlungs-Ich und dessen Absicht im besonderen Kontext distanziert und auf geteilte Verständnisse und meinen Lebensentwurf als ganzen zurückverweist. Es zeigt, dass meine Bekümmerung in dieser konkreten Situation auch Sorge um mein ganzes Leben in einer gemeinsamen Welt ist. Es erweist mich als Akteur mit anderen Akteuren, mit denen ich in einer gemeinsamen Welt handle und mich nur verstehen kann. Es zeigt sowohl mein Betroffensein vom von mir selbst faktisch Bewirkten an als auch das Scheitern der Geschichte, in der ich diese Situation verstanden habe.[180]

Ohne diesen Anlass der Störung stellt sich weder die Frage nach dem Gelingen der Handlung noch nach der Absicht des Vollziehenden explizit – und das gilt für unsere gewöhnlichsten Vollzüge in Situationszusammenhängen. So verstanden wird deutlicher, dass wir hier zur Selbstreflexion genötigt werden, indem sich unsere Grundlosigkeit anzeigt. Das negative Moment dieser „Nötigung" zur Artikulation der eigenen Werte und Orientierungen ist in Analogie zu Gefühl bzw. Erfahrung deutlich besser beschrieben als mit Verweis auf Gründe oder Rechtfertigungen. Denn auch unseren akzeptierten Artikulationen von Werten oder Gründen entsprechen immer Erfahrungen, für die diese Artikulationen einerseits konstitutiv sind, die aber andererseits als Prüfsteine unserer Reflexionen unhintergehbar sind. Unsere Freiheit geht anders gesagt nie in Gründen auf. Diese Negativität muss als eine hermeneutische Herausforderung für jede Handlungsbeschreibung verstanden werden, weil wir in ihr auch *mit* uns selbst und unsere Welt- und Selbstverständnisse deuten müssen. Mit solcher indirekten, näherungsweisen Selbstdeutung werden wir der Erfahrung unserer Freiheit in ihrer Entzogenheit gerecht, die unsere scheinbare Souveränität des Handelns und auch die des Begründens und Rechtfertigens unterbricht.

Cavell erläutert Kants Interpretation des kategorischen Imperativs als bezogen auf die Maxime der Handlung, und so, sozusagen indirekt, auf diese Handlung selbst, in diesem Sinne als Einsicht in das doppelte hermeneutische Problem des Handelns:

> [I]t is not obvious how to decide what the principle is on which I am acting at a given time. For me a permanent contribution in Kant's theory is the very idea that my actions

---

180 Williams verweist auf eine Engführung des Begriffs des Moralischen, die das Bedauern über das selbst Verursachte als irrelevant ausschließt. Das entspricht der Engführung eines pragmatischen Handlungsbegriffs, der hier diskutiert wird. Beide Positionen gehen von rationalistischen Grundannahmen aus: „To say that your feelings about something done involuntarily, or as the lesser of two evils, are to be understood as regret, a nonmoral feeling, implies that you should feel toward those actions as you feel toward things that merely happen, or toward the actions of others. The thought *I did it* has no special significance; what is significant is whether I voluntarily did what I ought to have done. This turns our attention away from an important dimension of ethical experience, which lies in the distinction simply between what one has done and what one has not done. That can be as important as the distinction between the voluntary and the non-voluntary." Williams, Bernard, *Ethics and the Limits of Philosophy*, Cambridge, MA 1985, S. 177.

> bespeak themselves, that they are interpretable, as my words are, that they are expressive. [...] That speaking is a mode of acting [...] is no more or less true than that human action is a mode of speaking (intentional, purposive, deliberate; confirmed in the ways is can be blind, aimless, heedless, thoughtless). (CW, S. 251f.)

Wir sind unserer Faktizität in Sinnbedingungen ausgesetzt, die wir nicht in Regeln noch Geschichten integrieren können: Aspekten der Leiblichkeit wie Geburt, Tod, schwere Krankheit, mit denen wir nur angemessen umgehen können, wenn wir sie als jedem identifizierenden Verstehen von Tatsachen in Begriffen vorausgehend begreifen und sie auch als Grenzen unserer praktischen Gestaltungs- und Gelingensbemühungen akzeptieren. Diese Faktizität oder Negativität trifft aber auch den scheinbar souveränen „Geist" menschlicher Wesen. Wir verstehen uns nur sprachlich in unseren Lebensformen. Mein Vertrauen, die gelebte Anerkennung dieser Grundlosigkeit ist die Einstellung, in der ich mich verwirkliche und verendliche, und die Perspektive und Fragilität Anderer dabei stillschweigend achte. Sie zeigt sich ebenso im Anfangenkönnen voller Zutrauen wie als Bereitschaft zur Korrektur und Wiedergutmachung, sollte diese nötig werden. Das gilt aber auch noch für die Tätigkeit unserer Selbstreflexion: Auch hier sind wir der Negativität unserer menschlichen Seinsweise ausgesetzt, in der Entzogenheit und Unverfügbarkeit von Sprache.

Heißt das, dass ich gar nicht mit Verzeihung rechnen kann? Es heißt nur, dass meine Erläuterung keine Rechtfertigung sein kann. Sie bestimmt die Handlung nicht, sondern erläutert in eins die Handlung *und* ihren Beurteilungs- und Bewertungsmaßstab: Das drückt Kants Interesse an der Maxime der Handlung aus. Deshalb muss ich die Verzeihung dem Anderen überlassen. Ich kann aber *hoffen*, durch den Anspruch, dass ich „dies" *nicht im vollen Sinne getan* habe, Verzeihung zu erlangen. Verstehe ich das als berechtigten Anspruch auf Vergebung, der vom anderen eingelöst werden *muss*, verdankt sich das aber einem objektivistischen Begriff von Handlung als wohldefiniert von Regelgrenzen als klare normative Rekursinstanz. Formen garantierter „Amnestie" unter bestimmten Umständen gibt es – grundlegend ist diese Form für den Bereich der Rechtssprechung –, aber verstanden als Charakterisierung der Grundsituation der Endlichkeit in unserer Welt verstellt dieses Modell unser gelingendes Leben. Wir sind in unseren Vollzügen in ganzen Situationen als individuierenden und materialen Gestaltungen unseres Lebens und unserer gemeinsamen Welt frei und dem Scheitern ausgesetzt – gerade insofern keine Regeln unsere Handlungsmöglichkeiten begrenzen. Dieser Endlichkeit muss die persönliche Erläuterung anerkennend gerecht werden, nicht sie vermeiden. Die Hoffnungsperspektive ist auch leitend für gelingendes Leben, gerade insofern sie nicht garantiert und eingefordert werden kann.

Grenzsituationen des Misslingens und der grundlegenden Selbst- und Weltverkennung zeigen also die Bedingungen gelingenden, das heißt vernünftigen und freien Lebens und letztlich erlauben sie die Anerkennung von sinnkonstitutiver Negativität: Diese Anerkennungsleistung wird explizit, wenn der Bruch des Verstehens angesichts problematischer Wirkungen eines Handelns zeigt, dass sich der Handelnde grundlegend und radikal nicht versteht, entzogen ist. Was hier deutlich wird, ist, dass die Stellungnahme des Individuums und seine Realisierung der eigenen praktischen Urteilskraft nicht im Verstehen oder gar Billigen seiner Vollzüge aufgeht, und eine offene Problemstelle nicht nur für den Anderen darstellen kann. Sie ist es potentiell immer auch für das Individuum selbst. In gewisser Weise geht es hier um Gründe, aber es ist entscheidend, diese Weise im Blick zu behalten: „Gründe" sind hier keine objektiv gültigen Regeln, sondern zeigen eine Identität an und auf, die sich in keiner Formulierung irgendeines Grundes je erschöpft. Über Intentionen sprechen wir Anscombe zufolge, um Antworten auf „Warum-Fragen" zu geben: „The description of what we are interested in is a type of description that would not exist if our question ‚why' did not."[181] Das heißt, diese Beschreibungen betreffen „accounts rather than desires", wie Osborne erläutert, demzufolge es eine der Funktionen „ethischer Expertise" ist, uns mit den Begriffen auszustatten, in denen wir solche Selbstverständnisse entwickeln und auch diskutieren können, „to provide us with such vocabularies and the scope for their coherence".[182]

Auch wenn mir zweifelhaft scheint, dass Osbornes Begriff „ethischer Expertise" besonders glücklich gewählt ist, geht es hier doch um eine Fähigkeit und eine Tätigkeit der Selbsterläuterung, die höchst gewöhnlich sein sollten – festzuhalten bleibt: Vor dem Hintergrund der propositionalen Einstellungen, Überzeugungen, Absichten und Wünsche, die mich charakterisieren, die ich aber nicht vollständig einsehen kann, ohne diesen Hintergrund verlassen zu können, muss ich mich mir selbst verständlich machen. Ich kann dabei mit einer Mehrdeutigkeit auf der Ebene der Umsetzung der Handlung, einer Situations- und Folgenbeschreibung, konfrontiert sein. Schon die Erklärung und Beschreibung einer Handlung auf der vermeintlich bloß „empirischen" Ebene ist also nicht eindeutig, oder besser, sie kann einer hermeneutischen Auslegung bedürfen. Ich bin außerdem auch mit einer grundlosen Entzogenheit in Bezug auf die Kausalität der Freiheit konfrontiert, die ich wieder nur sprachlich, in einer Analyse meiner Welt- und Selbstverständnisse, aufklären kann.

Dass jedes Selbstverhältnis im Zwischen von empirischer und ermöglichender Ebene, von Tatsache und Norm angesiedelt ist, lässt sich über seine Zeitlichkeit erläutern, die man mit Heidegger „ekstatische" nennen könnte: Mit meiner Entschuldigung gebe ich hier und jetzt ein „Versprechen" – darauf, diesen Fehler künftig nicht mehr zu machen, sie zu einem künftigen Grund für mich zu machen. Was dieses „Versprechen" aber anzeigt, ist keine Verpflichtung auf eine Regel, sondern nichts anderes als unsere selbstverständliche Orientierung am ungesicherten Gelingen in unthematischen Sinngestalten selbst.[183] Insofern zeigt die Klärung und Artikulation sich andererseits als immer nachträglich und verspätet.

---

181 Anscombe, *Intention*, S. 83.

182 Osborne, Thomas, *Aspects of Enlightenment: Social Theory and the Ethics of Truth*, London 1998, S. 95.

183 Vgl. Menke: „Er verspricht, so zu werden, daß seine guten Absichten in Zukunft nicht mehr an seinem Mangel an Umsicht scheitern; er verspricht, einer zu werden, der diesen Fehler nicht

Nicht dass sie als Handlung intendiert und souverän ist, zeichnet eine Handlung also als Beispiel menschlicher Freiheit und Vernunft aus. Sondern ihre Tätigkeits- und Vollzugsaspekte als Instanz praktischen Urteilens in der Responsivität gegenüber einem konkreten Kontext. Diese Situationsgebundenheit kann, legt man den Akzent auf das Moment selbstbestimmter Entscheidung und Verwirklichung, als *Un*-Vermögen erscheinen. Identität ist keine Sache vollständig undeterminierter Selbstbestimmung oder Selbsterfindung.[184] Die Entschuldigung formuliert also keine künftige Regel: Sondern nur indem ich das faktisch Vorliegende hier und jetzt als Teil meiner Lebensgeschichte über meine Intention hinaus begreife, kann ich es abschließen, muss mich das Bewirkte nicht künftig bestimmen, das heißt fixieren. Diese Offenheit gibt es nur, weil ich erst angesichts des Problems, aus meinen Vollzugsweisen und Geschichten herausgesetzt, diese Geschichte explizieren muss. Keine Entschuldigung kann das von mir Bewirkte ungeschehen machen; und ob ihre Kompensation genügt, liegt nicht in meiner Entscheidung.[185] Das zeigt menschliche Endlichkeit als konstitutiv für unser Vermögen zu handeln und uns in unserem Handeln selbst zu verstehen. Konstitutiv ist „the all but unending vulnerability of human action, its openness to the independence of the world and the preoccupation of the mind“ (PP, S. 87).

Cavells Zitat zeigt hier die Notwendigkeit an, noch über Austins Analysen zur Negativität des Handelns, wie sie sich im Entschuldigen zeigt, hinauszugehen. Denn sowohl die Rede von der „geistigen“ Ebene wie auch die von der „Dingwelt“ kann man hier als Chiffren von Negativität *und* von Freiheit verstehen. Austins Bezeichnung der Leerstelle unserer Urteilskraft in Bezug auf Handlungen ist Angemessenheit. Angemessene Aufmerksamkeit und Sorge ist uns als praktische Wahrnehmung unserer Verantwortung im Handeln zuzumuten. Er sieht damit in gewöhnlichen Fällen den Entwurf und die praktische Verwirklichung unserer Sinngestalten hier und jetzt in einem Spannungsfeld von Wahrheits- und Sollensansprüchen, das weder in subjektiver Motivation noch in allgemeinem Grund oder allgemeiner Regel aufgeht. Von „Angemessenheit“ spricht Austin aber nicht zufällig nicht nur in Bezug auf unsere Handlungsfreiheit. Das Kriterium der „Angemessenheit“ von Sprechakten ist auch der Schlüsselbegriff seiner Sprachanalyse in der Kritik von „wahr/falsch-Fetisch“ und Sein/Sollen-Fetisch. Diese Diagnosen dienen seiner Kritik der Privilegierung von konstativen Sätzen in der Sprachphilosophie, gegen die er seine Performativ-Analysen entwickelt.[186] Der Rückgriff auf die Analysen zum Entschuldigen zeigt hier, dass die Kritik noch einen Schritt weiter gehen muss: Entschuldigen ist wie jede andere Form unserer Selbsterläute-

---

mehr macht.“ Menke, Christoph, *Die Gegenwart der Tragödie: Versuch über Urteil und Spiel*, Frankfurt a. M. 2005, S. 90.

184 Vgl. dazu die Studie von Dieter Thomä; ders., *Erzähle dich selbst. Lebensgeschichte als philosophisches Problem*, Frankfurt a. M. 2007.

185 Austin stellt fest: „Few excuses get us out of it completely: the average excuse, in a poor situation, gets us only out of the fire into the frying pan – but still, of course, any frying pan in a fire.“ Austin, „A Plea for Excuses“, S. 177.

186 Vgl. Austin, *How to Do Things with Words*, S. 168.

rung, einschließlich der philosophischen, zwar als Praxis zu verstehen, aber diese Ebene der Reflexion ist mit dem Modell des Sprechakts nicht zu beschreiben: Sowohl die Analogie absichtlichen Handelns als auch die bestimmenden Urteilens greifen hier zu kurz. Die situationssensitive Reflexionstätigkeit vollziehen wir mit unserem Handeln mit, angesichts von Störungen wird sie zu einer kreativen und rezeptiven Arbeit an der eigenen Sprache der Selbsterläuterung.

2.2.2. Praktische Konflikte und praktisches Schließen: Jenseits von Reduktionismus und Moralismus

Wie treffen wir ein vernünftiges Urteil in praktisch-ethischen Fragen? Fälle, in denen uns das praktische Urteilen vor Konflikte zwischen unvereinbaren Ansprüchen an unser Handeln stellt, die wir doch je als geltend für uns akzeptieren, sind Grenzfälle des praktischen Urteilens. Als Grenzfälle werden sie oft aus der Reflexion darüber, wie wir praktisch urteilen und handeln, ausgeschlossen. Sie können vernachlässigbar scheinen, weil sie Ausnahmen sind. Sie können aber auch zum blinden Fleck der Theoriebildung werden, die so ein Selbst- und Rationalitätsverständnis der Transparenz und Objektivität im Sinne von Neutralität retten will. Gerade als Grenzfälle werden sie so aber verdeckt zum Modell für jedes praktische Urteil und beweisen scheinbar dessen Unvernunft. Sie sind deshalb ein guter Ausgangspunkt, um diese Frage in den Blick zu nehmen, weil ihre Analyse die Pluralität von Gründen und damit auch die Notwendigkeit von verschiedenen Modellen für unsere philosophische Konzeption des praktischen Urteils aufweist. Der Modus der sensitiver Artikulation dieser Analyse in der Kritik von enggeführten Verständnissen von Rationalität weist auch auf die Art und Weise des Lebens gelingender Praxis zurück.

Wie Charles Taylor zeigt, greift der Rekurs auf das Modell von konkurrierenden Wünschen für praktisches Urteilen in Konfliktfällen zu kurz. Im Fall einer Wunschkonkurrenz bin ich nicht mit meiner Identität in den Urteilsprozess involviert. Wenn ich nicht sowohl Eiscreme als auch Torte essen kann, wäge ich ab, welcher Wunsch stärker ist und distanziere mich von der Kraft des schwächeren. Ich konzentriere mich, so Taylor, „auf das Gefühl für die Alternativen“. Die Reflexion muss im Wunschkonflikt also nur die beste Option unter gegebenen Möglichkeiten ermitteln. Hier sind

> die Erfahrungen des bloß abwägenden Subjekts bezüglich des Vorrangs von A gegenüber B nicht artikulierbar. Die Rolle des Nachdenkens besteht nicht darin, diese zu artikulieren, sondern eher darin, einen Schritt aus der unmittelbaren Situation heraus zu treten, die Konsequenzen zu kalkulieren, die unmittelbare Kraft eines Wunsches zu kompensieren, dessen Verwirklichung nicht die günstigste Wahl bedeuten würde [...], es besteht im Überwinden des Zögerns durch eine Konzentration auf das nicht-artikulierte „Gefühl“ für die Alternativen (habe ich wirklich Lust auf ein Eclair oder einen Blätterteig?).[187]

187 Taylor, „Was ist menschliches Handeln?“, S. 22.

Bei einer solchen Wahl zwischen angenehmen Alternativen ist die Identität des Betroffenen nicht in einem starken Sinne in seine Entscheidung involviert, sowenig wie in Widersprüchen zwischen Tatsachenbehauptungen, wo das – zumindest der Standardvorstellung nach – ebenfalls nicht der Fall ist. Es liegt deshalb scheinbar nahe, den Wunschkonflikt erstens analog zum Widerspruch zwischen Tatsachensätzen zu verstehen; und ihn zweitens im selben Schritt als paradigmatischen Fall aller praktischen Konflikte zu verstehen.

Den epistemischen Konflikt löst die Artikulation der Beurteilung aller Aspekte und ihrer Gründe auf, ohne dass diese Artikulation aber als persönliche Stellungnahme selbst essentiell wäre – sie zeigt höchstens seine nur *vorläufige* Unentscheidbarkeit aufgrund eines Mangels an Information oder fehlerhafter Information auf. Ein Widerspruch zwischen Tatsachenbehauptungen muss sich auflösen lassen, weil notwendig eine von beiden falsch ist.[188] Schon hier wird der Status der vertretenen Ausschließlichkeit problematisch, sobald wir die Paradigmen reflektieren, in denen wir Wissensbehauptungen machen, die aber selbst nicht durch einen Schluss aus allen Gründen als zwingend erscheinen. Praktische Konflikte unter dem Modell der Art zu verstehen, wie wir mit widersprüchlichen Überzeugungen umgehen, die wahrheitsbezogen sind, lässt uns vermuten, spätestens dann, wenn wir alle jeweiligen Gründe für beide Handlungsoptionen kennen würden, müsste diese Kenntnis in unserer einen – objektiven – Welt eine eindeutige Entscheidung für die bessere und richtigere Option und deren Realisierung ohne Rest zulassen. Die *Bildung und Artikulation* von Situationsbeurteilungen ist nach diesem Modell nicht relevant: Der Entscheidungsprozess hat kein produktiv-kreatives Moment. Es geht lediglich darum, die relevanten Tatsachen und Normen im nötigen Maß in die Überlegung einzubeziehen.[189] Für den Wunschkonflikt ist das angemessen beschrieben: Es gibt hier keine Notwendigkeit für einen kreativen Prozesses der Artikulation von Wünschen oder Gefühlen. Vielleicht kann ich im Moment nicht sowohl Eclair als auch Blätterteig essen – weil ich nicht genug Geld dabei habe, um beides zu kaufen, oder die Auswirkungen auf mein Gewicht fürchte. Ich distanziere mich hier einerseits von meinen Wünschen, indem ich die *Konsequenzen* kalkuliere und konzentriere mich ande-

---

188 Vgl. zu dieser Problematik: Williams, Bernard, „Widerspruchsfreiheit in der Ethik", in: ders., *Probleme des Selbst. Philosophische Aufsätze 1956-1972*, Stuttgart 1978, S. 263-296.

189 Unsere Werte und ihre Artikulationen sind nicht notwendig in einer, wahrheitsbezogenen, Betrachtungsweise kommensurabel, sondern sie sind plural, potentiell widerstreitend, und haben konstitutiv Vollzugscharakter. Deshalb ist die konstruktive Tätigkeit der Urteilskraft für praktische Konflikte irreduzibel. Vgl. dazu Menke: „Die […] verschiedenen Gesichtspunkte der theoretischen Welt sind […] auf einen gemeinsamen Gegenstand zentriert: die objektive Welt. Für die praktische Welt dagegen gibt es nichts dergleichen, was ihre verschiedenen Gesichtspunkte von vornherein zentriert. Es macht vielmehr die Heterogenität der Welt praktischer Gründe aus, daß ihnen die sichernde Garantie, ja, auch schon die leitende Idee eines ihre verschiedenen Aspekte bündelnden Gegenstandes fehlt." Menke, Christoph, „Die Vernunft im Widerstreit. Über den richtigen Umgang mit praktischen Konflikten", in: *Zur Verteidigung der Vernunft gegen ihre Liebhaber und Verächter*, hg. v. dems./Martin Seel, Frankfurt a. M. 1993, S. 197-218, S. 209.

rerseits auf diese Wünsche, indem ich den wirklich stärkeren Wunsch auszumachen suche. Die Reflexion hat hier keinen kreativen Eigen- oder Mehrwert über die zu treffende Entscheidung hinaus, sowenig wie der Entscheidende als Person in einem starken Sinne (das heißt mit einer Identität, die es sowohl zu bewahren wie auch weiter zu bilden gilt) für diese Reflexion eine Rolle spielt. Der Konflikt kann unentscheidbar sein, aber seine Unentscheidbarkeit ist kontingent. Praktische Konflikte können in diesem Sinne kontingent sein, aber solche Kontingenz erschöpft ihre Problematik nicht.

Praktische Konflikte können uns nämlich in grundlegenderer Weise in unserem Selbst- und Weltverständnis betreffen und in Frage stellen. Denn Sinngestalten, Werte, Selbst- und Weltdeutungen sind plural; die Welt dieser Orientierungen ist nicht homogen; und ihre Artikulation ist ein schöpferischer Prozess, der Identität nicht nur voraussetzt, sondern in diesen Sinngestalten entwirft und entwickelt. Deshalb unterscheidet Charles Taylor mit Recht zwischen a) solchen Fällen der Entscheidung, die zwar eine Selbstdisziplinierung durch die Konzentration auf mein größeres Bedürfnis erfordern, aber keinerlei ethische Bedeutung haben, und b) Fällen der *qualitativen Wertung*, in denen es gar nicht wesentlich um eine Selbstdisziplinierung geht, und wo Widersprüche auch nicht als kontingent missverstanden werden dürfen.

Qualitative Wertungen *führen* ein kontrastives Moment *ein*, mit dem ich der Differenz zwischen zwei Alternativen und damit meiner Entscheidung *wertenden Ausdruck* verleihe. Der wertende Aspekt distanziert mich von der Unmittelbarkeit meiner Wünsche und der Situation, allerdings nicht in der Art und Weise des Anspruchs eines vor- oder übergeordneten Sollens. Dass ich mich dagegen entscheide, den Freund in Gefahr im Stich zu lassen, oder das zu viel gegebene Wechselgeld zu behalten, ist Sache *meiner* Bewertung meiner Wünsche: Ich beurteile das entsprechende Verhalten als unanständig, unmoralisch oder schlicht unangemessen, obwohl mir seine Konsequenzen wünschenswert erscheinen mögen. Ich würde die unangenehme Situation gern hinter mir lassen oder das Geld behalten, aber das zu tun empfinde ich als inakzeptabel unter dem Maßstab, den mein Wunsch zweiter Ordnung sowohl für die Welt als ganze, in der ich leben möchte, als auch für die Person, die ich sein möchte, darstellt. Hier ist nicht nur die Erwünschtheit verschiedener Handlungskonsequenzen im Spiel, sondern eine Wertung oder ein Selbstbild als meine Identität, der ich entsprechen möchte und die ich entwerfe. Hier ist der Widerspruch also nicht kontingent und ebenso wenig seine Auflösung.

Dass wir es hier nicht mit einem kontingenten Widerspruch zu tun haben, heißt aber nicht, dass der unterlegene Wert vollständig disqualifiziert würde und die Entscheidung kein Ergebnis einer produktiven Tätigkeit der Urteilskraft wäre. Praktische Konflikte von widerstreitenden Interessen als in engem Sinne moralische Konflikte zu verstehen, kann zu einer solchen, dualistischen, Auffassung verleiten, die im letzten Kapitel schon am Beispiel rationalistischer Analysen des Phänomens der Willensschwäche thematisiert wurde. Die starke Wertung wird hier aber auch wie die Selbstdisziplinierung des Wunschkonflikts aufgefasst: Diese Identifizierung von praktischem und moralischem Konflikt kontrastiert den „guten Grund" – „Es ist ehrenhaft, mutig zu kämpfen", dem „schlechten": „Desertieren ist feige." Dann *muss* ich nämlich scheinbar, objektiv betrachtet, den „wertlosen" Wunsch – der sich recht betrachtet gar nicht als Grund qualifiziert – dem allein geltenden, weil höheren Sollen oder Prinzip sowohl unterordnen, um ihn überhaupt begreifbar zu machen, als auch opfern. Die kontrastierende Beurteilung bringt letztlich reduzierend beide Ansprüche *unter einen höheren Maßstab, eine Regel*, die hier sowohl Situationsregel als auch Regel meines Selbst zu sein beansprucht. Das ist der falsche Schein der Allgemeinheit einer persönlichen Setzung oder Wertung, der ihrer Form als Satz entspringt. Diese Form enthebt mich aber nur scheinhaft meiner persönlichen Verantwortung für meine Urteile, weil sie bereits in ihrer sprachlichen Form eine Allgemeinheit suggeriert, der zufolge jeder das so sehen und so handeln müsste. Eine solche Rekonstruktion reduziert allerdings Moralität zum Moralismus, der nicht nur der eigentlich moralischen Urteilstätigkeit und der Artikulation eigener Erfahrungen keinen Wert einräumen kann, sondern diese selbst als a-moralisch einstufen muss.

Dieser Gegensatz, dessen einer, vermeintlich primärer Teil gleichzeitig ein gegebener Vergleichsmaßstab sein soll, lässt den sinnoffenen *Prozess* eigener Beurteilung und Entscheidung nur als schwammige und ungenaue Vorstufe eines zu erreichenden Ergebnisses der Klärung erscheinen – entscheidend scheint nur die hier statisch erscheinende klare Entgegensetzung und Hierarchisierung zu sein. Das verdeckt, dass die Artikulation hier keine Bestimmung ist, und nicht ein Besonderes unter bereits gegebene Begriffe bringen kann. Das Ergebnis dieser Verdeckung ist, dass meine – scheinbar gegebenen – Begriffe nun durchaus normative Vorentscheidungen mitführen, die ich aber nicht mehr kritisch reflektieren kann. Der unterlegene Wert wird in *seiner* Geltung als Wert an sich ebenso undenkbar, nämlich als irrational ausgeschlossen, wie die Möglichkeit einer ganz anderen Beschreibung der Situation und einer ganz anderen Artikulation meiner Werte: „Krieg ist eine gewaltsame Form der Konfliktlösung, die ich nicht billigen und an der ich nicht teilnehmen kann." Die scheinbar allgemeine Regel, nach der ich hier handeln muss, verdeckt ihren eigenen Kompromisscharakter, aber auch den Prozess der Überlegung ebenso wie die Komplexität einer Situation, die immer mehr beinhaltet als eine Regel je erfassen kann. Denn eine Selbstdeutung oder starke Wertung leitet meine Sichtweise auf die Situation, also nicht eine Entscheidung, sondern eine Auswahl der Fakten, die überhaupt als relevant zählen. Eine Verdeckung ergibt sich schon mit der Vorstellung, dass die starke Wertung *als Regel* – und zwar als allgemeingültiges Gesetz *und* als Gesetz meiner Identität – der Situation und meinen Interessen, auch dem Interesse an meinem eigenen Leben, vorgeordnet auftritt.[190] Unsere Sinngestalten haben im prakti-

190 Wellmer verweist darauf, dass „was wir jeweils als allgemeine Handlungsweise wollen oder nicht wollen können, [...] zweifellos entscheidend von der Matrix der Begriffe [abhängt], durch welche wir jeweils die soziale Wirklichkeit und unsere Bedürfnisse interpretieren." Wellmer, Albrecht, *Ethik und Dialog*, Frankfurt a. M. 1986, S. 38.

schen Urteil aber eine doppelte Rolle: Sie sind orientierende Dispositionen oder starke Wertungen, vor denen ich Situationen wahrnehme, und werden als solche in der Situation aktualisiert auch zu Motiven. Sie sind konstitutiv zweistufig.

Das Problem, mit dem uns moralische Konflikte konfrontieren, ist kein epistemisches, aber auch kein im enggeführten Sinne moralisches Problem, sondern eines der reflektierenden Urteilskraft: Es kann situationsbezogen ernstzunehmende Konflikte zwischen verschiedenen Gründen, das heißt, Sicht- und Lebensweisen für mich geben, deren Geltung meine Handlung, auch wenn sie als Handlung zwischen ihnen eine Entscheidung trifft und treffen muss, nicht aufhebt. Es ist eine praktische Herausforderung, diese Inkommensurabilität *einzusehen*. Das bedarf des Verzichts auf eine Beschreibung, die die beiden Seiten vorschnell unter einer bestimmenden Kategorie vergleichbar macht, um zwischen ihnen eindeutig und ohne Rest entscheiden, das heißt eine hegemoniale Ordnung anwenden zu können. Gerade in der Anerkennung der Unvereinbarkeit zweier Geltungsansprüche in dieser Situation wird dagegen die eigentliche Stelle unbedingter Geltung sichtbar – als Herausforderung für mich, mich als Person zu verhalten im Wissen, dass ich nicht immer allen Ansprüchen, die ich für mich anerkenne, auch im Handeln genügen kann.

Mit Artikulationen unserer Präferenzen in konkreten Situationen thematisieren und formen wir unser Selbst- und Weltverständnis, wir verhalten uns nicht zu einem gegebenen Gegenstand. Das wird mit der qualitativen Wertung selbst ausgeblendet, wenn der, der sie bildet, sie nicht als produktive Überlegung versteht, die nicht nur ein Urteil, sondern auch seine Sichtweise mit ihrem Ausdruck erst ausbildet. Die Situation erscheint dann durch eine kontrastive Wertung als Fall eines notwendigen Konflikts, der aber *im selben Schritt* als bereits gelöst erscheint. Mit dem Diktum „In den Krieg zu ziehen ist ehrenhaft, zu desertieren ist feige“ scheint dann beispielsweise alles gesagt. Aber hier wird so verstanden eigentlich gar keine positive Wertung mehr getroffen, das Urteil ist schon gefallen, der Akt der Selbstdisziplinierung hat stattgefunden. Wir entscheiden uns nach diesem Modell aber *gar nicht* tatsächlich *für* eine Handlungsweise zugunsten eines, nämlich des positiv gewerteten stärkeren, Grundes, sondern nur zuungunsten eines im Zusammenhang als negativen bewerteten, weil die neue Wertung den bereits gegebenen höheren Wert als allgemeines Prinzip lediglich wiederholend bestätigt.

Verstehen wir moralische Reflexion *nur* unter dem Paradigma von starken und qualitativen Wertungen, schließen wir nicht nur die Möglichkeit akzeptabler Wunscherfüllung, sondern auch die Möglichkeit von ernsthaft konfligierenden Ansprüchen an den Handelnden aus. Vor allem aber schließen wir den Prozess der Bildung und Formulierung von Werten aus. Die Beurteilung wird nur vom *Ergebnis* der Wertung her lesbar, das von scheinbar fixierten Urteilskriterien für unsere Beurteilung dieser neuen Situation aber bereits vorweggenommen erscheint. Durch diesen Ausschluss erscheint aber jeder *Prozess* der Artikulation und sein persönlicher Modus als bloß vorläufiger, und als solcher irrationaler Schritt gelöscht. Übrig bleibt nur der Gegensatz von positiver und negativer Wertung, der mir eine Handlungsweise im konkreten Fall – zum Beispiel zu desertieren –

verbietet und eine andere diktiert, und dessen Diktum nun als unumstößlich *und* äußerlich erscheint.

Was so gesehen nicht mehr in den Blick kommen kann, ist, dass wir es hier mit einem Konflikt der zum einen vielfältigen, zum anderen potentiell widersprüchlichen *Selbst*-Interpretationen zu tun haben, der gleichzeitig ein Konflikt der *Situations*-Beschreibungen ist. Es bleibt auch die interne Zweistufigkeit von Orientierungen verdeckt, die im praktischen Urteil *sowohl* als aktuale Motive *wie auch* als Gründe oder Einstellungen, die sie aktualisieren, erscheinen – und gerade in diesem Zwischen unthematisch und entzogen bleiben. Unsere Einstellungen sind in ihrer Aktualisierung von uns anerkannt und so handeln wir auch aus ihnen heraus, distanzieren uns von ihnen in ihrer Objektivierung. Hier geht es um „Fragen der Lebensqualität, der Art von Existenz, die wir führen und führen wollen",[191] aber auch um die Gestalt der Welt, in der wir sie führen wollen. Der Begriff des „Desertierens" ist zum Beispiel ein Begriff, der in seiner Bedeutung davon abhängt, wie wir die Rolle militärischen Vorgehens als politisches Mittel einschätzen, vom Selbstverständnis einer politischen Gemeinschaft und der Entscheidungsverantwortung, die dem Einzelnen in einer solchen Gemeinschaft zugestanden wird. Es ist ein Begriff, an dem sich auch zeigen lässt, dass eine individuelle Entscheidung unter Umständen als Gewissensentscheidung gegen eine öffentlich akzeptierte Norm getroffen werden muss. Die Verschränkung der normativen und deskriptiven, der persönlichen und allgemeinen Ebene zeigt hier, dass wir es mit einem Problem der reflektierenden Urteilskraft zu tun haben. Die reflektierende Urteilskraft beginnt nicht beim Allgemeinen, bei vorausgesetzten Regeln, denen sie dann das Besondere unterordnen würde. Sondern sie bezieht Tatsachen *und* deren Begriff oder Form in einer kreativen Artikulation aufeinander – die in dieser Ungarantiertheit auf die Perspektive des Anderen bezogen und so auch Erfahrung der eigenen Grundlosigkeit ist. Das Modell, in dem wir praktische Konflikte von Interessen und Ansprüchen verstehen, darf die Erfahrung der Entzogenheit und Alterität von Selbst und Situation nicht als Ausdruck bloßer irrationaler Neigung konzeptualisieren; denn sie zeigt die sinnkonstitutive Rolle von Negativität an.

Wenn diese Zweistufigkeit und Grundlosigkeit von Orientierungen aus dem Blick der philosophischen Reflexion gerät, kann ich den unterlegenen Grund nur noch als vernunftloses Wünschen vor meinem vermeintlich als solchen anerkannten Bewertungsmaßstab, also im negativen Kontrast zum Geschätzten und Gewürdigten sehen, so dass er nicht mehr als Grund eigenen Rechts erscheinen kann. Er wird *nur* unter dem Begriff, den das Prinzip verkörpert, verstehbar und so als anderes ausgeschlossen. Das Einzige, wozu mich das Sollen allein dann aber „motivieren" kann, ist dieser Ausschluss und die Entscheidung gegen die Handlung. Wir sehen den Konflikt beider Ansprüche als notwendig, bereits entschieden und hier zu bestätigen. Es scheint dann also etwa, als wäre das Interesse daran, Unangenehmes zu vermeiden, generell fragwürdig, nicht nur in der Situation,

191 Taylor, „Was ist menschliches Handeln?", S. 24.

in der mich seine Verwirklichung daran hindern würde, dem Freund zu helfen. In vielen Situationen kann ich aber konfliktfrei und ohne moralischer Kritik ausgesetzt zu sein, das Ziel verwirklichen, Geld zu akkumulieren oder Unangenehmes zu meiden. Nicht für jede Situation ist eine moralische Perspektive relevant. Auf dem Eigenwert von Wünschen zu insistieren, kann für ein erfülltes Leben von Bedeutung sein.

Aber nicht nur das: Wenn wir unsere Motivationen so verstehen, dass wir sie prinzipiell Sollensprinzipien unterwerfen und zwar in einem eigenen Akt unterwerfen müssen, verstehen wir den Prozess der Betrachtung und Bewertung unserer Motivationen und Werte falsch, nämlich so, als ginge es in ihm um das *eine* richtige Ergebnis eines bestimmenden Urteils.[192] Die homogenisierende Artikulation der Situation und des Selbst löscht ihren eigenen Situationsindex und die eigene Betroffenheit von diesem sinnkonstitutiven Moment. Unsere Vollzüge sind unhintergehbar eine *Verwirklichung* von unseren alltagsweltlichen Vorverständnissen *und* ein Transzendieren von, ein *Heraus*gesetztsein aus diesen Vorverständnissen. Faktizität und die Geschichten, die ihr für uns Sinn, Wert und Zusammenhang geben, sind untrennbar verknüpft und gegeneinander gespannt. Thematisch wird das angesichts des Offenbarwerdens der Prozessualität, Inhomogenität und des Nicht-Koinzidierens unserer Orientierungen im praktischen Konflikt – wenn ich dem von mir Verursachten oder dem Konflikt *nicht* ohne Weiteres einen Sinn geben kann.

Diese Negativität unserer Selbst- und Weltverständnisse wird für den moralischen Dogmatismus zum Gegenstand eines unlesbaren und uninterpretierbaren Gefühls des Zweifels, das jeden Wert, jede positiv besetzte Handlungs- und Verstehensweise schon aufgrund ihrer Materialität – also insofern sie überhaupt eine handlungsmotivierende Kraft hat – zu begleiten scheint, nach einer Verallgemeinerung ruft, und sie *selbst* moralisch entwertet. Eben dieses Gefühl einer Negativitätserfahrung in der Situationsbedingtheit der eigenen Urteilsposition zwingt dann als schlechtes Gewissen zur Rationalisierung jedes echten, materialen Inter-

---

192 Es ist, wie Bernhard Williams feststellt, „eine Verfälschung moralischen Denkens, wenn man die Logik dieses Denkens so darstellt, als erfordere sie, einer der widerstreitenden Ansprüche müsse in Konfliktsituationen völlig verworfen werden. Gewiß, eines muß in dem Sinne verworfen werden, daß man nicht danach handeln kann, und dies verleiht der Feststellung, sie seien nicht miteinander vereinbar, einen gewissen, recht schwachen, Sinn. Diese Feststellung bedeutet aber nicht, daß sie nicht beide (tatsächlich) auf die entsprechende Situation zutreffen oder daß ich irgendwie unrecht hatte, als ich glaubte, beide seien Dinge, die ich tun sollte." Williams, „Widerspruchsfreiheit in der Ethik", S. 292. Taylor kommentiert: „[D]ort, wo es Artikulationsmöglichkeiten gibt, gibt es zugleich die Möglichkeit einer Pluralität von Vorstellungen, die es vorher nicht gab. Das bloß abwägende Subjekt mag zögern, wie im Falle der Entscheidung zwischen Eclair und Blätterteig, und seine momentane Präferenz mag hin und her schwanken. Aber wir können nicht sagen, daß es die Wahlsituation mal in der einen, mal auf die andere Weise betrachtet. Im Falle starker Wertung jedoch kann es oft eine Vielzahl von Weisen geben und gibt es auch häufig eine Vielzahl von Weisen, meine Lage zu betrachten, und die Wahl mag nicht einfach zwischen dem bestehen, was eindeutig höher oder niedriger ist, sondern zwischen zwei miteinander unverträglichen Weisen, diese Wahlsituation zu betrachten." Taylor, „Was ist menschliches Handeln?", S. 25.

esses an der eigenen Welt. Deshalb darf auch der Gegensatz und die Hierarchisierung der qualitativen Wertung nicht als grundlegende Form ethischen Urteils verstanden werden. Dieses Modell praktischen Urteilens führt verabsolutiert zur Vorstellung, jede Situation unter der Voraussetzung nur einer (gültigen) allgemeinen Perspektive in ihrer Wirklichkeit, ohne jede „perspektivische Verzerrung" sehen zu müssen. Dieser Moralismus führt zum bloßen Identifizieren in gegebenen Begriffen und Vorverständnissen, die als solche aber selbst nicht mehr in den Blick kommen und kritisiert werden können. Denn ihre Überschüsse und Störmomente, etwa die Beschwerde und Perspektive des Anderen, werden selbst nur als weitere Verzerrungen lesbar.

Dieses moralistische Bild wird uns fraglich in einem praktischen Skeptizismus. Er konfrontiert uns mit dem Zweifel daran, dass wir Situationen unter diesen Voraussetzungen je – selbstverständlich – verstehen und uns in ihnen verhalten können. Denn jedes solche Verhalten ist situiert in noch bloß subjektiven und fragwürdigen Vorverständnissen, die der Rationalität im eigentlichen und vollen Sinne, wie wir sie hier verstehen wollen, – das heißt der Allgemeinheit, der Unvoreingenommenheit und Unparteilichkeit – notwendig entbehren. Der Zweifel an allen, immer als ungeprüft verdächtigen, Vorverständnissen führt zur Auffassung, jede Konfliktlösung müsse eine valide Verallgemeinerung bieten. Die aber könne mich prinzipiell nur mit einem Argument *gegen* eine konkrete Tat oder mit einem Handlungsverbot ausstatten, nicht aber mit gerechtfertigten positiven Handlungsmotivationen. *Jede* solche positive, partikulare Motivation würde vielmehr zum Anlass der weiteren Reglementierung und Domestikation durch ein *tatsächlich* allgemeines Prinzip. Und damit würde der Konflikt von widerstreitenden Aspekten zum Paradigma aller Handlungssituationen und er wäre als Konflikt, in dem beide Seiten ihre Berechtigung haben, niemals überhaupt möglich, sowenig wie irgendeine genuine Motivation: damit würde jedes Handeln verunmöglicht.

Diesen Skeptizismus produktiv zu wenden, erfordert die Anerkennung der Negativitätsmomente, die er beschreibt. Wir urteilen und handeln *in* gelebten Selbst- und Weltverständnissen als Praxisformen, die sich durchaus immer als kritikbedürftig erweisen können. Aber wir handeln auch immer *aus* Selbst- und Weltverständnissen heraus, ohne dass sich diese Vereinzelung und Ent-Äußerung im praktischen Urteil und Vollzug als ein vorgängiger, abstrakter Verallgemeinerungsbedarf beschreiben ließe. Es ist vielmehr ein mögliches Modell dieser Prüfung, sie als Test der Verallgemeinerbarkeit der Handlungsorientierung zu beschreiben. Was mit dieser Akzentuierung der Selbstdistanzierung aus dem Blick geraten kann, ist, dass die Ermöglichungsbedingung des praktischen Urteils ein bloßer Modus des praktischen Urteilens und Handelns ist: die Vollzugsweise der vertrauenden, achtsamen Situations- und Selbstwahrnehmung. So wie dieser Urteilsprozess selbst ein produktiver Akt der Tätigkeit der Urteilskraft ist, kein bloßes mechanisches Schließen und Ableiten, so können wir auch „nur" je konkret reagieren und uns auch zum Scheitern, sowohl in den faktischer Konsequenzen unseres Tuns wie in den Effekten unserer problematischer Vorverständnisse, die wir ausgebildet haben, verhalten. Das können wir gerade deshalb, weil auch diese Vorverständnisse praktische Konsequenzen haben – in ihren Effekten auf Andere werden Scheitern und Versagen unserer Selbstverständnisse lesbar und damit ebenso kritisier- und korrigierbar wie das Scheitern unserer Absichten in problematischen Folgen unseres Handelns. Deshalb können wir sie auch sinnoffen neu verstehen und ihre Verdeckungen konfrontieren. In dieser Sinnoffenheit – und damit auch in der Möglichkeit, diese Sinnoffenheit moralistisch zu verfehlen – liegt unsere Freiheit.

Ich muss *in* der Praxis, nicht auf einer vermeintlichen Meta-Ebene der Reflexion, manchmal widerstreitende Positionen in ihrer Widersprüchlichkeit in dieser Situation einsehen und darauf verzichten, mit einem Urteil den bloßen Schein einer Einheit der Situation als Handlungsraum stiften zu können. Ich kann hier und jetzt nicht beides tun: dich vom Flughafen abholen, wie ich es versprochen habe, *und* dem Verletzten am Straßenrand helfen. Will ich diese konkurrierenden Ansprüche angemessen einordnen, muss ich dafür zunächst beider Legitimität anerkennen. Ich kann dann zum Beispiel überlegen: „Ich kann anrufen, und der Freund, den ich abholen wollte, kann vom Flughafen ein Taxi nehmen. Aber die Person am Straßenrand sieht schlimm verletzt aus und kann sich nicht selbst helfen." Mich *dann* dagegen zu entscheiden, weiter zum Flughafen zu fahren, kann ich im Nachhinein bedauern, ohne dass ich es diesmal anders machen würde. Bedauern zu empfinden ist hier keine Erfahrung eines bloßen, irrationalen Gefühls, dessen motivationale Kraft der Verweis auf eine Regel brechen würde. Noch ist das Gefühl ein Zeichen dafür, dass mit der Entscheidung, die ich getroffen habe, und mit meiner Handlung etwas nicht stimmt, weil ich der falschen Motivation gefolgt wäre. Es ist vielmehr der Ausdruck der Anerkennung eines Grundes, dem ich hier *im Handeln* nicht gerecht werden konnte. Die Rolle des Bedauerns ist gar nicht *direkt* motivational (so wenig wie es Kants Gefühl der Achtung ist).

Dass ich diese Folge bedaure, heißt nicht, dass ich hätte anders handeln sollen. Aber dem Bedauern ist in offener, unantizipierbarer Weise gerecht zu werden, weil es als negative, nicht positiv motivierende Erfahrung den Überschuss unserer Individualität sowohl über alle Tatsachen wie auch über jedes fixierte Sollen anzeigt. Das Gefühl, meine Negativitätserfahrung, zeigt, dass sich das Moment der Vernunft intelligenter Vollzüge nicht auf den Akt des bewussten Entscheidens zwischen Optionen und des Anwendens von Regeln reduzieren lässt; dieses Gefühl ist kein irrationaler Rest. Es ermöglicht mir, mich im Nachhinein gegenüber dem Anderen angemessen verhalten zu können, im Bewusstsein, dass ich dessen Ansprüchen nicht gerecht werden konnte. Diese Möglichkeit des Scheiterns gibt es immer, weil das „gute Leben" keine homogene Gestalt hat. Es wird notwendig verfehlt, wenn es als verfügbar und in einem Lebensplan zu verfolgen gedacht wird: Ich anerkenne seine Transzendenz über meine Ziele und Pläne zum Beispiel im Entschuldigen und Wiedergutmachen. Dazu gehört die Anerkennung eigener Endlichkeit, die das Ausgesetztsein an plurale und potentiell konfligierende Ansprüche als konstitutiv für Subjektivität versteht. Daher ist mein Bedauern entscheidende negative Erfahrung meiner Freiheit und der Geltung meiner Überzeugung, meines Wunsches oder meiner Verpflichtung, die ich durch mich verletzt sehe, nicht akzidentielle Zutat oder gar irrationales Störelement von moralrelevanten, begründeten Überzeugungen.

Wie und wie weit Wiedergutmachung, aber auch wie weit Klärung zu leisten, und wann sie befriedigend geleistet ist, unterliegt nicht meiner Festlegungsgewalt – denn dafür sorgt nicht etwa die gelungene Verallgemeinerung als monologische Reflexionsleistung, sondern das ist situationsabhängig dem Gespräch aufgegeben. Das heißt auch, die Termini, in denen wir das Versagen eines Akteurs thematisieren, sind nicht beschränkt auf einen engen und vorgegebenen Rahmen der Begriffe für Regelverletzungen. Die können wir als unklug, pflichtvergessen oder ungerecht im Rahmen eindeutig gegebener Maßstäbe bestimmen. Aber die Spannbreite dieses Vokabulars und der Reflexion ist genauso wenig im Modell der Regelanwendung angemessen beschrieben wie das Handeln selbst. Der Raum und das Vokabular unserer moralischen Konversationen ist viel reicher und man kann auch sagen diffuser und unbestimmter, weil unsere Praxis sinnoffen und unsere Ansprüche an den Anderen nicht im Vorhinein geklärt sind.

Nur vor den Sinngestalten und Verständnissen unseres Lebens in ihrer Vielfalt, die wir mit diesem neuen Fall mit formen, können wir Werte und Alternativen sinnoffen beurteilen. Wegen des Reichtums und der Unabgeschlossenheit unserer Sprache können und müssen wir nicht jede – vermeintlich illegitimerweise identifizierende – Beschreibung einer Situation als Voraussetzung unseres praktischen Urteils prüfen. Gerade die Prozessualität der *Ausbildung* von Selbst- und Weltverständnissen erscheint sonst als unlösbare Verdeckungstendenz, in der wir uns nie als gerechtfertigt begreifen können. Aber gerade aus der Negativitätserfahrung dieses skeptischen Zweifels lässt sich erneut eine sinnoffene Art und Weise des Umgangs mit Sprache *praktisch vollziehen*, in der wir diese Selbst- und Weltverständnisse geben und verstehen können, und aufmerksam für unsere Erfahrungen bleiben, um zur kreativen Neubetrachtung offen zu sein. Als unthematische Haltung ist dieser Modus analog zum Modus aufmerksamen Vertrauens, in dem wir konfrontiert mit den Negativitätserfahrungen des Bedauerns oder der Klage des Anderen unsere Situation neu in den Blick nehmen können, aber auch zum Modus aufmerksamen Handelns in Situationen selbst.

Cavell versteht dementsprechend Kants „Vision“ des moralischen Gesetzes so, dass es über das moralische Gefühl der Achtung dezentriert, Demut in uns auslöst und so unsere Freiheit anzeigt – aber sowohl über die Faktizität als auch über positive Regeln hinaus anzeigt. Er versteht diese Erfahrung schon bei Kant als klar rückbezogen auf die geteilte Praxis als *Wirklichkeit* einer humanen Welt. Die Negativitätserfahrung leitet uns aus Verstellungen und Reduktionen *zurück* zu einer praktischen Einstellung unseres Handelns und Urteilens der Umsicht, Behutsamkeit oder Vorsicht. Diese Behutsamkeit betrifft auch die eigenen Begriffe und unthematischen Voreinstellungen, es ist eine Haltung, die sich des fixierenden Urteilens enthält und so auf sich selbst bezogen bleibt, weil sie sich in ihrem eigenen Vollzug selbst immer neu bilden muss. Das ist Cavell zufolge exemplarisch und paradigmatisch dargestellt in einer Praxis der moralischen Konversation. Entscheidend für das Gefühl der Achtung ist also Cavell zufolge

> its creating humbleness or wariness in ourselves. This is what moral conversation is about, and about what we should do given our impurity, our finitude, imperfection. That our purity of motivation in obeying the moral law is impenetrable to us is no more mysterious or revelatory about us than that our motives and desires generally are not transparent to us and yet that we can, in caring about ourselves, make them less dark, articulate why one person or object or state of the world appeals to us and another repels us; no more mysterious than how caring about another can produce the extent of devotedness it does. (CW, S. 143)

Unsere gewöhnliche Welt ist Ort möglicher, auch unlösbarer Konflikte von Wünschen, Interessen und Werten und zwar nicht nur inter-, sondern auch intrasubjektiv: In dieser Pluralität der Sinngestalten, Werte und Selbst- und Weltverständnisse, die sich in der Praxis unserer geteilten Lebenswelt zeigen, liegt *ein* Aspekt der Leerstelle der Freiheit praktischen Urteilens. Der andere liegt in der letzten, unhintergehbaren Intransparenz jedes Subjekts für sich selbst. Damit ist die Möglichkeit des Konflikts von Aspekten weder Mangel noch kontingentes Moment des praktischen Urteilens, sondern bestimmt dessen Form. Allerdings sollte daraus, dass die leitende Idee eines homogenen Korrelats unserer Urteile für die Welt praktischer Gründe keine Anwendung hat, nicht geschlossen werden, dass gar keine unbedingte Geltung unsere praktischen Vollzüge orientiert. Die unbedingte Geltung liegt aber nur negativ in der selbsttranszendierenden Vollzugsweise, in der wir solche Orientierungen mit unserem Handeln *mit* als geschichtlich, persönlich und material verortet entwerfen und angemessen verstehen können.

Die Spezialisierung und Diversifizierung der modernen Lebenswelt angemessen zu begreifen erfordert, die Pluralität von Werten, Interessen und verschiedenen Geltungsansprüchen ernst zu nehmen: die Akzentuierung moralischer, pädagogischer, religiöser, ökonomischer Aspekte unserer Vollzüge im gewöhnlichen Leben, die in ihrer Pluralität koexistieren, aber auch im Widerstreit und in Überschreibungen unseren Horizont bilden und entwickeln. Weder der Einzelne in seiner Entzogenheit noch das Gute als Art des sinnoffenen Vollzuges gehen in irgendeinem dieser Aspekte und Ansprüche auf. Vielmehr konstituieren sie sich im Zwischen, im irreduziblen Vollzug oder zeigen sich im Überschuss von Fixierungen an.

Das Leben moderner Individuen in einer Welt pluraler Werte und Orientierungen radikalisiert die Bedingungen der Endlichkeit, unter denen wir handeln müssen, aber auch frei und selbstbestimmt handeln können: Es gibt authentische, irreduzible Konflikte von Ansprüchen in konkreten Situationen, die wir als für uns geltend akzeptieren und die wir nicht ohne Selbsttäuschung, die auf einen Verzicht auf unsere Menschlichkeit hinausliefe, unter einen Gegensatz bringen und so unter einem Begriff kommensurabel machen *können*. Die Anerkennung der Negativität sogar unserer Sprache der Selbst- und Weltverständnisse führt zu der Einsicht: Ich kann Moralität nicht beanspruchen. Gerade dieses Negativitätsmoment eröffnet aber die Möglichkeit geteilten guten Lebens in einer humanen Welt. So kann ich auf Verzeihung als Person auch dann hoffen, wenn Unbeweglichkeit der Perspektive und fixierte Begriffe eine Anerkennung des Anderen und seiner Bedürfnisse verstellt haben. Denn eine Haltung, in der ich anerkenne, dass ich auch mir selbst letztlich entzogen bleibe, und „nur" partiell und situationsbezogen meine Perspektive und Gründe erläutere, kann und muss ich immer wieder neu einnehmen.

Etablierte Kriterien des Sittlichen und jede philosophische Theorie brechen sich an der universalen moralischen Unerträglichkeit des Leidens des Einzelnen – für das es keine guten Gründe gibt und geben kann.[193] Das gilt selbst für unser Leiden an der Unverfügbarkeit unserer Selbstverständnisse für uns selbst.[194] Gerade hier kommt es auf die angemessene philosophische Rekonstruktion und Selbstkritik reduktionistischer Engführungen an: Es kann Konflikte geben, die sich in *keinem* „Regel-Ausdruck" auflösen und als Interpretationen in unser Leben integrieren lassen. Tragödien sind literarische Gestaltungen solcher unlösbarer Widersprüche. In der Moderne gestalten sie auch die tragische Leugnung der eigenen Endlichkeit in Versuchen des theoretischen und praktischen Verfügens über Alterität und Intransparenz der eigenen Existenz. Auch die philosophische Rekonstruktion muss dann als Durchgang durch Widersprüche *zeigen*: Es ist „nur" die praktische Möglichkeit der Verzeihung durch den Anderen als unantizipierbar und unverfügbar, die diese Negativität erträglich macht, die menschlichem Leben innewohnt, insofern sich der Mensch handelnd verendlichen muss. Es ist aber auch nichts als diese Negativität, was sich in dieser Leerstelle der unantizipierbaren Reaktion des Anderen andeutet.

Das Gute wird nur als Beispiel im Vollzug wirklich, dem nichts vorausgeht, was es determiniert; und es zeigt als Exempel eine Sinngestalt eines individuellen, selbst verantworteten Lebens in seiner Selbstzweckhaftigkeit. Ich handle nur in einer Anerkennung der Negativität, der Unverfügbarkeit meines Handlungs- und meines Lebenssinns um der Handlung selbst willen. Dass wir diese Handlung als Handlung verstehen, das heißt, sie zunächst unthematisch als gut oder besser angemessen auffassen, gibt uns damit keine Bestimmung „des Guten" an die Hand, die wir nachahmen könnten. Nur in der undeterminierten und „beispiellosen" persönlichen Verendlichung ist unsere Freiheit wirklich. So erweist sie sich als orientiert an nichts als sich selbst – in den lebendigen Paradigmen unseres Selbst-

---

193 Vgl. Stegmaier, Werner, „Mit Ausnahmen umgehen: Zur Praxis der ethischen Orientierung. Eine Skizze", in: *Die Ausnahme denken*, hg. v. Claus Dierksmeier, Würzburg 2003, S. 127-140, S. 133f. Auch für das Leiden am eigenen Scheitern gilt, dass es sich der Begründ- und Begreifbarkeit entzieht, auch dafür gibt es aber geteilte Praxis- und Reflexionsformen der alltagsweltlichen Negativitätsbewältigung und -anerkennung, nämlich die des Entschuldigens. Wir können im Dialog dieser Person verzeihen – nicht, weil wir sie als Vernunftwesen anerkennen, sondern weil wir ihr Leiden an der eigenen Tat respektieren. Vgl. Arendt, Hannah, *Vita activa oder Vom tätigen Leben*, München 2002, S. 237f.

194 Arendt zufogle kann ich auf Vergebung hoffen trotz meiner Tat, als Einzelner, weil ich nicht vollständig bestimmt oder begriffen bin – weder in der Tat, noch in meiner Entschuldigung. Vgl. Arendt, *Vita activa*, S. 237f.

und Weltverständnisses, die weder Sicht noch Umgehen in dieser Situation determinieren.

Der Konflikt selbst und damit seine Positionen in deren je eigener Geltung sind selbst von mir erst angemessen zu artikulieren, nicht nur damit ich entscheiden kann, was *ich jetzt* tun sollte. Sondern weil es dabei immer *mit* darum geht, wie ich mich und meine Welt verstehe, welches Leben ich in ihr führe und führen will. Dieses Situations- und Selbstverständnis bilde ich in der Regel selbstverständlich im Einsehen und Umgehen mit der neuen Situation. Die theoretische Konzeption unserer Selbstvergegenwärtigung als *Geschichte* oder Erzählung mag uns auch hier dazu verführen, von einer Einheit des Lebens, das zu führen ist und die anzustreben ist, auszugehen, und in der Suche nach der wahreren, tieferen und authentischen Existenz und Lebensweise dieses Ideal selbst zu substanzialisieren. Auch diese Konzeption erfasst aber nur *als deutungs- und realisierungsbedürftiges Ideal* einen wichtigen Aspekt unseres Lebens: Angedeutet ist damit, dass wir unsere Lebensgestalten entwerfen können, und dass dazu, diese zu leben, zu entwerfen und zu kritisieren eine imaginative, kreative Leistung des Selbst-Transzendierens gehört. Denn sie bildet immer ihre eigenen Begriffe und Werte mit und weiter, und wendet sie nicht in Gestalt von Regeln an. Dieses Bild für menschliche Autonomie hat seinen Platz in der Kritik substanzialisierter Regel- und Normverständnisse des Moralischen. Cavell verweist etwa darauf, dass wir uns auch solcher – unter dem Fokus solcher Verständnisse scheinbar recht schwammigen – Kritik des Anderen stellen müssen wie der, wir hätten uns grausam oder unsensibel verhalten, nicht nur dem nach Regeln beurteilbaren Vorwurf, wir kämen unserer Pflicht nicht nach oder seien ungerecht:

> That I am open to, perhaps responsive to, the criticism of being insensitive, cruel, petty, clumsy, narrow-minded, self-absorbed, cold, hard, reckless (careless is the marvelous charge made of Daisy and her crowd in the *Great Gatsby*) is as much a mystery as my being open to the charge of being imprudent or undutiful or unfair. That we are not transparent to ourselves means that such criticism demands confrontation and conversation. (CW, S. 143)

Einem Prozess *moralischer* gemeinsamer Handlungs- und Selbstbeurteilung ist es nicht um die Sanktion der Verletzung allgemeiner Regeln zu tun. Deshalb betreffen solche Vorwürfe wie die der Rücksichtslosigkeit, Engstirnigkeit oder Kälte nicht direkt die Motiv- und Folgenebene der Handlung, sondern die Einstellung des Akteurs, sind aber keine Randprobleme des Moralischen. Gerade sie zeigen: Im Moralischen gibt es keine Lösung auf Metaebene, sondern nur die moralische Konversation, die Offenheit und Sensitivität gegenüber Anderem und Selbst verlangt. Und diese Konversation muss als ihre Anlässe faktische Fehlformen und Störungen anerkennen, die Analyse, Interpretation und Erschließung einfordern. „Das Gute“ erweist sich also in den Haltungen der genauen Beobachtung und Beschreibung des Tatsächlichen.

Auch die Ideale bezüglich der Art und Weise, wie wir Rationalität verwirklichen sollten, betreffen nichts Substanzielleres als eine praktisch zu lebende Einstellung der Zurückhaltung angesichts der eigenen Entzogenheit. Die wird geübt, indem die eigenen Voraussetzungen zum einen – und zwar konkret angesichts ihrer Verletzung – formuliert werden, zum zweiten aber, indem das Urteil, das damit in der Artikulation gefällt scheint, zurückgenommen oder ausgesetzt wird.[195] Es ist kein fixierter Zustand, den wir anstreben sollten, sondern diese Haltung des Urteilsverzichts, die das unthematische Selbstverhältnis wieder-holt, indem sich unsere Urteilskraft mit jedem praktischen Urteil manifestiert. Dessen Wieder-Holung bedarf allerdings der Artikulation: und damit der Ausstellung der eigenen Sinnvoraussetzungen als nicht-identisch, in der Gestaltung oder Bestimmung der Aussage *und* deren Defiguration, mit der deren Sinn über sich selbst hinaus zugelassen wird. Es ist – wiederum mit Kant – nur Sache der Lebens- und Denkungsart, „sich nicht als die ganze Welt in seinem Selbst befassend, sondern als einen bloßen Weltbürger zu betrachten und zu verhalten".[196] Selbstreflexivität übe ich nur praktisch, indirekt und negativ in, wie Cavell festhält, einer Wendung zum Anderen, die meine Welt als geteilte neu entwirft. Die Haltung oder Wendung ist Cavell zufolge die einer „inflection of myself toward others, an orientation which affects everything and which I may or may not be interested in discovering about myself" (CR, S. 360). Daher ist der *moralische Dialog* Cavell zufolge repräsentativ für eine gute gemeinsame Welt, in der der Einzelne und seine Erläuterungssprache von Welt und Selbst zur Disposition stellen kann, weil diese nichts Fundierendes enthält, sondern „nur" „element[s] that serve to provide an ethically significant narrative".[197] Als Narrative sind unsere Begriffe der Selbstdeutung so identitätsstiftend wie kritikbedürftig: Sie erlauben auch keine kohärenten Sinn- und Identitätserzählungen.[198]

195 Es ist, wie Albrecht Wellmer feststellt, nur anhand der konkreten Störung oder Leidenserfahrung immer wieder neu möglich, dass „das Stück Weltlichkeit im kategorischen Sollen selbst – verinnerlichter Zwang – namhaft gemacht wird, durch welches es noch außerhalb der Vernunft steht. Die Aufhebung des Sollens in ein Wollen – und das wäre zugleich die Aufhebung des Gegensatzes von deontologischer und teleologischer Ethik – wäre zu denken als die Form eines moralischen Bewußtseins, für welches Selbstliebe und Solidarität mit anderen, Selbstbehauptung und Anerkennung anderer kein Gegensatz mehr wäre. Diese Aufhebungsfigur nötigt uns nicht zur Annahme eines ‚vollkommen' guten Willens – von dem wir nicht einmal sagen könnten, wie er beschaffen sein müßte –, sie bringt vielmehr eine mögliche Aufklärung des moralischen Bewußtseins über sich selbst zum Ausdruck, die Aufhebung der (bloßen) Tugend in ein (praktisches) Wissen." Wellmer, *Ethik und Dialog*, S. 142.

196 Kant, Immanuel, *Anthropologie in pragmatischer Hinsicht*, AA 7, S. 130.

197 Williams, Bernard, *Shame and Necessity*, Berkeley, CA 1993, S. 46. Williams erläutert die Entzogenheit der eigenen Selbstverständnisse, die mit deren historischer Gebundenheit einhergehen, am Beispiel der *akrasia* wie folgt: "The relevant descriptions of what happened are available, in many cases, only retrospectively, as part of an interpretation that establishes or reestablishes one's identifications and the importance of one reason rather than another. Consequently, whether an episode was an episode of akrasia at all may depend crucially on later understandings." Williams, *Shame and Necessity*, S. 45.

198 Dieter Thomä kritisiert die Ansätze Taylors und McIntyres für einen identifizierenden Zug, mit dem sie gerade im Narrativismus eine Bestimmung des moralisch guten Lebens an eine Bestimmung des Lebens, Moralphilosophie an Anthropologie assimilieren. Vgl. Thomä, *Erzähle dich selbst*, S. 89ff. Allerdings scheint mir die Rolle narrativer Strukturen in den beiden Ansätzen der Autoren unterschiedlich gelagert. McIntyre unterbestimmt Negativität in seiner antiki-

Gerade unsere tiefsten Selbstverständnisse als Vernunftwesen sind „nur" geschichtliche, materiale Formen: In den Überschüssen ihrer Verabsolutierungen, ihren Defigurationen können sie *als Figurationen* reflektiert werden. Hier sind im Ideal der Wahrhaftigkeit moralphilosophische und wahrheitsorientierte Fragen unauflöslich verschränkt und beide geraten als Einzeldisziplinen an ihre Grenze.[199] Das heißt, selbst der „Geist" ist als die Sprache der Sinngestalten, vor denen wir Welt und Selbst verstehen, unhintergehbar von Negativitätsmomenten durchsetzt. Eben in dieser Nichtigkeit oder Unverfügbarkeit liegt unsere Freiheit: in der niemals garantierbaren Möglichkeit des freien Einzelnen, sich und seine Welt künftig anders und unantizipiert zu sehen und seine Lebensweise zu ändern. Benjamin projiziert dieses Potential nicht umsonst gerade in das kreatürliche Leben in seiner Verletzlichkeit und Fragilität, denn Kreatürlichkeit wird ihm zur Chiffre auch unserer Endlichkeit als Vernunft- und „Geistes"-Wesen.[200] Als betroffen von unseren rationalistischen Identifizierungen und Reduktionen ist es verletzlich und fragil, was eben in seiner vermeintlichen Defizienz einen Verzicht auf jeden gesicherten „Standpunkt", den strengen *und* subjektiv-imaginativen *Vollzug* der Kritik jenseits fixierter Standpunkte eröffnet, der perzeptive und imaginative Ebene neu und sinnoffen aufeinander beziehen kann.[201] Für Cavell ist ein Paradigma dieser Reflexion aus der Nichtigkeit und Fragilität Ibsens *Nora*, die sich, wenn sie ihren Ehemann und die Kinder verlässt, auch gegen ihre eigenen Selbstverständnisse wenden muss, ohne eine neue Identität sozusagen „in der Hinterhand" zu haben: „The power of the drama lies in feeling the forming of

---

sierenden Konzeption eines Telos, das die Einheit eines Menschenlebens konstituiert. Taylors Analyse der Rolle der Artikulation des eigenen Selbst für die Moderne scheint mir dagegen kritisch mit der Vorstellung von einer homogenen und kohärenten Lebensgeschichte umzugehen. Vgl. dazu: Taylor, *Quellen des Selbst* und ders., „Was ist menschliches Handeln?".

199 Wie Rentsch formuliert, werden die Frage nach der Gerechtigkeit und die Frage nach der Wahrheit zu *einer* Frage nach der Art und Weise der Erschlossenheit menschlichen Lebens als individuell und unhintergehbar sozial. Rentsch schreibt: „Hier berührt sich die Frage nach der Gerechtigkeit ganz eng mit der Frage nach der *Wahrheit*: Wir können, dies ist die grundsätzliche negativ-kritische Einsicht, uns und die Mitmenschen nicht gänzlich verstehen und nicht bis auf den Grund ihrer individuellen Existenz und ihrer sozialen Lebensform durchschauen – und es ist gut, wenn uns diese negative Einsicht bei unserem Urteilen leitet. Der Blick auf die Praxis zeigt die überaus große Schwierigkeit gerechter Urteile angesichts individueller, physischer, psychischer, sexueller, generationeller, ethnischer, intellektueller, sozialer, ideeller, religiöser und lebensformbezogener Differenzen. [...] Wie entwirren wir im Nachhinein die oft kaum noch durchsichtigen Gemengelagen, aus denen sich das unrechte und ungerechte individuelle und gemeinsame Handeln ergibt?" Rentsch, Thomas, „Unmöglichkeit und Selbsttranszendenz der Gerechtigkeit", in: ders., *Negativität und praktische Vernunft*, Frankfurt a. M. 2000, S. 121-128, S. 124f.

200 Hier gilt übertragen Benjamins: „Was die Korruption im Recht ist, das ist in ihrem Denken [dem der Tiere, die Benjamin hier als Repräsentanten verdrängter und vergessener Naturhaftigkeit versteht, C.D.] die Angst. Sie verpfuscht den Vorgang und ist doch das einzig Hoffnungsvolle an ihm." Benjamin, Walter: „Franz Kafka", in: ders., *Gesammelte Schriften* Bd. II/2, Frankfurt/M. 1991, S. 409-438, S. 431. Diese Korruption oder Angst ist Chiffre und lesbares Symptom des „Misslingens", des skeptischen Zweifels der Selbst-Orientierung der Vernunft und, indem sie diesen lesbar werden lässt, Anlass zur Hoffnung auf ein Gelingen.

201 Vgl. z. B. Benjamin, „Franz Kafka", S. 409-438.

Nora's moral conscience, her acceptance of her unprotected identity […], and recognizing the concepts of her newly created and creating consciousness, accordingly, as unanswerable."[202]

Cavell deutet das Drama also als Subjektivierung so, dass die Erfahrung der Negativität der eigenen Selbst- und Weltverständnisse, die eigene Grundlosigkeit Nora zu eben der Sinnoffenheit in ihrer Selbstreflexion nötigen, die, weil sie vorgängig und unthematisch immer mit-vollzogen wird, diese Erfahrung andererseits erst ermöglicht. Das Zulassen des Scheiterns gesellschaftlicher und individueller Rationalisierungs- und Bestimmungsansprüche ihres „Puppenheims", die sie selbst im Vollzug ihrer eigenen Individualität als Maßstab an ihre Individualität angelegt hat, eröffnet auch neu ein Ideal eines undeterminierten, künftigen Selbsts. Das aber muss auch bereits Wirklichkeit sein, wenn es sich auch in dieser Wirklichkeit nur als Verstellung und Fehlform anzeigt: In und aus einer Sprache der Selbstverständnisse in scheinbar fixierten Termini wie dem des „Puppenheims" transformiert sich Noras „skeptischer" Zweifel an der Möglichkeit selbstgestalteten Lebens in eine ganz andere Lebensweise der Anerkennung der eigenen Selbstentzogenheit als niemals definier- oder bestimmbar, als „unanswerable".

202 Cavell, Stanley, *Pursuits of Happiness: The Hollywood Comedy of Remarriage*, Boston 1981, S. 23f. Im Folgenden zit. als PH.

2.3. Moralischer Skeptizismus, Negativität und Reflexionsbegriffe

Unsere grundlegendsten moralischen „Überzeugungen" sind nicht Ergebnis einer Überlegung, Begründung und Einsicht. Wir leben sie schweigend und unthematisch. Wir *entscheiden* uns zum Beispiel nicht für das Tötungsverbot oder für die Achtung der physischen und psychischen Integrität des Anderen und wir folgen auch nicht *willentlich* entsprechenden *Normen.* Sondern diese Werte begrenzen als Gewissheiten unseren Handlungs- und Vorstellungsraum. Der Vollzug dieses schweigenden, passiv-synthetisierenden Stiftens einer geteilten Welt ist wie diese grundlegend unverfügbar. So achten wir auch den Anderen als autonomes Wesen nicht aufgrund eines positiven Vermögens, sondern gerade in seiner Verletzlichkeit und Fragilität als entzogenes Individuum.

Es ist nötig, Modelle moralischen Urteilens zu interpretieren, zu differenzieren und zu pluralisieren. Man kann nicht jede moralische Problemstellung unter dem Modell der Verallgemeinerbarkeit der Maxime beschreiben. Oft kommt es vielmehr auf die möglichst genaue und differenzierte Beschreibung der Situation an. Der Verallgemeinerungsanspruch, versteht man ihn als wörtliche Anforderung an unsere Urteilspraxis, vernachlässigt das, dann erscheint der Anspruch an das moralische Urteil in komplexen Situationen gerade im Übersehen dieser Komplexität zu liegen.

Dass das zu kurz greift, bedeutet auch, dass wir dem Moralischen in unserer Welt nur *als Wirklichkeit* Geltung verschaffen und dass es diese Geltung als Wirklichkeit schon hat, bevor wir irgendetwas Bestimmtes tun. Es zeigt sich als in Geltung, indem wir praktisch unsere Welt mit unseren Handlungen und Urteilen als Verwirklichung von Handlungs- und Urteilsweisen *mit* so gestalten, dass wir sie als geteilte wollen können, nicht in individuellen Akten souveränen Verfügens. Nur mit der geteilten Welt dieser Praxis wird auch unsere Autonomie Wirklichkeit. Gleichzeitig stiftet aber diese konstitutive Passivität sowohl die Möglichkeit des Bösen als auch die Möglichkeit des Guten; erst sie stiftet ihren Unterschied. Kant spricht von der Uneinsehbarkeit der intelligiblen Tat. Diese Uneinsehbarkeit ist kein bloß epistemisches Problem. Cavell zeigt das in seiner Interpretation von Dostojevskis *Schuld und Sühne.* Die Möglichkeit dieser transzendentalen Tat bei Kant liegt für den Einzelnen darin, das Gute und Böse in seiner Unterschiedenheit zu stiften und in dieser Stiftung überhaupt erst Subjekt, nämlich autonom zu werden. Das ist die „Wahl" des Guten, aber eben als solche ununterscheidbar von der „Wahl" des Bösen. In der literarischen Darstellung dieser Grenzdimension verweigert sich Raskolnikov mit seiner „Wahl", wie Cavell sie liest, einer gemeinsamen Welt. Denn das intersubjektive Moment dieser unthematischen Konstitutionstätigkeit der Urteilskraft stellt sich hier als unendliche künftig Beurteilung seiner Individualität dar, als Korrelat dessen, dass er seine eigene „Entscheidung“ als *Bestimmung seiner ganzen Welt* versteht. Cavell liest diese Phantasie der Vernunfttätigkeit von sich selbst in einer Parallele zur philosophischen Versuchung der Annahme einer privaten Sprache. Er interpretiert die Darstellung dieser Ermöglichungsdimension als Irritation: als Nötigung, uns vorzustelle, dass sich unsere Urteilskraft nicht nur alltäglich und praktisch auf die eigene Tätigkeit bezieht, sondern sich der eigenen unthematischen Sinnkonstitution auch in einem bestimmenden Urteil über diese selbst verweigern kann. Dieser resignative Verzicht auf die unverfügbare Gestaltung einer lebenswerten Welt stellt sich uns dar in einer Desfiguration, in einem Beispiel, das sich unserem Verstehen verweigert. Ihn zu imaginieren und so kritisch zu transformieren gelingt so in der ästhetischen Gestaltung von Grenzfällen, wie Dostojevskis Roman *Schuld und Sühne* sie leistet. Diese Darstellung des skeptischen Zweifels in literarisch-imaginativen Formen an der Grenze zum Sinn muss auch als Mittel und Grenze der philosophischen Reflexion akzeptiert werden.

2.3.1. Das Modell der Verallgemeinerung der Maxime und die Grundlosigkeit praktischer Orientierungen: Das Nachleben der unthematischen moralischen Gewissheit

Menschliches Leben in Handlungen und Urteilen in einer humanen Welt ist mit einer dreifachen Entzogenheit konfrontiert: Zum ersten ist die Bestimmung von Handlungen immer mehrdeutig: Wieviel des Handlungsumfelds und der Handlungskonsequenzen ich in ihre Beschreibung einbeziehen muss, hängt vom Kontext und der entsprechenden Nachfrage ab. Wir leben zweitens keine bruchlos homogene Einheit der Identität, sondern sind von der Pluralität der Orientierungen unserer modernen Welt geprägt, für die es konstitutiv ist, dass diese Orientierungen einander auch unauflösbar widerstreiten können. Zum dritten ist der Hintergrund jedes Individuums aber auch der der Überzeugungen und Werte seiner Gemeinschaft, von denen es sich nie vollständig emanzipieren kann. Das heißt, seine Selbst- und Weltverständnisse sind von Überformungen, Verstellungen und Verschiebungen seiner Wünsche und Selbst- und Weltverständnisse durch seine Sozialisation geprägt. Deren Widersprüche und Mehrdeutigkeiten sind kein Ergebnis bewussten Tuns. Kant spricht von der „Maxime“ des Handelns als subjektivem Prinzip des Wollens, das universalisierbar sein müsse. Cavell verweist mit Bezug auf Kant darauf, dass es keinesfalls selbstverständlich sei, *was* eigentlich die Maxime meines Tuns ist, sondern einer Hermeneutik des Selbst und der Situation zu ihrer Bestimmung bedürfe. Die Deutung der eigenen Maxime erfordert also die Anerkennung dessen, dass wir uns nicht transparent sind in den Motiven unseres Tuns:

> What is the maxim of your action now, that is, what are you doing and why are you doing it? Are you sitting quietly in a classroom or studying philosophy or satisfying a requirement or testing whether your interest in literature or theology can be taken

> where it wants to go without a detour into philosophy, and are you doing any of these things, or countless others, out of self-love, or self-punishment, or to please your parents, or out of defiance of your parents, or to delay a career in the law, or to win a bet, or out of sheer joy? This indefiniteness in the description of an action alerts us to the task of locating Kant's apparent ease in selecting a maxim. (CW, S. 136)

Wie verhält sich angesichts dieser Aspekte der Unbestimmtheit der Kantischen Maxime ihre Bestimmung zu ihrer Beurteilung? Dass diese Unbestimmtheit bei Kant in gewisser Weise als selbstverständlich vorausgesetzt ist, entspricht durchaus der Kantischen Variante eines Internalismus. Kant verweigert sich einer externalistischen Moraltheorie, die Motive *neben* moralischen Gründen als die eigentlich handlungsauslösenden Momente betrachten will.

Es ist nötig, hier eine theoretische Vor-Entscheidung, ein Vor-Urteil der Reflexion zu problematisieren und das Modell moralischen Urteilens zu differenzieren. Man kann nicht jede moralische Problemstellung unter dem Modell der Verallgemeinerbarkeit der Maxime beschreiben. Oft kommt es vielmehr auf die möglichst genaue und differenzierte Beschreibung der Situation an. Der Verallgemeinerungsanspruch vernachlässigt das, dann erscheint der Anspruch an das moralische Urteil in komplexen Situationen gerade im Übersehen und Übergehen dieser Komplexität zu liegen. Unmöglich erscheint diese kontextsensitive Klärung der Situation und jede lebensweltliche Aktivität dann, wenn vernünftiges Leben um den Begriff der souveränen Entscheidung und des Willens zentriert gedacht wird. Ihr Ideal gänzlich auf Objektivität und rationale Entscheidung zu beschränken, versteht das Wirken der moralischen Urteilskraft als bloßes Anwenden von Begriffen auf Situationen, ohne deren Geschichtlichkeit und normative Implikationen zu berücksichtigen – die aber dann für den Skeptiker scheinbar unendlich kritisch hinterfragt werden müssen. Es geht um die Anerkennung dessen, dass die eigenen und die Bedürfnisse des Anderen, mein Leben und diese Situation und meine höchsten, subjektivitätskonstitutiven Werte mir durch *keine Norm* vermittelt garantiert einsichtig sind, sondern immer der Klärung bedürfen *können.*

Das Modell produziert gleichzeitig Ausschlüsse und Verdrängungen nicht zuletzt für den Begriff des Moralischen und des Subjekts mit dem Anspruch des Moralischen selbst: „Die Persönlichkeit ist in zwei Teile gespalten: der überweltliche, dominante Kontrolleur und das empirische Bündel von Wünschen und Leidenschaften, das diszipliniert und gefügig gemacht werden muß."[203] Gerade die Unterbestimmung des Problems moralischer Konflikte und komplexer Situationen führt dazu, dass jedes moralische Urteilen und Handeln vor dem Modell des praktischen Konflikts erscheint, ohne dass dieses Modell als solches noch in den Blick käme. Und der praktische Konflikt seinerseits erscheint reduziert: *Wenn* ich mit zwei widerstreitenden Urteilen konfrontiert bin, *muss* eines das höhergeordnete, das andere ein schlechtes, das heißt ein grundloses Urteil des zu disziplinie-

203 Cooke, Maeve, „Negative Freiheit? Zum Problem eines postmetaphysischen Freiheitsbegriffs", in: *Zur Verteidigung der Vernunft gegen ihre Liebhaber und Verächter*, hg. v. Christoph Menke/Martin Seel, Frankfurt a. M. 1993, S. 285-299, S. 292.

renden, sinnlichen Teils des Selbst und das heißt letztlich *gar kein* Urteil, sondern bloßer sinnlicher Impuls sein. Auf der anderen Seite erscheint jedes Handeln als Versöhnung eines solchen Gegensatzes in der Disziplinierung des bloßen sinnlichen Impulses.

„Der Mensch – so die entsprechende Argumentation – ist weder fähig, automatisch gut, noch bewußt böse zu handeln. Er wird *versucht*, Böses zu tun, und er muß sich *anstrengen*, um Gutes zu tun."[204] Nur der immer nötige *Umweg* über die Reflexion und die Überwindung und Rationalisierung eines Widerstandes des Vorrationalen qualifiziert hier das (vernünftige und gute) Handeln. Dieser Umweg ist aber unendlich, weil jede neue „Regel" als Formulierung einer Sichtweise selbst an Erfahrung, Sinnlichkeit und eine Identität des Akteurs gebunden bleibt, also verdächtig und aufklärungsbedürftig vor einem neuen Gegensatz zum Allgemeinen, so dass Handeln hier gleichzeitig unmöglich wird. Cavell schlägt eine Lektüre Kants vor, die dessen Rede von Maximen und Sittengesetz begriffskritisch wieder als Modell versteht und damit auch im Sinn der tätigen Projektion von Sinngestalten verstehen kann, die an die Wirklichkeit des Guten in der Lebenswelt zurückgebunden bleibt. In diesem Sinn betont auch Thomas Rentsch die Rolle der Beispiele Kants für dessen Ansatz. Diese, so Rentsch, „setzen die Konstitution einer menschlichen Welt voraus, um den Sinn des Moralischen zu erläutern, der nur vermeintlich einzig und allein in dem einen Satz, dem allgemeinen Gesetz steckt. *Nur im untrennbaren Verbund mit dem Materialen enthält die hier gemeinte Formel einen Sinn.*"[205]

Diese Einsicht erfordert eine philosophische Kritik der Begriffe der eigenen Theoriearbeit als Teil eben dieser Theoriearbeit: Das heißt, wir müssen die Tätigkeit unserer Urteilskraft ebenso darin verstehen, dass wir uns praktisch um genaue Situationsbeschreibung bemühen, ohne den notwendigen Modellgebrauch unseres Urteilens zu übersehen, wie auch darin, dass wir Elementarfälle der Theoriearbeit, deren Moralprinzipien scheinbar auf der Hand liegen, *als gewählte Beispiele* für die grundlegende Form moralischer Entscheidung auszeichnen und reflektieren, die selbst unsere Sichtweise bestimmen. Sonst missverstehen wir den Status komplexerer Fälle, die wir diesen Elementarfällen gegenüberstellen. Solche Elementarfälle illustrieren bei Kant immer negativ, sie versinnbildlichen die selbstverständliche, lebensweltliche, unthematische Rolle der moralischen Urteilskraft. Dass ich nicht töten darf, erscheint so etwa *mit der Darstellung des Beispiels* als höchster und unverletzlicher Grund, der hier eine Handlung *verbietet*. Die Rolle dieser Darstellungsweise darf aber selbst nicht übersehen werden – nur sie bringt grundlose Gewissheiten zur Erscheinung, ohne ihnen aber den Status prüfungsbedürftiger Hypothesen zu geben. Der Status solcher unthematischer und unbedingter Gewissheiten ist nicht der besser oder schlechter begründeter Überzeugungen. Versteht man sie so, scheint der situationsunabhängige, unbe-

---

204 Arendt, Hannah, *Über das Böse. Eine Vorlesung zu Fragen der Ethik*, hg. v. Jerome Kohn, München 2007, S. 53.

205 Rentsch, *Konstitution der Moralität*, S. 321 (Hervorh. im Original).

dingte „Grund" jederzeit in *Konflikt* mit jedem möglichen anderen Wert treten zu können *und* ihn nur unter allen Umständen (unbedingt) schlagen zu können, indem er ihn *als positiven* Wert zum bloßen, pathologischen, Motiv degradiert: Das scheint plausibel nur für bestimmte Fälle, etwa das mögliche egoistische Handlungsmotiv für einen Mord, das in meinem Besitzinteresse an des Anderen Haus und Hof liegt. Gleichzeitig konfrontiert uns die *Darstellung* dieser ermöglichenden Perspektive der Achtung der leiblichen Unversehrtheit des Anderen *als Grund* damit, dass wir sie selbst nicht begründen können. Denn „die moralische Perspektive setzt sich nicht meiner Orientierung am Guten entgegen, sondern begrenzt sie."[206] Und diese „Grenze" hat ermöglichenden, nicht begründenden Charakter.[207]

Komplexere Fälle, die uneindeutiger sind, erscheinen, wenn wir den Darstellungscharakter des Beispiels substanzialistisch missverstehen, als abgeleitet vom scheinbar basalen Modell des Elementarfalls: So muss ich etwa die Situation, in der ich von einem Todkranken um Sterbehilfe gebeten werde, als abgeleitet von der primären Regel des Tötungsverbots interpretieren. So scheinen die grundlegenderen Regeln Verbotscharakter zu haben, komplexere Fälle dagegen scheinen nur unter Erlaubnisgesetze zu fallen, die aber gegenüber dem unbedingten Verbot, das unsere starken Wertungen artikulieren, schwächere Geltung haben. Was immer wir *tatsächlich tun*, erscheint hier als abgeleiteter „Fall" gegenüber den „Fällen", in denen das negative Verbot die Handlung verbietet, in denen also gar nichts geschieht. Das missversteht aber unthematische Situationsgrenzen als explizite Regeln.

Eine solche Konzeption scheint für die Anwendung der Regeln eine unendliche Spezifizierungsnotwendigkeit des Gesetzes nach sich zu ziehen: Was wir auch immer tun, steht hier unter einer doppelten Negation der Ausnahme: „Erlaubt" ist zum einen nur das, was durch moralische Pflichten nicht untersagt wird. Was wir tun (dürfen), wird so zum zweiten zum bloßen, nachgeordneten Sonderfall gegenüber den unbedingten Verboten, die unseren Alltag begrenzen. Die Frage nach der angemessenen Anwendung der Regel auf den Fall stellt sich aber immer, da unsere Sichtweise auf ihn bereits normativ strukturiert ist. Nur in der imaginativen Anwendung der praktischen Urteilskraft können wir alle relevanten Aspekte der Situation für unsere Beurteilung auswählen und gewichten. Wir mögen zustimmen, dass das Tötungsverbot im Fall eines Schwerkranken, der mich um Erlösung von

206 Menke, „Die Vernunft im Widerstreit", S. 213.

207 Kambartel schreibt in diesem Sinne eines Aufweises der grundlegendsten Konstitutiva unseres menschlichen Lebens, indem er explizit darauf verzichtet, ihnen den Status einer Begründung zuzuschreiben: „Wir könnten die transzendentale Analyse auch ein Argument a posteriori nennen, im älteren, vorkantischen Sinn des Terminus. Denn wir sagen hier nicht: ‚Wir sind uns dieses Satzes gewiß, denn er wird von sicheren Sätzen getragen.', sondern: ‚Wie gewiß müssen wir uns dieses Satzes sein, wenn wir uns vergegenwärtigen, was wir ihn tragen lassen.' Wir sind uns hier des Fundamentes so sicher, daß wir das Gebäude bewohnen." Kambartel, Friedrich, „Bemerkungen zum praktischen Selbstverständnis des Menschen, in Kantischer Perspektive", in: ders., *Philosophie der humanen Welt,* Frankfurt a. M. 1989, S. 132-145, S. 138.

seinem Leiden bittet, nicht in Kraft ist.[208] Ich kann mir aber leicht weitere mögliche relevante Situationsumstände oder -aspekte eines konkreten Falls denken: zum Beispiel die Last der Pflege für die Angehörigen, die anstehende Änderung eines Testaments usw. Diese weiteren Umstände lassen es wieder fragwürdig erscheinen, ob meine modifizierte Regel, die die Tötung unter bestimmten Bedingungen erlaubt, nun als verallgemeinerbares Moralprinzip hier anwendbar ist oder ob sie nicht weiterer Modifikation bedarf. Die allgemeine Regel scheint hier notwendig zu unbestimmt zu sein – nämlich als Formulierung zu unbestimmt, die den konkreten Fall nie vollständig erfasst.[209] Sie leistet so einem scheinbar unzweifelhaften Handeln Vorschub, das doch aus den falschen Gründen getan wird. Denn ich kann mich auf die Regel berufen, wenn ich dem Verwandten Sterbehilfe leiste, und diese Berufung scheint weitere Infragestellung zu suspendieren. Aber vielleicht habe ich diese Legitimation missbraucht. Ich könnte dem alten Mann Schuldgefühle gemacht haben, weil uns seine Pflege angeblich oder tatsächlich zur Last fällt, er kann aus finanzieller Not statt aus freier Entscheidung seine Bitte äußern, sich vom gesellschaftlichen Druck einer libertären Gesellschaft dazu gezwungen fühlen … Was hier als immer weitere Spezifikationsnotwendigkeit von Regeln auf die Situation bezogen erscheint, ist eigentlich meine produktive Tätigkeit der Bildung einer Sichtweise, in der ich die Situation überhaupt erst verstehe.

Im Nachspiel des Verlusts selbstverständlicher ethischer Gewissheiten in der Moderne drängt sich dem Subjekt ein Gegensatz und eine omnipräsente Ambivalenz auf. Cavell nennt diese Ambivalenz in seiner Unterscheidung konstitutiver und regulativer Regeln die Differenz zwischen „rule and imperative as one between those actions (or ‚parts' of actions) which are easy (natural, normal) for us, and those we have to be encouraged to do." (MWM, S. 25) Er wendet sich damit gegen diese Vorstellung, wir müssten ein Leben begrenzt von Vorschriften, Verpflichtungen und Regeln leben, unter die die Situationen und Handlungen des Alltags subsumierbar sind.

---

208 Vgl. für diese Diskussion des Problems des moralischen Urteils in komplexen Situationen und das Beispiel: Wellmer, *Ethik und Dialog*, S. 127ff.

209 Wellmer kritisiert Richard M. Hare mit Verweis auf dessen problematische Übertragung eines Modells von Rationalität, das sich den Naturwissenschaften verdankt, auf die Ethik und sieht hier „die Fiktion einer unendlichen Intelligenz, die imstande wäre, das Besondere ganz im Allgemeinen aufzuheben. Nur wenn man eine solche Fiktion als Fluchtpunkt unserer endlichen Denkbemühungen voraussetzt, kann man das Problem der moralischen Ausnahmen oder Konflikte (d.h. der moralischen Problem-Situationen) durch den Hinweis auf die unbegrenzte Spezifizierbarkeit moralischer Normen zu lösen versuchen. Hares Gebrauch dieser Fiktion beruht auf der Übertragung einer in der Naturwissenschaft […] in gewissem Sinne legitimen Denkfigur auf das Gebiet geschichtlich-praktischer Phänomene. Illegitim ist diese Übertragung allein schon deshalb, weil im Bereich der Geschichte (zu der alles Handeln gehört) die Idee einer ‚letzten' Sprache, einer ‚erschöpfenden' Beschreibung nicht einmal als regulative Idee Sinn macht. […] In der Unbestimmtheit der Formulierung (*wann* ist eine Handlung als Akt der *Barmherzigkeit notwendig*) lauern zugleich tausend Gegengründe, die uns in konkreten Situationen (und sogar am Schreibtisch) einfallen könnten; ich meine Gegengründe gegen das Prinzip selbst in seiner allgemeinen Formulierung. In konkreten Situationen müssen wir aber, auf eigene Verantwortung, handeln, so gut wir können." Vgl. Wellmer, *Ethik und Dialog*, S. 33ff.

Die – nach Kant – subjektive Maxime meiner Handlung ist partial, insofern sie erst durch das „Motiv" der Achtung für das moralische Gesetz „geadelt" und die Handlung einem objektiven Prinzip unterworfen wird. Das heißt aber nur: durch diese negative Bedingung ist mein Handeln *nicht determiniert* durch ein sinnliches Motiv, sondern frei. Cavell führt diese Argumentation für einen engen Zusammenhang von Rechtfertigung und Erklärung der moralischen Handlung nun weiter zu einer anthropologischen und hermeneutischen Interpretation von Kants „Maxime". Er versteht diesen Theorieaspekt Kants als Deutung des Menschen als Sprachwesen, das in der Weise seines – sprachlichen – In-der-Welt-Seins angewiesen auf die Anerkennung einer Selbstentzogenheit und auf die hermeneutische Leistungen der Selbstinterpretation ist, insofern hier der grundlose Grund seiner Freiheit liegt:

> [T]ake the idea of a maxim – as a subjective principle of a human action – as recognizing that human actions speak, that they have (interpretable) significance, something not governable by the laws of nature. The conditions of conduct – for example, that they are motivated and have consequences (emphasized in every moral theory) and take place in specific contexts, more or less opaque, and can go wrong in a hundred specific ways – can no more determine what I do than the laws of grammar determine what I say. That my actions are part of the life form of talkers [...] makes them *open to criticism.* (CW, S. 142)

Der *sprachliche* Charakter der Maxime deutet hier Cavell zufolge darauf hin, dass wir als menschliche Wesen nicht nur dem Reich der Natur zugehören, ohne unsere Naturhaftigkeit in der Art und Weise, in der wir frei sind, selbst aber überwinden zu können. Wir agieren und denken in geschichtlich und individuell geformten Selbst- und Weltverständnissen, indem wir sie aktualisieren und variieren, ohne sie doch übersehen, integrieren und fixieren zu können. Diese „exzentrische Positionalität", um mit Plessner zu sprechen, macht uns zu freien Wesen, indem sie die Möglichkeit des Scheiterns, aber auch die der Kritik und eines sinnoffenen Selbstverhältnisses eröffnet. In unserer Lebensform als Sprachwesen verstehen wir eigene und fremde Vollzüge hier und jetzt und unternehmen sie entsprechend. Sie werden also nicht von einem Sollen begrenzt, sondern dieses „Sollen" ist als unthematische Orientierung am Gelingen in einer humanen, geteilten Welt die Form der Wirklichkeit unserer Praxis. Meine Sichtweise verdankt sich einer Vielzahl von Einstellungen, die nur in der Auseinandersetzung und Begegnung in Welt und Praxis geformt sind, und in denen meine unmittelbaren Bedürfnisse schon gestaltet und überformt sind. Aber schon in den einfachsten Fällen gewinnen diese Einstellungen Wirklichkeit nur im lebendigen Vollziehen *aus ihnen heraus* und *gegen sie selbst,* indem sie *hier und jetzt* im neuen Kontext verwirklicht werden.

Das Zusammenspiel von Normativität und Faktizität, das sich für das moderne Subjekt noch in seinen Sinngestalten als Welt- und Selbstdeutungen zeigt, setzt es auf radikalisierte Weise der eigenen Endlichkeit aus. Nicht nur kann das, was mir unaufgebbar wichtig erscheint, im Ergebnis meiner Handlung tragischerweise verletzt und unumkehrbar betroffen sein. Denn es gibt keinen dichotomischen Gegensatz zwischen *wirklicher*, faktisch-physischer Unmöglichkeit und einer *bloßen, moralischen* Undenkbarkeit.[210] Sondern die Reflexion auf unsere Sichtweisen, die unthematisch formen, wie wir Situationen des alltäglichen Lebens sehen, ist ebenso endlich wie das Verfügen über die eigenen Handlungsfolgen. Sie ist nämlich gekennzeichnet von der Gleichursprünglichkeit von Erfahrungs- und Artikulationsaspekt. Cavell spricht entsprechend in der Aufnahme und Modifikation von Kants kategorischem *Imperativ* im Plural von kategorischen *Deklarativen*, in denen wir uns und unsere je besonderen Absichten verstehen, die die Philosophie nur als Aufweis artikulieren kann, ohne dass Normen dieses Zusammenlebens als Regeln „gegeben" wären. Wollen und Sollen treten also nicht von vornherein auseinander, sondern sind in ihrer Verschränkung Aspekte jedes praktischen Urteilens. Ich bestimme meinen Willen in unseren geteilten Lebensformen und in diesem geteilten Raum von Artikulationen des Relevanten und Wünschenswerten sehe und verfolge ich konkrete und in dieser Situation angemessene eigene Ziele. Mit diesen Vollzügen bilden sich gewöhnlich auch geteilte Welt- und Selbstverständnisse weiter aus:

> The categorical declarative does not tell you what you ought to do if you want to be moral […], it tells you (part of) what you in fact do when you are moral. It cannot – nothing a philosopher says can – insure that you will not act immorally, but it is entirely unaffected by what you do or do not want. (MWM, S. 25)[211]

Die Bezeichnung eines „kategorischen Deklarativs" verweist darauf, dass wir nicht moralische Wesen werden müssen oder können, wenn wir es nicht schon *wirklich* sind. Ethische Einsichten können wir nur aus unseren Erfahrungen selbst gewinnen, und dann nicht Anderen übermitteln wie die Wettervorhersage. Das persönliche Moment des Prozesses, in dem die Einsicht gelebt oder auch gewonnen wird, ist irreduzibel, weil „niemand den Besitz praktischer Wahrheit für sich reklamieren kann".[212] Die Rede ist hier nicht von einer Stelle, an der wir *keine Wahl* haben. Sondern in unserem alltäglichen Vollziehen ist die Freiheit unserer Weise der Selbst- und Weltbeziehung unhintergehbar, grundlos und unthematisch und so immer dem Einspruch offen. Der Begriff der Wahl, wenn wir ihn hier verwenden, muss als Erläuterungsbegriff verstanden und nicht voluntaristisch enggeführt werden. Es geht im Begriff des Sittlichen um eine produktive Neuschöpfung des Guten im praktischen Vollzug der Tätigkeit der Urteilskraft, die

---

210 Vgl. Williams, Bernard, „Praktische Notwendigkeit", in: ders., *Moralischer Zufall. Philosophische Aufsätze 1973-1980*, Königstein i. Ts. 1984, S. 135-142.

211 Cavell ergänzt: „‚Ought' unlike ‚must' implies that there is an alternative; ‚ought' implies that you can, if you choose, do otherwise. This does not mean merely that there is something else to do which is in your power (‚I can move the Queen like the Knight; just watch') but that there is one within your *rights*. But if I say truly and appropriately, ‚You must …' then in a perfectly good sense nothing you then do can prove me wrong." (MWM, S. 28)

212 Rentsch, Thomas, „Die Kultur der Differenz. Negative Ethik, Relativismus und die Bedingungen universalistischer Rationalität", in: ders., *Negativität und praktische Vernunft*, Frankfurt a. M. 2000, S. 96-120, S.107.

den „Raum“ des Sittlichen erst eröffnet. Hier liegt die Rolle von Kants Begriff des „Gesetzes“ gegenüber etablierten materialen Verständnissen des Guten.[213]

Man kann diese „Neuschöpfung“ verstehen als Bereitschaft zur undeterminierten neuen Sicht einer Situation mit der Handlung. Sie ist aber auch „bloße“ Artikulation einer solchen Sicht dieser konkreten Situation in der Reaktion auf eine Verletzung und damit Unterbrechung der eigenen Selbstverständnisse. Diese Reaktion muss aber ihren Status der Proto-Rationalität in ihrer Artikulation bewahren, eben weil sie „nur“ negativ auf die Konstitutionsebene verweist. Sie muss sich des Urteils oder Aufrufens einer scheinbaren präskriptiven Norm enthalten. Das heißt, dass sie „nur“ darauf hinweist, dass diese Entzogenheit in Fixierungen des Guten übergangen ist. Beide Charakterisierungen weisen sie als grundlegend passiv und entzogen aus. So verstanden *ist* es aber überhaupt kein *Inhalt*, sondern eben die Vorstellungen des Guten formende *Kraft* des Gesetzes. Wir üben und entfalten unsere vielfältigen Vorverständnisse des Guten praktisch, indem wir sie im sprachlichen Situationsverstehen und Agieren selbstverständlich einsetzen und entwickeln. Mein praktisches Situationsverstehen und Agieren in internalisierten Haltungen und Überzeugungen manifestiert sich gewöhnlich, in Taylors Worten, als „embodied understanding“.[214] Der vorintentionale, passive Charakter dieses Konstitutionsgeschehens zeigt sich in grundlegenden und tragenden moralischen Gewissheiten, die nicht als Gründe isoliert werden können, ohne *damit* – als scheinbare positive Gehalte in Thesen ausgedrückt – ihre Unzweifelhaftigkeit gerade zu verlieren und nun erst begründungsbedürftig zu erscheinen. Der Status solcher Explikationen ist richtig verstanden der von Erinnerungen, zum Beispiel in paradigmatischen Beispielen, mit denen wir an praktische Notwendigkeiten erinnern.

Vor dem – schweigend – mit Handlungen und Äußerungen *mit* gestifteten Hintergrund dieser praktischen Notwendigkeiten entscheide ich dann explizit, was ich faktisch hier und jetzt wie tun soll. Zu töten ist für mich zum Beispiel in aller Regel keine *denkbare* Option, keine Handlungsmöglichkeit, gegen die ich mich – als moralisches Subjekt – entscheiden müsste, obwohl sie in mancher *anderen* Hinsicht oder im Großen und Ganzen vorteilhafter wäre. Die faktische Situation, wie ich sie überhaupt wahrnehme, wird von solchen moralischen Grundüberzeugungen *begrenzt*. Diese „Grenze“ ist aber selbst ein konkretes, geschichtliches Produkt unserer Selbstverständigung, eine sprachliche Form des Guten, in der wir uns verstehen, die ihre Geschichte und Entfaltungsbedingungen hat. Sie ist als Sinngestalt kulturell konkret. Diese Formen entwickle ich, indem ich konkrete Situationen sehe, beurteile und *in* ihnen Ziele verwirkliche;

213 In den Worten von Alenka Zupančič: „Das Gute der Legalität, das Gute als Wirkung einer Handlung ist nicht zu vermengen mit dem Vermögen der Handlung, die Wirkung der Einführung dieses „Gutes“ zu haben. Das einzig wahre sittliche Gut könnte definiert werden als Name für dieses Vermögen.“ Zupančič, Alenka, *Das Reale einer Illusion. Kant und Lacan*, Frankfurt a. M. 2001, S. 69.

214 Taylor, Charles, „To Follow a Rule“, in: *Rules and Conventions. Literature, Philosopy, Social Theory*, hg. v. Mette Hjort, Baltimore 1992, S. 167-185, S. 183.

diese „reine“, das heißt sprachliche Tätigkeit (allein) ist das Gute. Das heißt: Für das, was ich als praktisch notwendig in dieser Situation schweigend anerkannt habe, bleibe ich verantwortlich, ohne es als unanfechtbaren Grund explizieren, behaupten und begründen zu können.

Das Sittengesetz zeigt sich nur indirekt, aber praktisch und konkret angesichts seiner möglichen oder wirklichen Verletzung als Verletzung von Individuen: zum Beispiel als implizite Gewissheit, dass ich *das* – etwa lügen um meines persönlichen Vorteils willen – nicht tun (wollen) kann. Das Problem ist nicht, dass solches Tun einen Widerspruch in der Art eines logischen Widerspruchs produzieren würde. Es ist weder undenkbar noch besonders selten, denn dies ist nicht die Ebene propositional verfasster Überzeugungen. Wir verfehlen und leugnen, was wir als gut anerkennen, alle Tage. Die Praxis des Entschuldigens zeigt, dass sich gerade die Frage der intersubjektiven Beurteilung und Geltung unbedingter, moralischer Ansprüche, also die Frage nach der Verallgemeinerbarkeit einer Maxime, nicht als Frage nach deren situationsunabhängiger, unanfechtbarer und objektiver *Begründbarkeit* stellt. Ich kann hier auch keine Norm aufrufen und mit Berufung auf sie ver- oder auch nur beurteilen. Das Gute liegt im Faktum meiner undeterminierten Erfahrung und reflektierenden Betrachtung der Situation selbst. Dabei geht mein unhintergehbar sinnoffener *und* persönlicher Bezug auf diese Situation und den Anderen nicht in allgemeinen, gegebenen Ansprüchen auf: Nur in der Anerkennung dieses Faktums kann ich auch die Möglichkeit eines Dissens' von Perspektiven ehrlich einsehen und prüfen.[215]

Erläuterungsbegriffe wie der kategorische Imperativ Kants sind also keine Bestimmungen und Regeln, sondern Abkürzungen und Anzeigen für eine Tätigkeit: die der eigenen Beurteilung der ganzen Situation, orientiert an nichts als eben dieser Tätigkeit selbst in ihrer Sinnoffenheit, als Leerstelle. Kein abstrakter Allgemeinheitsanspruch, sondern schon der gewöhnliche, neue und aufmerksame Blick auf die besondere Situation, den das Subjekt selbst vollzieht, suspendiert sein „Ich“ mit seinen Einzelinteressen und jede bloß äußerliche Determination. Er ist bezogen immer auch auf sich selbst: Das Interesse am Wirken der eigenen Urteilskraft ist nämlich in den eigenen Handlungs- und Urteilsweisen, die zum Motiv aktualisiert werden, gleichzeitig in dieser Aktualisierung über sie hinaus *nur an sich selbst orientiert.* Als *Sollen* sind diese so gedoppelten konkreten Verständnisse nur insofern angemessen gefasst, als damit ihr nichtempirischer Status angezeigt ist. Dieses nicht-empirische Moment darf nicht zum gegebenen Präskriptiv verdinglicht werden: Die Leerstelle am Grund dieser, nicht mit sich selbst identischen, Verständnisse ist ein Negativitätsmoment. Wir folgen keinem selbstgesetzten Gebot, sondern *achten, das heißt vollziehen* die Selbstverständlichkeiten unseres Lebens gewöhnlich schweigend.[216]

215 Vgl. Wellmer, *Ethik und Dialog*, S. 49f.

216 „An effective way for actions to be ruled out is that they never come into thought at all, and this is often the best way. [...] It is characteristic of morality that it tends to overlook the possibility that some concerns are best embodied in this way, in deliberative silence.“ Williams, *Ethics and the Limits of Philosophy*, S. 185.

Individuell und persönlich leben und handeln wir als *ganze Personen*, gerade indem moralische Gewissheiten so grundlegend sind.[217] „Das kann ich (einfach) nicht tun." Formulierungen dessen, was *hier* moralisch geboten ist, sind wie diese Äußerung oft negativ, und drücken unsere Werte und Vorverständnisse nur indirekt, über ein negatives Urteil über das hier faktisch mögliche Handeln aus, das uns in unserer Nichtdeterminiertheit durch Fakten und Vorurteile, im Licht unserer Werte und Orientierungen niedrig, unvertretbar oder sogar unmöglich erscheint. Hier zeigt sich der prinzipielle Vorrang moralischer vor instrumentellen Erwägungen und Vorlieben als Ermöglichungscharakter, insofern die ersteren unsere Sicht auf Situationen und auf die Möglichkeiten strukturieren, die wir überhaupt sehen. Ich *kann* den Freund nicht verraten, auch wenn es finanzielle Vorteile brächte; ich *kann* den Ausschluss des Anderen aus dem Bewerbungsverfahren nicht aufgrund persönlicher Aversionen erwirken. Hier sind offensichtlich weder logische noch faktische Unmöglichkeiten bezeichnet. Sondern es zeigt sich negativ, dass wir im Lichte von normativ-faktischen Sinngestalten Situationen sehen – ein Sinngeschehen, das uns als Unmöglichkeit der Sprache und des Selbst-Verstehens zur Achtung des Anderen nötig. Mit dem Verweis auf solche Situationsgrenzen sind aber keine fundierenden Normen oder Prinzipien aufgerufen, noch bestimmen sie positiv, was wir tun sollen. Diese Formulierungen sind daher keine Wegmarken des garantierten Gelingens. Die Berufung auf diese „Sätze" schützt mich also auch nicht vor Schuldzuweisungen und Vorwürfen.

Denn ich trage, wenn auch nicht auf dieselbe Weise, wie für meine Taten, auch „Verantwortung für die Sicht- und Handlungsweisen, die ich als für meine Identität und Welt praktisch notwendig verstehe und anerkenne. Gleichzeitig ist der Begriff der „Verantwortung" hier ein Hilfsbegriff, denn offensichtlich ist die Bindung an die eigenen Voraussetzungen ein Verhältnis anderer Art als es die Beziehung des Subjekts zum eigenen Handeln ist, vor allem ist es eben grundlegend *unthematischer* Art. Denn diese Sicht- und Lebensweisen stellen nicht nur äußere Maßstäbe für eine Welt dar, sondern konstituieren mit meinem Handeln die Welt als *meine* Welt (eine Welt, die ich als humane Welt wollen kann). Damit ist keine Einheit des Selbst noch seiner Alltagswelt dogmatisch postuliert.

Die Konsequenz aus dieser Problematik der Bestimmung einer Maxime, die Cavell hervorhebt, ist die Akzeptanz der Bedeutung der Subjektgeschichte bzw. von pluralen und diskontinuierlichen Subjektgeschichten für die Moralphilosophie und damit auch die Einsicht der Entzogenheit des Individuums für jede ein-

217 Es ist kein grundsätzlich anderer Fall – ein etwa „nur epistemologisch" bedeutsamer –, wenn Wittgenstein die Undenkbarkeit des Gegenteils grammatischer Sätze beschreibt: „Was bedeutet es, wenn wir sagen: ‚Ich kann mir das Gegenteil davon nicht vorstellen', oder: ‚Wie wäre es denn, wenn's anderes wäre?' – Z. B., wenn jemand gesagt hat, daß meine Vorstellungen privat seien; oder, daß nur ich selbst wissen kann, ob ich einen Schmerz empfinde; und dergleichen. ‚Ich kann mir das Gegenteil nicht vorstellen' heißt hier natürlich nicht: Meine Vorstellungskraft reicht nicht hin. Wir wehren uns mit diesen Worten gegen etwas, was uns durch seine Form einen Erfahrungssatz vortäuscht, aber in Wirklichkeit ein grammatischer Satz ist." (PU, §251) Auch unsere moralischen Sätze sind eben gerade das nur in indirekter Weise: *Sätze*. Sie informieren nicht, noch schreiben sie vor.

heitsstiftende Sinnerzählung. Die Herausforderung ist, sich auch den Symptomen solcher Verzerrungen unserer Verständnisse *praktisch*, in der Entwicklung dieser Identität und indem sie aufs Spiel gesetzt wird, zu stellen. Cavell konstatiert: „The problem is to *recognize* myself as denying the other, to understand that I carry chaos in myself." (PDAT, S. 151) Diese Negativitätserfahrung ist nicht nur die Erfahrung eines Unvermögens. Sie entspricht der Kantischen Achtung vor dem Gesetz und vor dem Anderen. In ihr erfährt sich das Individuum als frei – eine Freiheit, die sich in der Interpretation und Artikulation dieser Störung, im „Gesetz" erweist. Die Erfahrung ist daher bei Kant „nicht pathologisch, sondern ein durch einen Vernunftbegriff selbstgewirktes Gefühl und daher von allen Gefühlen der ersten Art, die sich auf Neigung und Furcht bringen lassen, spezifisch unterschieden."[218]

Diese Achtung manifestiert sich der Philosophie der gewöhnlichen Sprache Wittgensteins und Cavells zufolge aber in einer unantizipierbaren Vielzahl von Begriffen und Praktiken. Denn mit der Verwirklichung unserer Orientierungen anerkennen wir auch deren interne Alterität. Weil wir unsere Vorverständnisse von Welt und Selbst sowohl weiterführen wie auch immer mit ihrer Aktualisierung überschreiten, sind wir uns selbst als praktisch Urteilende immer auch fremd. In jeder unserer Begriffsverwendungen erfahren wir daher unsere Selbstentzogenheit als Stimmigkeit, als Koinzidieren von Selbst- und Weltverständnis, von Wollen und Sollen, das beide gleichzeitig als nichtidentisch erweist. Diese Tätigkeit des Selbst-Transzendierens ist die Art und Weise unseres alltäglichen praktischen Urteilens und Verhaltens. Es ist ein Bild, ein Modell dieses Selbstverhältnisses vernünftiger Wesen, das die Erfahrung der Wirklichkeit dieser Vernunfttätigkeit als die Erfahrung einer Grenze, eines Verbots und eines Unvermögens versteht. Ein unserer Zeit und ihren fragilen, als kontingent anerkannten Lebens- und Praxisformen angemesseneres Modell versteht diese Erfahrung als Erfahrung der Verletzung der unthematisch geteilten Welt und praktisch vollzogenen Anerkennung des Anderen. So verstanden zeigt sich diese Moralität als unhintergehbares Faktum unserer Welt auch in der positiven Erfahrung eines Zusammenstimmens und Transzendierens in und mit meinen Vollzügen in der Welt mit Anderen, das ich nicht willentlich bewirke.

In gewisser Weise liegt im Vollziehen alltäglicher Handlungen so ein Modus der Befriedigung, Zufriedenheit, der vielgestaltige Form annehmen kann, die nicht pathologisch, keine bloß sinnliche Lust ist. Sondern die Erfahrung solcher Befriedigung kann eine Markierung dessen sein, dass ich hier selbstverständlich und unthematisch mit meinem Vollzug ein gewöhnliches Beispiel des Guten sich formen lasse und annehme. Versteht man Kants Autonomiebegriff als Konzeption eines eigens, nach expliziter Prüfung gefassten Gedankens, dass die Maxime meines Tuns *tatsächlich verallgemeinerungsfähig* ist, wird dagegen alles Handeln

---

218 Kant, Immanuel, *Grundlegung zur Metaphysik der Sitten*, in: ders., Kant, Immanuel, *Gesammelte Schriften*, Bd. 4, hg. v. der Königlich Preußischen Akademie der Wissenschaften, Berlin 1911, S. 387-436, S. 401.

zum pathologischen. Die Nicht-Identität der Maxime mit sich selbst, insofern sie ein Selbstverhältnis ausdrückt, verlangt uns eine Vollzugseinstellung der Aufmerksamkeit und Sorge auf die Situation und unsere Begriffe zu ihrer Beschreibung ab, die deren Entzogenheit anerkennt. Die Erfahrung der Erfüllung am eigenen Tun ist so verstanden kein Zeichen falscher Selbstzufriedenheit als pathologische, heteronome Ursache oder Motiv meiner Taten, sondern zeigt eine unthematische Einstellung des Vertrauens in mich selbst an, in der ich diese Handlungen vollziehe, eben die Einstellung, die in unserer Erfahrung der Störung – oder Kantisch: der Achtung – negativ thematisch wird:

> But is it the case that fulfilling everyday duties (helping someone rather frail onto a trolley, laying in groceries for a friend with the flu, not yielding in to favoritism in giving a grade or voting an award, hearing out a friend in grief, not cheating on taxes) gives one a higher moral worth if one fulfills them grimly or affectlessly rather than with occasional feelings of mild satisfaction, mild exasperation, or relief, and with no thought in the world whether everyone else does such things or not? (CW, S.137f.)

In der Situation der Moderne scheint ein solches selbstverständliches, grundloses Vertrauen in die Möglichkeit gelingenden Lebens in jedem Vollzug allerdings ein kostbares, aber verlorenes Gut zu sein. Ob das, was mir als gut erscheint, dies tatsächlich ist, oder nur aus Vorurteil und Tradition so erscheint, steht immer zur Disposition. Ich kann auch nicht auf Beweise und Theorien zurückgreifen, die diesen Verlust ethischer Selbstverständlichkeiten als objektives, wissenschaftlich begründetes oder sonst unangreifbares Tatsachenwissen kompensieren könnten.

Auf die Leerstelle unserer Freiheit der Urteilskraft hin und aus ihr heraus handeln wir. Die Form und Weise unseres Urteilens und Handelns in unseren gewöhnlichen Einstellungen muss der Unmöglichkeit einer Begründung dieser Freiheit Rechnung tragen, das heißt, sie darf durch kein einzelnes Motiv bestimmt sein. Das heißt aber nicht, dass es *keinen* solchen „subjektiven Bestimmungsgrund", wie Kant es nennt, geben dürfte, weil die Form meiner Maxime als Gestalt meiner Einbildungskraft immer ein subjektives Moment behält. Wird diese Leerstelle zur Illusion eines obersten moralischen Prinzips verzerrt, das wir für jede Situation als allgemeines finden und begründen können müssen, führt das in den Moralismus. Dann erscheint *jede* unthematische, grundlose ethische Gewissheit als noch der letzten Begründung bedürftige Regel, selbst das Tötungsverbot. Das Urteil im konkreten Fall scheint damit immer die bloße Vorstufe eines tatsächlich gerechtfertigten Urteils zu sein.[219] An der historischen Stelle, wo

219 Raatzsch schreibt in diesem Sinne: „Nehmen wir einen Satz der Ethik wie ‚Du sollst nicht töten!' Man muß sich vor Augen halten, daß dieser Satz eine natürliche, wenn man so will, eine instinktive Zustimmung erfährt, wenn er einmal zur Debatte steht. Es bedarf der Hinweise auf problematische Fälle, um ihn zu erschüttern, den Instinkt zum Schweigen zu bringen. Dann aber braucht es ‚theoretisches Geschwätz', wenn man wieder an ihn glauben soll. Und nun kann es so scheinen, als sei es eigentlich nur ein glücklicher Zufall, daß wir ihn in der ersten Instanz akzeptiert haben, denn dort hatten wir keine Gründe, während wir jetzt, wo wir die Theorie haben, sehen, daß und inwiefern er tatsächlich begründet ist." Raatzsch, Richard,

Vorverständnisse nicht als praktische Gewissheiten einer gewachsenen Sittlichkeit selbstverständlich gelebt werden, scheint dann ein unerfüllbarer Bedarf nach Begründung leitend zu werden. Denn jeder sittliche Gehalt scheint nun potentiell pathologisch und der Prüfung bedürftig. Ich muss mich nun, will ich mich als aufgeklärt und rational verstehen, zu meinen Vorverständnissen (kritisch und prüfend) verhalten und diese bestenfalls vollständig aufklären. Die Notwendigkeit der Bejahung der eigenen Tätigkeit der Urteilskraft durch eben diese Tätigkeit selbst, kann, weil sie sich artikulieren und insofern scheinbar Normen setzen muss, verzerrt erscheinen zu einem unendlichen Rationalisierungsbedarf des in diesem Vernunftvollzug geführten Lebens.[220]

Dieser Anstieg explizit gewordener Reflexivität ist als Ideal eines Bezug jeder Handlung auf eine vorgängige Regel formulierbar, aber dieses Problem verweist auf die Unhintergehbarkeit persönlicher Stellungnahme für das moderne Selbst, das seine Welt und seine Identität in seinen eigenen Wertmaßstäben „wählt" und zwar mit seinen wie auch immer gearteten intentionalen Vollzügen *mit*. Es lebt eine Sittlichkeit zweiter Stufe, unhintergehbar entzweit, mit seinem Anderen und damit mit der eigenen Grundlosigkeit konfrontiert und so auf sich selbst zurückgeworfen. Ich kann auf den Vorwurf deshalb nicht sagen: „ich musste so handeln, ich hatte keine Wahl", wenn ich damit meine, dass ich keine Verantwortung für das Geschehene trage. Ich kann aber sagen: „Ich musste so handeln, es war das einzig Richtige", und dafür *nichts als* mich und die tiefsten Wertungen, die meine Identität ausmachen, eben in der unhintergehbaren Entzogenheit dieses Selbst sogar für mich selbst als „Autorität" einsetzen. Recht verstanden ist diese Stellungnahme aber eine Selbst-Exponierung, eine Enthaltung vom bestimmenden Urteil und die Akzeptanz sinnkonstitutiver Negativität.

Dass ein moralistisches Fehlverständnis des Darstellungsmoments der Reflexion der Urteilskraft als bestimmendes Urteil auch ideologischen Ballast transportiert, zeigt eine geläufige Interpretation eines berühmten Beispiels von Kant. Kant beschreibt die Situation und das Selbstverständnis eines Menschen, der sich durch eine Notsituation gezwungen sieht, Geld zu borgen, aber weiß, dass er es nicht zurückzahlen kann. Kant schreibt, derjenige fühle „Lust, ein solches Versprechen zu tun; noch aber hat er so viel Gewissen, sich zu fragen: ist es nicht un-

---

„Überreden und Überzeugen. Rhetorik versus Philosophie", in: *Argumentation*, hg. v. Pirmin Stekeler-Weithofer/Geert-Lueke Lueken, Leipzig 1999, S. 53-80, S. 73.

220 Zupančič stellt mit der – sperrigen – Theoriesprache Lacanianischer Psychoanalyse diesen Rationalismus als pathologisches Wirken des Über-Ich dar: „Die Ethik verlangt in der letzten Instanz von uns lediglich eine einzige Sache: Die Pflicht soll nicht wie eine Maske von etwas anderem auftreten, Naturgesetze, denen man ‚nicht widerstehen kann', sollen nicht bloß eine Maske dafür sein, daß man (sowieso schon) in seiner Pflicht nachgegeben hat. Anders gesagt, soll sich das Über-Ich herstellen, dann muß das Subjekt bereits schuldig sein, schuldig vor einem anderen Gesetz. Die Herstellung des Über-Ich ist bereits eine Folge dessen, daß ‚hinsichtlich des Begehrens nachgegeben worden ist'. Das Schuldgefühl, das vom Über-Ich herrührt, ist keineswegs ‚irrational'. Die Schuld ist nicht unbegründet, sie zeigt sich aber – von dem Augenblick an, in dem sich das Über-Ich herstellt – als verstellt." Zupančič, *Die Ethik des Realen*, S. 114.

erlaubt und pflichtwidrig, sich auf solche Art aus Not zu helfen."[221] Man mag meinen, in Beispielen wie diesen erweise sich Kant, der Vertreter der reinen Selbstgesetzgebung der Vernunft eben doch als Lobbyist, nämlich als unnachgiebiger Vertreter der Eigentumsrechte des aufstrebenden Bürgertums. Es geht aber beim Verhältnis von „Lust" und „Gewissen" hier nicht schlicht um die Prüfung und Rationalisierung eines unlauteren, nämlich bloß subjektiven Impulses oder Motivs, der bereits im Voraus als solcher identifiziert ist, durch den Verstand. Sondern es geht um ein Erfordernis der Selbsterläuterung, das sich aus dem Spannungsverhältnis von Vorverständnis, Erwartung oder Modell und der ebenso von der Einbildungskraft projizierten Auffassung des Falls ergibt. Dieses Erfordernis drückt sich in der Erfahrung der eigenen Grundlosigkeit aus, nicht in einer empirischen Erfahrung, die es zu reglementieren und zu verallgemeinern gälte.

Versteht man das Selbstverhältnis hier in den Begriffen der linearen Zeitlichkeit, erscheint es paradoxal sich selbst voraus und verspätet: In Kants Beschreibung ist der Handelnde sich bereits vor der expliziten Prüfung bewusst, etwas *nicht wollen zu können*, aber er gewinnt dieses Bewusstsein in einer *Erfahrung* des Innehaltens, Gestopptwerdens vor der Handlung. In dieser Erfahrung – laut Kant die der Achtung vor dem moralischen Gesetz – erfährt der Einzelne als moralisches Gesetz negativ die Erschlossenheit seiner ganzen moralischen Welt. Das heißt, er erfährt seine Welt als eine Welt des vertrauensvollen Umgangs mit dem Anderen. Sie wird von Kant als *Erfahrung* oder Gefühl eines *Verbots* charakterisiert, darf also nicht selbst als *empirische* Erfahrung (der Antizipation) bloß sinnlicher Lust bzw. Unlust konzeptualisiert werden, von der der Handelnde hier heteronom bestimmt würde und die es deshalb zu sanktionieren gälte. Es geht hier aber andererseits auch nicht um das rein intellektuelle Bewusstsein einer Norm, sondern um eine Konfrontation mit einer Urteils- und Handlungsweise selbst, in der wir vorthematisch die Situation sehen und die dem Partikularinteresse des Egoismus hier als eine Schranke erscheint. Dem unthematischen Vorverständnis entsprechend ist aber die Leistung, die hier von uns gefordert wird, nicht die einer Regelanwendung – sondern eine sinnoffene Situationsbeschreibung und -beurteilung.

Die Störung manifestiert das Gefühl der Achtung und fordert Klärung und Selbsterläuterung ein, ohne dass ein Urteil bereits feststünde. So interpretiert Cavell das erwähnte Beispiel Kants folgendermaßen:

> The prohibition, or sense of transgression, thus occurs before the universalization takes place. [...] The state of such a man seems to be one that presents the thought of an act as a temptation; and it is this temptation which identifies the act whose maxim must be subject to the test of the law. And shall we say that the temptation is caused by an obscure awareness of the law, or that the sense of temptation, of a tainted, self-serving motive, produces the idea of the law? (CW, S. 136)

221 Kant, Immanuel, *Grundlegung zur Metaphysik der Sitten*, AA 4, S. 422.

Das Paradox, ob das Gesetz in der Reaktion auf die Neigung gebildet wird oder die Neigung einer Abwehr des Gesetzes entspringt, löst sich auf: wenn anerkannt wird, dass es hier um die Aufgabe geht, ein Selbstverhältnis sinnoffen und frei, das heißt auch ganz neu zu bilden, nicht um unendliche Rationalisierung und Verallgemeinerung von Vorverständnissen. Diese Aufgabe muss als Tätigkeit der praktischen Urteilskraft und ihres Vermögens der Selbstartikulation verstanden werden. Sie ist *reflektierende* Artikulation der eigenen Erfahrungen. So sieht Kant beispielsweise: Es ist schon ein eigener Akt der Freiheit, nicht nur die Wahrnehmung eines bloß gegebenen sinnlichen Impulses, den Gedanken an eine Handlung überhaupt *als* Versuchung zu konzeptualisieren, der ich nicht widerstehen kann. Diesen Akt der Freiheit, mit dem wir uns als unfrei konzeptualisieren, als unterworfen unter ein abstraktes Sollen, das unsere Individualität nicht ausdrückt, sondern uns ihr entfremdet, gilt es dann, selbst in den Blick kritischer Reflexion zu bekommen.

Wenn wir ein Verhalten oder eine Beschreibung „unangemessen", „komisch", „irritierend" finden, kann das eine Leerstelle, einen Bruch des Verstehens anzeigen, den wir nicht vorschnell mit einem Urteil über ein moralisches Ungenügen des Anderen identifizieren sollten. Ob und wie ich meine Perspektive für die des Anderen offenhalten und diese in Betracht ziehen kann, um die Angemessenheit einer Situationsbeurteilung zu prüfen, wird hier zur offenen Frage, die nicht in die Frage nach einer *Bewertung*, das heißt aber auch: nicht in einer erschöpfenden *Erklärung* aufgelöst werden darf.[222] Allerdings zwingt mich „nach den grundlosen Gewissheiten" der traditionalen Sittlichkeit scheinbar jede Situation zur Selbst-Begründung. In meiner Selbstartikulation angesichts der Irritation, dem Innehalten ob meines ersten Handlungsimpulses erkenne ich aber nie die objektiv gültige Handlungsregel. Ich anerkenne auch hier „nur" nachträglich als für mich sinnkonstitutive Bedingungen, was ich vorher bereits implizit und unthematisch im Vollzug von Handlungen und Urteilsweisen *mit* als höchste Werte meiner Identität gesetzt oder anerkannt habe.[223] Das heißt, ich bin zur Behauptung einer Norm mit jedem praktischen Urteil gezwungen, eine Behauptung, die ich aber nie einlösen kann.

Schließlich *zeigt* sich das Problem dieses Regelregresses auf der Ebene von dessen theoretischer Konzeptualisierung, insofern diese ihn verdoppelt. Wie für unsere alltäglichen Beschreibungen unserer Situationen und Werte gilt auch für das philosophische Vokabular, dass es die gesamte Art und Weise *formt*, wie sich uns Problemstellungen präsentieren. Die Bilder, Modelle und Kernbegriffe, die wir protorational auch für die Vorstellung unserer eigenen Vernunfttätigkeit gebrauchen, können daher als immer der philosophischen Selbstkritik bedürftig ver-

---

222 Vgl.: Wellmer, *Ethik und Dialog*, S. 49.

223 Slavoj Zizek formuliert das so: „The very act of acknowledging a temptation which you cannot resist is already your free choice. In this sense you posit your very presupposition." Ders., „The Superego and the Act." Online unter: http:/www.egs.edu/faculty/slavoj-zizek/articles/thesuperego-and-the-act, letzter Zugriff am 24.12.2011.

standen werden – nicht weil sie bloße Bilder wären, zu ungenau und unbestimmt, sondern weil wir sie häufig als Bestimmungen verstehen wollen und ihren Status so verfehlen.

Die Anerkennung der Entzogenheit des Selbst und der Tätigkeit der Urteilskraft transformiert diesen letzteren skeptischen Schluss. Wie ich die Dinge sehe, ist Sache meiner vielfältigen Einstellungen und Überzeugungen als Tätigkeit der Einbildungskraft und die Rolle solcher unthematischen Vor-Einstellungen ist auch für unsere Theorieleistungen irreduzibel. Damit muss auch die philosophische Rede Urteils-Enthaltung bleiben. Sie leistet „bloß" die parasprachliche Selbst-Explikation ihrer eigenen begrifflichen Voraussetzungen, die sie, indem sie sie thematisch macht, doch in der Form des Satzes, des Urteils artikulieren muss, und deren Rolle deshalb missverständlich bleiben muss. Diese Negativität kann aber, weil sie auch die philosophische Reflexion auf die Antwort auf das Andere verweist, auch zu einer völlig neuen Sicht auf die eigenen Modelle und Beschreibungssprache nötigen.[224]

2.3.2. Der Grenzfall des Bösen: Die literarische Darstellung gelebter Privatsprache und Cavells Begriff der Konversation

Es ist Cavell zufolge eine spezifische Möglichkeit der Literatur, etwas zu zeigen, wovon zunächst nicht ganz klar scheint, wie „es" überhaupt zur Darstellung kommen kann: die Sinnkonstitution einer menschlichen, geteilten Welt. Cavell zufolge gelingt das über die Darstellung ihrer skeptischen Verweigerung. Um das näher zu beleuchten, will ich auf eines der literarischen Beispiele Cavells zurückgreifen. Cavell liest Dostojewskis *Schuld und Sühne* – in der Skizze von zwei, drei Sätzen am Rande seiner Filmlektüren in *The Pursuit of Happiness* – als künstlerische Gestaltung von Kants Begriff des radikalen Bösen. Dostojewskis Raskolnikov ist arm und gesellschaftlich isoliert. Er verwirft die Welt, da sie ihm unvollkommen erscheint, und stellt der Wirklichkeit seine Ideen entgegen, zuallererst seine Überzeugung, dass „außergewöhnlichen" Menschen das Recht zusteht, „gewöhnliche" Menschen zum Mittel ihrer höheren Zwecke zu machen. Diese Vorstellung realisiert und illustriert er im Mord an der alten Pfandleiherin; er scheitert allerdings daran, den eigentlich geplanten Raub auszuführen. Seine Perspektive auf die Welt verändert er erst durch seine Gewissensqualen nach dem Mord.

---

224 Taylor kommentiert: „Es gibt gewiß keine verfügbare Metasprache, innerhalb derer ich konkurrierende Selbstinterpretationen [...] abwägen kann. [...] Im Gegenteil, die Umwertung erfolgt innerhalb der gegebenen Formulierungen, jedoch sozusagen in abwartender Haltung hinsichtlich dessen, was diese Formulierungen artikulieren sollen, und mit einer Bereitschaft, einen Gestaltwandel unserer Auffassung der Situation zu erleben, ein radikal neues Kategoriensystem, innerhalb dessen wir unsere Lage zu begreifen haben, das uns vielleicht auf dem Wege der Inspiration begegnen könnte." Taylor, „Was ist menschliches Handeln?", S. 45.

Im Fall des Raskolnikov wird, so wie in Kants Begriff des radikalen Bösen, nicht das moralische Gesetz partikularen Triebfedern untergeordnet. Sondern Raskolnikov setzt, bildlich oder in Analogie gesprochen, dem moralischen Gesetz *sein* Gesetz, nämlich eine unbedingte Verweigerung des Moralischen entgegen. Davon, dass er einer Versuchung erliege, ist, so scheint es, kaum zu sprechen. Sein Urteilen und Handeln scheint darauf gerichtet zu sein, die eigene Menschlichkeit in ihren Sinnbedingungen zu vernichten.[225] Allerdings kann man die Reue, die Raskolnikov nach seiner Tat empfindet, als Einsicht in das Scheitern dieses Gegenprojekts der Gestaltung des eigenen Lebens durch eine Einzelhandlung verstehen. Zumindest unklar erscheint dann, ob dieses „Ziel" Raskolnikovs überhaupt sinnvoll gedacht werden kann. Denn unser Begriff von „Motiven" ist ein Begriff von partikularen Dingen oder Zuständen, die wir wertschätzen. Hier geht es dagegen um ein „Ziel", das die ganze moralische Welt als solche umfasst bzw. verneint. Es geht also um die Welt, in der wir überhaupt einzelne Dinge wollen und diese Wünsche auch begründen bzw. mit Anderen einschränken können.[226]

Raskolnikovs Rolle im Roman erscheint also vielleicht zunächst als ein ganz kommensurabler Fall von Irrationalität, nämlich als ein Beispiel von *akrasia*. Aber dieses scheinbar unproblematische Erfassen dieser literarischen Figur unter einem Urteil und Begriff scheitert. Denn Raskolnikov scheint gar nicht *wollen* zu können, was Cavell als „Motiv" für sein Handeln deutet, und das stellt auch in Frage, dass es hier überhaupt um eine Einzelhandlung geht, die wir – wenn auch vermittelt über die literarische Darstellung – beobachten und beurteilen können. Er wählt frei als subjektiven Bestimmungsgrund der Willkür und daher a priori zu jeder konkreten (empirischen) Handlung das Böse. Er „entscheidet" sich damit aber auch gegen die Freiheit selbst, die er hier gerade übt. Um diesen *Grenzfall* als solchen ernst zu nehmen, müssen wir ihn aber anders, als literarischen, akzeptieren und darauf, ihn unproblematisch zu erfassen, zunächst verzichten: Wir müssen unser selbstverständliches, scheinbar eindeutiges Vorverständnis (und das damit einhergehende Urteil) zunächst aussetzen und anerkennen, dass er uns unbegreiflich erscheint.

Wenn wir das Paradox, mit dem uns Raskolnikov in Cavells Deutung konfrontiert, akzeptieren, müssen wir den Fall in seiner Fremdheit hinnehmen. Raskolnikov verweigert sich gerade in seinem Autonomieanspruch der Herrschaft des

225 Bei Arendt heißt es zum radikalen Bösen, „daß wir es weder bestrafen noch vergeben können, was nichts anderes heißt, als daß es den Bereich menschlicher Angelegenheiten übersteigt und sich den Machtmöglichkeiten des Menschen entzieht. [...] Böse Taten sind buchstäblich Untaten, sie machen alles weitere Tun unmöglich." Arendt, *Vita activa*, S. 236. Diese Deutung droht allerdings selbst einer Dämonisierung zu erliegen, die Arendt mit ihrer berühmten These der „Banalität des Bösen" kritisiert. Sie resultiert daraus, dass das radikale Böse hier sowohl als unproblematisch wirklich wie als unintelligibel erscheint.

226 Kant spricht vom „Actus der Freiheit", der „dem moralischen Vermögen der Willkür ankleben [muss]". Kant, Immanuel, *Die Religion innerhalb der Grenzen der bloßen Vernunft*, in: ders., *Gesammelte Schriften*, Bd. 6, hg. v. der Königlich Preußischen Akademie der Wissenschaften, Berlin 1914, S. 13-197, S. 21 bzw. 31.

moralischen Gesetzes. Er macht sich nicht nur aus pathologischer Lust zur – problematischen – Ausnahme vom moralischen Gesetz, sondern seiner Vorstellung von der mittelmäßigen Welt nach *müssen* sich die „außergewöhnlichen Menschen" zu deren Ausnahme machen, um überhaupt Individuen im vollen Sinne, singuläre Subjekte sein zu können. Dieses Gesetz ist Kant zufolge in seiner faktischen Geltung, die wir als Achtung erfahren, Beweis dieser Freiheit – wir erfahren bei Kant Achtung vor dem moralischen Gesetz als die Differenz von empirischer Dimension und der Dimension, in der wir uns als Moralwesen verstehen können und müssen. Raskolnikov „wählt" nun mit seiner „intelligiblen Tat", wie Kant es in einer Analogie zu verantwortbaren empirischen Taten nennt, seine oberste Maxime.[227] Damit akzeptiert und verwirklicht er sich eigentlich als nicht nur Naturwesen, sondern als moralisches Wesen, das seine bloß faktischen Bedingungen transzendieren kann.

Raskolnikovs „Entscheidung" ist radikaler als es die Entscheidung zu jeder moralisch zweifelhaften, etwa egoistischen Tat sein kann: Er „entscheidet" sich mit seiner Selbstgesetzgebung dafür, sich überhaupt keiner Gesetzgebung unterwerfen zu müssen, überhaupt kein Teilnehmer einer menschlichen Mit-Welt zu sein. In seinem Verständnis der intelligiblen Tat als *souveräne Tat oder bestimmendes Urteilen* erscheint eben diese „Tat" für ihn als Zwang zu einem Allgemeinen, dem das Individuum in seiner Freiheit als entzogen nicht nur Ursache ist, sondern auch in eben dieser Entzogenheit als per se Verurteilungswürdiges erscheint. Es muss sowohl die eigene Subjektivität wie auch die konkrete Situation im formulierten Urteil als Bezug auf eine Norm immer neu einklammern, wie es sich auch so nie selbst genügt. In der Deutung Cavells ist das nicht nur ein moralischer Skeptizismus, sondern ein Skeptizismus bezüglich einer geteilten Welt und eines geteilten Verstehenshorizontes der Kommunikabilität. Raskolnikovs skeptischer Wunsch, dieser Allgemeinheit zu entkommen, entspricht nach Cavell dem Wunsch nach metaphysischer Privatheit, der sich in philosophischen Konzeptionen privater Sprache ausdrückt. Er ist nur scheinbar problemlos in gegebenen Kategorien verstehbar. Gerade weil die literarische Gestaltung diesen Wunsch so aber als Phantasma *darstellt*, macht sie ihn lesbar, kritisierbar und transformierbar. Denn indem diese Kategorien hier nicht greifen, erkennen wir uns selbst in diesem „Akt" der Leugnung von Entzogenheit und des Anspruchs auf private Souveränität wieder. Gerade dass uns dieser Schein aber an die Grenze unserer Möglichkeiten des Verstehens führt, bringt die Tätigkeit der Urteilskraft neu ins Spiel und zeigt die Entzogenheit dieser Tätigkeit für sie selbst. Diese literarische Erfahrung kann so eine Umkehr der Blickrichtung ums Ganze einleiten:

> This takes moral evil as the will to exempt oneself, to isolate oneself from the human community. It is a choice of inhumanity or monstrousness. […] Raskolnikov is not merely disobeying the law in a given case, refusing to universalize his maxim and act for the sake of the law. He might be conceived as attempting to refuse the

227 Ebd.

> law as such, to act for the sake of immorality, to become, let us say, unjudgeable. He purifies our wish for inhumanity. (PH, S. 80)

Die Zwecklosigkeit der Tat des Raskolnikov ist eine skeptische. Er verweigert sich der *Unmöglichkeit* moralischen Lebens selbst und der eigenen Entfremdung – wobei beide von Raskolnikovs Urteils- und Vorstellungskraft selbst, als *Vermögen* der Unterscheidung und Setzung von Werten, produziert sind. Diese Selbsttätigkeit der Urteilskraft erscheint als unausweichliches Ausgeliefertsein an ein allgemeines Urteil. Von dem erscheine ich als singuläres Individuum immer schon verdammt, gerade indem mein eigener Entwurf einer geteilten menschlichen Welt *mit* jeder Handlung entworfen *und* von dieser Handlung und ihren Gestalten unserer Praxis uneingelöst bleibt. Raskolnikov wird von Cavell charakterisiert als „attempting to refuse the law as such, to act for the sake of immorality, to become, let us say, unjudgeable" (s.o.).

Raskolnikovs Urteil ist in Cavells Lesart formal frei; nämlich ununterscheidbar vom unthematischen, andauernden „Akt" der Tätigkeit der unterscheidenden Urteilskraft. Es setzt wie dieses konstitutive Unter-scheiden alle gegebenen Normen, Grenzen und Maßstäbe gemeinsamen Lebens aus und erst ein. Im Gegensatz zum reinen ethischen Akt der Bejahung eines Absoluten, nämlich der unthematischen Bejahung der eigenen entwerfenden Tätigkeit der Sinnkonstitution *mit* dieser Tätigkeit, ist das hier aber eine Verneinung der Möglichkeit von Sinn als Verendlichung. Er scheint *nichts anderes* als eben unbedingte Bejahung *und* Verneinung seiner selbst als Tätigkeit, des reinen Vollzugs *im Vollzug* sein zu können – der weder als Gut noch als Böse zu bestimmen ist, sondern diesen Unterschied, und damit die menschliche Welt, erst konstituiert.[228]

Denn diese Unentscheidbarkeit wird zum scheinbar unlösbaren *moralischen* Deutungsproblem der Wahl der Gesinnung des Einzelnen. Die Vorstellung, dass wir uns als Ausnahme vom moralischen Gesetz verstehen *müssen*, um überhaupt Individuen, singuläre Subjekte sein zu können, kreiert Raskolnikovs Verzweiflung an der eigenen Freiheit. Das Phantasma, das den enggeführten Vernunftbegriff eines prozesshaften, sich selbst immer weiter verallgemeinernden Sollens begleitet, malt uns als Individuen in unserer Privatheit prinzipiell aus einem so verstandenen Reich der Zwecke ausgeschlossen, weil dessen Status *nur* das als-ob eines regulativen Ideals einer imperfekten und partikularen Praxis und Verendlichung sein kann. Damit scheint jedes Subjekt „Ausnahme" von der Allgemeinheit des Gesetzes. Die „Aufklärung", das heißt die Aussetzung dieser falschen Vernunftpraxis zeigt das singuläre Individuum noch als Grenze des so verstandenen, abstrakten Gesetzes. Diese Inkommensurabilität betrifft nicht nur den leidenden Betroffenen einer Tat als Betroffenen, sondern jedes Individuum als Individuum,

228 Der Grenzfall des radikalen Bösen ist bei Kant, wie Alenka Zupančič feststellt, formal nicht zu unterscheiden von der reinen ethischen Handlung. Auch hier ist der Vollzug *als Vollzug* Selbstzweck. Vgl. Zupančič, *Die Ethik des Realen*, S. 88ff.

einschließlich des an der eigenen Tat leidenden Akteurs.[229] Für Raskolnikov allerdings scheint die Unannehmbarkeit des Leidens der „Mittelmäßigen" laut dem moralischen Gesetz die Unmöglichkeit der Realisierung der Größe der außerordentlichen Menschen, der Individuen im eigentlichen Sinne, zu bedeuten.

Raskolnikovs „Wahl" *muss* deshalb für ihn die absolute Verneinung dieser menschlichen, geteilten Welt sein. Sie muss scheinbar selbst diese Welt und damit das eigene freie Ich als ganze setzen, kann das aber nur gegen das bereits Gesetzte *und* gegen die bloße Empirizität der eigenen Setzung als Tat und Urteil. Diese Unentscheidbarkeit begleitet eine Stimmung der Verzweiflung, die im Roman geradezu greifbar wird. Mit ihr wird unser Begriff des Moralischen zunächst fragwürdig und erweist sich dann neu als Reflexionsbegriff, der auf den Status von Moralität als eine *Tätigkeit* und *Haltung* der Sensibilität moralischen Urteilens verweist. Das Gefühl, das uns angesichts des literarischen Beispiels des Raskolnikov und seiner Verzweiflung an der eigenen Freiheit erfüllt, ist so verstanden die Erfahrung einer Irritation unseres Selbstverständnisses, die am Beginn einer Selbsterkenntnis stehen kann. Denn wir müssen hier den Anspruch auf die Position des souverän (Ver-) Urteilenden aufgeben und stattdessen diese Haltung der Sinnoffenheit als Talent zur Lektüre verwirklichen. Die Unmöglichkeit des Begreifens des Raskolnikov in gegebenen Kategorien[230] nötigt uns zur Antwort auf uns selbst – nämlich auf unsere Enttäuschung angesichts des Scheiterns unserer absoluten Vernunftansprüche, deren Anerkennung uns auf eine geteilte Lebenswelt, in der wir scheitern und fehlgehen können, und auf unsere eigene ungarantierte Urteilstätigkeit und Lebensweise in ihr zurückverweist.

Wir müssen „Fälle" wie diesen Cora Diamond zufolge *nach dem Modell* des Wollens eines besonderen Ziels verstehen, und uns so über einen Umweg dem Erfassen der Totalität annähern, die sie als Grenzfälle versinnbildlichen. Unser Erfassen dieses Grenzfalls bleibt damit notwendig näherungsweise bzw. auf eine Analogie verwiesen und zeigt uns diese eigene analogisierende Tätigkeit, gerade eben indem ihre Fixierung im Bild scheitert. Diese Leerstelle erfahren wir nur negativ – und die Erfahrung entspricht der Kantischen *negativen* Erfahrung der Achtung, die sowohl unsere empirische Natur als begrenzt ausweist, wie auch uns

229 Stegmaier schreibt mit Verweis auf Lévinas: „Eine Ausnahme für andere wird vor allem dann gemacht, wenn sie leiden. Dabei scheint es moralisch weitgehend gleichgültig zu sein, ob sie verschuldet oder unverschuldet leiden. Ihr Leiden allein verbietet moralisch, es im Namen allgemeiner moralischer Regeln zu rechtfertigen und damit gutzuheißen. [...] Das Leiden anderer ist als solches moralisch unerträglich. Ich kann mir mein eigenes Leiden erträglich machen, indem ich es moralisch rechtfertige, gute Gründe dafür finde, nicht das der anderen." Stegmaier, „Mit Ausnahmen umgehen", S. 133.

230 Kant schreibt in der *Metaphysik der Sitten*: „So viel wir einsehen, ist ein dergleichen Verbrechen einer förmlichen (ganz nutzlosen) Bosheit zu begehen Menschen unmöglich und doch (obzwar bloße Idee des Äußerst-Bösen) in einem System der Moral nicht zu übergehen." Kant, Immanuel, *Die Metaphysik der Sitten*, in: ders., *Gesammelte Schriften*, Bd. 6, hg. v. der Königlich Preußischen Akademie der Wissenschaften, Berlin 1914, S. 205-493, S. 321.

auf unsere Moralität und damit Freiheit verweist.[231] Hier zeigt sich dagegen, im Paradigma der Philosophie der gewöhnlichen Sprache, die Negativität in der irreduziblen Differenz und Bezogenheit aufeinander von allgemeiner und konkreter Dimension der Sinngestalten, die das material-sinnliche Wirken der Tätigkeit der Einbildungskraft und Urteilskraft produziert. Gerade Raskolnikovs „Anrennen an die Grenze der Sprache" (PU, §119) zeigt, dass wir singuläre Individuen nur als leiblich, geschichtlich und sprachlich situierte sind. Denn unsere Selbst- und Weltverständnisse sind bereits in ihrer Vollzugsweise im Fluss, und so privat und öffentlich, und immer in diesen beiden Dimensionen gegeneinander gespannt. Das Individuum steht nicht schlicht im Gegensatz zum Allgemeinen – es ist Raskolnikovs eigene sinnkonstitutive Tätigkeit ihrer „Verflüssigung", die das Allgemeine, das moralische Gesetz als bestimmten Begriff dem Konkreten unversöhnlich gegenüberstellt. Ganz vergleichbar erläutert der Wittgenstein des *Tractatus* sein Programm: „Meine Sätze erläutern dadurch, dass sie der, welcher mich versteht, am Ende als unsinnig erkennt …" (T 6.54).

Diese literarische Darstellung eines praktischen Skeptizismus zeigt in der Figur des Raskolnikov den Grenzfall der Möglichkeit der menschlichen Freiheit, der sich der gemeinsamen Welt in offenen Sinnbezügen in seiner Setzung, seinem Urteil über diese Welt verweigert, allerdings in eben dem, mit jeder Stellungnahme in der Welt unvermeidlichen, Akt der Konstitution. Diesen Grenzfall liest Cavell nicht als leicht zu beurteilenden Fall einer moralischen Verfehlung oder Abweichung. Er sieht ihn als eine exemplarische Darstellung unserer selbst in unserer ganz alltäglichen privatsprachlichen Verstrickung. Eben unsere erste Reaktion auf diese Darstellung, die vermeintlich unproblematische Ablehnung und Verurteilung, zu der uns schon der in Deutschland geläufige Titel „Schuld und Sühne" verführen kann, versteht er als Wiederholung dieser Privatsprachenphantasie. Diese vermeintlich klare Einordnung erscheint ihm nämlich als eine Abwehrreaktion des Verstandes auf das Ideal, die Sinngestalt des Reichs der Zwecke, *in seiner Entzogenheit.* Es ist die Abwehr einer Unverfügbarkeit der Freiheit der eigenen Urteilskraft, in der sich selbst deren Verstehens- und Interpretationstätigkeit anzeigt.

Wie Raskolnikov erscheint uns als Lesern nur aufgrund dieser Rationalisierung und Abwehr die Imaginationstätigkeit unserer Hoffnungsperspektive einer gemeinsamen Welt durch eben diese Imaginationstätigkeit, die hier einem notwendigen Schein ihrer selbst erliegt, indem sie über das Geschehen der Sinnkonstitu-

231 In diesem Sinne schreibt Cora Diamond, und bedient sich ebenfalls, und nicht zufällig, einer literarischen Gestalt des Problems eines „Wunschs" nach metaphysischer Privatheit im Märchen vom „Fischer und seiner Frau" der Brüder Grimm: „In understanding a person whose will is evil, we model our understanding on the understanding of a person who wills some particular thing, the content of whose will can be given in a sentence of our language: the content might be (in the case of the Fisherman's Wife) that she should live in a hut not a privy. […] The Wife's character is revealed when it comes out that she as it were says in her heart ‚let nothing on earth or in the heavens happen independently of my will.'" Diamond, „Ethics, Imagination and the Method of Wittgenstein's *Tractatus*", S. 167.

tion selbst im Begriff verfügen will, als unerreichbar. Die Kommunalität als Kommunikabilität, die sich gerade negativ in eben dieser Abwehr zeigt, ist der Beweis der Wirklichkeit dieser Vernunftvorstellung eines unverfügbaren „Reichs der Zwecke“: „If the eventual community of humanity is not merely something close to us that we are falling short of, but something closed to us, something debarred, then its nonexistence is due to our willing against it, to the presence of moral evil.“ (PH, S. 80) Es ist eine Frage unserer Einstellung, ob wir die Wirklichkeit des Kantischen „Reichs der Zwecke“ anerkennen wollen. Dieser „Wille“ zu seiner Leugnung verdankt sich Cavell zufolge dem Wunsch nach metaphysischer Privatheit; es ist der phantasmatische Schein eines Willens und Bedürfnisses als anderer Vernunftgestalt, die aber als solche entworfene Gestalt, als Produkt der Einbildungskraft nicht mehr erkennbar wird. Diese Verzerrung können wir nur in der Imaginationstätigkeit der Urteilskraft selbst vergegenwärtigen: Zu einer solchen kreativen Anerkennungsleistung lädt uns der Roman ein, nämlich dazu, die Figur des Raskolnikov in der Analogie zum konkreten Wunsch einer Person, die eine bestimmte Sache will, zu lesen.

In dieser Analogie zeigt sich dieser Versuch, der Entzogenheit von *Sinnstiftung als Prozess* zu entkommen, indem der passive „Akt“ dieser Sinnstiftung selbst in dieser Interpretation – die Wahl der obersten Maxime bei Kant – als gegenständlich vorgestellt wird, nämlich *als ob* er ein besonderes intentionales Urteil sei und damit statt als ermöglichend für jedes solche Urteil unter einem Gegensatz der Zuschreibung bzw. Negation eines Prädikats (nämlich das Gute *oder* das Böse zu wählen). Damit scheint er auch leicht Gegenstand unseres Urteils werden zu können: Wir scheinen Raskolnikov schlicht als bösen Menschen verurteilen zu können. Weil diese ermöglichende Ebene aber nur im Vollzug Wirklichkeit hat, gewinnt sie darstellbare, abgeschlossene Gestalt nur in einer solchen verbildlichenden Vorstellung, als Grenzfall und literarische Figuration. Indem sie uns damit scheinbar zu einem Urteil über ein Objekt einlädt, sich diesem Urteil und unserem Begreifen aber gleichzeitig widersetzt, nötigt sie uns zu einer eigenen, persönlichen Tätigkeit der Deutung und Selbstdeutung. Sie nötigt uns aus dem Fehlgehen des Urteils neu zur „bloßen“ Einstellung der Urteilsenthaltung und eröffnet neu unsere Responsivität gegenüber uns selbst.[232]

Die Verweigerung Raskolnikovs wird Gestalt, wird abgeschlossener Text*korpus*, und erlaubt so die Einsicht in den illusionären Wunsch, der sie leitet, „as though the capacity for defeating sense is the same as that for making sense and serves its own wishes“ (PDAT, S. 204f.). Zu klären ist dabei offensichtlich der

232 In diesem Sinne schlägt Alice Crary eine Ethik-Konzeption vor, die nicht nur darauf fußt, „that (without regard to its form) rational moral thought is essentially informed by and expressive of individuals' sensibilities, but also thereby suggest[s] that demands for regulating the play of sensibility in accordance with prior moral judgments represent an unqualified and entirely general threat to the development of moral understanding.“ Crary, Alice, *Beyond Moral Judgment*, Cambridge, MA 2007, S. 208.

Status dieser Rede von einem „Vermögen der Schöpfung und Verweigerung von Sinn". Wie kann die Tätigkeit der Sinnkonstitution die eigene Tätigkeit widerrufen oder negieren? Cavell markiert diese Rede als ein Bild oder eine Analogie – „as though" – und spricht somit auf einer Redeebene, die er als parasprachliche ausweist. Sowenig wie dieser „Wunsch" ein Objekt hat, kann er Ziel einer direkten Kritik sein.

Die Einsicht in die Endlichkeit als Urteilende ist die Wahrheit des moralischen Skeptizismus, der Raskolnikov umtreibt. Der stellt den Einzelnen nicht nur in einzelnen Motiven, sondern als ganze Person permanent unter „Unlauterkeitsverdacht". Denn ihm erscheinen die Reflexionsbegriffe zu objektsprachlichen Termini fixiert, in denen wir uns eigentlich nur in einer Tätigkeit des Analogisierens Individualität und gemeinsamer, humaner Lebenswelt als ganzer annähern und sie antizipieren können. Dann scheinen *erläuternde* Aussagen wie die folgenden als moralische Verdammungsurteile: Die „intelligible Tat" bleibt, mit Kant gesprochen, als bezogen auf das ganze Leben empirisch unerweislich. Der Einzelne hat zudem eine immer gegenwärtige Neigung, sich über seine eigene Gesinnung zu betrügen.[233] Schließlich können wir nie Sicherheit darüber gewinnen, um des Gesetzes willen zu handeln, sondern immer nur über die Gesetzmäßigkeit dieses Handelns. Gerade das untilgbare Verdachtsmoment meiner Immoralität, das schlechte Gewissen, birgt allerdings eine Einsicht in die menschliche Endlichkeit. Es ist als „Wahrheit des Skeptizismus", wie Cavell es nennt, einer dogmatischen falschen Selbstgewissheit und Selbstzufriedenheit in vermeintlich die eigene Rechtfertigung garantierender Normenbefolgung überlegen.

Die Transformation dieses skeptischen Zweifels liegt in der Anerkennung ein es Anlasses der Selbstreflexion in einer Negativitätserfahrung, die zu einer ethischen Einstellung der Wahrhaftigkeit gegen sich selbst nötigt. Eine solche *bloße Einstellung* wird in der philosophischen Praxis der Selbstinterpretation und -aufklärung allerdings nicht *verwirklicht* – dazu muss sie in die Praxis geteilter Handlungen und Selbstverständnisse übertragen werden –, aber eingeübt.[234] Denn diese Einstellung zeigt sich hier nur darin, dass philosophisch genau und sensitiv gegenüber unseren philosophischen Erwartungen z. B. das *Gefühl* einer Begrenzung artikuliert, untersucht und gedeutet wird, wenn wir vom Kantischen „Reich der Zwecke" als anderem oder künftigem „Ort" sprechen, den es zu erstreben gilt. Die Einstellung der Sensitivität gegenüber den eigenen, verdeckten

233 Kant spricht in der Religionsschrift von der „vorsätzlichen Schuld" einer „gewisse[n] *Tücke* des menschlichen Herzens (dolus malus), sich wegen seiner eigenen guten oder bösen Gesinnungen selbst zu betrügen". Kant, *Die Religion in den Grenzen der praktischen Vernunft*, AA 6, S. 36ff.

234 Taylor spricht von einem Ideal der Wahrhaftigkeit als „Vorstellung vom Höheren [, die] auf eine Form des menschlichen Lebens hinausläuft, die eben darin besteht, daß man sich mit Mut und klarem Verstand einer entzauberten Welt stellt", und der „eine konstitutive Realität [entspricht], nämlich die Menschen als Wesen mit der Fähigkeit zu diesem mutigen Desengagement." Taylor, *Quellen des Selbst*, S. 180.

Sinnbedingungen in der angemessenen Vollzugsweise dieser Sinnbedingungen wird neu gestiftet – indem der Status dieser Denkfigur als Hilfsmittel oder als *Analogie* für unsere Vernunft reflektiert und sie so begriffskritisch auf das Vermögen der Einbildungskraft gewendet wird: Cavell diskutiert in seiner Kant-Lektüre die Erfahrung eines solchen „sense of confinement" (PH, S. 79), wenn wir über die Grenzen der Vernunft nachdenken. Er stellt fest, dass dieses Gefühl der sorgfältigen Interpretation bedarf. Was hier zu artikulieren ist, ist die Erfahrung einer Enttäuschung angesichts unserer endlichen Verfasstheit, die keinen bereits fixierten Ausdruck hat. Dieser Ausdruck muss im Einsatz von Erfindungsreichtum, Improvisation und Talent gefunden werden, und damit auch die Einsicht, dass der eigentliche Sinn solcher Sinnfiguren wie der des „Reichs der Zwecke" im *indirekten* Verweis auf eben diese hier vollzogene freie Tätigkeit der Sinnexplikation und auch der Lebensgestaltung liegt.

Die Transformation dieses moralskeptischen Zweifels an der Möglichkeit von Individualität angesichts des Anspruchs des Moralischen ist die erneute „Verflüssigung" der Begriffe, in denen wir das Moralische denken, von scheinbar bestimmenden Begriffen in Reflexionsbegriffe, eben in einer Praxis der Reflexion. Dieses Verflüssigen unserer Begriffe gelingt aber nur in der praktischen Konzentration auf den Anspruch des Anderen. Denn in den Effekten und Überschüssen, die das übersehene, verdrängte Konkrete hinterlässt, erfahren wir unsere eigene Grundlosigkeit in einer Sensibilität für dessen Lektüre als Unverstandenes. Das ist hier die scheinbare Unmöglichkeit, je selbst das eigene gute Leben gestalten zu können und auf die eigene Gesinnung vertrauen zu können, weil wir beides „nur" als entzogen antizipieren und erhoffen können:

> [A] transfiguration beyond Kant can be said to focus on Kant's assertion that we cannot ever be certain that we are indeed acting for the sake of the law, and to go on to articulate [the] consequent impression of human life as using conformity to the law as a cover for a despair of ever acting – or trusting others to act – for the sake of the law. This amounts to an impression of a perfect state of moralism, a stultification of individual and social freedom and originality. (CW, S. 222)

Cavell nennt diese Engführung des eigenen Selbstverständnisses in bestimmenden Begriffen, Prinzipien und Regeln „Moralismus". Die literarische Darstellung des Raskolnikov in *Schuld und Sühne* erscheint vor einer solchen Konzeption als zufällige Darstellung der Idee des Individuellen. Aber die Idee ist auf diese Figuration in dieser geschichtlichen Situation angewiesen, die sie gleichzeitig nicht ausfüllt, die in ihr nicht aufgeht. Nur als Darstellung trägt sie die Spur ihrer Kontingenz, das heißt ihres Bildungsprozesses in sich eingeschrieben. Diesen Bildungs- und Verschiebungsprozess, in dem sich die Bedeutung menschlichen Lebens ausdrücken kann, muss die philosophische Lektüre nachvollziehen – das heißt, sie muss falsche Dichotomien neu in ein Spiel der Bewegung und Assoziation versetzen. Die literarische Totalität wird von unseren Deutungen nie erschöpft. So zeigt sie meine Anerkennung der menschlichen Lebensform als endlich und angewiesen auf Verendlichung, Gestaltung. Nur als literarischer Grenzfall und hinweisend kann sie die menschliche Lebensweise einer Kreatur, die sich nur in in

Praxis und Leben verkörperten Sinnkriterien versteht, und sich dem gemeinsamen Leben verweigern kann, als Totalität sichtbar machen.[235] Versteht man diese Gestalt des Autonomie-Ideals der Moderne – das Subjekt orientiert am Ideal der Wahrhaftigkeit, das gleichzeitig Wirklichkeit haben muss in eben diesem Subjekt, das fähig und bereit zur Selbstemanzipation auch von einem falschen Sollen ist – als positive Eigenschaft oder Zuschreibung, so immunisiert man moralistisch und instrumentell die eigenen Praxisformen gerade gegen die Kritik, die das Ideal fordert, und die sich nur aus der Akzeptanz von Brüchen des eigenen Verstehens als Selbst- und Weltverständnis entfalten kann.

Die Gestaltung von Raskolnikovs Schicksal im Roman stellt als Beispiel die scheinbar fixierte Unterscheidung zwischen einem „Bereich" des Moralischen und des Unmoralischen, des Vernünftigen und Unvernünftigen ästhetisch in Frage, zusammen mit dem für die Moralphilosophie scheinbar zentralen Begriff des „Willens" und mit der fixen Unterscheidung von intelligiblem und empirischem „Reich". Das ist allerdings keine philosophische These, für die der Roman das Anschauungsmaterial böte. Diese Unterschiede sind selbst ein Ergebnis der unterscheidenden *Tätigkeit* der Urteilskraft und ihre Infragestellung führt zu ihrem Tätigkeitscharakter zurück. Diese Einsicht transformiert die Vorstellung, dass es der Moralphilosophie um das Werten und Beurteilen von Individuen, analog zum Urteilen über Taten, ginge. Sie transformiert den philosophischen Einsatz in eine Anerkennung von Singularität und Lebenswelt als *Sprachkritik*, die immer auch die eigene Singularität meint und deshalb deren Einsatz in einer Haltung der Rezeptivität und persönlichen Sensibilität erfordert. Wir empfinden hier *den Genuss* nicht an einem Objekt sinnlicher Befriedigung, sondern an der *Darstellung* eines Beispiels, das unsere Denk- und Lebensweise in Frage stellt. Es ist ein Genuss gerade an der Aussetzung unserer eigenen bewährten Identität als vermeintlich objektiv Urteilende. Die Darstellung präsentiert sich wesentlich selbst *als Darstellung*, als Vorstellung oder Narrativ, die nicht unser Urteil einfordert, sondern uns zu emotional-sensibilisierter Beteiligung einlädt. Sie präsentiert so den – wenngleich pervertierten und illusionären – Anspruch auf Selbstzweckhaftigkeit in einer moralisierten Welt, die keine Selbstzweckhaftigkeit in konkreten Lebensentwürfen von Individuen und unbedingten Geltungen mehr kennt. Sie setzt unser Vermögen zu urteilen aus, und so konstitutiert dieses Vermögen sich selbst neu. Nur mit dem Gelingen dieses Prozesses erweist sich die *persönliche*

235 Rentsch kommentiert diese Notwendigkeit narrativer Darstellung mit Hegel: „Hegel sagt: ‚In der ganzen bildlichen Darstellung ist das, was innerlich ist, als äußerlich, was notwendig, als zufällig ausgesprochen.' (17,76f.) Was ‚innerlich' ist, was also zu der begrifflichen Konstitution der menschlichen Situation gehört und deshalb ‚notwendig' für das Menschsein ist, das wird als ‚äußerlich', d.h. narrativ, in Bildern objektiviert und deshalb als ‚zufällig' dargestellt." Rentsch, Thomas, „Vermittlung als permanente Negativität. Der Wahrheitsanspruch der ‚Negativen Dialektik' auf der Folie von Adornos Hegelkritik", in: ders., *Negativität und praktische Vernunft*, Frankfurt a. M. 2000, S. 252-270, S. 244.

Darstellung des Grenzfalls statt als „Ausdruck von Willkür [...] als Erschließung von Notwendigem."[236]

Als ethisch relevant steht eine Haltung auf dem Spiel, die zunächst *nur* eine Weise der Lektüre literarischer Texte zu sein scheint. Cavell liest das Genre der klassischen Hollywood-Screwball-Komödien der 30er Jahre als „remarriage comedies" (vgl. PH).[237] Er versteht diese Filme als Darstellung des Projekts der beiden Hauptprotagonisten, ihre Individualität und eine Gemeinschaft zusammen zu entwickeln. Dafür müssen sie ihre Vorstellungen und Wünsche einerseits, ihre positive Realität von Selbst und Welt andererseits in ein produktives Spannungsverhältnis setzen, ohne einen dieser Aspekte in einer falschen Einheit zu reduzieren. Das bedarf der Anerkennung eigener Endlichkeit und ist ihm zufolge eine Aufgabe, die verlangt, Wahrnehmung und Vorstellungskraft neu in ihr rechtes Verhältnis zu setzen, „putting together [one's] perception and imagination" (PH, S. 109). Cavell entwickelt dabei eine Analogie zwischen der Kantischen Grenze der Vernunft und dem ästhetischen Spiel mit der Darstellung einer faktischen Barriere, das eine wichtige Rolle in einem dieser Filme spielt: In „It happened one Night" errichten Peter und Ellie, das designierte Paar im Zentrum des Films, diese Barriere: eine Decke, die über eine Wäscheleine gehängt wird, um ihre jeweiligen Bereiche im gemeinsamen Hotelzimmer abzutrennen. Natürlich geht es im Film darum, wie diese Barriere fällt und, so Cavell, darum, wie die beiden die Decke oder Grenze gemeinsam so als Symbol für ihre jeweilige unaustauschbare Individualität *und* ihre Verbundenheit lesen lernen, dass sie fallen kann. Sie lernen eine gemeinsame Sprache zu sprechen *und* ihre jeweilige, unüberbrückbar entzogene Individualität zu respektieren, ihre „separateness", wie Cavell es nennt. „[They] come to share a fantasy of what is holding it [nämlich die Decke, C.D.] up" (PH, S. 81) in einem freien Austausch der Assoziationen und der Responsivität gegenüber dem Anderen (vgl. PH, S. 88). Mit dieser gemeinsamen „Praxis" des Findens und Interpretierens gemeinsamer Bedeutung, der Bedeutung ihrer Beziehung, geben sie dieser Beziehung Wirklichkeit.

Das Projekt der Anerkennung des „Reichs der Zwecke" erscheint hier als das Projekt des Erreichens einer Reziprozität, für die eine Anerkennung der eigenen Situation als endlicher Beteiligter in der Mitte der Dinge nötig ist. Diese Anerkennung erfordert die Korrektur ihrer eigenen Verzerrung: den Verzicht auf eine Phantasie des eigenen Selbstverständnisses als privater Einzelner jenseits solchen bedeutungsstiftenden gemeinsamen Austauschs, als wäre das der einzige Weg, die eigene Individualität gegen die Ansprüche einer geteilten Welt zu behaupten. Cavell nennt es den Verzicht darauf, „to substitute knowledge for acknowledgment, privacy for community, to transcend the barrier without transgressing it" (ebd.). Ebendieses sinnkonstitutive Spiel des Überschreitens einer Grenze, statt ihrer Leugnung in falschen Einheits- oder Aufhebungsvorstellungen, ist die Form

---

236 Menke, Christoph, *Tragödie im Sittlichen. Gerechtigkeit und Freiheit nach Hegel*, Frankfurt a. M. 1996, S. 200.

237 Vgl. auch S. 271ff. dieses Buchs.

einer produktiven Gestaltung gemeinsamen Lebens: jenseits der Dichotomie von Sinnlichkeit und Verstand, Individuum und Gemeinschaft, aber doch in Anerkennung ihrer unaufhebbaren Spannung und der Abwesenheit eines ersten Ursprungs von Sinn. Ebendiese Einstellung und Vollzugsweise gemeinsamen Lebens wird in Cavells *remarriage*-Komödien geübt und vorgeführt. Mann und Frau der Komödien schaffen zusammen ein exemplarisches Beispiel einer geteilten Welt, ein lebendiges System von Bedeutungen und geteilten Praktiken.

Das geschieht in der Bejahung der Verschiebungen, Ersetzungen und Kreationen von Sinn, die den vermeintlichen Ursprung beider – in einer privaten, vorsprachlichen Unmittelbarkeit und Naturhaftigkeit des Kindes – zeigen. Sie zeigen ihn als unhintergehbar in Sozialität und Sprache überformt. Sie machen aber auch retrospektiv in der Form einer *Konstruktion* diesen „Ursprung" überhaupt lesbar, lassen ihn erscheinen. Diese Darstellung ist die Transformation des Phantasmas von diesem Ursprung, einer Vorstellung metaphysischer Privatheit. Die Darstellung und Transformation dieses Phantasmas, das endliches Leben in der gewöhnlichen Welt negiert und verzerrt, ist die Tätigkeit der Anerkennung des Anderen in den *remarriage comedies.* Cavell vergleicht das reine Tätigsein der Protagonisten in ihrem Austausch, der um der Erschlossenheit ihrer Welt als geteilte willen stattfindet, mit den Bedingungen des Films als Darstellungsmedium selbst. Auch hier geht es um ein Spiel von Bedeutungen ohne einen ersten „Bedeutungsursprung", wobei gerade diese Leerstelle die Freiheit des Spiels erst eröffnet:

> Call this thing the elaboration or substitution of significance, call it the inspiration of significance, the beginning of a credit system. The barrier works, in short, as sexual censorship typically works, whether imposed from outside or from inside. It works – blocking a literal view of the figure, but receiving physical impressions from it, activating our imagination of that real figure as we watch in the dark – as a movie screen works. (PH, S. 82)

Gerade insofern die Gestalten und Begriffe meiner Welt und meines Selbst als Ergebnisse geschichtlicher und materialer unthematischer Sinnformationen und Sinnverschiebungen ohne letzten Grund sind, bin ich ihnen verpflichtet und das heißt wiederum in einer *geteilten* Praxis – zur Responsivität und Aufklärung verpflichtet. Die Auseinandersetzung mit ihnen, ihre Aufklärung oder Anerkennung in der Konfrontation des Anderen ist mir aufgegeben als Wirklichkeit *und* Gesetz, normativ und faktisch. So verstanden verpflichtet das moralische Gesetz nicht zum Gehorsam, sondern die Anlässe, in denen es verfehlt wird, nötigen dazu, sich so frei von Selbsttäuschung und so bereit zur Selbstaufklärung wie möglich zu orientieren. Zu Kants Formulierung von der Uneinsehbarkeit der obersten Maxime kommentiert Cavell: „The mystery is not that we are impure but that we can be moved to change by speech, and (hence) by silence." (CW, S. 142) Das „Schweigen", das uns hier zum Anlass und Modus der Veränderung werden soll, steht dabei für den Verzicht auf bestimmende Erfassung in fixierten Begriffen und Regeln eines Sinnanspruchs. Ein solcher Anspruch verlangt uns die Anerkennung des „Nicht-Einfachen" unserer Wirklichkeit und Sprache ab, nicht jenseits von Sprache, aber über ihre bloße Begriffsanwendung und bloße Definitionen hinaus. *Schuld und Sühne* stellt einen solchen Anspruch an seine Leser.

Kant spricht von einer „Änderung des Herzens",[238] als „Entscheidung" für das moralisch Gute. Diese „Entscheidung" *bewirkt* aber nicht eine andere gute Welt oder eigene Denk- und Seinsweise – sie ist die Entscheidung zur Enthaltung von Tun und Urteil in dieser Ermöglichungsdimension, in der Sinn sich als entzogen und geteilt ereignen kann, aber nicht individuell bewirkt werden kann. Auch die Philosophie kann nicht zum richtigen Leben anleiten und keine Regeln formulieren, sondern nur in Aufweisen unsere Art und Weise vertrauensvollen und Übereinstimmung antizipierenden Lebens- und Urteilsvollzugs ausüben und darstellen.[239] Sie „leistet" selbst nichts anderes, als ein Beispiel zweckfreier Responsivität auf die eigenen Erfahrungen der Irritation und Ablehnung angesichts der Verdinglichung unserer Reflexionsbegriffe in philosophischen Texten selbst zu geben.[240] Sie lenkt den Fokus dafür auf die scheinbar unwesentlichen Ränder und bloß kontingenten Wirkungen der philosophischen Tradition und *nur* damit auch auf die Ganzheit der Sprache. Auch das – ästhetische – „Vergleichsobjekt" entsetzt uns aus unseren Verstehenszusammenhängen, ohne andere, geprüfte und garantiert ideologiefreie Formen gebrauchen zu können. Es nötigt uns als Beispiel dazu, die Fremdheit und Unheimlichkeit in (allen) unseren Begriffen und in unserer eigenen Lebensgeschichte zuzulassen. Beide Formen erlauben es so, uns einer Stimmung der skeptischen Versuchung und ihren Enttäuschungen, also den Enttäuschungen der Vernunft über sich selbst, zu stellen, statt sie zusammen mit dem Interesse an dieser Selbsterkenntnis und an der Welt zu verdrängen: „The alternative is to make the world not strange but indifferent to me, and that disfigures both the world and me." (PDAT, S. 139f.)

Weil es hier um die neue Einübung einer Haltung zum Konkreten geht, steht dafür, diese als „Interesse" am Ganzen zu wecken und zu erhalten auch die Literatur und Ästhetik, vielleicht als Konkurrent der Philosophie, vielleicht als ihre

---

238 Kant, *Die Religion innerhalb der Grenzen der bloßen Vernunft*, AA 6, S. 47.

239 „Philosophy cannot tell us how to bring [confidence] about. It is a social and psychological question what kinds of institutions, upbringing, and public discourse help to foster it." Williams, *Ethics and the Limits of Philosophy*, S. 170. Diese Position verdankt sich der Auffassung von Williams, dass Philosophie letzten Endes doch nur das Andere des gewöhnlichen Lebens gelebter Sittlichkeit sein könne, das sie als Reflexion „denaturalisiert" und zerstört. Die Reflexivität als Vollzug bereits unserer gewöhnlichen Orientierungen unterschätzt Williams aber ebenso wie die Angewiesenheit der Philosophie als negativ-kritische Endlichkeitsreflexion auf alltagsweltliche Erfahrung.

240 Deshalb charakterisiert Cavell diese Anamnese unserer wirklichen Bedürfnisse und Interessen in unserer Endlichkeit als eine Trauerarbeit im Sinne Freuds. Vgl. dazu vor allem den berühmten Aufsatz Freuds: Freud, Sigmund, „Trauer und Melancholie", in: ders., *Gesammelte Werke*, Bd. 10, hg. v. Anna Freud u. a., Frankfurt 1946, S. 428-446. Cavell schreibt: „The repetition of each fact in one's attachment to an object gone, an effort to undo or release the ties of association strand by strand, is part of the work of realization of loss that Freud [...] recognizes as the work of mourning, [...] reality testing, a subjection to the verdict of reality that one's attachment to an object is to undergo severing. For *Walden's* writer [d.h. Thoreau, C.D.] [...] mourning is the only alternative to our nostalgias, in which we will otherwise despair and die." (TS, S. 54)

notwendige Ergänzung. Als ihre Ergänzung erlaubt sie den Modus der philosophischen Arbeit an Erläuterungsbegriffen als ein kreatives und perzeptives Finden von Analogien für die praktische und sprachliche Erschlossenheit unserer Welt als ganze. Diese Analogien stellen aber ihren Status als – ästhetische – „Vergleichsobjekte" aus, sie zeigen sich als jedem unproblematischen Begreifen in fixierten Begriffen entzogen. Literatur wird aber so zur Chiffre oder Figuration von Philosophie, sie ist sowohl mit ihr eins als auch ihr notwendig different, in Spannung ihr gegenüber. Diese Spannung ist selbst eine Form der radikalisierten menschlichen Endlichkeit: Sowenig wie die Literatur kann die Philosophie Antworten darauf liefern, wie wir als Moderne ein gelingendes Leben leben können, aber sie kann – wie diese – das Vertrauen in unser Vermögen dazu in der Anerkennung von dessen Verlust neu einüben. Dafür müssen wir uns auf das Alltägliche als Entzogenes, Unbegreifliches, Nicht-Identisches einlassen, denn dazu gehört die Erschütterung falschen (Selbst-)Vertrauens. Die Kritik solcher moralistischen Selbstzufriedenheit zeigt uns Fremdheit und Alterität als konstitutiv für menschliches Leben in Bedeutungen und Sinngestalten und öffnet uns die Augen für das eigene Leben in seiner Alltäglichkeit und für dessen Vielfalt bedeutsamer Aspekte: „It requires of you that you attend to the endless domestic details of your everyday life."[241]

Unser *eigentliches* Bedürfnis und Interesse an einer – ungarantierbar – humanen Welt zeigt sich hier nur neu aus der Übung des Urteilens und des Verzichts auf dieses Urteil heraus, in der wir Worte, Analogien und Bilder finden, um dem *scheinbaren* Interesse an letzten Gründen und Fundamenten als einem Phantasma Ausdruck zu geben: dass dieses sich so als unsinnig erweist, erlaubt die praktische Wendung zurück auf eben diese (sprachliche) Übung. Das ist eine „Rettung der Phänomene", wie Benjamin sie einfordert,[242] des Individuums *und* unserer Begriffe.[243] Ein Rückgang unseres Willens auf die Bejahung seiner eigenen Konstitution hin, nicht als ein erneutes kompetentes Urteilen oder Handeln, sondern

241 Conant, James, „Nietzsche's Perfectionism: A Reading of Schopenhauer as Educator", in: *Nietzsche's Postmoralism*, hg. v. Richard Schacht, Cambridge, MA 2000, S. 181-257, S. 238.

242 Benjamin, Walter, „Ursprung des deutschen Trauerspiels", in: ders., *Gesammelte Schriften*, Bd. I/1, hg. v. Rolf Tiedemann u. Hermann Schweppenhäuser, Frankfurt a. M. 1991, S. 214f.

243 Laugier liest im hier vorgeschlagenen Sinn die Sprachphilosophie als eine Fortsetzung von Kants Arbeit am Begriff der „Autonomie" und damit als Transformation eines Projekts der im engeren Sinne praktischen Philosophie: „All of Frege's work, and Wittgenstein's in the *Tractatus*, constitutes answers to this challenge of Kant's, to articulate a use of the understanding that is based in agreement with itself and with nothing else." Laugier, „Rethinking the Ordinary", S. 96. Die Verbindung dieses sprachkritischen Projekts zu moralphilosophischer Klärung zeigt ein Verweis auf Alenka Zupančič. Sie beschreibt diese Neukonstitution der Urteilskraft aus ihren Verstellungen mit Lacan und Nietzsche als doppelte Affirmation heraus in einer Willensenthaltung: „the will being able to will backwards." Zupančič, *The Shortest Shadow*, S. 162f. Dieses „Wollen" ist kein kompetentes Urteilen oder Handeln, sondern eine Wende und ein genealogisch-begriffskritischer Rückgang auf den Bildungs- und Substitutionsprozess unserer Bedeutungen, die hier in ihrer Grundlosigkeit bejaht, aber auch ausgesetzt werden. Die Negativität dieser Verbindung des erkenntniskritischen mit einem moralischen Anspruch arbeitet Theunissen in seiner Analyse von Prousts – unwillkürlicher – Erinnerungsarbeit auf der „Suche nach der verlorenen Zeit" heraus. Vgl.: Theunissen, Michael, „Zeit des Lebens", in: ders., *Negative Theologie der Zeit*, Frankfurt a. M. 1991, S. 299-317.

als deren *bloße* Darstellung wird hier zur rettenden Kritik der Begriffe und Phänomene. So erweist sich das Seltsame, das scheinbar Kontingente, im derivativen Sinn Bedeutungslose, Triviale als von mir bisher verfehltes Eigenstes und Fremdestes, und so zeigt sich die Sinnfülle meiner Existenz aus ihrem Verlust. Verfehlungen und Verdrängungen dessen, was für mich als Anderes meiner Selbst bedeutungsvoll gewesen wäre, erweisen hier ihren Sinn in der ästhetischen Distanznahme von der eigenen vermeintlichen Rationalität *und* als Anlass für eine solche Distanznahme als Dezentrierung. So zeigt sich in der Art und Weise der philosophischen Reflexion eine Anerkennung von Naturhaftigkeit und Kontingenzverfallenheit des, gerade *als Vernunft- und Sprachwesen natürlichen,* Menschen dessen Selbstverhältnis zwischen Wirklichkeit und Sollen gespannt ist: Gutes Leben ist für ihn weder faktisch gegeben noch enthalten in einem präskriptiven Prinzip. Sogar die Begriffe, in denen wir unsere eigenen Vernunftvermögen verstehen, erweisen sich hier als geschichtliche, materiale Schöpfungen unserer Freiheit: als Figuren oder Metaphern, in denen Subjektivität sich *geschichtlich verortet und selbst material* ausfaltet und nur so praktisch sich selbst denken kann. Dazu gehört auch die immer neue selbstkritische Auslegung dieser Sinnfiguren eben als „bloße" Hinweise oder Andeutungen.

Wenn Kant etwa Sinneswelt und intelligible Welt einander gegenüberstellt, so bezieht er beide doch auch unhintergehbar aufeinander – als zwei Weisen, auf die die Gesetze menschlicher Vernunft gelten, einmal in der „Welt" der (Erkenntnis-) Objekte, einmal in unserer moralischen „Welt".[244] Cavells Bild des „Deklarativs" bezogen auf dieses Kantische Paradigma stellt nun das Selbstverhältnis des Individuums in *einer, nämlich intersubjektiven* Welt dar, und zeigt mich nicht als Gesetzgeber und Schöpfer dieser einen Welt, sondern als ihr Geschöpf *und* ihren Repräsentanten: „[T]he idea of willing the maxim of an action (at the same time) as a universal law of nature creates the world in which I act, and makes me responsible for the world. It is now mine." (CW, S. 142) In Cavells Deutung ruft Kant hier gleichzeitig die Ähnlichkeit *und* die Differenz von Naturgesetz und Sinngestalt in einer menschlichen Welt auf – ich sehe die Allgemeinheit der letzteren *in Analogie* zu der des Naturgesetzes und dessen Formcharakter für unsere Welt der Natur. Weil es hier so um eine Orientheit in Sicht- und Beurteilungsweisen geht, die ich nicht *als Gegenstand* reflektieren kann, übe ich diese Verantwortung für meine Welt, wie für mein Tun, „nur" in einer Haltung der Rezeptivität, nicht auf einer Meta-Ebene der Reflexion.[245]

---

244 Vgl. Kant, *Grundlegung zur Metaphysik der Sitten*, AA 4, S. 453.

245 Hegel kritisiert die Zwei-Weltenlehre der christlichen Kultur mit dem Verweis auf die notwendige Selbstentzogenheit und die Bewegung der Ent-Äußerung und Denzentrierung des Subjekts als konstitutiv: „Einerseits geht das wirkliche Selbstbewußtsein durch seine Entäußerung in die wirkliche Welt über und dieses in jenes zurück, andererseits aber ist eben diese Wirklichkeit, sowohl die Person wie die Gegenständlichkeit, aufgehoben; sie sind rein allgemeine. Diese ihre Entfremdung ist das *reine Bewußtsein* oder das *Wesen.* Die Gegenwart hat unmittelbar den Gegensatz an ihrem Jenseits, das ihr Denken und Gedachtsein, sowie dies am Diesseits, das seine ihm entfremdete Wirklichkeit ist." Hegel, G.W.F., *Phänomenologie des Geistes*, in: ders., *Theorie-Werkausgabe*, hg. v. Eva Moldenhauer u. Karl Markus Michel, Bd. 3, Frankfurt a. M. 1979, S. 360f.

Die Artikulation sowohl unserer Sinnansprüche wie unserer Enttäuschungen angesichts ihres scheinbaren Scheiterns bestimmt Cavell als moralische Konversation. Cavell interpretiert die Konversation der *remarriage comedies* als eine solche „Praxis" der sinnexplikativen Neugestaltung, die aber „nur" eben diese eigene Sinnkonstitution, also sich selbst, zum „Gegenstand" hat:

> Does wanting a world in which my legislation is reciprocal with another's make me worthy of participation in a realm of ends? The conversation of the pair in remarriage comedy is an image of such a realm, an attestation of its reality. You cannot enter the realm of ends alone. And if two achieve reciprocity, the realm exists, or let me say, it is attested, in a world in which it is doubtful for whom I speak and who speaks for me. (CW, S. 142)

Hier wird das Ideal der Autonomie in einer neuen geschichtlichen Figuration relevant, die noch der Geschichtlichkeit und Materialität der Sprache unserer Selbstverständnisse Rechnung trägt: als freier und spielerischer Austausch, in dem die Entfremdung, die Verdrängungen und so die Bedeutungen des eigenen Lebens gelesen, entwickelt, verschoben und so aus der Entfremdung, der Erfahrung des Freiheitsverlusts frei gestaltet werden.

3.
Die Negativität kommunikativer Vernunft: Wahrhaftigkeit und Vertrauen als Sinn für Gemeinschaft

Ein entscheidender Ertrag von Austins Ansatz einer *ordinary language philosophy* ist die Einsicht, dass wir Äußerungen praktisch, als „Züge im Spiel" machen und verstehen: nicht, indem wir nur ihren Gehalt verstehen, sondern indem wir den Kontext und den Zweck, mit dem der Sprecher sie äußert, einsehen können. Anstelle der Privilegierung von Behauptungen, die neutral die Tatsachen der Welt wiedergeben, tritt in Austins Sprechakttheorie die Analyse einer Vielfalt von Sprachhandlungen, die in Praktiken ihren Ort haben und diese fortsetzen. Sie haben so normativen und verpflichtenden Charakter für den Sprecher. Cavell sieht in Austins Gebrauch des „Versprechens" als paradigmatischem Sprech-Akt den Versuch, sprachliche Äußerungen als Akte der praktischen Selbstverpflichtung auf die Formen sozialer Wirklichkeit als eigene zu verstehen. Wir können uns also jede Rede immer von einem stillschweigenden „ich verspreche" begleitet denken. Dieses Modell ist natürlich eine kritische Aktualisierung von Kants Konzeption der Erkenntnis bedingenden Einheit des Bewusstseins, auf die sich alle Vorstellungen beziehen lassen müssen: „Das: Ich denke, muß alle meine Vorstellungen begleiten können."[246] Cavell artikuliert und diskutiert

> the widespread sense, and claim, that the act and concept of promising is not just one more among performative utterances, [...] but that promising – even especially the promise to marry – is somehow privileged in Austin's view, naming as it were the fact of speech itself. In *How to Do Things With Words* Austin identifies speaking as giving one's word, as if an ‚I promise' implicitly lines every act of speech, of intelligibility, as it were a condition of speech as such (Kant held that ‚I think' is such a lining). (PP, S. xiii)

Austins Projekt der Sprechakttheorie wird hier also als die Fortsetzung der Kantischen Vernunftkritik gelesen. Betont wird mit Austins Paradigmenwechsel der Charakter von Sprechen und damit der menschlichen Vernunft als situiert in Praxis. Mit meinem (jedem) Sprechakt bestimme ich diese Welt und Situation und mich selbst. Ich übernehme Verpflichtungen auf und Verantwortung für meine Identität und unsere soziale Realität, wobei die Form dieser Übernahme ihre Verbindlichkeit selbst voraussetzt und mit der eigenen Äußerung erst einsetzt – und mein Vermögen zu sprechen so an eine, notwendig verspätete, soziale Anerkennung bindet. Auf das Einverständnis mit dem Anderen greife ich ebenso wie auf ein angemessenes Situationsverständnis mit jedem Sprech-Akt in einer Situation voraus und setze es voraus. Im Begriff der Wahrhaftigkeit kann man die Herausforderung dieses Gedankens unhintergehbarer Sozialität des Ansatzes der Praxisphilosophie bündeln.

---

246 Kant, *Kritik der reinen Vernunft* B, S. 131.

Schon Humes radikale Immanentisierung des Subjekts zum Teilnehmer einer sozialen Welt reflektiert die Konventionalität der Praktiken, Werte und Bedeutungen einer Gesellschaft, und damit einerseits den Einzelnen als deren Stifter, andererseits dessen Bedingtheit durch geteilte Lebens- und Verstehensformen und damit konkrete Intersubjektivität. Austin kann in gewisser Weise als Erbe von Humes immanentistischer Konzeption verstanden werden. Er verortet das Versprechen als Bild in seiner Sprechakttheorie ähnlich zentral, nämlich als Paradigma des Sprechaktes überhaupt. Austins Interesse gilt dabei der performativen Rolle jeder Äußerung, die er gegen die traditionelle philosophische Privilegierung der Konstative, also der Tatsachenaussagen und gegen einen Wahrheitsbegriff setzt, der auf die „objektive Welt" beschränkt ist. Seine Beschreibung der Dimension des Gelingens von Performativen und deren Konventionen ist dabei nicht gegen jeden Begriff von objektiver Wahrheit gerichtet, sondern transformiert den entkontextualisierten und objektivistischen Wahrheitsbegriff, der mit der Auszeichnung der Konstative verbunden ist, und ermöglicht ein angemessenes Verständnis des Vollzugscharakters von Äußerungen, in dem Handlungen und Äußerungen nur als Teil gelebter und verkörperter Handlungs- und Urteilsformen einen identifizierbaren Sinn und damit eine Wirklichkeit im Kontext haben.[247]

Austins Kritik einer Abkopplung normativer Prinzipien von unserer Lebenspraxis scheint es nötig zu machen, den Wahrheitsbezug unseres Lebens vollständig in geteilte Praktiken kommunikativer Vernunft einzuschreiben. Dann stellt sich allerdings, zum Beispiel im Reflexionsbegriff der Wahrhaftigkeit, die Frage, wie Autonomie noch von bloßer Legalität abgegrenzt werden kann, gerade angesichts einer *beispiellosen* Freiheit zur Selbstdeutung und Schöpfung des eigenen Lebenssinns des modernen Subjekts in der Gestaltung seines Lebens.

247 Cavell schreibt: „Philosophers such as Austin and Wittgenstein are struck by the fact that in philosophy, for some reason, context seems a fragile, erasable, perhaps we can say extra-logical, feature of making sense, so that in analyzing whether and how sense is made, such a thing as intention, and a private intention at that (public space having been erased, you may say enclosed, or subjected to reduction), appears to have to do all the work of, as it were, communication. It is in such straits (straits of metaphysics) that intention is to preserve, and I would say, reattain, or represent, presence (beyond myself, to someone or something). […] For Austin as for Wittgenstein intention is anything but something inner making up for the absence of something outer; it lines the outer." (PP, S. 111)

3.1. „Versprechen“ als Modell der Subjektivierung: Ernsthaftigkeit und Täuschung

Austin verzichtet mit seiner Kritik einer Hypostasierung der Intention als mentale Entität nicht auf jeden tragfähigen Wahrheitsbegriff. Er zeigt vielmehr in seinem „criticism of speech“ die Vielfalt an Unterscheidungen auf, in denen wir als soziale Wesen praktisch an einer gemeinsamen Wirklichkeit partizipieren, das heißt als Sprachteilnehmer Situationen wahrnehmen und gestalten. Mit Rücksicht auf deren soziale Funktion können wir auch nach der Wahrheit von einzelnen Äußerungen fragen und diese prüfen. Die Gewissheiten der gelebten und geteilten Verständnisse und Praktiken bilden den Hintergrund jedes Zweifels und jeder Prüfung der Wahrheit von Behauptungen, Thesen oder Theorien. Der Wahrheitsanspruch wird hier in ein geteiltes praktisches Wissen von unserer Welt und ihrem sprachlichen Formen, die in je konkreten Kontexten aktualisiert werden, eingeschrieben. Damit wird die Dichotomie zwischen bloß konventionellem Handlungswissen und objektiver Wahrheit aufgehoben:

> The philosophical stakes seem so disproportionate: the dimension of the felicitous turns merely – does it not – on human conventions, whereas the dimension of truth invokes our fundamental relation to, our knowledge of, whatever there is, human or otherwise. But Austin will eventually claim that truth (truth itself, so to speak) is to be understood precisely as a dimension of what he calls the criticism of speech. His aim in his study of performatives is at once to lift the non-descriptive or non-assertional or non-constative gestures of speech to renewed philosophical interest and respectability, and to bring, or prepare the ground on which to bring, the philosophical concern with truth down to size. (PDAT, S. 159)

Das philosophische Interesse an fundierender Wahrheit ist für Austin irregeleitet. Er analysiert die unthematische, lebensweltliche, grundlose Reflexivität als eine Einstellung, in der wir in dieser geteilten Welt alle unsere Handlungen – auch Sprechhandlungen wie Behauptungen und Prüfungen von Thesen oder Theorien – vollziehen und akzeptieren.

Um die Implikationen dieses Paradigmas zu verdeutlichen, ist es hilfreich, die Rolle in den Blick zu nehmen, die das Versprechen in Humes genealogisch-funktionalistischer Anthropologie spielt. Hume versteht das moderne Subjekt als konstituiert in einer Gesellschaft, die ihre Legitimation aus dessen in verkörperten Interessen, Werten und Einstellungen gelebter Zustimmung bezieht. Die Konzeption eines Naturzustands atomistischer Subjekte, der dem sozialen auch nur als Abstraktion vorausginge, lehnt er entsprechend ab. Wir können von unserer verkörperten Identität nicht absehen. Er sieht die moderne, bürgerliche Gesellschaft als geschichtliche Wirklichkeit, die ohne vorsozialen Ursprung ein Medium der Verwirklichung und Deutung von Interessen und Bedürfnissen ist. Diese Konzeption situiert das Versprechen als historisch entstandene Möglichkeit der Interaktion von Subjekten: als eine in die Zukunft ausgreifende Möglichkeit,

Tauschverhältnisse von abwesenden oder abstrakten Gütern zu realisieren. Sie wird notwendig in einer offenen modernen Gesellschaft, in der ich mit Fremden interagieren muss, denen ich, anders als vertrauten Freunden und der Familie, ohne die bindende Kraft des Versprechens selbst nicht trauen würde. Diese ökonomische Ebene wird gleichzeitig zum Paradigma von unhintergehbar praktisch und intersubjektiv gewordenen pluralen Selbst- und Weltdeutungen: Die Notwendigkeit einer solchen Konvention des Selbst- und Weltentwurfs für Andere ergibt sich aus der geschichtlichen Situation der bürgerlichen Gesellschaft, wo der Einzelne nicht mehr selbstverständlich in eine gewachsene Sittlichkeit integriert ist.

3.1.1. Humes Anthropologie und das Versprechen

Das Versprechen hat, so Hume, einen eigentümlichen Status: Es kreiert eine Verpflichtung und zwar nicht nur auf eine Einzelhandlung, sondern auf eine Praxis oder Handlungs- und Urteils*weise*, die das Versprechen aussagt und vollzieht. Die Allgemeinheit dieser Praxis oder Handlungsweise setzt diese Äußerung, um verstehbar zu sein, aber gleichzeitig voraus. Man kann daher nicht davon sprechen, dass das Versprechen schlicht eine Intention ausdrückt, die darauf gerichtet wäre, den Versprechensinhalt künftig zu erfüllen. Die Frage ist vielmehr, wie wir überhaupt die Art von selbst gesetzter Verbindlichkeit verstehen können, die hier als Praxisform und Form meiner Identität von mir mit dem Akt des Versprechens bejaht wird und Wirklichkeit – nämlich soziale Wirklichkeit – gewinnt. Wir können diese Art der frei angenommenen Geltung qua Praxis nicht über einen Begriff des „Willens" verstehen, den wir als im Versprechen lediglich ausgedrückt und ihm vorausgehend verstehen.

Die Geltung dieser Verpflichtung ist nach Humes genealogischem Modell nicht als abstrakte Rechtspflicht gesichert, sie wird vielmehr *mit dem Geben des Versprechens* „gewählt". Hume spricht davon, sie sei *eigentlich* an natürliche Tugenden geknüpft. Dafür müsste das Halten des Versprechens also ein natürliches Motiv haben. Das aber fehlt dem Versprechen, weil die Äußerung des Versprechens die Verpflichtung erst schafft, indem sie deren Konvention durch den eigenen Vollzug in ihrem Rahmen akzeptiert. Infrage steht also die Geltung einer konventionellen Verpflichtung, die wir Hume zufolge *als oder wie* eine (natürliche) sittliche Verpflichtung *wollen und ansehen.* Der „Wille" hat hier damit zunächst keinen anderen Gegenstand als sich selbst. Hume spricht davon, dass

> der Rechtssinn ganz allgemein als künstliche Tugend anzusehen sei. Keine Tat kann von uns als unsre Pflicht verlangt werden, wenn nicht in der menschlichen Natur ein treibender Affekt oder ein treibendes Motiv liegt, das imstande ist, die Handlung hervorzubringen. Dieses Motiv aber kann nicht das Pflichtgefühl sein. Ein Pflichtgefühl [das heißt bei Hume: ein Rechtsgefühl, C.D.] setzt eine Verpflichtung schon voraus. [...] Augenscheinlich haben wir kein Motiv, das uns zur Ausführung von Versprechen treibt, abgesehen von dem Pflichtgefühl. Dächten wir, Verspre-

> chungen schlössen keine sittliche Verpflichtung in sich, so würden wir niemals Neigung fühlen, sie zu halten.[248]

Das Versprechen setzt Vertrauen und Übereinstimmung voraus, kann sich dabei aber auf *kein* Motiv stützen. Denn das einzige „Motiv" ist das Pflichtgefühl, das hier aber keinen Gegenstand hat, weil es sich auf eine Verpflichtung beziehen muss, die es erst mit meiner praktischen Übernahme der Konvention im Versprechen *gibt.* Wir machen uns Hume zufolge „in der Einbildung" einen neuen Geistesakt (das Wollen der Verpflichtung) zurecht, „den wir das auf die Verpflichtung gerichtete Wollen nennen, und lassen die Sittlichkeit auf ihm beruhen."[249] Der Ausdruck des Willens, „erst einmal in solcher Weise in den Dienst des Willens gestellt, [...] erscheint gar bald als die Hauptsache bei dem Versprechen",[250] so dass das Subjekt unabhängig von seiner „tatsächlichen Intention" als gebunden verstanden wird. Von einer solchen privaten Intention ist unter gewöhnlichen Umständen des Versprechens unabhängig vom Ausdruck gar nicht zu reden.

Die entscheidende Rolle dieser Form, dieses Sprachspiels erwächst aus dem Reflexivwerden der selbstverständlichen Geltung von den Sinngestalten traditionaler Gesellschaften. Die bürgerliche Gesellschaft ist eine Gesellschaft gleicher Einzelner, die ihre Verpflichtungen freiwillig eingehen und sich als selbstbestimmt betrachten. In dieser modernen Gesellschaft sind die Freiheitsrechte des Einzelnen zum unhintergehbaren Bestand geworden und hat die traditionelle, unmittelbar gelebte Sittlichkeit mit ihren materialen Werten ihre selbstverständliche Geltung verloren. Versteht man sie nun als Gesellschaft eigeninteressierter Bürger, muss *dann* ihr Interesse an Kooperation erklärt werden. Mit der Einsetzung und dem Gebrauch des Versprechens als natürlich-künstlicher Form für Interaktion in dieser Gesellschaft umgeht Hume dieses Problem. Das zeigt sich, wenn diese Einsetzung und dieser Gebrauch der Konvention für Hume als quasimagisches Ritual *zusammenfallen.* Hume sieht, in Annette Baiers Worten, „the magic of a promise [...] carefully contrived for the convenience of a trading society".[251] Wenn Annette Baier in ihrer Hume-Interpretation hier von „Magie" spricht, ist das keine bloße Rhetorik. Die Konvention des Versprechens verdankt ihre Akzeptanz nicht explizit angestellten Überlegungen bezüglich ihrer Nützlichkeit als Art und Weise der Legitimation und daraus folgenden Vereinbarungen, sondern ist ein geschichtlich gewachsenes Medium, das sich als gemeinschaftskonstitutiv nur in seinem Gebrauch erhält und so in seinem gemeinschaftsstiftenden Effekt der schlüssigen Begründung entzieht.[252]

---

248 Hume, David, *Ein Traktat über die menschliche Natur*, Bd. 2: *Über die Affekte. Über Moral*, hg. v. Theodor Lipps, Hamburg 1906, S. 265f.

249 Hume, *Traktat über die menschliche Natur*, S. 271.

250 Ebd.

251 Baier, Annette, „Promises, Promises, Promises", in: dies., *Postures of the Mind. Essays on Mind and Morals*, London 1985, S. 194-206, S. 198.

252 Annette Baier beschreibt dagegen Humes Ansatz als Rekonstruktion dessen, „how a certain contrivance comes to be invented and used because of its usefulness." Baier, „Promises, Promises, Promises", S. 204.

Hume löst sein Problem also, indem er dem Versprechen eine Art regulatives Prinzip einschreibt, das durch das Eingehen der Verbindlichkeit anerkannt wird und nachträglich die Intention selbst sozial überformt oder transformiert:

> In Wahrheit aber sind Versprechen Akte des Übereinkommens, wodurch ein neues Motiv geschaffen wird. Voraussetzung dabei ist nur, daß die Erfahrung uns gelehrt hat, daß die menschlichen Angelegenheiten zu größerem gegenseitigem Vorteil geführt werden, wenn gewisse Symbole oder Zeichen eingeführt sind, durch die wir uns in einem gegebenen Fall gegenseitig Sicherheit hinsichtlich unserer Handlungsweisen verschaffen können. Nachdem diese Zeichen eingeführt sind, sieht sich jeder, der sich ihrer bedient, durch sein Interesse gebunden, seine Versprechungen zu erfüllen: er darf nicht mehr erwarten, daß man ihm je wieder traut, wenn er sich weigert, das zu tun, was er versprochen hat.[253]

Die Rolle des Versprechens zeigt bei Hume so keinen bloßen Gegensatz der modernen Gesellschaft zur traditionellen Sittlichkeit an. Er versteht Freiheitsrechte *als* positive Rechte der Teilnahme. Zu dieser Freiheitsausübung gehört wesentlich ein Akt der Welt- und Selbst*interpretation*. Wir betrachten, wenn wir sie vollziehen, unsere gesellschaftlichen Strukturen *als ob* sie unmittelbar-selbstverständliche Geltung als von uns gewollt und gemeint hätten – und damit erlangen sie eben diesen Status. Und andersherum: Mit diesem Vollzug wird auch die eigene Rolle und die eigene Intention entsprechend zur gemeinschaftsstiftenden transformiert.

Das Versprechen kompensiert so als Medium des Austauschs den Verlust einer selbstverständlichen Übereinstimmung in substanziell gefüllter Lebensform, in der die Bereiche der Interaktion des Einzelnen räumlich überschaubar, die Akteure einander bekannt und die Interaktionen selbst von begrenzter zeitlicher Dauer sind. Es transformiert nämlich diese Übereinstimmung, die in „natürlichen sittlichen Verpflichtungen" gelebt und praktisch verstanden wird, in konventionelle Verpflichtungen. Und es transformiert auch die beteiligten Subjekte: Das heißt, sie *sind* nicht schlicht frei, ihre Werte und Pflichten zu wählen oder nicht, sondern sie *werden* in dieser Praxis frei, ihren selbstgesetzten Werten auch zu entsprechen. Hume gilt das Versprechen also nicht umsonst als eine der Ur-Konventionen der Moderne: eine Form der Verpflichtung, die einen geteilten Handlungsraum gegenseitigen Vertrauens sowohl voraussetzt wie auch stiftet und aufrechterhält. Das Wollen des Einzelnen ist erst wirklich in diesen expliziten Verpflichtungen und ihren Erfüllungen, in denen er sich als Einzelner verwirklichen und sein Leben gestalten muss. Es wird nur in und mit gelebten Lebensformen artikuliert und konstituiert.

Der Wert der *Vertrauenswürdigkeit* hat gerade in dieser modernen Lebensform bei Hume seinen zentralen und selbstverständlichen Platz. Hier müssen wir die Sicherheit und Verlässlichkeit unserer Interaktion selbst als Wert anerkennen, und zwar gegenüber jedem und allen gleichen Interaktionspartnern. Anders als in der Tradition stützt das Versprechen für Hume keine unbedingte Verpflichtung, gegenüber Gott oder gegenüber sich selbst, wie etwa noch bei Kant. Die Einfüh-

---

253 Hume, *Traktat über die menschliche Natur*, S. 270.

rung rechtlicher und staatlicher Institutionen und die Rolle von Rechten wird damit vor dem Hintergrund einer gelebten und in Praxisformen verkörperten Vielfalt von Interessen Einzelner verstanden. Hume gründet nicht über den Umweg einer obligationstheoretischen Vertragsschluss-Konzeption Gemeinschaft, sondern bietet eine sozialphilosophische Erläuterung ihrer Unhintergehbarkeit. Mit der transformierenden Kraft jeder Äußerung, die wir tun, übernehmen wir Verbindlichkeiten, indem wir Praxisformen anerkennen, fortführen und so positive Rechte übertragen. Das heißt, wir verfolgen mit jedem unserer Versprechen nicht nur ein je besonderes Interesse, sondern dieses ist nur in der Interaktion, die es ausdrückt, wirklich und damit immer auch zugleich mit ein „Interesse" an der Verlässlichkeit und Stabilität des Gemeinwesens und seiner Institutionen als Garanten der Möglichkeit dieser Interaktion, die von ihr gleichzeitig gestiftet und fortgesetzt werden.[254]

Das erfordert offensichtlich eine spezifische Deutung des Begriffs des „Interesses". „Interesse" ist hier nicht schlicht das empirische Interesse der Einzelnen. Innovativ an Humes Konzeption ist vielmehr, dass der Begriff des Interesses bei ihm eine Konvergenz der Allgemeinheit und Übereinstimmung eines „Wir" einerseits und des Individualinteresses andererseits bereits enthalten muss, um die Aufgabe erfüllen zu können, als Grund der gesellschaftlichen Wirklichkeit und der in ihr geltenden Rechtsverhältnisse zu dienen. So *übersetzt* Hume das substanzielle Gute der selbstverständlich-traditionalen Sittlichkeit in seinen Begriff des Interesses. Sittliche Tugenden fordern in der antiken Denkweise als natürliche Verpflichtungen bestimmte Handlungsweisen und wirken so als Motivation von Handlungen. Das „Interesse" Humes dagegen muss prozessual verstanden werden: es ist immer *in statu nascendi*. Dass ich versprechen kann, muss bereits in den Raum *unserer möglichen Interessen und Bedürfnisse* eingegangen sein. Ich sehe dieses Interesse Hume zufolge im Vollzug ein, um es so mit Anderen zu teilen:

> Die Einsicht, welche nötig ist, damit die Menschheit sich des Vorteiles der Einführung und Einhaltung von Versprechungen bewusst wird, geht nicht über die Fähigkeiten, die der menschlichen Natur auch im wildesten und unkultiviertesten Zustand eignen, hinaus. [...] Und bemerkt das einzelne Individuum bei allen seinen Mitmenschen das gleiche Verständnis für sein eigenes Interesse, so vollzieht es an seinem Teile den durch das Versprechen geschlossenen Kontrakt, weil es überzeugt ist, daß die anderen es auch ihrerseits daran nicht werden fehlen lassen. Alle beteiligen sich im wechselseitigen Einverständnis an einem System von Handlungen, das auf das Allgemeinwohl berechnet ist, und kommen überein, ihr Wort zu halten. Zur Bildung dieses Einverständnisses oder dieser Abmachung ist aber nichts weiter nötig, als daß jeder sich des eigenen Interesses bewußt ist, das er an der treuen Erfüllung seiner Verpflichtungen hat und daß er dies Bewußtsein anderen Gliedern der Gesellschaft ausspricht. Dies weckt unmittelbar das gleiche Interesse bei den

254 Das heißt, das „Interesse [übernimmt] als Erklärungsgrund der Entstehung gesellschaftlich-politischer Verhältnisse wie als Grund der in ihnen wirksamen und gültigen Recht- und Pflichtkorrespondenzen die Doppelrolle, die der Kontraktualismus vor Kant dem Vertrag aufgebürdet hat." Kersting, Wolfgang, *Die politische Philosophie des Gesellschaftsvertrags*, Darmstadt 1994, S. 251.

> anderen. Dies Interesse ist der erste Grund der Verpflichtung zur Erfüllung von Versprechungen.[255]

Dieser „erste Grund“, ein einsichts-vermitteltes Privat-Interesse an der Möglichkeit zuverlässiger Interaktionsformen, wird erst mit der Performanz des Versprechens in ein „Sittlichkeitsgefühl“ transformiert, das eine neue Verpflichtung schafft. Dass der Andere mir mit seinem Versprechen künftige Erfüllung anbietet, muss ich sowohl verstehen wie damit bereits *als gut* akzeptieren.

Dass Hume dem Versprechen als Verlängerung des Tauschs und damit als primär ökonomischer Institution eine gesellschaftskonstitutive Funktion zuschreiben kann, eben weil weder die Gesellschaft noch das Individuum ein Fundament vor geteilten Vollzügen haben, gründet in dessen kommunikativer Rolle. Eigentum und Tausch werden von Hume als erste Konventionen der bürgerlichen Welt ausgemacht. Deren eigentliche Gestalt realisiert sich aber erst im Versprechen als Form der modernen Gesellschaft und damit diese als Gesellschaft im vollen Sinne. Mit diesem Sprachspiel als Bild bürgerlichen Zusammenlebens zeigt Hume Normen als grundlegend praktisch und auf Verwirklichung angewiesen. Gegenüber dem Eigentum, das den, der über es verfügen kann, zum handlungsfähigen Bürger macht, ist das Versprechen als Form der Interaktion eine scheinbar nachgeordnete Konvention. In ihr zeigen sich aber Intersubjektivität und Praxis als grundlegend für jede Identität eines modernen Subjekts, die als individuelle Verstehens- und Handlungskompetenz interpretiert wird. Sie ist auch konstitutiv für die Rechtsebene. Grundlegend sind hier nicht negative Freiheitsrechte, sondern ein Medium zur Übertragung von positiven Rechten, die im kommunikativen praktischen Vollzug gestiftet werden und im Vollzug den Versprechenden bestimmen und zur weiteren Erfüllung „zwingen“ – weil sie seine Identität ausbilden. In diesen performativ gewählten Handlungs-, Urteils- und Seinsweisen allein liegt aber das (notwendig soziale) *Sein* des Einzelnen als *soziales Subjekt.* Mit dieser selbstgewählten Bestimmung wird der Einzelne zum sozialen Subjekt.

Der Adressat agiert hier also nicht nur aus bestimmten privaten Interessen heraus, sondern immer auch aus einem privaten „Interesse“ am geteilten Handlungsraum, das mit seiner Performanz zum überindividuellen Interesse wird. Erst mit einer *Übertragung* von Eigentum und Rechten, die gleichzeitig die Übernahme von Pflichten bedeutet, sind diese Interessen wirklich. Das lässt sich auch sprachphilosophisch rekonstruieren: Individuelle Selbstverständnisse, Werte und Bedeutungen sind immer bereits insofern allgemein, als sie als solche allgemeinverständlich symbolisiert und dargestellt werden müssen, um für den Einzelnen selbst und gleichzeitig für die Gesellschaft Wirklichkeit zu haben. Im Modell des Versprechens muss das für das Selbstverhältnis des Individuums heißen: Dessen Aspekte bedürfen des Aktes ihrer konkreten Artikulation und Manifestation, um zu gelten, das heißt, um zu „existieren“.

---

255 Hume, *Traktat über die menschliche Natur*, S. 270.

Das Versprechen setzt geteilte Sprache und Werte *und* setzt sie voraus, und rückwirkend gilt dies nun auch bereits für den Eigentums- und Subjektanspruch, der als solcher explizit gestellt und verstehbar sein muss, um akzeptiert werden zu können.[256] Dass ich als kompetenter Teilnehmer der Ordnung ein Interesse daran habe und mit meinem Versprechen auch meine Zustimmung dazu gebe, dass geordnete und zuverlässige Kooperation in ihr möglich ist, hat also eine Kehrseite. Meiner Freiheit, einen Austausch zu beginnen, korrespondiert bei Hume ein Unvermögen, den eigenen Subjekt-Status selbst zu „verwalten“. Nicht nur gegenüber dem potentiell Geschädigten, falls ich ihm die versprochene Leistung vorenthalte, sondern gegenüber der ganzen Sprachgemeinschaft steht mein Ruf als Subjekt auf dem Spiel. Die Rede vom „Recht, Subjekt zu sein“, ein Recht, das nur in der Teilnahme ausgeübt und anerkannt wird, offenbart hier ihre ganze Ambivalenz: Mein „Ruf“ wird in Gestalt einer Geschichte meiner vergangenen Performanzen ebenso erfasst und in meiner Äußerung sprachlich kommuniziert wie der Gehalt des Versprechens selbst.[257]

Es ist also nicht nur eine Symbolisierungsleistung in Bezug auf die gemeinsame Lebenswelt, die ich im Versprechen in Bezug auf dessen Gehalt vollziehe. Ich symbolisiere *mich* vielmehr immer auch als Teilnehmer selbst (neu), ohne darüber zu verfügen, wie dieser Akt verstanden wird. In der „Buchführung“ über meine vergangenen Handlungen wird meine Identität für jeden Akteur „lesbar“, in den Bestimmungen verständlich, die ich übernommen und erworben habe. So wird auch diese Äußerung verstehbar und verstanden und eine Voraussage darüber möglich, wer ich bin und damit, ob ich *diesmal ernsthaft* verspreche. Man kann das als schlichte Wahrscheinlichkeitsrechnung verstehen und Hume legt eine solche Interpretation auch nahe. Aber eine Außenperspektive ist für diese Kalkulation nicht möglich. Die Möglichkeit dieser Voraussage erlaubt nicht nur eine Transaktion über die Zeit hinweg, sondern entspricht einer Verzeitlichung auch der epistemischen Perspektive: Indem das Versprechen den Willen eines Individuums ausdrückt, seine Erfüllung aber in die Zukunft aufgeschoben ist und es seine künftige Verhaltensweise im eigenen Interesse *und* dem der Gemeinschaft mit dem Versprechen von seinen künftigen unmittelbaren Neigungen und Bedürfnissen unabhängig zu machen ankündigt, verpflichtet es sich auf seine konkrete Identität und hat überhaupt nur eine Identität – als kompetenter Teilnehmer. Dieser Status kann aber eigentlich nur nachträglich zuerkannt werden und wird immer auf Kredit lediglich „angenommen“.

---

256 Viele Eigentumstheorien arbeiten nicht nur mit einer grundlegenden Unterscheidung von physischem Eigentum oder Besitz und dem Rechtsbegriff des Eigentums, sondern zeigen auch, dass richtig verstanden nicht etwa der erste dem zweiten vorausgeht (wie das Entwicklungsgeschichten zum Beispiel der Vertragstheorie zunächst suggerieren könnten), sondern Besitz nur vermittelt über das intersubjektive Rechtsverhältnis des Eigentums überhaupt angemessen verstanden werden kann. Das gilt auch für Locke, dessen berühmte Arbeitstheorie eigentlich gar nicht den Kern seiner Eigentumskonzeption darstellt, da diese, für den Naturzustand angenommene Besitzlegitimation erst im gesellschaftlichen Verhältnis zu seiner eigentlichen, rechtlich gesicherten Form und Wirklichkeit kommt.

257 Vgl. Baier, „Promises, Promises, Promises“, S. 196f.

Der Wahrheitsbezug der Äußerung des Versprechens ist also bei Hume nicht rein funktional gedacht, denn er besteht in einem Wahrhaftigkeitsanspruch, der mit dem Sprechakt notwendig und immanent mit erhoben wird, als Bezug auf Situationen, die ich immer mir selbst voraus auf geteilte Deutungen von Interessen und Bedürfnissen hin verstehe. Der Versprechende beansprucht *Glaubwürdigkeit* für sich selbst und für seine explizite Bestätigung und performative Varianz der Praxisform. Das ist die Ankündigung einer Sinngestalt, die sowohl im Sprechakt bereits gesetzt wie auch in ihrem Sinn nur antizipiert wird. So verpflichtet er sich auch darauf, er selbst zu bleiben und mit der Übernahme der neuen Bestimmung weiter er selbst zu werden.

Allerdings hat die Konzeption der konstitutiven Rolle von Kommunikation in und als Praxis einen blinden Fleck im Ökonomischen. Das Versprechen ist bei Hume die Verlängerung des Tauschs und insofern ist auch seine kommunikative Rolle reduziert auf eine ökonomische Funktion gedacht. Diese Ökonomisierung trifft noch das Subjekt selbst: Als glaubwürdig einschätzen muss man den Versprechenden zunächst „auf Kredit"; erst nachträglich kann dieses Urteil auf seine ganze Geschichte der Performanzen als Zeugnis zurückgreifen. Dem entspricht die Angewiesenheit der kommunikativen Praxis auf die Akkumulation von Potential mit jedem Versprechen auf die Lebenswelt. Die Lebenswelt bildet das verdeckte Material der symbolischen Transaktionen in der Kommunikation: a) als Dingwelt und b) als Welt faktisch üblicher Praktiken.[258] Das heißt aber, dass dem

258 Das ist eine Diagnose der modernen Gesellschaft, die die Anwendbarkeit der Marx'schen Ökonomiekritik auf die ganze bürgerliche Gesellschaft zeigt. Das Paradigma des Versprechens zeigt, dass der Gebrauch und die Vermehrung des eigenen Vermögens, Sprechersubjekt zu sein, konstitutiv sind für dessen Realität. Ökonomiekritisch muss festgehalten werden, dass es ein atomistischer Fehlschluss ist, wie Locke über isolierte Arbeit ein Recht auf Eigentum begründen zu wollen. Denn grundlegend ist hier nicht die Arbeit, sondern die Teilnahme am intersubjektiven Prozess des Tauschs und der Übertragung von Ansprüchen auf Eigentum und Identität. Eine solche Kritik falscher Unmittelbarkeits- und Präsenzmetaphysik auch auf sozialphilosophischer Ebene hat aber ihre eigenen ideologischen Fallen.
Die Stelle der faktische Werte produzierenden Klasse des Proletariats taucht in diesem „holistischen" Modell nicht einmal in der Rolle des gesellschaftlichen beziehungsweise ökonomischen Teilnehmers auf. Denn der Arbeiter kann sich selbst nicht *als rationaler Teilnehmer* vermittelt über die symbolische Darstellung seiner Vermögen (seines Besitzes) im Versprechen einbringen, sondern muss mit seiner Arbeitskraft sich selbst *als Tauschwert* einsetzen, was die Möglichkeit der Interaktion für ihn gerade ausschließt. Diese Interaktion bleibt anderen Akteuren vorbehalten, die die material generierten Werte für die Gesellschaft als Werte erst symbolisieren, die damit erst angeeignet, beansprucht und (sozial) *wirklich* werden. Der Arbeiter dagegen hat keine Wahl, ob und wie er von seinen „Teilnahmerechten" Gebrauch machen will, da er *als Produzent* hier gar nicht in Erscheinung tritt – das tut nur der *soziale* Akteur. Positiv gewendet kann man sagen, dass dieser Theorieansatz *zeigt*, was Marx an der ökonomischen Theorie seiner Zeit als verdeckte ideologische Voraussetzung kritisiert hat: dass gerade die *Trennung* von Arbeit und Eigentum konstitutiv ist für den postulierten *Zusammenhang* von Arbeit und Eigentum. Vgl.: Wellmer, „Naturrecht und Vernunft".
Analog zu dieser Ökonomiekritik muss für die bürgerliche Gesellschaft, die sich selbst unter dem Paradigma des Versprechens begreift, festgehalten werden, dass hier existentiell-naturale Lebensnotwendigkeiten nicht nur frei transformiert und überformt, sondern auch verdeckt und zugerichtet werden. Dass diese Überformung notwendig ist, ist noch kein Argument gegen den Ideolo-

Sprecher dieser Status eines kompetenten Akteurs konstitutiv konditional verliehen ist. Die Freiheit und Macht des vernünftigen Subjekts ist hier als Recht auf Teilnahme immer auf ihre Bewährung angewiesen, die jedem Vollzug nachträglich *und* vorausgesetzt ist.[259]

Das eigene Wort wird hier also nicht, wie in Konzeptionen des *begrenzten* Charakters negativer Freiheitsrechte und Eigentums, mit *begrenztem* Einlösungsgehalt eingesetzt.[260] Wenn *Motiv und Gegenstand des Gebens* des Versprechens mit dem Modell der Tauschbeziehung klar umrissen scheinen, so sind sie doch schon im Fall des Tauschs, noch mehr noch aber im Fall des Versprechens auf ihre Einlösung angewiesen, die ihren Sinn erst vollständig bestimmt, weil mit ihr der Einsatz erst konkret bestimmt wird. Insofern die Antizipation aber sprachlich allgemein ist, also nicht nur auf ein einzelnes Objekt, sondern auf eine ganze Handlungsweise des Versprechenden als Versprechendem bezogen wird, bestimmt sie die ganze Identität des Subjekts. So verweist das Versprechen *in der Zeit* unendlich auf ein bloßes Potential dazu, ein vernünftiges Subjekt zu sein.

---

gieverdacht, der diese Überformung trifft. Die kritische Analyse dieses Modells von Eigentum, Identität und Selbstverwirklichung als Interaktion zeigt die Abhängigkeit der bürgerlichen Gesellschaft von einer Welt konkreter Bedürfnisse, Dinge und einer Arbeit, die Gebrauchswerte erst schafft. Wellmer rekonstruiert Marx so: „Die *Trennung* des Eigentums von der Arbeit ist [...] die logische und historische Voraussetzung für die Realisierung des im Naturrecht und in der klassischen politischen Ökonomie postulierten *Zusammenhangs* von Arbeit und Eigentum. Daraus folgt aber, daß sich die Genese des bürgerlichen Privateigentums nicht als Geschichte der Aneignung von Eigentum durch Arbeit und Tausch rekonstruieren läßt; als einer Geschichte der Trennung von Arbeit und Eigentum kann ihr vielmehr das Moment der Gewalt, des Raubes und der Plünderung, das Marx in ihr nachweist, nicht äußerlich sein." Wellmer, „Naturrecht und praktische Vernunft", S. 146. Sie zeigt aber auch, wie diese Abhängigkeit überformt, verdeckt und verstellt wird. Diese symbolische Überformung erlaubt eine Distanzierung von naturhaften Lebensnotwendigkeiten und einen abstrakten Bezug auf Werte. Diese Symbolisierung des Abwesenden betrifft aber zuletzt auch den Akteur selbst. Er oder sie stiftet gleichzeitig mit seiner Teilnahme nicht nur kommunikative Praktiken, indem er Werten und Gütern eine Darstellungsform gibt, sondern er stiftet *nur in dieser Teilnahme* auch den eigenen Subjekt-Status als entfremdet mit: im Übertragen nicht nur von Gütern, sondern von positiven Rechten an den Anderen auf bestimmte Handlungsweisen des Versprechenden, die sein Sein als soziales Wesen bestimmen. Es ist nur sein kommunikatives Verhalten, was hier „zählt".

259 Annette Baier kommentiert diese konstitutive Vor- und Nachzeitigkeit so: „Hume finds a third alternative between the punitive power of God and the punitive power of magistrates – the punitive power of one's fellows, the keepers of one's reputation. The ‚word' without the sword is enough to bind, when words are available and used not only to undertake and to solemnize undertakings, but to communicate a person's positive or negative record as a ‚man of his word'. Truth or fidelity as the virtue of those who are true to their word needs the assistance of truthtelling about persons, of truth in reputation-giving, and this requires the practice of keeping track of a person's moral performance. Representation in language is not only needed in the very act of promising, to specify a future act that becomes obligatory, but is also necessary to provide the motive for keeping promises. Past performance or nonperformance must be represented and conveyed in reputation for it to be possible for the giving of a solemn representation of a future action to bind a person to perform that action." Vgl. Baier, „Promises, Promises, Promises", S. 196f.

260 Vgl. stattdessen zum in der Neuzeit zentral werdenden Begriff von Rechten als subjektive Rechte: Menke, Christoph, „Subjektive Rechte – Zur Form der Differenz," in: *MRM – MenschenRechtsMagazin*, 2/2008, S. 197-204.

Mehr noch: Das Versprechen überträgt Rechte und stiftet neue Arten und Weisen von Praxis. Auf diese Praxis scheint dann auch die Verantwortung für das gegebene Wort begrenzt. Aber das Recht, das hier erst als subjektives Recht zum Tragen kommt, wird vor einem Hintergrund der Intersubjektivität gestiftet, den das Versprechen selbst mit entwirft und fortsetzt. Wenn eine Instanz öffentlicher Meinung die Geschichte des Einzelnen verwaltet, so verwaltet sie eigentlich auch seine Möglichkeit, überhaupt zu sprechen.

Das Interesse des Einzelnen am geteilten Handlungs- und Verstehensraum betrifft seine Möglichkeit zur Selbstverwirklichung. Nur in unserer geteilten Welt habe ich die Freiheit, „Ich" zu sein. Aber die Freiheit, die eigenen Verpflichtungen und Praktiken zu wählen, wird durch eine soziale Anerkennung und Zuschreibung von Subjektivität bedingt, die die Vielfalt der Möglichkeiten vorzuschreiben und festzuhalten scheint, die der Einzelne ausüben kann und ausübt. Diese intersubjektive Anerkennung ist sowohl Anerkennung als Person, das heißt Anerkennung bestimmter Möglichkeiten zur Teilnahme an einzelnen Praktiken, als auch zur Stiftung einzelner Praktiken. Der Einzelne hat also ein existentielles „Interesse" daran, dass er überhaupt als interessengeleiteter Teilnehmer, der seine Interessen in den Formen geteilter gesellschaftlicher Wirklichkeit realisiert, anerkannt wird.

Charles Taylor beschreibt das orientierende Ideal der Moderne als wurzelnd im Protestantismus: es sei das Ideal eines Leben, das in einem bestimmten Geist geführt wird, nämlich als Bejahung des gewöhnlichen Lebens, wobei sich diese Bejahung einer Leistung des Einzelnen verdankt, die Disziplin und Einsicht verknüpft.[261] In seinen Selbstverpflichtungen auf bestimmte Praktiken und damit Normen allein weiß sich der Einzelne als (vernünftiges und moralisch gutes) Subjekt. Die Kehrseite dieser Immanentisierung ist eine Pathologie der modernen Welt, in der Einsicht und Disziplin im praktischen Wissen zusammenfallen: Das Versprechen hat einen genau abgegrenzten Verpflichtungsgehalt, mit dem der Einzelne ein Recht des Anderen stiftet. Sie hat in unserer Welt Bedeutung, und nur so ist sie (möglicher) Gegenstand des Interesses des Adressaten. Gleichzeitig ist die freiwillig eingegangene und fortgesetzt zu bestätigende Verpflichtung auf die Festigung meiner Identität aber grenzenlos.

Ein Bruch mit dieser Identität träfe mich doppelt in meinem Status als Subjekt: zum einen, weil ich hier meinen Anspruch auf Glaubwürdigkeit einbüßen würde, und damit meinen Anspruch, *ein Anderer* zu sein, dem man vertraut; zum anderen träfe er mich damit aber auch in meinem Anspruch, *ein Selbst* zu sein – ich gäbe hier meine Identität preis, die ich auch für mich selbst nur in deren Ausübung und Verwirklichung habe und der Anerkennung in den Augen meiner Gesellschaft verdanke. Ich bin, anders gesagt, ein Selbst *nur* als ein Anderer – und

261 „Das geheiligte Alltagsleben ist eine geistige Verfassung, die Disziplin und Alltag verknüpft. Im Gebrauch der Dinge dieser Welt behauptet sie zugleich den Vorrang des Geistes." Taylor, Charles, „Legitimationskrise?", in: ders., *Negative Freiheit. Zur Kritik des neuzeitlichen Individualismus*, Frankfurt a. M. 1999, S. 235-294, S. 260.

das ist eine wichtige Einsicht von Ansätzen wie dem Humes, die atomistische und individualistische Konzeptionen wie die Vertragstheorie angreifen.

Die Möglichkeit, die die „bloß symbolische“ Verpflichtungshandlung auf die Zukunft offenhält, dass ein Akteur seine Motive im Versprechen nicht offenlegt, sondern verdeckt, und unerkannt und unerkennbar um des eigenen Vorteils willen ein Versprechen abgibt, ohne es ernst zu meinen, wird also bei Hume im natürlich-sozial anerkannten *und* absoluten Wert der Glaubwürdigkeit in der Gesellschaft eingeholt. *Nur* die Performanz hat hier Bedeutung, und *jede* Performanz hat hier Bedeutung. Es gibt jede private Absicht oder Einstellung nur in der Aktualisierung. In gewisser Weise ist diese symbolische Vermittlung unausweichlich ein Quell der Verdeckung, Verschiebung und Verzerrung: Der Sprecher verpflichtet sich nicht nur auf *diese* künftige Handlungsweise, mit der das Versprechen eingelöst wird, sondern auf ein Ganzes als Weltbild von Handlungs- und Urteilsweisen, das er voraussetzt, stiftet *und als Darstellung oder Spiegel seines Ich* antizipiert. Jeder Moment der Einlösung ist selbst notwendig ein erneuter reflexiver Akt: eine weitere Interpretation seines Versprechens und damit seiner Identität im Prozess der Interaktionen, deren Kontext sich von dem der Äußerung unterscheidet. Die Sinnkontinuität seiner Rede kann der Versprechende nicht garantieren, ist aber auf sie angewiesen. Er verpflichtet sich gleichzeitig auf die Fortführung seiner Identität im Ganzen grundlegender Werte und Überzeugungen, das die Wirklichkeit als geteilte für ihn und seinen Adressaten strukturiert und in dem er eine Identität, Charakterzüge, Vorlieben, Wünsche und einzelne Absichten überhaupt entwickeln kann.

Diese Interpretationen werden in kommunikativen Zusammenhängen aktualisiert, und damit erscheint diese Dimension der Sinnstiftung als selbst praxisgebunden und faktisch. Diese Vorstellung artikuliert zum Beispiel Taylor: „Was für uns von grundlegender Bedeutung ist, besitzt bereits eine Artikulation, eine Vorstellung von einer bestimmten Lebensweise, die höher steht als andere.“[262] Die jeweilige Lebens-Konzeption wird nicht einfach aktiv-verantwortlich als ein Weltbild entworfen. Sie wird in einer gesellschaftlichen Wirklichkeit als Rolle vorgefunden, widerfährt und „subjektiviert“. Das potentiell pathologische Moment dieser geschichtlichen Entwicklung zeigt Humes Annahme eines fiktiven Aktes des „Wollens der Verpflichtung“. Diese Fiktion ist Hume zufolge ein „Hilfsmittel für die Einbildungskraft“ und eine Täuschung.[263] Diese Fiktion oder Antizipation betrifft aber nicht nur die Ware, sondern auch die ebenfalls noch

---

262 Taylor, „Was ist menschliches Handeln?“, S. 45.

263 Bei Hume heißt es schon zur Übertragung von Eigentum: „Durch die sichtbare Übergabe und die vermeintliche Gleichartigkeit beider Handlungen (– der sichtbaren Übergabe des Objektes und der Eigentumsüberlassung –) wird der Geist getäuscht und glaubt, er habe nun auch von der geheimnisvollen Übertragung des Eigentums eine deutliche Vorstellung. Daß diese Erklärung der Sache richtig ist, ersieht man daraus, daß die Menschen [schließlich] eine *symbolische* Übertragung erfunden haben, um der Einbildungskraft zu genügen, da, wo die wirkliche unausführbar ist.“ Hume, *Traktat über die menschliche Natur*, S. 262. Mit dem Versprechen greift diese *creatio ex nihilo* auf den Akt und letztlich das Subjekt selbst über.

„abwesende", antizipierte Sprecherkompetenz selbst. Auch sie wird nur mit ihrer Deutung wirklich, die ihr selbst und ihrer Verwirklichung und Darstellung gegenüber verspätet ist. Das Wissen um mein Versprechen und meine Identität wird auch erst mit seinem Vollzug vervollständigt. Die Frage des Missbrauchs stellt sich damit konstitutiv *und* kann sich nie stellen: Der Einzelne gestaltet und modifiziert die Regeln dieser Ordnung mit seinem Versprechen selbst weiter aus, und integriert eine uneinholbare Differenz so immer neu in das Gesamtbild der sozialen Ordnung, in der er sich gleichzeitig mit der Äußerung erst selbst verortet.[264]

Hume sichert die normative Kraft des „Warentauschs", im Rahmen dessen das Versprechen Rechte und Eigentum überträgt, über eine Fiktion der bereits abgeschlossenen Symbolisierung der eigenen Wünsche zu Urteils- und Praxisformen und der vollständigen Integration der faktischen in die symbolische Übertragung als Performanz. Dass diese „Fiktionen" trotzdem reale Zwingkraft für den sich Verpflichtenden ausüben, ist bei Hume nichts anderes als Sache einer „sozialen Sanktion", die aber absolut ist, weil sie die gesellschaftliche Existenz, die Anerkennung des Subjekts betrifft, jenseits derer er keine (auch keine leiblich-sinnliche) Basis hat: Der scheinbar begrenzten Verantwortlichkeit für die Verbindlichkeit, die ich hier eingehe, entspricht sowohl die Neustiftung einer Praxis als auch die imaginäre Drohung des Entzuges meiner Reputation als kompetentes Sprecher- und Akteurssubjekt in dieser unserer symbolischen Ordnung. Hegel beschreibt das so:

> Mein Wort muß gelten, nicht aus moralischen Gründen, daß ich mir innerlich gleich bleiben, meine Gesinnung, Überzeugung und so fort nicht ändern solle, sondern ich kann dies ändern; aber mein Wille ist nur als anerkannter da. Ich wider-

---

264 Alenka Zupančič wertet die Immanentisierung einer religiösen Transzendenzdimension als eine solche zweischneidige Konstellation von Autonomiegewinn und Autonomieverlust: „Nobody knows whether she or he is chosen or not, whether she or he will be redeemed or damned. This leads to an almost obsessive search for signs that would bear witness to our being chosen or rejected. The crucial question thus becomes how to recognize the grace that was (or was not) bestowed upon us. One of the most important signs of not being chosen is precisely faintheartedness […], lack of faith or ‚credit' (in other words, faith that we are among the chosen is one of the principal pieces of ‚evidence' indicating that we are chosen). The other crucial evidence, related to the former, is successful and efficient professional activity, occupation, and work. […] Anxiety related to the question of whether we are chosen or not finds its outlet in a hyperactivity that is supposed to answer this question and, consequently, provide some sort of certainty. The essential logic at play here is not that of ‚rewarding effort'. […] These efforts, on the contrary, are already an expression of the outcome, namely, of the fact that we are chosen or called upon." Zupančič, *The Shortest Shadow*, S. 42. Dieser prozessualisierten Innerlichkeits- und Gewissensproblematik korrespondiert die Omnipräsenz sozialen Zwangs: „[O]n Hume's account, which does make unilateral promises binding, this is done by *inventing a ‚fiction' of immediate delivery, a fiction of simultaneous transfer when there is no simultaneous transfer*, and a fiction of receiving something when one party does not receive anything, or anything of the same sort. The handshake, the mutual giving and receiving of hands, symbolizes all these fictions. For them to be useful fictions they must be backed by socially referred powers, and recognized obligations. The obligations ‚tie', as it were, the fictions to the real thing." Baier, „Promises, Promises, Promises", S. 200, Hervorh. C.D.

> spreche nicht nur mir, sondern dem, daß mein Wille anerkannt ist. Man kann sich nicht auf mein Wort verlassen, d.h. mein Wille ist bloß mein, bloße Meinung. [...] Ich werde gezwungen, Person zu sein.[265]

Humes Ansatz verweist auf Konzeptionen kommunikativer Vernunft voraus. Das Versprechen als Paradigma der gesellschaftlich-sozialen Wirklichkeit der bürgerlichen Gesellschaft zeigt, dass diese zum Raum vernünftig-prozeduraler Interaktion und Interpretation wird, für den jeder Einzelne einsteht und einstehen „muss“, um sich als freier Anderer verstehen zu können. Ich lese Hume hier als Genealogen, nicht als Konventionalisten. So verstanden hat die Berufung auf ein Versprechen keinerlei begründende oder rechtfertigende Funktion für unser Verhalten in konkreten Situationen. Ich handle nicht „gut“, wenn ich es erfülle, sondern ich handle *überhaupt*. Die Verbindlichkeit, die ich mit dem Versprechen mit übernehme, ist *konstitutiv* für unser Selbstverständnis und Verhalten; sie ist nicht als (stärkerer) *Gegengrund* gegen die Vielfalt möglicher verschiedener Erwägungen, zum Beispiel pragmatische, utilitäre Erwägungen, in Anschlag zu bringen:

> Since there would be no promise apart from a knowledge of that fact about the concept of promising (that one does not coherently keep or break them on general utilitarian grounds) it is not comprehensible to justify actions falling under that concept by appealing to such fact. (CR, S. 295)

Für die Moderne steht die Kritisierbarkeit von konventionalisierten Normen und vereinseitigten Sichtweisen in Frage, gerade insofern Normativität hier kein Anderes, etwa Natur und Gefühl, zu haben scheint, sondern dieses Andere selbst fortwährend integriert, indem es dieses Andere ausdrückt und ihm so verstehbare Form gibt. Konventionalität selbst scheint so unwiderlegbare und grundlegende Ermöglichungsbedingung – sozialen – Seins, dass wir sie nicht als *Grund* aufrufen können. Das sieht Hume. „Doesn't one feel that [the advantages of promising] are too obvious?“, fragt Cavell in seiner Kritik an Rawls' Analyse des Versprechens als – wenn auch grundlegende – Institution. „The very existence of human society, and the coherence of one's own conduct depend upon it. [...] [P]romising is not an institution but the precondition of any institutions among persons at all.“ (CR, S. 298)

---

265 Hegel, G.W.F., *Jenaer Realphilosophie*, Hamburg 1969, S. 220. Honneth kommentiert dieses Zitat, indem er die kommunikative Konstitution des Rechtsverhältnisses ausbuchstabiert: „Die angemessene Reaktion auf eine solche egozentrische Ausscherung aus dem Vertragsverhältnis stellt die Einsetzung von Mitteln des legitimen Zwangs dar; mit ihrer Hilfe versucht die durch Rechtsbeziehungen konstituierte Gesellschaft, das wortbrüchige Subjekt nachträglich zur Erfüllung seiner vertraglich übernommenen Pflicht anzuhalten. Dieser Zwang ist aber nachträglich und vorgängig: ohne die Übernahme der Verpflichtungen, die aus der Einwilligung in den Vertrag resultieren, würde das Subjekt diejenigen Anerkennungsregeln verletzen, denen es überhaupt erst seinen Status als Rechtsperson verdankt. Insofern ist die Anwendung von Zwang das letzte Mittel, welches das wortbrüchige Individuum noch daran hindern kann, aus dem Interaktionszusammenhang der Gesellschaft herauszufallen.“ Honneth, Axel, *Kampf um Anerkennung. Zur moralischen Grammatik sozialer Konflikte*, Frankfurt a. M. 1992, S. 87f.

Das Bild der vollständigen Immanentisierung auch jedes transzendentalen Ichs in der Teilnahme an unserer geteilten sozialen Welt scheint der philosophischen Rekonstruktion nur zu erlauben, Freiheit als Ausübung von Teilnahmerechten an kommunikativen Prozessen zu konzipieren. Der Einzelne ist frei eben als Teilnehmer, im Sinne seiner Möglichkeit des Verfügens über seine Identität und Werte, die es mit seiner Verwirklichung in geteilten und symbolischen Praktiken schöpft, praktisch weiß und verwirklicht. „Praktische Vermögen schließen das Wissen um ihren normativen Gehalt, das Allgemeine der Praxis ein, die sie verwirklichen.“[266] Das Konzept negativer Freiheit erscheint hier als nachträgliche Abstraktion: *Nur* in meinen Vollzügen setze ich und verwirkliche ich – im Wissen um unsere geteilte Praxis und im Wissen um mein Interesse an dieser Praxis, so Hume – meinen normativen Horizont und mich selbst neu. In einem Verzicht auf Handlungsspielräume fixiere ich Bestimmungen für mich und meine Gemeinschaft neu. Dass ich das so im aktuellen oder wenigstens potentiellen Dialog tue, zieht immer auch die Zustimmungsfähigkeit der übernommenen Bestimmung für meine Anderen als Bedingung in Betracht.

Die Praxis des Versprechens als Leitmodell für private und öffentliche Identität des Einzelnen ist Ausdruck eines Gleichheitsgrundsatzes angesichts der Auflösung von homogenen, traditionellen und organischen Ganzheiten gesellschaftlicher Ordnung. Sozialität wird hier aber nicht im Vertrag gesetzt, sondern in der performativen Aktualisierung von Praxisformen gelebt, da Verwirklichung des Einzelnen hier immer auch seine Verallgemeinerung in geteilten Formen und also seine Entfremdung bedeutet.[267]

3.1.2. Sprechakt, Täuschung und Spiel bei Austin

Die Leistung von Austins *ordinary language philosophy* liegt in der Analyse von vermeintlich der Praxis vorgängigen Denk-Akten als unhintergehbar bezogen auf die Sprachpraktiken von Sprachgemeinschaften. „Verhalten“ wird hier immer als Ausdruck einer Einstellung und Vollzug einer Praxis verstanden. Das Problem eines reduktionistischen Behaviourismus scheint so ganz im Sinne Wittgensteins in einem Holismus gelöst. Die Schwierigkeiten, die eine angemessene Analyse des Verhältnisses von Individuum und Öffentlichkeit in diesen praxisphilosophischen

---

266 Menke, Christoph, *Kraft. Ein Grundbegriff ästhetischer Anthropologie*, Frankfurt a. M. 2008, S. 67.

267 Hume grenzt diese Lebensweise von einer impliziten und selbstverständlichen, man könnte sagen präsentischen Übereinstimmung ab, wie sie ihm zufolge das Verhältnis zwischen Freunden und Liebenden nach wie vor kennzeichnet. Für eine solche „natürliche“ Übereinstimmung ist die antike *polis* ein Leitmodell – wie sowohl Platons Anleihen bei Freundschafts- und Familienbeziehungen zur Erläuterung seiner Gesellschaftskonzeption in der *Politeia* wie auch die Bedeutung der *filia* bei Aristoteles belegen. Hier haben wir mit der Verpflichtung das Wohl und den Vorteil des Anderen im Auge um seinetwillen. Aber das Residuum dieses selbstverständlichen Vertrauens als unthematisch gelebtes zeigt ein Defizit der Konzeption expliziter Anerkennung von Konventionen in Kommunikationsakten.

Ansätzen bietet, zeigen sich aber zum Beispiel bei Austin in seinem Aufsatz „Pretending".[268]

Austin gibt den Fällen des Vortäuschens hier eine strenge Abgrenzung von der Wirklichkeit. Ihm zufolge kann, um mit Eckard Rolf zu sprechen, „So-tun-als-ob auf jeden Fall nur innerhalb bestimmter Grenzen stattfinden".[269] Austin selbst schreibt: „There is necessarily involved in pretence or shamming, the notion of a limit which must not be overstepped: pretence is always insulated, as it were from reality."[270] Diese dualistische Voraussetzung kreiert Ambivalenzen, die Austin nicht lösen kann. Austin will einerseits die Täuschung primär als *leibliches Verhalten* verstehen. Andererseits will er aber die *verbale* Täuschung als die Grundform des Vortäuschens auszeichnen. Vortäuschung ist einerseits laut Austin im Regelfall präsentisch, das heißt, sie ist auf ein bestimmtes aktuelles Verhalten angewiesen, das einen Anschein des gegenwärtig Wirklichen erweckt: „In pretending, contemporary behaviour misleads as to contemporary fact."[271] Andererseits tendiere Täuschungsverhalten generell in Richtung Abstraktion und damit zu verbalen Ausdrucksformen: „Hence the fact that the pretense behaviour is particularly liable to take the form of verbal behaviour, since that is particularly apt for creating impressions about our cognitive states."[272] Für den leiblichen Vollzug einer Täuschung gilt Austin zufolge: Der „pretender must be present and active in person to effect the deception by dint of his current behaviour".[273] Dagegen ist diese Bindung an den Akteur und den tatsächlichen Vollzug für das verbale Vortäuschen gelockert. In den verbalen Ausdrucksformen wird die Vortäuschung von einigen materialen und zeitlichen Beschränkungen auf das Besondere freigesetzt, die Austin ihr generell zuschreibt:

> [P]retending achieves emancipation from some of the limitations inherent in pretending-to: when pretending-to I can deceive only as to my own states or activities, and contemporary ones at that, but surely when I ‚pretend that I was in the garage yesterday' I deceive as to something other than my own states or activities, and something non-contemporary at that.[274]

Austin macht hier eine grundlegende Unterscheidung zwischen praktisch-leiblich verkörperten Vortäuschungen und solchen, die sich auf die symbolische Darstellung beschränken sollen. Diese Unterscheidung ist seinem Programm in der Theorie der Sprechakte gegenläufig, deren entscheidende Einsicht darin lag, gegen den Wahrheits- *und* den Sein-Sollen-„Fetisch" zu zeigen, dass *Sprechen eine Form des Handelns ist.*

---

268 Austin, John L., „Pretending", in: ders., *Philosophical Papers*, hg. v. J. O. Urmson u. G. J. Warnock, Oxford 1961, S. 253-271.

269 Rolf, Eckard, Der andere Austin: *Zur Rekonstruktion/Dekonstruktion performativer Äußerungen – von Searle über Derrida zu Cavell und darüber hinaus*, Bielefeld 2009, S. 42.

270 Austin, „Pretending", S. 253.

271 Austin, „Pretending", S. 269.

272 Austin, „Pretending", S. 270.

273 Austin, „Pretending", S. 268.

274 Ebd.

Grundlegend für Austins Ansatz ist also die Unterscheidung von zwei Arten der Täuschung: die vortäuschende *Äußerung* als die Möglichkeit eines „pretending that" im Gegensatz zum „pretending to be doing", das er charakteristisch für *Handlungen* nennt. „[W]ith pretending-that the stress is on the suppression or concealment of knowledge or memory or thought or belief or awareness, in short of some ‚cognitive state', and what is simulated is likewise some cognitive state."[275] Beim ‚pretending to' geht es im Gegensatz zu diesem Verbergen eines *kognitiven* Zustands durch die sprachliche Vorspiegelung eines anderen kognitiven Zustands um das Verbergen eines *emotionalen* Zustands, der mit dem eigenen Verhalten nicht übereinstimmt. Die Art und Weise, wie ich einen emotionalen Zustand vortäusche, ist Austin zufolge abhängiger vom tatsächlichen Verhalten, in dem sich diese Emotionen für uns ausdrücken. Die Täuschung erfordert hier ein „going through the motions",[276] die Täuschung über meine Überzeugungen erreicht ihr Ergebnis dagegen vorwiegend verbal. Austins Beispiel ist das Folgende: Man verhehlt sein Wissen, dass man nicht in eine Person verliebt ist (*pretending that*), oder verbirgt Gleichgültigkeit oder Abneigung, indem man vortäuscht, in die Person verliebt zu sein (*pretending to*).

Die *handelnde* Vollzugsform des Vortäuschens erläutert Austin in engem Zusammenhang mit dem Spiel und dem kindlichen, praktischen Erlernen von Begriffen und Vollzügen. Diese Vollzugsform wird so zum Paradigma der Einübung gemeinsamer Praxisformen. Die Substitution einer Einstellung durch den Ausdruck einer anderen, in gewisser Weise gegenteiligen können wir hier so verstehen: Die Einübung ist eine Disziplinierung, Überformung und insofern auch Negation naturhafter Leidenschaften und Begehren. Kein privates Bewusstsein dieser „Ein-bildung" erlaubt hier den Kontrast von wahrhaftigem und trügerischem Vollzug. Vielmehr ist diese Intiation in unsere Praxis und deren Ausdrucks- und Handlungsformen die Ermöglichungsbedingung dafür, dass wir dem Gegensatz von Täuschung und Wahrhaftigkeit überhaupt einen Sinn geben können. Es geht im kindlichen Spiel um den selbstreflexiven Prozess der Bildung von Urteils- und Handlungsformen mit Anderen als Horizont einer künftigen und geteilten Wirklichkeit.[277] Dass etwa das Kind „vortäuscht, etwas zu tun", wenn es zum Beispiel „Schule spielt", ist aber eine – zudem recht seltsam anmutende – Formulierung dafür, dass es den Prozess der Internalisierung und Bildung einer Welt *als gemeinsame, soziale Welt* durchläuft. Diese Dimension der Projektion und imaginativen Antizipation begrenzt und ermöglicht jede Wirklichkeit und

275 Austin, „Pretending", S. 269.

276 Ebd.

277 Wellmer schreibt mit Bezug auf Hegel, und betont so, dass eine Einstellung der Wahrhaftigkeit oder Täuschung hier keinen Platz hat: „Was den Individuen ohne ihr Wissen und Wollen geschieht, ist, daß in den Sphären der Kultur, der Wissenschaft und des Rechts die Intersubjektivität allgemeiner Gesichtspunkte und Standards und damit die Reziprozität einander als Gleicher anerkennender in sie hineingebildet wird. ‚Verständigkeit' ist der Titel für diese in der bürgerlichen Gesellschaft wirklich werdende ‚Form der Allgemeinheit'. Zwar dürfen wir in ihr nicht schon die ‚Wirklichkeit der sittlichen Idee' sehen; aber doch ist sie deren Voraussetzung." Wellmer, „Naturrecht und praktische Vernunft", S. 133.

jeden wirklichen Vollzug – sie ist nicht in einem Gegensatz dazu nur auf der Phänomenebene beschreibbar.

Als charakteristisch für die Art der Vortäuschung, die wir mit Äußerungen erreichen können, spezifiziert Austin dagegen das propositionale Vortäuschen. Er erklärt hier einen kognitiven Zustand des Wissens um die Abwesenheit der in der symbolischen Repräsentanz angezeigten, aber nur vorgetäuschten kognitiven Einstellungen des Glaubens, Wissens, Vermutens usw. für grundlegend.[278] Sein Beispiel ist allerdings ein Fall, in dem dieses ausgedrückte Wissen ein Wissen *zweiter Ordnung* ist, das anstelle einer gelebten Einstellung erster Ordnung tritt, die eine emotionale Beteiligung, Identifikation oder Wertsetzung betrifft. Die Äußerung zeigt nun eben die Abwesenheit dieser selbstverständlichen Disposition und Wertsetzung an. Das heißt, dass wir es hier mit einer Art der Selbstreflexivität auf die eigenen Werte oder Einstellungen zu tun haben, die voraussetzt, dass der Prozess der Einübung eines praktischen Könnens von Sprach- und Handlungsweisen von Austins *pretending to* abgeschlossen ist. Was es hier zu unterdrücken gilt, ist das Wissen um einen Mangel an affektiver Beteiligung in der Praxis, der sich eben aus ihrer Symbolisierung und damit Distanzierung in der bereits gegebenen Beherrschung der Praxis und der entsprechenden Selbstbeherrschung zu ergeben scheint. Diese „Differenz" ist aber die zwischen gelebter reflexiver Einstellung und dem Wissen um diese „bloßen" Einstellungen. Die Fiktionalität, die Austin dem Akt mit der Behauptung dieser Differenz attestiert, kann er aber gar nicht analysieren, da er sie – anders als in seiner Performativtheorie – nur auf der Inhaltsebene der Rede ansetzt.

Erinnern wir uns an Humes Analyse des Versprechens: Nach Hume spricht der Einzelne ein Bewusstsein einer Verpflichtung auf eine Handlungs- und Urteilsweise mit seinem Versprechen aus, die er gleichzeitig erst mit diesem symbolischen Akt schafft. Er bekundet also damit auch das „noch nicht" einer entsprechenden Verpflichtung. Einen „Geistesakt" der Selbst-Verpflichtung, der gleichzeitig auch die Selbst-Verpflichtung auf die Norm ist, die hier angerufen wird, täuscht er nämlich zunächst vor und kreiert ihn so. Austins Analyse des Vortäuschens sieht dagegen im Vortäuschen nur die Bekundung, nicht aber den Vollzug des „nicht mehr" einer solchen Einstellung der affektiven Gebundenheit an die eigenen Normen. Beide Charakterisierungen eines scheinbaren Sonderfalls der Sprache – einmal sprach- und gemeinschaftskonstitutiv, einmal Sprache und Gemeinschaft gegenüber abkünftig – zusammen treffen eigentlich jede kompetente Äußerung und Handlung eines Subjekts. Insofern dieses seine Ausdrucksformen kennt, symbolisiert es sich selbst „wissentlich" für Andere. Mit diesem Akt einer Stellungnahme *in* der Gemeinschaft löst es sich gleichzeitig *aus* den Verbindlichkeiten, Werten und Identifikationen dieser Gemeinschaft, auf die es sich beruft. Gerade diese gelungene Bestätigung und Beherrschung der Praktiken distanziert von ihnen als eigenen. Wie ist dieses Selbstverhältnis zu analysieren? Dann müssen wir Äußerungsakte überhaupt nach dem Modell des Versprechens

278 Vgl. Austin, „Pretending", S. 269ff.

verstehen. Mit jeder Äußerung wird einerseits eine Differenz zwischen *Einstellung und Handlungsform* im Prozess erst wirklich – die Distanz von Austins ‚pretending to' wird Wirklichkeit –, so wie sie andererseits – wie im leiblichen Akt des ‚pretending to' bei Austin – prozessual gelöscht wird.

Austins Trennung von symbolischem und praktischem Aspekt führt aber dazu, dass deren Rolle in Austins Überlegungen zum Vortäuschen verdeckt ambivalent ist. So charakterisiert er die Situation beim So-Tun-als-ob so: „my public behaviour is meant to disguise some reality, often some real behaviour".[279] Das Beispiel ist der Fensterputzer, der durchaus die Fenster putzt – Austin zufolge sein „public behaviour" –, aber *dabei* die ganze Zeit die Wertgegenstände ausspäht, die dahinter herumliegen – sein „real behaviour".[280] Was Austin hier beschreibt, sind aber nicht *zwei Handlungen*, eine „öffentliche" und eine „wirkliche", und auch nicht *zwei mögliche Beschreibungsweisen* derselben Handlung. Darauf verweist, dass der nicht-defizitäre Normalfall unseres aufrichtigen Handelns keine Differenz zwischen „öffentlichem" und „realem" Verhalten aufweist. Die „Differenz", die hier angesprochen ist, betrifft eigentlich die zwischen der Handlung selbst und dem Entwurf eines Handlungshorizontes mit ihr und über sie hinaus. Insofern jede Handlung, wie Cavell das nennt, „spricht",[281] also symbolische Bedeutung hat, weist sie immer über den faktisch-beobachtbaren Vollzug hinaus. Dieser Horizont ist immer reicher als jedwede partikulare Zuschreibung einer Handlung. Er steht aber gerade deswegen gewöhnlich nicht vom Akteur *beabsichtigt im Widerspruch* zu solchen Sichtweisen; die Rede vom Widerspruch hat hier gar keinen Sinn, weil der Vollzug zu solchen Betrachtungen und Beschreibungen einladen, sie über sich selbst hinaus zulassen muss. Jede Äußerung entwirft oder antizipiert künftige, potentielle Perspektiven, um die der Sprecher noch nicht weiß. Insofern ist der Sinn jeder Rede konstitutiv geteilt. Es ist ein Sonderfall der bewussten Manipulation, wenn die Rede von „Intentionalität" in Bezug auf diesen Entwurf und nicht nur auf die von ihm ermöglichte Handlung einen Sinn hat: dann nämlich, wenn der Sprecher seine Sprach-Handlung *gegen* seine Adressaten statt *mit* ihnen versteht. Dass der Akteur in solchen Sonderfällen seine Deutung bewusst gegen gemeinschaftliche Deutungen intendieren kann, kann allerdings gerade zeigen, dass diese Dimension der unthematischen, vorintentionalen Übereinstimmung konstitutiv für unser Verhalten und Sprechen ist, insofern es immer auch für Andere verstehbar und anschließbar bedeutet.

Austins Art der Analyse der Vortäuschungen verstellt gerade diese Möglichkeit des kritischen Zugriffs auf die Ermöglichungsdimension jedes Vollzugs als symbolisch *und* unthematisch, die er hier mit durchaus starken normativen Begriffen zu erfassen versucht. Das Verhältnis des modernen Individuums zu Normen ist

279 Austin, „Pretending", S. 262f.

280 Austin, „Pretending", S. 259.

281 Cavell schreibt: „[I]t is not obvious how to decide what the principle is on which I am acting at a given time. For me a permanent contribution in Kant's theory is the very idea that my actions bespeak themselves, that they are interpretable, as my words are, that they are expressive." (CW, S. 251f.) Vgl. zu diesem Zitat S. 151f. dieser Arbeit.

ein Vollzugsverhältnis von Handlungs- und Urteilsweisen, mit deren Aktualisierung sich der Einzelne immer sowohl zu sich selbst als auch zu seiner Gesellschaft verhält. Auf der Ebene des Beobachtbaren lässt sich zwischen dem „genuinen Verhalten" und einem wie auch immer gearteten Entwurf schlicht nicht unterscheiden, weil der nicht intendiert, sondern als solcher an noch entzogenem, künftigem, geteiltem Verstehen orientiert ist. Das geht nur im Grenzfall der bewussten Simulation des Genuinen als nachträgliche *Deutung*.[282]

Eine andere Möglichkeit, Austins antimetaphysischer Stoßrichtung zu folgen, ist, die Phänomene der Täuschung als Modellfälle mit Blick auf eine Rekonstruktion von Subjektgenese und -geschichte zu analysieren. Immanentisiert man den Kantischen Gedanken einer transzendentalen Wahl der obersten Maxime bzw. Gesinnung als Totalität, die der Reihe des empirischen Fortschreitens des Subjekts in der Zeit entspricht, so wird man auf ein Problem der Ungleichzeitigkeit von Subjektivität gestoßen. Das Subjekt entwirft sich unverfügbar in die Zukunft und bleibt auf seine ebenso unverfügbare Faktizität dabei rückverwiesen. Austin diskutiert diese Problematik im Ansatz, wenn er das, was er „vortäuschen, etwas zu tun" nennt, als Erlernen von geteilten Praktiken beschreibt. Das „Vortäuschen, dass" dagegen scheint eine Schwundstufe der Praxisbeherrschung zu sein, die man mit Heideggers verfallener Reflexivitätsstufe des „Man", als problematische Form der Bezogenheit auf soziale Anerkennung und Öffentlichkeit in Verbindung bringen kann. Zusammen gelesen ergibt sich hier eine Negativitätsanalyse des modernen Subjekts als vernünftig in seiner Teilhabe an Sozialität in allen seinen Vollzügen, weil jeder von ihnen bedeutet.

Es ist ein wichtiger Punkt, der Austin hier als Problem der Aufrichtigkeit und Ernsthaftigkeit beschäftigt. Aber in dem Gegensatz von Wirklichkeit und Schein auf der Phänomenebene, in dem Austin das Problem entwickelt, ist er nicht zu erhellen. So beklagt Cavell:

> The reason for my lack of confidence in Austin's theory of pretending eventually to uncover such matters [that the realization that we may never know whether others are sincere (I do not exclude the first person) is apt to become unbearable] is that the family of concepts associated with it is one that contrasts with the knowledge or the reality or genuineness of action as a whole. (PP, S. 93, Einschub im Original)

Austins „pretenses", Vortäuschungen oder Imitationen, werden zum einen als besonderer Typus des Handelns, nämlich des Sprech-Handelns in der (bloß) sozialen Welt *im Gegensatz zum* absorbierten leiblich-physischen Handeln analysiert. So werden sie als parasitäre Varianten dieser Vollform verstanden. Zum anderen aber akzentuieren sie als deren Fehlformen eine Dimension der Intersubjektivität und Sprachlichkeit, die menschliche Vollzüge, sofern sie symbolischen Charakter haben, *immer* als ihren Horizont und Maßstab mit ihrem eigenen Vollzug mit entwerfen, wobei sie aber auch ihren Sinn erst von diesem Horizont beziehen. In der Analyse der scheinbaren Derivat- und Fehlformen der Täuschung wird

---

282 Vgl. Austin, „Pretending", S. 261.

Selbstreflexivität auf eine bestimmte Weise als inhärent pathologisch und theatralisiert dargestellt, die typisch für immanentistische Konzeptionen ist und die sich schon bei Rousseau findet. Klassisch stehen sie für ein allgegenwärtiges Problem der Unaufrichtigkeit im Sinne von Inauthentizität jedes Subjekts, insofern es sich in geteilten Handlungs- und Urteilsformen verstehen und verwirklichen muss: Ich weiß in einem direkten Bewusstsein dies oder jenes, habe diese oder jene Überzeugungen oder Gefühle in Bezug auf dieses oder jenes Objekt. Ich weiß und verwirkliche gleichzeitig, in einem Selbst-Bewusstsein zweiter Ordnung, die Denk- und Handlungsformen, in denen mir mein Gegenstand, Gefühl oder meine Überzeugung überhaupt zugänglich wird. Und schließlich weiß ich um beider Differenz. Damit erscheint mein Alltagsleben in seinen Zielen und Interessen aber als entfremdet. Robert Pippin diskutiert dieses Problem in Auseinandersetzung mit Michael Fried als romantischen Zweifel;

> a tendency to see this alienation or positivity or nonalienation wherever one can detect the presence of self-consciousness, and reflection alone, as if such reflection, a cardinal aspect of modern mindedness, is inherently doubling and so alienating (as if we had incorporated the other's view of ourselves, as if this separation of ourselves is what reflective experience amounts to).[283]

Bei Austin und anderen verdankt sich das Problem allerdings gerade der Einsicht in den *zeitlichen* Entwurfs- und Prozesscharakter von Subjektivität und sozialer Wirklichkeit in deren Immanenz. Auch das Selbstverhältnis des modernen Individuums entspricht dem Modell eines vernünftigen Teilnehmers einer gemeinsamen Welt. Diese gemeinsame Welt erscheint hier als eine bestimmte, ganze Gesellschaft, als ein holistisches System, das sich mit jedem Akt seiner Teilnehmer für alle weiter konkretisiert, ebenso wie deren Identität sich weiter konkretisiert. Jede Erfahrung des eigenen In-der-Welt-Seins, der eigenen Subjektivität wird hier nur in einem Ganzen sprachlicher Deutungen möglich und erfordert neue Deutung. Austin kennt keinen Gewinn negativer Freiheit als Ergebnis von Reflexivitätszuwachs. Jeder Vollzug ist ein reflexiver Akt, ein reflexives Sich-Verhalten zu den eigenen Lebens- und Reflexionsformen. Und jede Reflexion ist ein Vollzug, eine weitere Konkretion, indem der Einzelne immer auch sich für sich und seine Sprach- und Praxisgemeinschaft darstellt, ein Bild von sich gibt.

Austins Konzeption impliziert damit zum einen, dass die Bildung des Einzelnen abgeschlossen ist; dessen naturhaften Neigungen sind vollständig durch seine Dispositionen als Artikulationen von Werten, Interessen und Bedürfnissen in praktisches Wissen überformt. Andererseits verweist der Entwurfscharakter von Subjektivität darauf, dass diese Bildung ein immer weitergehendes und immer aufgeschobenes Ziel bleibt. Das heißt in den Begriffen von Austins Analyse von Vortäuschungen: Jeder Vollzug ist immer „pretending that" *und* „pretending to do". Die Ebene des sozialen und symbolisierten Sprech-Handelns scheint einerseits die einzig mögliche: Lebensform ist nur die des selbstverständlich gelebten

283 Pippin, Robert, „Authenticity in Painting: Remarks on Michael Fried's Art History", in: *Critical Inquiry*, 31/3 (2005), S. 575-598, S. 592.

praktischen Wissens und des Willens zur Selbst-Verwirklichung und -Verallgemeinerung. Aber auch die (Erfahrungs-) Welt des Einzelnen ist andererseits verzeitlicht und bruchlos sozial-natürliche, versprachlichte geworden. Die Schwelle der Einübung zum Sozialen, die Austin in „Pretending“ als Form des Handelns analysiert, ist hier immer schon gelungen und genommen und steht als antizipiert immer aus. Das gilt selbst für die Äußerungen der Theoriesprache, die die Implikationen, die Dialektik und Sinnhorizonte der Praxis aufklären sollen, aber praxisimmanente Sprech-Akte bleiben.

Identität muss hier als Bildungsprozess einer Subjekt*geschichte*, in der der Einzelne sich sowohl notwendig verwirklicht als auch verallgemeinert, verstanden werden. Der Einzelne ist nur in einer solchen faktisch gebildeten Geschichte frei. Das heißt aber nicht, dass Fragen zu deren Integrität und Wahrhaftigkeit entweder auf der Ebene des beobachtbaren Verhaltens beantwortet werden müssen oder der Unentscheidbarkeit aufgegeben sind. Das hieße, dass man diese Selbstwerdung als „intendiert“, also als analog zu individuellen Zwecksetzungen und -verwirklichungen versteht. Dann kann und muss die Frage für jeden Akt und jede Äußerung mitgestellt werden, ob sie um der bloßen symbolischen Anerkennung in dieser Wirklichkeit und damit um der Reduktion eines proto-rationalen, aber eben auch ermöglichenden Anderen willen *oder* ob sie um ihrer selbst willen unternommen werden. Ob der Akzent also auf dem „Objekt“ erster Ordnung oder zweiter Ordnung liegt. Die Ambivalenz zwischen beiden ist aber konstitutiv und damit persistiert die Frage gerade in ihrer Unentscheidbarkeit. Der Einzelne hat nur Wirklichkeit in seiner Orientierung an Anerkennung als Beispiel. Austins Wissen um den Mangel der eigenen Einstellung wird dann zum Charakteristikum jedes Aktes und jeder Erfahrung: Ich weiß um den eigenen Vollzug nur, indem er sich selbst um seinen unmittelbaren Erfahrungsgehalt reduziert, den Anderen und mich selbst in eine gegebene Praxis einschreibt. Dieses „Gelingen“ bleibt aber fragwürdig.

Austins Analysen im Aufsatz „Pretending“ erlauben es, Derridas Kritik an Austins Sprechakttheorie neu in den Blick zu nehmen. Derridas Kritik ist um Austins „Ausschluss“ des Literarischen aus seiner Theorie der Performative zentriert.[284] Austin beschränkt hier seinen Untersuchungsgegenstand auf *ernsthafte* Äußerungen in gewöhnlichen Umständen. Diese Bewegung wertet Derrida als Exkommunikation, mit der Austin den ideologiekritischen Ertrag seiner Kritik an Bewusstseins- und Subjektphilosophie wieder preisgibt. Denn Derrida zufolge wird hier wiederum ein literarisches und konstitutives Moment unserer Sprache aus ihr ausgeschlossen und um der Hypostasierung eines idealistischen Vernunftverständnisses willen als unwesentlich abgetan. Für Austins Aufsatz „Pretending“ mag das eine zutreffende Problembeschreibung sein. Austins Performativtheorie dagegen hat eine Derrida nicht unähnliche Sensibilität für das Problem des Wahrhaftigen und Authentischen moderner Subjektivität, die sich als dem Prozess der Sozialisierung und Individualisierung verdankte verstehen muss. Bei

---

284 Vgl. Derrida, „Signatur Ereignis Kontext“, S. 291ff.

Austin und Derrida schließt diese Sensibilität auch eine permanente Selbstkritik der Theoriesprache der eigenen Texte ein. Austin konzentriert sich nach Derrida allerdings in problematischer Weise auf die Intention des Sprechers, der den Satz gebraucht. Der berühmte Stein des Anstoßes für Derrida ist es, wenn Austin schreibt:

> [A] performative will be in a peculiar way hollow or void if said by an actor on the stage, or if introduced in a poem, or spoken in a soliloquy. This applies in a similar manner to any and every utterance – a sea-change in special circumstances. Language in such circumstances is in special ways – intelligibly – used not seriously, but in ways parasitic upon its normal use – ways which fall under the doctrine of the etiolations of language. All this we are excluding from consideration. Our performative utterances, felicitous or not, are to be understood as issued in ordinary circumstances.[285]

Die Möglichkeit, selbstreflexiver Distanzierung, in der wir um der *bloßen Darstellung ihrer Gebrauchskriterien, ihrer Rolle* willen diese Rolle der Äußerung aussetzen und so die Äußerung aus ihrem Kontext und dessen Angemessenheitsverpflichtung entlassen, scheint Austin als parasitär auszuschließen und dem derivativen Fiktiven, Unernsten zuzuordnen. Damit wird die Intention Derrida zufolge zum Garanten der Ideologie eines eindeutigen Satzsinnes. Der ist zwar nicht mehr als der Faktizität des Alltäglichen enthoben verstanden. Aber er wird durch den normativ-faktischen Charakter unserer Sinnbezüge in ganzen Kontexten fixiert. Derrida dekonstruiert solche idealistischen Ansätze und weist Alterität im Inneren der performativen *Kraft* selbst auf.[286] Er verweist auf die allgemeine Iterabilität aller Zeichen: Zeichen können jeden gegebenen Kontext transzendieren. Mit dieser Schlussfolgerung verweigert er sich tatsächlich auch der Austinschen Trennung des So-tun-als-ob vom *genuinen* Handeln. Es gibt „nur Kontexte ohne absolutes Verankerungszentrum".[287] Diese Iterabilität betrifft auch die Äußerungen, deren Singularität scheinbar außer Frage steht, nämlich Performative. Sie betrifft auch die „Sprechakte" der Selbsterläuterung und Klärung selbst, die ihren Sinnhorizont ebenfalls *unverfügbar* mitführen und entwerfen. In jedem neuen Kontext ist somit ein Verstehen und Validieren der Rede erst zu leisten und kann intendierter Sinn gegen sich selbst gewendet werden, in der Offenlegung seiner notwendig verdeckten Sinnbedingungen. Weil die Intention von als Ganzes verdeckten und verdrängten Äußerungsbedingungen im Vollzug konstituiert wird,

---

285 Austin, *How to Do Things with Words*, S. 22.

286 „Die différance, die irreduzible Abwesenheit der Intention oder der Unterstützung in der performativen Aussage, die es gibt, berechtigt mich unter Berücksichtigung der eben erwähnten Prädikate, die allgemeine graphematische Struktur jeder ‚Kommunikation' zu behaupten. [...] [D]iese Wirkungen [des Performativs schließen] nicht das aus, was man ihnen im allgemeinen Punkt für Punkt entgegen setzt, sondern sie setzen es auf unsymmetrische Weise als den allgemeinen Raum ihrer Möglichkeit voraus. [...] Dieser allgemeine Raum ist zunächst die Verräumlichung als Durchschlagung [*disruption*] der Anwesenheit im Zeichen [*marque*], was ich hier die Schrift nenne." Derrida, „Signatur Ereignis Kontext", S. 41f.

287 Derrida, „Signatur Ereignis Kontext", S. 304.

die der explizite Sinn und die Sprechrolle erfüllen, aber auch zum blinden Fleck ihrer selbst werden lassen, müssen diese Bedingungen immer künftig weiter aufgeklärt werden. Sinn ist immer schon verschoben und gegen sich selbst verspätet.

Aber Austin weiß um diese sinnkonstitutive Alterität der Sprache und zeigt sie in seinen Vorlesungen zum Sprechakt auf. Beide Autoren, Austin wie Derrida, insistieren auf der Negativität in jeder Äußerung trotz und aufgrund der Prozessualität und Transformationsleistung von Sprache – sowohl in jeder alltäglichen Sprech-Handlung als auch in jeder Theorie- und Reflexionssprache. Das Subjekt ist in Austins „Normalfällen" gewöhnlichen Sprechens eben *nicht* Herr über die Aufnahme und Deutung seiner Äußerung. Dass der Sprecher Begriffe bzw. Sprechakte gebraucht, heißt bei Austin gerade nicht, dass er über deren Sinn verfügen könnte. Er scheint Herr eines Diskurses zu sein, insofern er ihn anfängt, aber hat keine Gewalt über dessen Bedingungen, das heißt Vollzug – damit aber auch letztlich nicht über seinen, erst vom Ende, der Aufnahme her bestimmbaren Sinn. Der transzendiert das explizit Gemeinte und damit in der Sprechrolle Getane in eins mit dessen Sinnbedingungen. Dieser Aufschub von Rechtfertigung entspricht dem Überschuss des iterierbaren Zeichens über jeden aktuellen Gebrauch und Kontext, auf den Derrida verweist. Beide verschreiben sich in ihrem philosophischen Stil der immer weiteren Erläuterung der Sinnbedingungen jeder ihrer Äußerungen. Cavell vergleicht nicht umsonst „Derrida's and Austin's hysterical insistence on being initial, medial, unfinished, undefined" (PP, S. 125).

Die Drohung dieses Gestus, mit der Derrida natürlich bewusst spielt, spiegelt den Anspruch auf noch ausstehende Vervollständigung im Prozess kommunikativer Rationalität an jedes Subjekt: Fiktionalität wird in jede Praxis selbst eingeschrieben, da diese einen „als-ob-Status" sowohl aufgrund ihres Projektionscharakters durch ein Sinn antizipierendes Subjekt wie aufgrund der ausstehenden Prüfung ihrer Geltung einnimmt. Das zwingt den Einzelnen in ein Ideal der Aufrichtigkeit sich selbst gegenüber, die aber als verdoppelnde Selbstreflexivität ebenfalls immer erst vollzogen wird, wie sie positiv unprüfbar bleibt. Die Verwirklichung dieses „Ideals" von Rationalität wird zur Bedingung des Subjekt-Status selbst: Freud spricht im Theorie-Paradigma der Psychoanalyse hier vom Realitätsprinzip, das das Lustprinzip nicht schlicht ablöst, sondern den Verstehensprozess selbst, mit dem etwas zum Gegenstand der Lust wird, als Prozess der Rationalisierung, Homogenisierung und Integration unverfügbaren Sinngeschehens zu einem Sinnhorizont zum einzigen Gegenstand der Lusterfahrung eines souveränen Subjekts in einem solchen sozialen Sinnhorizont macht. Die entsprechende Voraussetzung beschreibt Robert Pippin mit Verweis auf Hegel als sozialontologisch zu verstehenden Erfolgszwang des Akteurs, der nur als Gesellschaftswesen Vernunftwesen ist:

> [I]t is this ‚success' as an agent that, according to Hegel's position in the *Jena Phenomenology*, requires as its conditions, that others (i) recognize me as having the social status and identity I attribute to myself; (ii) recognize the deed as falling under the act-description which I invoke; and (iii) recognize me as acting on the intention I attribute to myself. In general this success requires that I am taken by

> others to have the intentions and commitments that I take myself to have, and so to be doing what I take myself to be doing.[288]

Infrage steht hier die Möglichkeit einer „Sittlichkeit jenseits der Sittlichkeit", in der kein gelebter sittlicher Kern der Prüfung und Kritik entzogen ist, sondern Werte der Toleranz und Selbstbestimmung den nur prozeduralen, gelebten „Kern" einer geteilten Welt bilden. Wir können keine Metaebene, aber auch keine eigene Praxis einer Prüfung unserer Werte und Überzeugungen auszeichnen, weil diese nur in Praktiken Wirklichkeit haben, in denen wir bereits stehen, und die wir ebenso wie die eigene Identität immer weiter selbst stiften müssen. Es gibt kein normatives und transzendentales Jenseits unseres Lebens in konkreten, sozial-natürlichen Praktiken und Vollzügen. Der letzte Wert dieser aufgeklärten Moderne scheint dann die Autonomie des Einzelnen in geteilten Praktiken, der sich selbst aber nur als bereits für alle bestimmt und adressiert in den Blick kommt – und seine Sinnbedingungen wiederum nur diskursiv klären kann. Austin macht das deutlich, wenn er das Versprechen in seiner Sprechakttheorie zum Paradigma aller Äußerungen macht.

Erforderlich ist hier aber eine andere Konzeption von Singularität, die nicht in Prozessualität eingeschrieben werden kann, und zwar gerade aufgrund der absoluten Negativität der Sprache: Das Problem an Austins Analyse von Täuschung und Heuchelei in „Pretending" ist nicht nur sein Versuch, diese, indem er sie vom Wirklichen unterscheidet, *als folgen- und wirkungslos* zu bestimmen. Diesen Fehler korrigiert Austins Performativtheorie ebenso wie Derrida. Er analysiert diese Dimension von Begehren und Proto-Rationalität aber so wenig wie Derrida in ihren ethischen Aspekten, als Wirkungen auf den Anderen im ethischen, intersubjektiven Raum mit praktischer Relevanz. Mit einer solchen Analyse zeigen sich aber in den Möglichkeiten des Verfehlens gerade hier Freiheits- und Emanzipationspotentiale.

Es ist durchaus möglich, in einer Analyse von Äußerungen diese Dimension zu beleuchten. Das hätte das Projekt von Austins „Pretending" sein können. Allerdings ist der Sinn von Ausdrücken, mit denen wir Täuschungen beschreiben, weder einfach in Opposition zum realen Handlungsraum als freies Spiel zu verstehen, noch geht er in ihm auf.[289] Das Darstellungsproblem, das Austin hier beschäftigt, weist auf ein Problem an der Schnittstelle von Ethik und Ästhetik: Anders als Austin hier explizit behauptet, ist keinesfalls im Regelfall offensichtlich, wenn jemand etwas vortäuscht. Darin liegt ein Teil unseres alltäglichen Interesses am Begriff der Täuschung: Im Regelfall heuchle ich *aus einem bestimmten Motiv*, z. B. Eigeninteresse, in der Hoffnung, mit dieser Vorspiegelung einer Gesinnung

288 Pippin, Robert, „Recognition and Reconciliation in Hegel's Phenomenology", in: *Internationales Jahrbuch des Deutschen Idealismus/International Yearbook of German Idealism*, 2/2004, S. 249-267, S. 257.

289 Austin versucht auch, „so tun als ob" gerade von solchem freien Spiel, vom Imitieren, Nachahmen, Posieren und Betrügen abzugrenzen. Es scheint dann, als hätten wir es mit einer Klasse von parasitären Formen zu tun, die sich untereinander in feinen Differenzierungen unterscheiden lassen. Vgl. Austin, „Pretending", S. 267.

den Anderen hinters Licht zu führen, wie Austin auch selbst sieht. Wahrhaftig bin ich dagegen ohne ein solches oder irgendein Motiv; diese Wahrhaftigkeit vollziehen wir unthematisch als Art und Weise, in der wir überhaupt verstehen, was eine Äußerung ist.[290] Wir begreifen den Sinn von „Äußerung“ als orientiert an einer Aufnahme und einem Verstehen über unsere Intention hinaus *durch den Anderen*. Dieses ethische Problem der Täuschung, das mit dem Begriff der Äußerung als Handlung verknüpft ist, wird von Austin nicht analysiert. Es ist aber der potentielle manipulative und strategische Nutzen von Akten der Täuschung, der ihnen ihre negative ethische Konnotation eingetragen hat. Sie bilden eine Derivatform unthematischer Orientierung an einem gemeinsamen Verstehens- und Handlungsraum, einer kommunikativen Kommunalität, die wir im Sprechen gewöhnlich nicht nur antizipieren, sondern auch als Haltung des Vertrauens auf Übereinstimmung unthematisch vollziehen. Nur so kann die Täuschung Erfolg haben, als Effekt auf den Anderen, der selbstverständlich davon ausgeht, dass wir dieselbe Sprache und Welt teilen und dies einen Deutungsspielraum meiner Rede über mein Wollen und Wissen hinaus eröffnet.

Den Status dieser Effekte gälte es, hier zu beleuchten. Dieser Zugriff würde es erst erlauben, den schlichten Gegensatz von „wirklich“ und „öffentlich“ für den Täuschungsbegriff, mit dem Austin arbeitet, zu hinterfragen. So kann sich zeigen, dass er eine Dimension des Selbstverhältnisses als Intersubjektivität und Kommunikabilität betrifft, die konstitutiv für den Begriff von Privatheit *und* für den von Öffentlichkeit in einer modernen Gesellschaft ist. Denn die Fehlformen von Manipulation und Täuschung verweisen darauf, dass eine authentische Art und Weise der Selbstverwirklichung in symbolischen Vollzügen unthematisch die Unverfügbarkeit der Wirkung dieser eigenen sprachlichen Vollzüge auf Andere *mit* anerkennen muss. So verweist etwa Bernard Williams in seiner Untersuchung zum Begriff der Wahrhaftigkeit darauf, dass sich erst im Nachhinein meiner Vollzüge als deren Effekt und als meine Verbindlichkeit herausstellen kann, worauf „der Hörer baut, was ja erst ans Licht kommt, nachdem die Äußerung heraus ist“.[291] Diese Art der Unverfügbarkeit ist kein Randproblem, sondern die Art und Weise, in der wir passive Welterschließung in unseren gelebten Selbst- und Weltverhältnissen in der Moderne verstehen müssen, gerade indem diese Welt schon

290 Vgl. Apel, Karl-Otto: „Ist eine philosophische Letztbegründung moralischer Normen nötig?“, in: *Funk-Kolleg Praktische Philosophie/Ethik: Dialoge*, Bd. 2, hg. v. dems. u. a., Frankfurt a. M. 1984, S. 81. Ernsthaftes Argumentieren impliziert Apel zufolge die Anerkennung aller Kommunikationsteilnehmer als gleichberechtigt. Aber dieser Anspruch der Ernsthaftigkeit fügt dem, was wir überhaupt unter Argumentieren verstehen, nichts hinzu. Rentsch kommentiert diesen Anspruch der Ernsthaftigkeit wie folgt: „Soll sich derjenige, der ernsthaft argumentieren will, ja es bereits tut, das heißt sich auf diese Tätigkeit eingelassen hat, etwa so verstehen, daß er eigentlich die Unwahrheit zu sagen beabsichtigt, daß er möglichst unverständlich reden will, daß er auf unwahrhaftige, täuschende und suggestive Weise die anderen hintergehen und auf das Unrichtige hin orientieren will? Dies wäre in der Tat absurd, denn es bedeutet ja gerade das Gegenteil von ernsthafter Argumentation.“ Rentsch, *Die Konstitution der Moralität*, S. 16.

291 Williams, Bernard, *Wahrheit und Wahrhaftigkeit*, Frankfurt a. M. 2003, S. 174.

öffentliche und das Selbst sozialisiertes und sich immer weiter sozialisierendes Selbst ist.

Das zeigt aber die Grenzen des Modells des Versprechens als Modell für selbstaufgeklärte Subjektivität, also die Grenzen der Vorstellung von unseren grundlegendsten Selbst- und Weltdeutungen als Sinngestalten im Sinne freiwillig eingegangener kontinuierliche Selbstverpflichtungen auf die Formen unserer Praxis und Identität selbst. Man muss dieses Modell zwar nicht so lesen, dass wir jede solche Verpflichtung auf eine Sprach- und Handlungsform der eigenen Identität und Welt freiwillig und intentional übernehmen können, so dass ein hypostasiertes Bild der Souveränität des Sprechers entsteht. Aber die Alternative zu dieser dogmatischen Lektüre ist eine skeptische: Sie versteht das Leben des Einzelnen in der Moderne so, dass er in expliziten Äußerungen die mit deren Begriffen und Vorverständnissen gegebenen Verpflichtungen auf die eigene Identität und die Gestalt unserer Gesellschaft bewusst und absichtlich für alle mit eingehen muss. Weil wir Versprechen als intentional, als Handlungen verstehen müssen, verpflichtet die quasi-institutionalisierte Form solcher „Akte" immer *mit* dem expliziten Wollen in unabsehbarer Weise über dieses explizite Wollen hinaus und muss unendlich aufgeklärt werden. Hier zeigen sich die Grenzen des Modells und die Grenzen der Brauchbarkeit des Intentionalitätsbegriffs, um unsere Orientierung in einer geteilten Welt zu beschreiben: Diese Orientierung leisten wir allerdings praktisch, im Vollzug. Aber die Analogie dieser Vollzugshaftigkeit zum bewussten und absichtlichen Handeln führt in die Irre. Oft sind es Andeutungen oder Gesten nicht explizite Äußerungen, die dem Anderen die „Übernahme" einer Verbindlichkeit signalisieren, und diese hat vielmehr die indirekte Form unthematischer Anerkennung. Cavell stellt fest:

> [T]here are any number of ways, other than promising, for committing yourself to a course of action: the expression or declaration of an intention, the giving of an impression, not correcting someone's misapprehension, beginning a course of conduct on the basis of which someone else has taken action, and so on. There is nothing sacred about the act of promising which is not sacred about expressing an intention, or any other way of committing oneself. If it is important to be explicit then you may engage either in the „rituals" of saying „I really want to ...", „I certainly intend, will try to ...", or the ritual of saying „I promise". It is this importance which makes explicit promises important. But to take them more seriously than that, as the golden path to commitment, is to take our ordinary, non-explicit commitments too lightly. (CR, S. 298)

Die Arten, in denen wir uns in gewöhnlichen Situationen auf eine künftige Handlungs- und Urteilsweise verpflichten können, sind vielfältig, nicht per se explizit und gerade so können sie gewöhnlich verstanden, angenommen und erwidert werden. Nicht nur sind sie nicht auf die Formel „ich verspreche" festgelegt, sondern überhaupt nicht auf bewusste Intentionen, deren Äußerungen und damit auf die Bestätigung unserer gegebenen Bedeutungen angewiesen. Wir sind nicht, wie Humes Analysen vermuten lassen, im Gegensatz zu dem selbstverständlichen Vertrauen in Freundschaftsbeziehungen in Interaktion mit Fremden auf eine immer antizipierte, aber im Vollzug erst *willentlich* gestiftete Vertrauensbeziehung angewiesen. Auch diese Freundschaftsbeziehungen sind als Idealbild der „Präsenz“ von Vertrauen falsch rekonstruiert.

Was ich diesem Anderen an Explikation und Klärung schulde, muss ich in Konfliktsituationen immer nachträglich angesichts der konkreten Situation, der Wirklichkeit unserer Beziehung, selbst sehen und zulassen, das heißt in der Anerkennung von deren Grundlosigkeit. Solche Krisen erfordern ein Aussetzen der Souveränität des Sprechersubjekts, seines „Rechts“ zum Urteilen. Sie erfordern aber auch ein Aussetzen des praktischen Wissens um unsere Beziehung oder Gemeinschaft, deren Neubeginn. An diesen Konfliktfällen zeigt sich, dass unser Vollziehen als soziale Wesen wie das Wittgensteinsche Regelfolgen ein „freies Fortsetzen bloßer, und das heißt vor allem: nicht festlegender Anfänge“[292] mit Anderen ist. Diese Freiheit des Fortsetzens als Projektion und Antizipation von Sinn mit jeder Handlung und jedem Urteil zeigt aber der philosophische Skeptiker auch als radikale Endlichkeit.

292 Vgl. Rentsch, Thomas, *Praktische Gewißheit jenseits von Dogmatismus und Relativismus*, S. 358.

3.2. Die Pathologie der Selbstverwirklichung und ihre Transformation

Der Hippolytos des Euripides ist für Austin das Paradebeispiel, um die Notwendigkeit einer unhintergehbar als Wirklichkeit verstandenen Vernunft zu predigen, die auf mentale Akte und deren angebliche, nur das Selbst privat bindende Kraft verzichten muss. Aber Hippolyt zeigt vielmehr, vor allem in der späteren Bearbeitung des Stoffes durch Racine, das moderne Problem eines Selbstverhältnisses, das auf die Darstellung des eigenen Ich für sich selbst wie für die Öffentlichkeit der Teilnehmer einer Gemeinschaft in den eigenen, das heißt selbst anerkannten und gelebten sozialen Formen angewiesen ist. Dieser sozial verortenden Kraft des Wortes entkommt scheinbar kein Begehren oder Wunsch nach einer anderen, besseren oder humaneren Wirklichkeit, weil sie mich erst zum (sozialen) Subjekt macht.

Ein Modell, dessen sich Cavell für seine produktive Kritik des Modells des Versprechens als Modell für Sprache überhaupt bedient, ist eine Klasse von Äußerungen, die er „passionate utterances" nennt, und die er in Abgrenzung von und im Vergleich mit Austins performativem Sprechakt untersucht. In deren Analyse wird sich zeigen, dass Cavell den Status dieser „Leidens-Äußerungen", die die Erfahrung von Negativität thematisieren, *als Modell und als Grenzfall* deutlich markiert. Sie sind ausgewiesenermaßen Vergleichsobjekte: Das heißt, wir können sie nicht schlicht als Phänomene alltäglicher Sprache auffassen, sondern sie haben eine erläuternde und verdichtende Funktion der bloßen Darstellung der eigenen Lebens- und Reflexionsformen.

3.2.1. Die Tragödie des Hippolyt: Racines Drama der Selbstprüfung nach Austin

Austin verweist in *How to Do Things with Words* auf die Figur des Hippolytos in Euripides' gleichnamiger Tragödie als Paradebeispiel der fehlgeleiteten Vorstellung eines selbsttransparenten Selbstbewusstseins. Hippolytus beansprucht bei Euripides, auf die Aufforderung hin, seinen Eid zu halten: „Ihn [den Eid, C.D.] schwor die Zunge, und mein Herz weiß nichts davon!"[293] Das Subjekt, so die idealistische Vorstellung, die Austin hier exemplifiziert sieht und angreift, muss sich nicht in Äußerungen und Taten verwirklichen, um sich überhaupt selbst verständlich zu werden. Austin fordert dagegen lebensweltliche und kommunikative „Ernsthaftigkeit" statt leerlaufendem Idealismus mentaler Zustände. Er empfiehlt

293 Euripides, *Hippolytus*, in: *Griechische Tragiker. Aischylos, Sophokles, Euripides*, hg. v. Wolf Hartmut Friedrich, Stuttgart/Hamburg 1961, S. 673-717, S. 699.

die Maxime: „Our word is our bond."[294] Das ist keine präskriptive, keine moralische Forderung; sondern Wahrhaftigkeit ist Austin zufolge eine der Konstitutions- oder Gelingensbedingungen jedes Sprechakts.

Das Potential des tragischen Stoffes liegt aber, besonders deutlich in der moderneren Bearbeitung durch Racine, Cavell zufolge nicht darin, solchen Idealismus als problematisch, sogar tragisch darzustellen. Sondern er zeigt das tragische Moment von Austins lebensweltlich zurückgebundener Ernsthaftigkeit. (Vgl. PP, S. 108) Denn diese ist sowohl eine praktische Einstellung, die den Sinnhorizont jedes verständlichen und auf Wahrheitsgehalte prüfbaren Sprechens erst entwirft. Sie zeigt sich aber gerade als solche Ermöglichungsbedingung nur in der Realisierung von Redeformen selbst. Sie hat keine eigenen, isolierbaren Prüfkriterien.

Kommen wir zum mythischen Stoff: Hippolyt ist der Sohn des Theseus, seine Stiefmutter Phädra verliebt sich in ihn und gesteht ihm nach langem Ringen und Verzweifeln ihre Liebe. Bei Euripides reagiert Hippolyt mit Entsetzen und behauptet, sein Versprechen, zu schweigen, nicht mit dem Herzen gegeben zu haben. Diese Äußerung von Hippolyt entspricht also oberflächlich betrachtet Austins Kritikziel. Aber zum entscheidenden Moment der tragischen Verwicklung des Stoffes wird vielmehr, dass Hippolyt trotz allem über Phädras Offenbarung schweigt. Er stiehlt sich *nicht* aus der Verpflichtung, die er mit seinem Versprechen eingegangen ist – der signifikante Fakt der Tragödie ist vielmehr, dass es aus seiner Sicht unmöglich ist, sich der einmal übernommenen Verpflichtung zu entziehen, und zwar gerade weil diese Äußerung ihn *nicht* nur auf eine bestimmte Einzelhandlung verpflichtet. Es ist unmöglich, weil er sie meinen *muss*, sich in ihr seine Rationalität als Subjekt vollzieht und konstituiert. Das wird in Racines Bearbeitung als tragisches Moment ganz deutlich: Hippolyts Versprechen ist die Verwirklichung seiner selbst als autonomes Subjekt, die Wahl seiner selbst als vernünftiges Subjekt mit dieser Form, in der er sich als ein vernünftiges Subjekt selbst bestimmt. Das bedeutet hier aber zugleich auch ein tragisches Unvermögen. Rationalität wird wirklich, indem sie praktisch wird, in der Überformung jedes „vorrationalen" Begehrens und jeder Erfahrung zu einer allgemeinen Einstellung. Diese Überformung bedarf ihrer eigenen Symbolisierung und damit Verallgemeinerung – und das leistet ihre Äußerung. Diese Äußerung bedeutet damit aber auch den Verzicht auf jedes „bloß" besondere Handeln *und* bestimmende Urteilen. Eben das Moment der Symbolisierung weist als Entwurf von künftigem Sinn auch über jedes ordnung- und regelstiftende Allgemeinheitsmoment hinaus. Unantizipierbar zeigen erst Antwort und Aufnahme den Sprechakt als Sprechakt.

294 Austin, *How to Do Things with Words*, S. 10. Dass Selbstaufklärung nicht auf Introspektion, sondern auf alltägliche Prüfung von Situation und damit auch eigener Motivation angewiesen ist, wird an folgender Formulierung Robert Pippins in Bezug auf Hegel deutlich: „What Hegel attempts to show in a variety of contexts, against a variety of inner-oriented positions is that we cannot determine what actually *was* a subject's intention or motivating reason by relying on some sort of introspection, by somehow looking more deeply *into* the agent's soul, or by some sincerity test." Pippin, „Recognition and Reconciliation in Hegel's Phenomenology", S. 261.

In *Phädra* wird dieses Problem so ausgefaltet: Ob Hippolyt will oder nicht, ist er *als* vernünftiges und situiertes Subjekt an jede seiner eingegangenen Verpflichtungen unbedingt gebunden, weil die Form der Übernahme ihn sowohl verpflichtet und verwirklicht, als auch als rationalen Teilnehmer darstellt und so überhaupt erst als Sprechersubjekt konstituiert. Er ist an sie gebunden, ohne sie in kritischer Distanz aufgeben zu können, weil er sie als seine *einzige* Wirklichkeit begreift. Das geht soweit, dass dieses in die „Praxis" der Selbstverpflichtung *auf* die eigenen Praxisformen *in* den eigenen Praxisformen eingegangene Selbstverhältnis alles ist, was Hippolyt ausmacht. Das heißt aber, dass keine tatsächliche Handlung mehr seine Identität bestimmt, sondern diese Selbstverwirklichung und Selbstbestimmung sich auf die Selbstprüfung und -disziplinierung beschränkt. So wie Phädra ihn verbotenerweise liebt, liebt er verbotenerweise leidenschaftlich die Kriegsgefangene seines Vaters, Aricia. Eine – ungelebte (!) – Leidenschaft, für die er sich noch leidenschaftlicher und endlos selbst kasteit. Hippolyt interpretiert fortwährend Symptome seines Begehrens und schreibt es mit seiner Deutungskonstruktion unendlich fort. Während sich also in klassischen Tragödien in den Grenzen des Handelns tragische Größe zeigt, kommt der Held hier gar nicht zum Handeln. Der Hippolyt Racines bleibt gerade, indem er jeden seiner Impulse und Werte bewusst und performativ artikulieren, annehmen und gleichzeitig prüfen will, gefangen in den Formulierungen und Verschiebungen des Begehrens und in der Sanktionierung der Symptome dieser Verdrängung eigenen Begehrens, in der Sanktionierung wiederum der Symptome dieser Sanktionierung. Sein Vater Theseus, der große griechische Über-Held alter Ordnung, lebt sein Begehren unmittelbar aus, und ist als Transgressor der Ordnung auch Ordnungsstifter. Während Theseus die Grenzen seiner Welt permanent überschreitet, Ungeheuer tötet, Länder erobert und Frauen mit oder gegen ihren Willen beschläft, ist Hippolyt mit Selbst-Zweifeln und Selbst-Disziplinierung vollauf beschäftigt. Er scheint unheilvollerweise *in* diesem Prozess seine Selbstverwirklichung zu realisieren, um sich *nicht* zu realisieren, das heißt, um keine Überschreitung *selbstgesetzter* Grenzen zu begehen. Theseus bricht Tabus und setzt Ordnungen ein – er stellt als Gründer und Transgressor von Ordnung und Gesetz immer auch deren Anderes dar. Hippolyt dagegen thematisiert und integriert fortwährend das Andere seiner bewussten Identität, seine Wünsche und Begehren, in eine Ordnung, die er als selbstgestiftet begreifen muss, so dass ihr Erhalt zum *sine qua non* seiner selbst als vernünftiges Subjekt wird.

Involviertheit in selbstgesetzten allgemeinen Maßstäben der eigenen Identität und Welt überschreitet aber konstitutiv mit jedem Akt sich selbst. Die Setzung begleitet immer ein Entwurf, der sie überschreitet und „verrät". Das erscheint Hippolyt als Verunreinigung und Entwertung. Die Form des eigenen Lebens, dessen Integration, ist für ihn absolute „Verpflichtung", nämlich Rationalitätsbedingung der er nicht gerecht werden kann und doch gerecht werden muss. Das heißt, er verletzt nicht etwa, wie Austin meint, dessen „Ideal", oder besser: dessen Konstitutionsbedingung des Subjekts der Ernsthaftigkeit. Sondern er teilt es in gewisser Weise. Entsprechend beschwert sich Hippolyt unausgesetzt über die mangelnde Redekompetenz seiner Anderen als Mangel an Moralität und Rationalität – ihre Vagheit, Unaufrichtigkeit, durch ihr Begehren verunreinigtes Reden: Jedes Begehren ist ihm, dem „stolze[n] Feind der schönen Liebe“,[295] wie sein Erzieher Theramen ihn nennt, so suspekt wie alle Gefühle, insbesondere die eigene Liebe. Er versteht sie nicht als seiner Vernunft widerstreitende Leidenschaft, aber auch nicht als Ausdruck der eigenen Individualität, die ihre Ansprüche auch gegen die allgemeine Norm geltend machen könnte. Sondern er verachtet sie ausschließlich als peinliche Hindernisse tatsächlich vernünftigen Lebens. Was er hier aber reglementiert, sind eigentlich die Überschüsse seiner eigenen Vernunftausübung, die sich als normensetzende und -verwirklichende Instanz unendlich selbst diszipliniert, auf seine Anderen projiziert, versprachlicht und so den gegebenen Kategorien der Rationalität integriert. In diese Disziplinierung investiert Hippolyt seine ganze Leidenschaft. Diese Leidenschaft ist aber auch selbst der unendliche Effekt seiner Rationalisierung. Sie muss die konstitutiven Überschüsse seiner Setzung von Selbst und Welt im Urteil integrieren, deren Identität er verlangt. Die Differenz von Setzung und noch unfixiertem, sinnoffenen Entwurf wird hier damit zum immer neu leidenschaftlich zu kompensierenden Mangel, wobei diesem Mangel eben die Leidenschaft zur Rationalisierung entspricht.

Hippolyts Mitspieler machen ebenfalls Racines Vorwort alle Ehre: „Die geringsten Verfehlungen werden hier streng bestraft, der bloße Gedanke an Verbrechen wird mit dem gleichen Abscheu betrachtet wie das Verbrechen selbst; Schwächen der Liebe erscheinen als wirkliche Schwächen.“[296] Die Maßlosigkeit des Begehrens, das hier allerorten waltet und alle akzeptierten Grenzen bis hin zu der des Inzestverbots in Frage stellt, entspricht der Maßlosigkeit in der Analyse und Interpretation dieses Begehrens und der Maßlosigkeit von Strafe und Schuld, die die Beteiligten sich selbst auferlegen. Eine für das Strafmaß relevante Differenz von bloßer Absicht und tatsächlichem Vollzug einer bösen Tat und deren Folge gibt es hier gerade nicht. Das ist der Umkehrschluss aus Austins „Ein Mann, ein Wort“, mit dem er die mentalen Entitäten bloß privater Absichten ablehnt und auf deren Verwirklichung im gemeinsamen Handlungsraum als „Existenzbedingung“ besteht. Denn auf der anderen Seite ist damit die bloße Versuchung selbst immer schon Wirklichkeit, nämlich zu rationalisierendes Material, das aber gleichzeitig im Sprechakt ausgedrückt, gedeutet und verwirklicht werden muss. Relevant ist nicht nur eine Verantwortung für die eigene Tat, sondern schon für die eigenen noch verborgensten, keimenden Wünsche, insofern diese öffentlich und damit Teil einer künftigen Identität werden müssen. So klagt auch Phädra sich selbst exzessiv für noch Ungeschehenes an, indem sie ihr Begehren ausspricht:

295 Racine, Jacques, *Phädra*, übers. v. Friedrich Schiller, in: *Schillers Werke*, Bd. XV/2, Weimar 1996, S. 274-387, I,1, S. 281.
296 Racine, Jean, *Dramatische Dichtungen. Geistliche Gesänge*, Bd. 2, Darmstadt 1956, S. 123.

So sei es denn! So lerne Phädra kennen
Und ihre ganze Raserei! Ich liebe.
Und denke ja nicht, daß ich dies Gefühl
Vor mir entschuld'ge und mir selbst vergebe,
Daß ich mit feiger Schonung gegen mich
Das Gift *genährt*, das mich wahnsinnig macht:
Dem ganzen Zorn der Himmlischen ein Ziel,
Hass' ich mich selbst noch mehr, als du mich hassest.[297]

Autonomie erscheint hier nur als Anspruch, in dieser Situation selbst angemessen zu urteilen und das Richtige zu tun. Sie muss sich realisieren – als notwendig sozial und symbolisch vermittelte Sorge um sich selbst in konkreten Situationen, die weder bloß epistemisch orientiert noch in engen Sinn moralisch ist, sondern auf eine soziale Ontologie verweist: Ermöglichungsbedingung und Verwirklichung des Einzelnen als vernünftiges Subjekt ist sein öffentlicher Vollzug eines Urteilens. Das nimmt die Sinnkriterien der eigenen Existenz und Welt als praktische Formen der eigenen Artikulation auf, bestätigt sie so, und gibt diese Verwirklichung mit dieser Darstellung des eigenen Selbsts der Aufnahme auf, die sie nicht antizipieren kann. Diese Aufnahme erscheint hier aber nur als eigene, künftige Prüfung der Passung dieser Aktualisierung im holistischen Raum aller Sinnkriterien. Gerade die Individualität, die im sinnantizipierenden und -formenden Prozess der Tätigkeit der eigenen Urteilskraft liegt, *muss* dann, in deren *Veröffentlichung* in der Rede immer weiter eingeholt und verallgemeinert werden. Nicht aus freiem Entschluss und um des Guten willen, sondern aus der falschen Notwendigkeit, die ihm die Erhaltung der eigenen Identität und Welt, das heißt das Realitätsprinzip auferlegt, tut Hippolyt also das, was ihm die von ihm selbst eingegangene Verpflichtung aufgibt und sieht seine Rede als absolut bindend an. Besser gesagt: Er *tut* überhaupt nichts, sondern verstrickt sich in unendlicher weiterer (versprachlichter) Selbstbetrachtung: Dass die Situation eine nachträgliche Neu-Beurteilung und Korrektur seines Selbstverständnisses als rational Urteilenden durch ihn als rational Urteilenden zwingend zu erfordern scheint, kann hier nur als *Regressproblem, als unendlicher* Bedarf *nach weiterer* Neu-Interpretation von Situation und Selbst sichtbar werden, die den Ermöglichungshorizont, der im Sprechakt mitvollzogen und gebildet wird, aber selbst neu entfaltet und so ihm als ganzem integrierbar *und* konstitutiv entzogen ist. Dieser neue Akt bleibt also wiederum die Rechenschaft über seine Tätigkeit schuldig und verlangt weitere Neuinterpretation des *hier* Verdeckten. Nicht nur irrational, sondern unmöglich in dieser Welt, weil unvernünftig, erscheint hier ein radikaler Wechsel der Blickrichtung und Beschreibungssprache des eigenen Rationalitätsverständnisses als Selbstdeutung und -darstellung.[298]

297 Racine, Jacques, *Phädra*, übers. v. Friedrich Schiller, II,5, S. 321.

298 Vgl.: „Das Unendliche der Möglichkeiten ist bloß die Unendlichkeit der Variationen ein und derselben Möglichkeit. [...] Die Unendlichkeit der Möglichkeiten [ist] das Korrelativ des Fehlens jeglicher (anderen) wirklichen Möglichkeit." Zupančič, *Das Reale einer Illusion*, S. 129.

Vor der Folie der Humeschen Kritik der vertragstheoretischen Konzeptionen erschließt sich die sozialphilosophische Relevanz von Austins Überlegungen. Er reflektiert auf die Gesellschaft, in der das Versprechen zur gängigen Praxis wird, als bürgerliche Tauschgesellschaft, für die Freiheit grundlegend als positive *Freiheit zu* verstanden wird, als Freiheit zur Selbstbestimmung und Selbstverwirklichung in der Setzung und kontinuierlichen Verwirklichung grundlegender Werte als Lebens- und Rationalitätsform. Hier ist kein Begriff negativer *Rechte* vorausgesetzt, in dem, was ich tun kann, davon begrenzt wird, dass die Rechte Anderer als solche davon nicht betroffen sein dürfen. Dieses negative Recht als Begrenzung und Spielraum eigener Möglichkeiten wird einem Begriff positiver Verwirklichung von Normen restlos eingeschrieben: Hier gehen nicht mehr die Rechte Anderer immer auch mit Verpflichtungen meinerseits einher, sondern meine symbolisierenden Vollzüge – exemplarisch das Versprechen – generieren als selbsteingegangene Verpflichtungen auf Verpflichtungen im sozialen Raum meine Identität und (künftige) Rechte, Ansprüche und Deutungen Anderer, die ich aber in meiner Äußerung selbst nicht einsehen und antizipieren kann. Rechtsgrundlagen erscheinen als Ergebnisse und Vollzugsform, nicht als vorgängige Grundlagen kommunikativer Prozesse, in denen sich eine demokratische Gesellschaft über sich selbst verständigt.

In der Ideologie der kapitalistischen Gesellschaft heißt das: Das Ich muss sich selbst einerseits in seinen Vollzügen nachträglich als Steigerung, als neue Möglichkeit seiner Möglichkeiten lesbar werden. Aber das gelingt andererseits nur in einer Selbstdisziplinierung, die als schon mit diesen Vollzügen praktisch geleistet verstanden werden muss, weil hier die Setzung einer Verpflichtung selbst als kommunikative Verpflichtung, als deren Verwirklichung und Korrektur zu verstehen ist: Das Material dieser Steigerung liefert nur der Verzicht auf den Überschuss meines Entwurfs über die weitere Bestimmung, die ich hier realisiere *und* als künftige Form meiner Identität annehme, hinaus, soweit diese nämlich als allgemeine Handlungs- und Urteilsweise akzeptabel ist. Diese neue Verwirklichung muss als weitere Deutung und deren Verwirklichung eine *lesbare Abweichung* von den etablierten Deutungen anbieten, nur als Selbstverwirklichung *und* Selbstdarstellung kann sie anerkannt werden.

Das heißt, in dieser Dopplung ist sie der Vollzug des immer neuen Verzichts auf eine sinnoffene Zukunft, um die ich noch nicht (praktisch, im Vollzug) wissen würde, für die ich mein Leben als Summe meiner bisherigen Bestimmungen aufs Spiel setzen würde. Es geht scheinbar um eine Leistung der bloßen Erweiterung der Summe meiner bisherigen Bestimmungen zu verfügbarem Potential an Sinn. Diese muss aber die eigene Individualität als entzogenen und unverfügbaren Horizont sowohl immer neu verwirklichen und produzieren, als auch sie bisherigen Maßstäben für Andere kommensurabel machen und damit preisgeben. Das Interesse an der gemeinsamen Welt realisiert sich hier ebenfalls nur in deren zunehmender und unabschließbarer Integration. Wie Adorno in einer seiner kulturkritischen Analysen konstatiert, ist alles, was hier an „substanzieller“ Identität des Einzelnen bleibt, „das masochistische Vergnügen, kein Ich mehr zu sein, und über ihrer Ichlosigkeit wacht die heraufziehende Generation so eifersüchtig wie über wenigen ihrer Güter, als einem gemeinsamen und dauernden Besitz."[299]

Mein Welt- und Selbstverhältnis wird so zu einer Sache des Urteilens – und damit letztlich auch und unantizipierbar zu einer Sache des Urteilens über meinen eigenen Urteilsvollzug. Mit jedem Einzelurteil als Gebrauch von praktischem Wissen um unsere soziale Welt im Vollzug suspendiere ich so mein offenes, grundloses Verhältnis zur sozialen Welt und zu diesem konkreten Anderen und erhalte den Anspruch auf diese Unbedingtheit als Phantasma vollständiger und uneingeschränkter (auch von sprachlichen Verschiebungen und Bedürfnisinterpretationen uneingeschränkter) Identität aufrecht. Subjektivität erscheint hier nur als unendlicher Prozess der Subjektivierung als (Selbst-) Sozialisierung, ausstehend in jedem einzelnen Vollzug, weil der immer nur die Rationalisierung dieser eigentlich fundamentalen Negativitätserfahrungen in der Verdrängung leistet. In dieser Pathologie modernen Lebens wird die Diagnose einer Individualpathologie, die Freud gibt, zum gesamtgesellschaftlichen Phänomen. Freud beschreibt im Zusammenhang mit der Analyse einer neurotischen Störung eines Patienten dessen Verdrängung des für ihn identitätskonstitutiven Moments, nämlich der Kastrationsdrohung. Ich verstehe die Rolle der Kastrationsdrohung in Freuds Theorie hier als Chiffre für die Erfahrung unhintergehbarer Grundlosigkeit und Negativität des Vermögens zum Urteilen selbst, die sich in keinem bestimmenden Urteil bewältigen lässt. Freud schreibt: „Es war eigentlich kein Urteil über ihre Existenz gefällt, aber es war so gut, als ob sie nicht existierte."[300]

Wiederum mit Adorno gesprochen hat nur „das auf die Form des Kalküls gebrachte und beschränkte subjektive Interesse"[301] hier *Wirklichkeit*, wobei das Phantasma unbedingter und uneingeschränkter Wunscherfüllung und bruchlos-homogener Identität als Negativitätsresiduum des Imaginären gleichzeitig fortbesteht. Eine gelungene Vermittlung von Besonderem und Allgemeinem versagt, gerade indem sie immer schon geleistet und immer auszustehen scheint. Das ist bei Austin das Ergebnis der scheinbar restlosen Dekonstruktion des Solipsismus durch die Praxisphilosophie. Die imaginäre Vorstellung eines Subjekts, das sich in seinen Bestimmungen und seiner Sprache als Besitzbürger versteht, der seine Selbst- und Weltverständnisse als Potentiale einer sozialen Welt einsetzen und immer steigern und weiter akkumulieren *muss*, aber gerade so *nie* ein Ich entwikkeln kann. Zum einen sind meine Werte, Sichtweise und Sinngestalten hier vollständig subjektiv. Zum anderen sind sie aber ebenso vollständig abstrakt, „auf die Form des Kalküls gebracht" (s.o.).

Eine Konzeption, in der Rationalität als unendliche Prüfung der Selbstverwirklichung und ihrer Formen, als immer ausstehende Explikation von deren mit entworfenem Darstellungs-Horizont verstanden wird, spiegelt eine falsche Rich-

299 Adorno, Theodor W., *Minima Moralia. Reflexionen aus dem beschädigten Leben*, in: ders., *Gesammelte Schriften*, Bd. 4, hg. v. Rolf Tiedemann u. a., Frankfurt a. M. 1970-80, S. 72.

300 Freud, Sigmund, *Aus der Geschichte einer infantilen Neurose*, in: ders., *Gesammelte Werke*, Bd. 12, hg. v. Anna Freud u. a., Frankfurt a. M. 1947, S. 27-157, S. 111.

301 Vgl. Adorno, *Zu Subjekt und Objekt*, S. 751.

tung der Selbstsorge. Diese Prüfung ist nämlich gerichtet nur auf die eigene Darstellung im öffentlichen Raum geteilter Praxis mit jeder Handlung und Äußerung. Ausübung dieser Freiheit ist dann die nachträgliche Integration der Überschüsse der eigenen Rede, das heißt, eben des Entwurfs auf ein ungarantierbares Verstehen hin, gegenüber ihrer Intention in ihrem Kontext. Diese Überschüsse sind unvermeidlich, insofern die Rede konstitutiv ihren Sinn projiziert, für künftiges Verstehen eröffnet. Sie erscheinen für das Rationalitätsmodell der Akkumulation von Sinn-Potential nur als Defizienz der Anderen, als deren Mangel an Kompetenz im anerkannten Begründungsverfahren, nicht aber als Ausdruck, als Transformationspotentiale einer ganzen Sicht auf meine Welt und mein Leben. Denn dafür bedürfte es des Verzichts auf die vermeintliche eigene Projektions- und Urteilskompetenz.

Austin zeigt die andere Seite dieses modernen Anspruchs auf Autonomie als praktische Sinnstiftungskompetenz: Dass die Formen meines Lebens konventionelle, aber doch gewählte Formen sind, kann nichts anderes heißen, als sie immer neu wählen, das heißt aber auch interpretieren zu müssen im ganzen Sinnhorizont, den sie doch eben so mit weiter stiftet. Diese Wahl ist aber gleichzeitig die Verdeckung ihres ermöglichenden Anderen – nämlich eben der *Tätigkeit* des Entwurfs des hier entworfenen und weiter überformten Sinns. Diese Wahl von Verpflichtungen *und* von ihrer Geltung in ihrer Verwirklichung bleibt also gerade in ihrer Prozesshaftigkeit immer Antizipation und Fiktion und produziert immer einen Überschuss, den sie nicht einholen kann. Das Gelingen dieses Aktes bedeutet damit einerseits die Reduktion seiner eigenen Sinnvollzugsdimension *und* andererseits die Angewiesenheit auf eine Legitimation, die gegenüber meinem gegenwärtigen Vollzug und Selbst notwendig verspätet ist. Jede Äußerung ist ein Akt, ist Beispiel – aber sie hängt vom ganzen Sinnhorizont ihrer selbst ab, den sie doch selbst als künftig mitprojiziert. Sie ist sowohl bloß *eine Möglichkeit* in unserer geteilten Welt für mein Leben, als auch überschreitet sie jeden gegebenen Sinnhorizont, indem sie einen neuen *mit* entwirft. Damit kann ich mein Leben selbst scheinbar nicht mehr als unverfügbaren Sinngrund erfahren, sondern die Erfahrungen dieser Unverfügbarkeit erscheinen immer nur als Anlässe dafür, dessen im Sprechakt unverfügbare Ausdeutung voranzutreiben.

Dem entspricht eine skeptische Angst bezogen auf die eigene Rationalität als Sprachlichkeit: Cavell spricht im Zusammenhang mit der skeptischen Vorstellung einer Privatsprache von einer „fear, either of inexpressiveness, one in which I am not merely unknown, but in which I am powerless to make myself known, or one in which what I express is beyond my control" (CR, S. 351). Später charakterisiert er diese skeptischen Vorstellungen einer Unmöglichkeit, sich selbst ausdrücken zu können, als einen „sense of suffocation [...] as a fear of speech".[302] Diese Ambivalenz zwischen vollständiger Selbst-Bestimmung und der Unmöglichkeit, als Individuum einen angemessenen Ausdruck in einer notwendig sozia-

302 Cavell, Stanley, *Emerson's Transcendental Etudes*, Stanford, CA 2003, S. 246.

len Wirklichkeit zu finden, ist es, die den Einzelnen in einer Gesellschaft praktisch gewordener Ideale und Entwürfe kennzeichnet. Der Einzelne muss sich hier scheinbar immer weiter über sein eigenes Wissen und Wollen hinaus *selbst* ausdrücken – *und* er kann es scheinbar als Individuum niemals.

Cavell kommentiert diese nachtragische Form der Tragödie als eine Darstellung des praktischen Skeptizismus in der Immanenz der Moderne. Indem die Verpflichtung, sich zu verwirklichen für das Individuum zu einer ontologischen Frage wird, bleibt seine Identität und Einheit als Subjekt immer eine offene Frage:

> The price of having spoken or remarked, taken something as remarkable [...] is to have spoken forever, to have entered into the arena of the inexcusable, to have taken on the responsibility for speaking further, the unending responsibility of responsiveness, of answerablity, to make yourself intelligible. (PhP, S. 64)

Austin spiegelt in seinem Lektüreversehen nur den selbst-depotenzierenden Rigorismus des Hippolyt, dem die (böse) Absicht bereits für die Tat gilt und dessen Effekte ebenso wie das selbst zu sprechende Urteil über sich maßlos sind. Diese Maßlosigkeit wird zur Form seines Urteils, weil es sein Anderes und seine Grenze, das Begehren, integriert hat. Als Form und *movens der Tätigkeit des Entwerfens und Urteilens zielt es* immer über jedes Urteil hinaus ins Künftige.[303] Diese Ungleichzeitigkeit äußert sich in einer Erfahrung der Selbstentzogenheit. Wie von Hippolyt wird diese aber auch von Austin als Zweifel des Gewissens gedeutet, der dann immer allgemeinere Regelformulierungen und immer gründlichere Gewissensprüfung bereits vor und ganz unabhängig von jeder Tat einfordert. Gerade damit wird zur einzig legitimen „Lust" eben diese maß- oder grenzenlose Orientierung an der unendlichen Rationalisierung der eigenen Absichten in einem homogenen Sinnhorizont, das heißt an der Integration und Regulierung jedes konkreten Interesses am Anderen, die schon Racine in *Phädra* gestaltet hat.

Die Orientierung an Verständigung und Passung ins Ganze gegebener Urteilsweisen ist in diesem Modell jedem Vollzug implizit, damit aber auch dessen unendliche Ausgesetztheit an Kritik und weiteren Begründungsbedarf, der letztlich immer den ganzen Sinnhorizont zur Disposition stellen kann und muss, aber gleichzeitig nur partikular in der je relativen Stellung einzelner Gründe im ganzen System der Überzeugungen verhaftet bleibt. Denn als bloße Vorverständnisse können meine Sinngestalten keine Geltung beanspruchen, und doch muss ich sie für jedes Urteil in Anspruch nehmen und mit ihm und seiner Rolle in unserer Praxis neu entwerfen. Das heißt, der Sinnhorizont jeder Äußerung wird mit jeder Äußerung und über diese und ihre Intention hinausgehend mitprojiziert, sozusagen als Fiktion vorausgesetzt und als künftige Wirklichkeit gestiftet. Und das gilt

303 Alenka Zupančič formuliert das Problem in der Lacanianischen Terminologie: „The law is not something that sets limits to passion, restraining and regulating it. Instead it is the very outlet of passion. It is the passion of the infinite or an infinite passion – even though it takes the form of an infinite passion to set limits, to purify, to narrow the circle around the pure." Zupančič, *The Shortest Shadow*, S. 52f.

analog für den Horizont, in dem sich das Individuum selbst verstehen kann und muss. Er ist Prozess und Ergebnis seiner Tätigkeit der Selbstverwirklichung in gesellschaftlichen Rollen, die er doch übersteigt. Das kann hier nur eine Leistung der sinnentwerfenden Einbildungskraft sein. Austins „My word is my bond" ist eine furchterregende Maxime, wie Jay Bernstein kommentiert, wegen ihrer Eigenschaft, mich im sozialen Raum zu verorten,

> its character of locating me, presenting me in a social relation to others that I am no longer free to dispose of as I please; that is, my words place me socially with respect to others in a manner necessarily exceeding my accompanying desires or willings (since their spiritual urgency is formed by the normative import of the words).[304]

Das vernünftige Subjekt wird nur als orientiert an der Erfüllung und Steigerung geteilter Praxisformen denkbar, die es aber nicht grundlegend in Frage stellen kann, weil diese sein Denk- und Deutungssystem ausmachen. Es muss sie aber doch immer in Frage stellen, weil sie nur als *selbstgestiftete* Konventionen, nur als Bedürfnis-, Welt- und Selbst*deutungen* Ergebnisse der Ausübung seiner Freiheit darstellen. Keine unbedingte Grenze, keine bloß negative Beschränkung des Möglichen ist von dieser Prozessualisierung ausgenommen. Vielmehr ist es eben diese unbedingte negative Sinngrenze, die hier prozessualisiert wird. Die Konzentration auf diese Grenze wird hier nicht als Formalismus problematisch. Sondern die Einsicht in die Faktizität der Lebensformen und Urteilsweisen lässt sie und jedes Individuum als unendlich und regresshaft im Werden erscheinen.

Vollzüge zu unternehmen impliziert hier die Verpflichtung auf die gegebene Deutung der Welt und meiner selbst, auf ihre Bestätigung, ihre Fortschreibung und Verstetigung. Tun ist insofern immer sprachliches Tun, ist nicht nur Handlung, sondern Teilnahme *und* weitere Gestaltung der eigenen Identität. Demgegenüber bedeutet aber jedes neue Erfahren unverfügbaren Sinngeschehens einen Verrat, eine Täuschung, wie sie in Austins Beschreibung in „Pretending" allgegenwärtig, aber von Austin nicht analysiert wird. Hippolyt ist der skeptische Grenzfall, in dem wir diese Phantasie literarisch gestaltet finden. Meiner Verantwortung für mein Leben lässt sich in der Moderne nicht mehr in der Erfüllung eines substanziellen, unbedingten Guten nachkommen. Sie wird bei Austin unhintergehbar in vielfältigen Tätigkeiten der Teilnahme verstanden, als mitentwerfende Tätigkeit jeder Rede, deren Sinn im Rahmen ihrer Praktiken und Vorverständnisse vorausgesetzt sein *und* anerkannt werden muss: Indem ich hier und jetzt eine neue Variante meiner Identität und unserer Welt darstelle, die sich aber als solche bewähren muss und die bewahrt werden muss. Alles Tun ist also Arbeit an sich selbst und Arbeit an der symbolischen Ordnung: Immer entwerfe ich ein weiteres Bild von Welt und Selbst.

---

304 Bernstein, Jay, „Political Modernism. The New, Revolution, and Civil Disobedience in Arendt and Adorno", in: *Arendt and Adorno: Political and Philosophical Investigations*, hg. v. Lars Rensmann/Samir Gandesha, Stanford, CA 2012, S. 56-77, S. 63.

Die Haltung der Ernsthaftigkeit ist die Form, die das Autonomie-Ideal für eine sozialisierte, prozessualisierte Identitätskonzeption annimmt, in der die Authentizität des Lebens der eigenen Praxisformen nur als dargestellte möglich ist. Die Frage stellt sich angesichts jedes Verstehens und Vollzugs *als* Bejahung der Voraussetzungen dieser Gesellschaft und Identität immer noch: „Sollte ich meine fundamentalsten Wertungen umwerten? Habe ich wirklich verstanden, was für meine Identität wesentlich ist? Habe ich das, was ich als höchste Weise des Lebens empfinde, wahrheitsgemäß bestimmt?“[305] Das klingt in dieser Taylorschen Formulierung, als ginge es um eine Frage nach *Inhalten.* Aber diese Frage kann nur als Imperativ zur Weiterschreibung und neuen Interpretation gegebener Selbstinterpretationen verstanden werden, der das Ergebnis der eigenen Konstruktions- und Entwurfs*tätigkeit* ist.

Ein freies Selbst habe, das heißt erzeuge ich hier scheinbar nur noch im gleichzeitigen fortwährenden Verzicht auf eben dieses Selbst, nämlich in seiner Überformung in und zu einer Übereinstimmung über die geteilten Sinnbedingungen unserer Welt mit mir selbst, wobei dieses künftige Selbst ein weiter verallgemeinertes sein muss. Das Wesentliche an diesem Konsens sind nicht seine positiven Gehalte – wie in den materialen Werten traditioneller Gesellschaften –, sondern der Prozess seiner Stiftung selbst. Ich vollziehe ihn im *Absehen* von jedwedem an sich höchsten Wert meines Lebens, da dieser höchste Wert nun negativ in der Tätigkeit besteht, in der jedes „bloß“ materiale und individuelle Interesse in diesem Sozialisations- und Konsensprozess selbst integriert wird. Dieser Vollzug selbst erzeugt und entwirft Kontext und Sinngeschichte eigenen und damit auch gemeinsamen Lebens. Sehe ich Kontext und Sinngeschichte aber zudem als seinen immer künftigen Maßstab, fordert dieser Maßstab prozessualisierter Vernunft immer die Integration seiner eigenen, entzogenen Ermöglichungsbedingung ein.

In der Kritik leerer idealistischer Forderungen gegenüber der Praxis fordert Austin *Ernsthaftigkeit* oder *Aufrichtigkeit* in der Praxis. Die Drohung einer zur sinnentleerten Akkumulation von symbolischen Potentialen in einer sozialen Welt verfallenen Individualität ist aber keine in einem eingegrenzten Sinne ethische Forderung, sondern eine existentiell-ontologische. Austin zeigt auch, dass es nur scheint, als verfüge das bürgerliche Subjekt über seine Identität und seine Sinnbedingungen im Gebrauch, den es von ihnen macht. Austin erweist diese Verfügungsphantasie als scheinhaft, indem er den starken Begriff von Intersubjektivität entwickelt, der dieser Konzeption zugrunde liegt. Nur in meinen Verwirklichungen, und zwar soweit sie immer auch orientiert an einem Interesse am geteilten Sinn von Sinnbedingungen sind, bin ich freies Subjekt. Verloren geht in diesem „Zwang“ zur Teilnahme aber die selbstverständliche, im praktischen Tun absorbierte Begabung der Selbstreflexion, die Benjamin dem Erzähler zuschreibt: „sein Leben, seine Würde: sein ganzes Leben erzählen zu können.“[306] Sie wird in

305 Taylor, „Was ist menschliches Handeln?“, S. 44.

306 Benjamin, Walter, „Der Erzähler. Betrachtungen zum Werk Nikolai Lesskows“, in: ders., *Gesammelte Schriften*, Bd. II/2, Frankfurt/M. 1991, S. 438-465, S. 464f.

einen immer und unendlich drohenden aber unstillbaren Begründungsbedarf transformiert. Diese scheinbare fortwährende Unterbietung des eigenen Anspruchs kann dessen eigentlichen Punkt aber gar nicht mehr artikulieren: den Anspruch nämlich, dass das Individuum seiner Gesellschaft frei *zustimmen* kann – so dass *meine* Sicht auf *diese* Situation hier gar nicht mehr als Ausdruck der unbedingten Ganzheit einer einzigartigen Individualität zur Sprache kommen *oder* von einer Erfahrung der Irritation verstetigter Sehgewohnheiten grundsätzlich dezentriert werden könnte. Denn beides ist immer schon Teil des Prozesses geteilter Praxis.

Cavell sieht den Wert der Ernsthaftigkeit: „But my question is still: How does whatever [the philosopher] does constitute a criticism of unseriousness? I assume it is by exemplifying seriousness, evidently of some new, or renewed kind.“ (PP, S. 59) Diese Notwendigkeit einer Transformation ergibt sich, wenn gerade das Ideal der Ernsthaftigkeit *jede* Begegnung mit dem konkreten Anderen als bloße Bühnenhandlung erscheinen lässt: Insofern sie eine neue Variante einer allgemeinen vollzugshaften Form oder Disposition zusammen mit ihrer Verwirklichung präsentiert, die als geltende Form *und* als gültige Verkörperung zunächst nur vorgestellt *und* fingiert wird. Das tut sie vor einem legitimierenden und anerkennenden Blick, nämlich dem Blick eben von der künftigen Welt der Übereinstimmung her, die das Subjekt selbst als Beurteilungsinstanz und -maßstab seiner selbst hier mitprojiziert.

Die Erfüllung von Austins Ideal der Ernsthaftigkeit bleibt so immer aufgeschoben: Seine Sprechakttheorie zeigt einen skeptischen Zug. Denn es können *keine* weiteren Fragen gestellt werden in dem Sinne, dass es keinen anderen „Ort“ gibt, von dem aus unsere Praxis und deren etablierte positive Wertungen in Frage gestellt werden könnten, ohne auf eben sie als Kriterien jeden Verstehens zurückgreifen zu müssen. Es muss stattdessen immer der Mangel unseres Vollzugs eingeklagt werden, der in seiner Differenz *als Vollzug* vom künftigen, im vollen Sinne ganzen Sinnhorizont, den er entwirft, liegt.

Meine Äußerung ist eine persönliche Stellungnahme zu mir selbst hier und jetzt. Denn sie übernimmt immer die eigene Identität neu und macht sie so erst *in actu* neu zur Wirklichkeit, nämlich zur Variante und Instanz meines Lebens. Sie muss damit aber in eins das integrieren, was sie eigentlich zum Gegenstand meines Interesses macht, diesen Akt selbst nämlich. Die sinnentleerte Wirklichkeit, die dieser unendliche Einschluss hinterlässt, lebt nicht von der Setzung des Verbots bzw. seiner Transgression, sondern von integrierender Selbstregulierung. In der Terminologie Lacans gesprochen: Dem Imperativ zu genießen (als bloße Formgebung *jedes* Genusses an einem Objekt) entspricht die konstante Beschneidung eben dieses Genusses um seine Einzigartigkeit als Erfahrung von ungarantiertem Sinn, eine Beschneidung, die ihn unter einen Begriff fasst und so verstehbar und kommensurabel in der Welt macht. Ich verzichte hier also nicht auf ein Objekt meiner Begierde. Sondern der Genuss an der Rationalisierung meines Interesses allein ist die einzig legitime Form der Erfüllung der Begierde, die nur noch Begierde *nach Sinn* ist. Es bedarf also immer modifizierter Erfüllung; in dieser Modifikation des Genusses liegt nun der ganze Genuss. Ich trinke alkoholfreies Bier, entkoffeinierten Kaffee und höre Barjazz statt Musik. So sieht es Alenka Zupančič in ihrer Lacan-Rekonstruktion: „To work out regularly, to go on a diet, to stop smoking – such things are not perceived as restrictions on our enjoyment, but, on the contrary, as its forms or conditions."[307]

Wir verstehen Normen nicht mehr als begrenzendes Sollen. Stattdessen erscheinen sie als gelebte, konstitutive Formen, die unserem Wollen nicht entgegengesetzt sind, sondern ihm erst begriffliche und praktische Form geben und in diesem Akt erst Wirklichkeit und Geltung gewinnen. Das Selbst scheint nicht auf Selbstidentität und Selbsttransparenz, sondern auf praktische Selbstformung, Selbstgestaltung und Selbstdisziplinierung angewiesen, die es in konstantem Selbstgebrauch und damit einer Schöpfung neuer Verwirklichungsmöglichkeiten im sozialen Raum, aber damit auch im Verzicht auf sich selbst, immer neu anstrebt, ohne sie erreichen zu können. Die Übernahme einer Verpflichtung auf eine Äußerung mit meiner Äußerung ist immer Interpretation meiner Identität als praktisches Wissen und bricht mit ihr. Die Wahrheit meiner Welt und meines Selbst fallen zusammen und sind immer gegen sich selbst verschoben. Damit wird aber die Konfrontation mit der Wirklichkeit und dem Anderen, das heißt mit der Wahrheit meiner selbst, immer Sache weiterer Möglichkeit und Deutung. Im sprachlichen Sinn konzipiert als unverdientes Ereignis wird die Wahrheit des Solipsismus nun als sprachphilosophische Einsicht lesbar, die das individuelle Leben in seiner Totalität als dem Verstehen und Verfügen entzogen zeigt: „Der existentiale Solipsismus: Die Welt ist je meine Welt, ich selbst bin und habe zu sein, ich selbst muß mich zu mir verhalten, ich selbst muß meinen Tod sterben."[308]

Das verweist nicht über die Anerkennung *in* der sozialen Ordnung hinaus, aber auf eine Leerstelle und Urteilsenthaltung als unverfügbare Dimension der eigenen Rede selbst.[309] Diese hier als konstitutive Negativität ins Spiel zu bringen, erfordert und stiftet eine andere Lesart der Selbstreflexivität, die der Begriff der Ernsthaftigkeit artikulieren will. Diese Lesart bringt ein Vertrauen ins Spiel, dem Individuellen gerecht werden zu können, und macht *im* Konventionellen dessen anthropologisches und naturhaftes Moment sichtbar. Konventionen sind Cavell zufolge unsere menschlichen Lebens-, Handlungs- und Deutungsformen,

> those forms of life which are normal to any group of creatures we call human. [...] Here the array of „conventions" are not patterns of life which differentiate human beings from one another but those exigencies of conduct and feeling which all

307 Zupančič, *The Shortest Shadow*, S. 69.

308 Rentsch, *Heidegger und Wittgenstein*, S. 397f.

309 So schreibt Shoshana Felman über Don Juan, der ein Versprechen nach dem anderen gibt und bricht: „The multiplication of promises brings out the division inherent in the first person. The first person is thus itself subject to the cardinal law of number, that is, to the repetition of breaches." Felman, Shoshana, *The Scandal of the Speaking Body: Don Juan with J.L. Austin, or Seduction in Two Languages*, Ithaka, N.Y. 2002, S. 23ff.

> humans share. Wittgenstein's discovery, or rediscovery, is of the depth of convention in human life, a discovery which insists on not only the conventionality of human society but, we could say, one the conventionality of human nature itself. (CR, S. 111)

Leben in Konventionen ist endliches Leben in einer Welt, die wir nicht als künftig oder im Prozess vollendet vernünftig sehen, sondern die *sowohl* als menschliche Welt geteilter Praxis bereits Realität hat, *als auch* als Sinnhorizont unseres Denkens und Handelns entzogen und von uns erhoffte bleiben muss. Die Skepsis angesichts der Möglichkeit authentischen Lebens *und* der Einsicht in dessen Notwendigkeit aufgrund der Gestalt von Subjektivität als unendliche Verzeitlichung in der material-konkreten Geschichte meiner Welt kann transformiert werden in eine praktisch gewordene Reflexivität als grundloses Vertrauen. Das erfordert die Anerkennung von Endlichkeit auch in dieser scheinbar höchsten Stufe der Autonomie und Selbstbestimmung des Einzelnen: Um wahrhaftig mir selbst gegenüber zu leben, muss ich jetzt *vertrauen* auf die Akzeptanz meiner Selbstverwirklichungen mit Anderen und auf die eigene Sensitivität gegenüber den Fehlformen dieser Selbstverwirklichungen, die sich im Anderen zeigen.[310]

Auch dieses Vertrauen aber als *gesellschaftlichen*, selbst immanent-konventionellen Wert bzw. als *Verpflichtung* zum Konsens zu beschreiben, die ich bewusst und willentlich eingehe, hat konventionalistische Konsequenzen, weil es die absolute Unverfügbarkeit der „Konvention" selbst unterbestimmt: Konventionen sind nicht Vereinbarungen im Ganzen einer Gemeinschaft, das sie für uns fraglos lebbar oder unendlich aufklärbar macht. Weder rechtsstaatliche Institutionen noch prozeduralistische Aufklärungsprozesse des Dialogs substituieren oder läutern das *Faktum* der Konventionalität unseres Lebens. Mit diesem Faktum der Vernunft wird das sprechende Lebewesen, der Mensch, sich in seiner Endlichkeit, nämlich in der Grundlosigkeit seiner Urteils- und Handlungsweisen, selbst zum Thema und zur offenen Frage. Es gilt daher, die Anerkennung dieses Faktums als Sensibilität für Differenz zu schulen.

> The kind of difficulty [die der Grenzfall exemplifiziert, C.D.] arises when something we encounter defeats our ordinary capacities to get our minds around in reality, that is, our capacity to capture reality in language. This dislodges us from comfortably inhabiting our nature as speaking animals, animals who can make sense of things in the way the capacity to speak enables us to. The special kind of animal life we lead comes into question. It is as if a beaver found dam building beyond its powers. [It] becomes a problem to live [one's] particular case of the lives of animals: a life in which words are not just a distinguishing mark, as they are for human ani-

310 Williams beschreibt als Möglichkeit, Vertrauenswürdigkeit zu gewährleisten, dass Menschen zu der Überzeugung gelangen, vertrauenswürdiges Verhalten habe intrinsischen Wert. Vgl. Williams, *Wahrheit und Wahrhaftigkeit*, S. 139. Das funktionale Moment, das Nietzsche im Reflexivwerden von Sittlichkeit der Moralität ausmacht, macht Vertrauenswürdigkeit, wie Williams schreibt, zum *bloßen* „Element der Kultur", wenn es auch einen intrinsischen Wert für deren Teilnehmer darstellt. Ich denke, das greift zu kurz.

> mals in general, but the central element. [The] being as the animal [one] is, which is [one's] bodily being, becomes a wound.[311]

Die Anerkennung dieser „Wunde", ein leibliches Sprachwesen sein zu müssen, der Negativität oder Naturhaftigkeit des Geistes, kann gerade im Nachgang eine neue „Unschuld" konstituieren, im Verzicht auf den unerfüllbaren Anspruch auf eine natürliche und ursprüngliche, vorsoziale Unschuld, aber auch auf die Rechtfertigung der eigenen Individualität, die gesellschaftlichen Bedingungen verdankt bleibt.[312] Dann geht es aber um die Anerkennung eben dieser Negativität. Es geht gerade gegenüber der bereits etablierten soziale Identität und der schon gedeuteten Erfahrung um „a new innocence, and the establishing, or reestablishing of an identity" (TS, S. 169). Sie wird neu möglich in der Rückwendung auf das Andere als einen Anlass für die selbstzweckhafte Tätigkeit der Urteilskraft als Ausdruck einzigartiger Individualität. Es ist die Tätigkeit, „to make objects worth attending to for their own sake, with no practical end in view".[313]

Dass ich dieses persönliche Interesse an Objekten um ihrer selbst willen hier nur noch negativ erfahre, weist mein Projizieren von Sinn als unthematisch und grundlos, als Un-Vermögen aus. In einem ästhetischen Interesse, das ich zunächst als Ent-Setzung meiner selbst durch das Objekt erfahre, kann ich die Bruchstelle oder Spannung von Sozialität und Naturhaftigkeit *in* Sprache zulassen, die Bedingung unserer Freiheit ist. Kant beschreibt die Anerkennung dieser Negativität nicht umsonst in einer Metapher der Leiblichkeit, als „Wiedergeburt".[314]

Das Ideal der Ganzheit des Selbst, die Kant als Totalität des Ichs in der Wahl der Gesinnung gesehen hat, die sich in der Reihung empirischer Schritte ausdrückt, erscheint hier als Produkt und Anzeige des Begehrens nach Sinn nur noch in einer ästhetischen Darstellung als Zwischen der doppelten Affirmation, die die

---

311 McDowell, John, „Comment on Stanley Cavell's Companionable Thinking", in: *Wittgenstein and the Moral Life. Essays in Honor of Cora Diamond*, Cambridge, hg. v. Alice Crary, MA 2007, S. 299-304, S. 302.

312 So stellt auch Friedlander mit Bezug auf die Rolle der Praxis des Schreibens bei Rousseau fest, es handle sich – schenbar paradoxal – bei dieser Tätigkeit darum, der menschlichen Natur gerecht zu werden, „of doing justice to human nature. This latter truth demands truth to be revealed beyond good and evil, making innocence a return to the state of creation. […] It is writing itself that must be left exposed, turning the exposure of meaning into an exposure to meaning." Friedlander, Eli, *Rousseau. An Afterlife of Words*, Cambridge, MA 2004, S. 47.

313 Lovibond, „Ethics, Contemplation and the Source of Value", S. 320.

314 Vgl.: „Daß aber jemand nicht bloß ein gesetzlich, sondern ein moralisch guter (Gott wohlgefälliger) Mensch, d. i. tugendhaft nach dem intelligiblen Charakter (*virtus Noumenon*), werde, das kann nicht durch allmählige Reform, so lange die Grundlage der Maximen unlauter bleibt, sondern muß durch eine Revolution in der Gesinnung im Menschen (einen Übergang zur Maxime der Heiligkeit derselben) bewirkt werden; und er kann ein neuer Mensch nur durch eine Art von Wiedergeburt gleich als durch eine neue Schöpfung (Ev. Joh. III, 5; verglichen mit 1. Mose I, 2) und Änderung des Herzens werden." Kant, *Die Religion innerhalb der Grenzen der bloßen Vernunft*, AA 6, S. 47.

Äußerung als Sprechakt und als Darstellung von dessen formender Kraft vollzieht – wobei die letztere die Bestimmung des Sprechakts einklammert.[315]

Cavell bedient sich, um diese Alterität der Sprache zu zeigen, des Modells eines – auch unbewussten oder sogar verdrängten – Wünschens, das die Ebene selbstverständlich gelebten und seine Formen praktisch bestätigenden Wissens übersteigt.[316] Wunsch und Phantasie sind die klassischen Gegenbegriffe zu Vernunft und Moralität, hier wird aber keineswegs diese Dichotomie fortgesetzt. Mit dem „Wunsch" ist hier kein bloßes, vorrationales Begehren gemeint, sondern über die gegenwärtige Identität und Wirklichkeit hinaus eine protorationale, unintegrierbare Hoffnungsperspektive angedeutet, die nicht nach dem Modell von Intentionen zu verstehen ist, sondern sozusagen „rückwärts" ihre verdeckten Sinnbedingungen aufzeigt. Sie gibt nicht der Welt weitere Sinngestalt, sondern desfiguriert die vermeintlich gegebene. In der (kreativen) Darstellung und Anerkennung von Sinn als konstitutiv verschoben, in Vergleichsobjekten, Analogien und Hinführungen wird ein Ursprung oder Erstes des Sinns ausgesetzt, sei es Subjekt oder Welt. Dazu gehört auch die Analyse ethischen Verfehlens, das sich im Anspruch auf Verfügen und Urteil sprachlich manifestiert. Cavell entwickelt hier ein Konzept von Äußerungen, mit dem gerade die scheinbar dubiosen, zufälligen und irregulären Effekte unseres Sprechens ins Zentrum rücken: „passionate utterances". Diesen Grenzphänomenen der Äußerung kann *kein* etabliertes Sprachspiel entsprechen – gerade deshalb werden sie für Cavell zu exemplarischen.

---

315 Alenka Zupančičs Nietzsche-Lektüre zufolge erfordert diese ästhetische Darstellung eines noch nicht Kommensurablen eine Affirmation dessen, was *nicht* ist – im Gegensatz zum Modell von Autonomie als unendliche Deutungsaktivität, die immer antizipieren muss, was *noch nicht* ist. Denn diese Antizipation des noch-nicht schließt ein ganz Anderes, und damit auch die eigene Vollzugs*tätigkeit* gerade wiederum aus: „A Yes to what is necessary is not only an affirmation of what *is*, but also an affirmation of what is *not*. Double affirmation is what holds the place for what is not, preventing necessity from closing in upon itself." Zupančič, *The Shortest Shadow*, S. 163.

316 Cavell schreibt zwei Filmen – *Vertigo* von Hitchcock und *It's a wonderful life* von Capra, beide mit James Stewart – ein exemplarisches Vermögen spezifisch für das Medium Film zu, die Bezogenheit des Individuums auf Sinn als unbedingt gegenwärtigen und absolut abwesenden wieder neu zu zeigen. Diese Filme zeigen diese Orientierung als Begehren, das heißt nicht als eine naturhafte Ursprünglichkeit, sondern in der Darstellung seiner Verschiebungen und Verstellungen, die dessen Selbstverkennung zum „Imperativ" des Realitätsprinzips, zum Funktionieren und zu immer weiterer Anpassung aussetzt. Gezeigt werden muss dabei auch, dass dieses Begehren in der *gebenen* Wirklichkeit gerade als demokratisch von ihren Teilnehmern selbst bestimmte nicht nur keine Erfüllung, sondern nicht einmal einen positiven Ausdruck hat, sondern unhintergehbar Leerstelle des Sinns bleibt. Cavell spricht von „the power of film to materialize and satisfy (hence to dematerialize and thwart) human wishes that escape the satisfaction of the world as it stands; as perhaps it will ever or can ever stand. [...] [B]oth Capra and Hitchcock see in Stewart's temperament [...] the capacity to stake identity upon the power of wishing, upon the capacity and purity of one's imagination and desire – not on one's work, or position, or accomplishments, or looks, or intelligence. Call the quality Stewart projects a willingness for suffering." (TS, S. 180)

3.2.2. Eine andere Sprache der Selbsterläuterung? Cavells „passionate utterances" als Paradigma und Grenzfall

Cavell konzentriert sich in seinem späten Schlüsseltext „Performative and Passionate Utterances" (PDAT, S. 155-191) nicht auf die Rolle von Äußerungen *als Sprech-Handlungen*, die für Austins Konzept der Sprechakte die entscheidende ist, also die illokutionäre. Er bezieht sich aber auf Austins Sprechakttheorie und auf ein Moment von Sprechakten nach Austin, das dieser deren „perlokutionären" Aspekt nennt. Austin charakterisiert dieses Moment von Sprechakten als das, „what we bring about or achieve *by* saying something".[317] Wenn die Schiffstaufe beispielsweise vorhersehbar und konventionell abgesichert mit den Worten des Taufenden „Hiermit taufe ich dieses Schiff auf den Namen Elvira" über die Bühne geht (der Betreffende hat, seiner Absicht gemäß, unter angemessenen Umständen das Schiff getauft), ist das, was er damit vielleicht noch getan hat – nämlich die Ehefrau des Schiffseigentümers gekränkt, die Sabine heißt – weder konventionell abgesichert noch notwendig von ihm intendiert noch ohne Weiteres in der Opposition von Gelingen und Misslingen zu beschreiben. Austin nennt diese Dimension der Wirkungen und Effekte von Äußerungen „perlokutionär" und charakterisiert Perlokutionen als zufällig und unabsehbar. Er charakterisiert diese Effekte so mit einer Parallele zu den unbeabsichtigten Folgen von Handlungen. Während er aber diese Negativität im Aufsatz „Entschuldigen" analysiert (vgl. S. 114-127 dieser Untersuchung), schließt er den perlokutionären Aspekt von Sprechakten, im Gegensatz zu deren lokutionären (inhaltsbezogenen) und vor allem zum illokutionären (also sprechrollenbezogenen) Aspekt mit Verweis auf diese „Irrationalität" als irrelevant aus seinen Betrachtungen aus. Er konstatiert:

> Clearly *any*, or almost any, perlocutionary act is liable to be brought off, in sufficiently special circumstances, by the issuing, with or without calculation, of any utterance whatsoever, and in particular by a straightforward constative utterance (if there is such an animal).[318]

Diesen Schritt, mit dem sich Austin aus der Analyse der *Effekte* von Sprechakten verabschiedet, betrachtet Cavell als die „Katastrophe" der Theorie Austins. Gegen Austins Vorbehalt, diese Effekte von Äußerungen seien völlig beliebig und die perlokutionäre Dimension der Sprache sei deshalb akzidentiell für die Rede, beansprucht Cavell die Rationalität dieser Dimension und zwar gerade, insofern sie über die Intentionalität des Sprechers und Sprechaktes hinausweist.[319] Ich kann

317 Austin, *How to Do Things with Words*, S. 108.

318 Austin, *How to Do Things with Words*, S. 109.

319 Es ist, wie Stephen Mulhall bemerkt, diskutabel, ob Cavells Vorschlag zur Thematisierung der perlokutionären Dimension von Sprache Austin beerbt und erweitert oder ihn beerdigt. Vgl. Mulhall, Stephen, „Suffering a Sea-change: Crisis, Catastrophe, and Convention in the Theory of Speech-Acts", in: *Reading Cavell*, hg. v. Alice Crary/Sandford Shieh, New York 2006, S. 26-41, S. 40. Die Spannung von Cavells Analyse zur Oxford-Tradition der Sprachphilosophie zeigt sich in der bemerkenswerten Parallele zwischen Cavells Analyse der *passionate utterances*

zwar perlokutionäre Effekte meiner Rede nicht konventionell abgesichert vollziehen, also nicht mit selbstverständlichen sprachlichen Mitteln eine Urteils- und Handlungsweise „des Verführens" aktualisieren. Insofern erscheinen solche Effekte meiner Rede, das heißt, die Reaktion des Anderen, die sie manifestiert, häufig exzessiv. Ich kann sie aber durchaus strategisch planen, und ihr Zustandekommen ist im Nachhinein auch dort, wo sie nicht intendiert waren, wohl erklärbar. Die Kränkung der Ehefrau des Schiffseigentümers erscheint zum Beispiel sogar ohne Kenntnis der näheren Umstände und der Beziehungsgeschichte der beiden völlig nachvollziehbar.[320] Mehr noch: Weil perlokutionäre Effekte über die Intention und Sprechrolle hinaus wirksam werden und sich in der Reaktion des Anderen indirekt manifestieren, machen sie den Sprecher und seine Wünsche über eine Wahrheit einer Beziehung *lesbar.* Das gilt insbesondere für die Grenzfälle des Scheiterns des Miteinanders, die bei Cavell nicht nur als Misslingen gegenüber dem selbstverständlichen und unthematischen Gelingen wie bei Austins Sprechakten beschreibbar werden.

Cavell schlägt vor, die vernachlässigte Dimension von Sprechakten an einer *eigenen Gruppe* von Sprechakten zu untersuchen, die er *passionate utterances* nennt. Eines der Beispiele, die Cavell anführt, ist Donna Elviras „Schurke, Verbrecher!", das sie Don Giovanni in der gleichnamigen Mozart-Oper entgegenschleudert. (Drei weitere seiner Beispiele entstammen – nicht zufällig – ebenfalls Opern.) Donna Elviras Äußerung ist offenbar kein Sprechakt, der nach Konventionen, die allen bekannt sind, eine Handlung vollzieht. Ich weiß bei solchen Sprechakten, was die Folgen sind, wenn ich etwa unter den entsprechenden Voraussetzungen sage: „Hiermit taufe ich dieses Schiff auf den Namen ‚Don Giovanni'." Dieser Sprechakt mag misslingen, aber ich kann dann ohne Weiteres die Umstände erläutern, die dazu geführt haben und „nachbessern". Im Fall von Effekten der Kränkung, Beleidigung oder Verängstigung des Anderen durch meine Rede ist dagegen nicht ohne Weiteres klar, was hier Gelingen überhaupt heißen könnte und was dieses Gelingen für das Gelingen der illokutionären Sprechhandlung bedeutet. Erfordert *deren* Gelingen nicht den unbeeinträchtigten Vollzug des beabsichtigten Sprechakts und die Abwesenheit aller solcher Effekte? Die Effekte der Verführung, der Witz, die Rührung übersteigen doch konstitutiv die Intention

---

und Foucaults Interpretation der antiken *parrhesia* als eine Praxis des „Wahrsprechens des Anderen". Vgl.: Foucault, Michel, *Das Wahrsprechen des Anderen. (Vorlesungen 1983/84)*, hg. v. Ulrike Reuter/Lothar Wolfstetter, Frankfurt a. M. 1988.

320 Austins Beispiel dafür, dass perlokutionäre Effekte das rational Erwartbare oder Kalkulierbare übersteigen, ist die Irrationalität von Othellos Eifersucht als Reaktion auf Jagos Andeutungen: „You may convince me that she is an adulteress by asking her whether it was not her handkerchief which was in X's bedroom." Austin, *How to Do Things with Words*, S. 110. Cavell stimmt der Diagnose dieser Disproportionalität des Effekts der Äußerung zu, stellt aber fest, dass seine Darstellung ihn uns nachvollziehbar macht und dieser Nachvollzug eine ästhetische Erfahrung eröffnet, die wir erleiden: „It took the cunning of an Iago to stage it and the imagination of an Othello to be murderously convinced by it. Once performed, however, it is within the normal range of human capacity to understand it and suffer from witnessing it […]." PDAT, S. 172. Vgl. Zu diesem literarischen Beispiel auch S. 253f. u. 272f. dieses Buches.

dessen, der sie mit seiner Rede auslöst. Diese Möglichkeiten sind Cavell zufolge aber eben als deren Prüfsteine grundlegend für die Alltagssprache.

Cavells *passionate utterances* machen in ihrer Ungesichertheit eine Negativität sichtbar, die Sprechen überhaupt innewohnt. Äußerungen sind nicht nur in Handlungs- und Urteilsweisen auf Zwecke gerichtet, sondern auch unthematisch am Verstandenwerden orientiert, das sie nicht garantieren können. Sie sind über sich selbst hinaus orientiert, und das zeigen ihre Effekte. Da diese aber nicht intentional erreicht werden können, geht es hier ebenso darum, sie zu antizipieren, wie auch darum, sie im Nachhinein zu thematisieren. Diese Effekte der Rede machen den Sinnhorizont sichtbar, den wir immer mit unseren Vollzügen passiv mitprojizieren. Und zu analysieren gilt es hier, auf welche Art diese Effekte artikuliert und thematisch werden können. Cavell diskutiert die Bedingungen der Untergruppe „perlokutionärer Akte", die er *passionate utterances* nennt, im Kontrast und Gegensatz zu Austins Liste von Bedingungen illokutionärer Akte. Ich will hier nur die wesentlichsten dieser Bedingungen herausgreifen: *Passionate utterances* sind Cavell zufolge nicht, wie Austins Sprechakte, von akzeptierten und gelebten konventionellen Prozeduren abhängig. Der Sprecher muss *selbst* eine Form finden, wie er den Effekt, um den es ihm geht, erreichen bzw. wie er ihn – im Nachhinein – ausdrücken kann. Das ist keine Sache vorgängiger intellektueller Planung, sondern schöpferischer Gestaltung des Entzogenen. Anstatt einem Kontext und dessen Bedingungen der Angemessenheit gerecht zu werden und sie damit zu bestätigen, muss der Sprecher das angemessene Verhältnis zum Anderen mit seiner Äußerung beanspruchen und realisieren, indem er ihn als seinen Anderen auszeichnet und anerkennt, und so sich bestimmt. Dieses kreative Moment, mit dem der Sprecher nicht nur den Sinn seiner Äußerung, sondern deren sprachliche Möglichkeit und Horizont *als geteilten* indirekt stiftet, hat, wie schon angedeutet, auch einen problematischen Aspekt. Während im Performativ ein Fehler in der Prozedur reparabel ist, ist diese Korrekturmöglichkeit Cavell zufolge für die *passionate utterance* hochproblematisch – weil ihre Bedingungen eben nicht allgemein bekannt und konventionell abgesichert sind, aber Kommunikabilität und Identität auf dem Spiel stehen:

> [F]ailure to have singled you out appropriately in passionate utterances characteristically puts the future of our relationship, as part of my sense of my identity, or of my existence, more radically at stake. One can say: The „you" singled out comes into play in relation to the declaration of the „I" who thereby takes upon itself a definition of itself, in, as it may prove, a casual or fateful form. A performative utterance is an offer of participation in the order of law. And perhaps we can say: A passionate utterance is an invitation to improvisation in the disorder of desire. (PDAT, S. 184f.)

Und schließlich die dritte wesentliche Bedingung: Die *passionate utterance* fordert dem Sprecher ab, diese „passion" tatsächlich zu erleiden, um vom Anderen eine entsprechende Antwort einzufordern, die dieser ebenfalls bewegt ist anzubieten. Das erinnert an das Ideal der Wahrhaftigkeit oder Ernsthaftigkeit bei Austin, dessen problematischer Status in den vorangegangenen Kapiteln bereits diskutiert wurde. Die *passionate utterance* hat „nur" die nähere Ausdeutung dieser Einstellung der Orientierung an gemeinsamer Welt, die Austin Ernsthaftigkeit nennt, zum Gegenstand. Deshalb geht sie nicht in konventionellen Übereinkünften auf, sondern ist Form oder Stimmung des Vollzugs dieser Rede. Und das heißt gerade nicht, dass hier dem Sprecher vollständige Freiheit gegeben wäre, Bedeutung und Konsequenzen seiner Rede zu bestimmen. Ihr Anlass ist weder ein privater Wunsch noch ihre Realisierung die einer Intention in quasi-institutionellen Rollen. Sie reagiert auch nicht auf situative Erfordernisse, sondern setzt sich passiv-rezeptiv in Beziehung zum Anderen als Repräsentant der geteilten Welt, die ich mit meiner Rede in ihrem unverfügbaren Sinn als humane ungarantiert erwarte und erhoffe. Cavell spricht hier von „passion", weil diese „Anlässe" oder „Effekte" dem Verfügen des Sprechers ebenso wie diese Antizipationsdimension der eigenen Rede und ebenso wie diese geteilte Welt entzogen sind. Mit der Form, die er seinem Ausdruck dieser Effekte des Sprechens gibt, muss er diese Entzogenheit anerkennen. Das gelingt im Verzicht auf ein Verfügen: Die Verbindung von Artikulation und Artikulationsanlass gewinnt erst im Ausdruck ihre Notwendigkeit als die dieser (einzigartigen) Konstellation zwischen zwei Individuen in ihrer Bedürftigkeit angemessene. Denn es ist die Form, in der beide rezeptiv und projektiv sich und einander in einer gemeinsamen Welt wahrnehmen und entwerfen.

In der Bereitschaft zur Darstellung der eigenen Beziehung liegt deren Anerkennung, weil sich nur hier über die Intentionen und die Sprechrollen hinaus auch deren konstitutive Verdrängungen und Verdeckungen anzeigen. Cavell verweist darauf, dass es meiner Phantasie und meinem Talent zu dieser Darstellung, das heißt zum Ausdruck über Inhalt und Konvention hinaus, überlassen ist, wie ich einen perlokutionären Effekt erreiche: eben weil den keine konventionellen Bedingungen garantieren. Das zeigt sich gerade in der manipulativen Instrumentalisierung dieser Dimension der Übereinstimmung. Jago öffnet sich in Shakespeares *Othello* exemplarischerweise *nicht* seinem Anderen in einer *passionate utterance*. Er setzt allerdings seine ganze Sensibilität ein, sein Genie der Einfühlung für das genaue Verständnis des Charakters Othellos und seine ganze Einbildungskraft für die Imagination von dessen Möglichkeiten. Aber er tut es, um das Manöver zu ersinnen, das eben für diesen singulären Anderen die Versuchung zu einer Verweigerung einer geteilten ungarantierten Welt darstellt, der er nicht widerstehen kann. Jagos Verkennung oder Missachtung ist ein Entwurf der gemeinsamen Welt der beiden, der genau diese Gemeinsamkeit verneint. Dieser gemeinsame Sinn liegt aber als ermöglichend schon in den Unverfügbarkeitsmomenten der Form ihrer Kommunikation, die bedingt durch gemeinsame Sprache ist, und – weil sie den eigenen sprachlichen Sinn nicht vollständig einsieht, sondern auf künftige Deutung eines Anderen verwiesen bleibt – notwendig Antizipation einer künftigen geteilten Welt sein muss. Das Paradox dieses literarischen Grenzfalls liegt darin, dass Jago für Othello als dessen mephistophelischer Anderer gerade in dieser Verweigerung einer Dimension von Vertrauen und Gemeinschaft diese als unhintergehbar formt und als unverfügbar zeigt. Jago weckt Othellos mörderische Eifersucht von der genauen Beobachtung ausgehend, wer dieser ist: seines Anderen – Desdemonas – bedürftig, um sich überhaupt selbst verstehbar werden zu können, und gerade in seiner Endlichkeit sich dieser Bedürftigkeit verweigernd. Die Form der „Arbeit" mit diesem Negativitätsmoment ist dann, wie diese Dimension unseres Sprechens immer, Gegenstand genauer Wahrnehmung und persönlicher Gestaltung: „To persuade you may well take considerable thought, to insinuate you as much as to console may require tact, to seduce or to confuse you may take talent." (PDAT, S. 172) Dieser kreative Umgang mit den eigenen Sinnbedingungen wird bei Jago zur manipulativen Verführung, die keine gemeinsame Welt *zulässt*, sondern sie *willentlich* sowohl heraufbeschwört als auch verleugnet. Dieses Selbstverhältnis als indirekte Selbstartikulation scheint einerseits nicht notwendig zu sein. Nicht jeder ist ein Jago oder Othello, und Austins Desinteresse an der perlokutionären Dimension ist überhaupt nur plausibel, weil sie in der Regel als Horizont der Begegnung ungesagt bleibt. Diese indirekte Reflexionsweise konstituiert aber doch überhaupt erst Subjektivität, und genau hier setzt Othellos skeptischer Zweifel an.

Die prekäre Situation des modernen „Ich" zeigt Cavells Analyse: Wie Cavell feststellt, kann das Sprecher-Ich selbst in dieser Redeform nur indirekt, durch einen „disclaimer" auftauchen (PDAT, S. 172). Ich sage also zum Beispiel: „*Es heißt/Sie sagen,* ich flöße dir Angst ein." Ich kann nicht sinnvoll sagen: „Ich flöße dir Angst ein" und erwarten, damit eben dieses Ergebnis zu erzielen, wie ich das mit performativen Verben kann, die auszusprechen heißt, das zu tun, was sie benennen. Von der Antwort des Anderen, seiner Aufnahme der Äußerung hängt es ab, ob mein Sprechakt sinnvoll ist, und was er bedeutet, nicht von den Konventionen einer Gemeinschaft, auf die ich mich einfach verlassen kann. Das heißt, die *passionate utterance* scheint privat zu sein: Aber das ist nicht der Begriff von Privatheit, den Hume als Intimität selbstverständlich vertrauensvoller und affektiver Beziehungen zu Freunden und Verwandten gegen die sicherungsbedürftige Interaktion in der Öffentlichkeit moderner Gesellschaften setzt. Denn es ist dem Austausch, um den es hier geht, wesentlich, dass ich kein praktisches Wissen abrufen kann darüber, worauf ich wie reagieren sollte, wie der Andere meine Äußerung aufnehmen wird und was seine Antwort für unsere Beziehung und damit für mich bedeutet. Ich setze unsere Beziehung aufs Spiel, „as part of my sense of my identity" (PDAT, S. 184).

Im Gegensatz dazu kommt im performativen Sprechakt dem „Ich" die entscheidende Rolle zu. Das gilt allerdings nur insofern, als das Ich im Vollzug, wenn es „Dinge mit Worten tut", Austins Beschreibung nach in vollständiger Übereinstimmung mit den konventionellen Bedingungen auftritt, die es vollzieht, und die so das Gelingen des Sprechaktes ermöglichen.[321] Das moderne Ich

321 Die Möglichkeit der Transformation dieser Bedingungen steht hier gewöhnlich nicht zur Disposition, auch wenn ich sie variieren und erweitern kann. Ich kann mich allerdings, wie Austin selbst erwähnt, jeder konventionellen Einzelpraxis verweigern – zum Beispiel den hingeworfenen Handschuh nicht aufnehmen und die damit symbolisierte Forderung zum Duell ausschlagen. Ich setze mich damit bestimmten Sanktionen aus. Wie aber Cavell kommentiert: „I may feel my autonomy to depend upon such refusals; without the power of refusal I would have no

wird aber scheinbar von den Regeln seiner Praxis, die es als plurale mit seiner Teilnahme mitkonstituiert, nicht nur beschränkt, sondern ist *als ganzes* nur in Übereinstimmung mit ihnen Subjekt. Ebenso wie dieser Sprechakt wird es von ihnen erzeugt und fortgeschrieben *und* schreibt sie fort. Wie kann es also seine Autonomie in der Verweigerung dieser Praxis beanspruchen? Es geht hier nicht mehr um traditionelle, partikulare gesellschaftliche Rollen, in denen der Einzelne vollständig aufgehen würde. Sondern um sein Menschsein selbst, das sich nur *in seiner Rede* zeigen kann – individuell und sprachlich. Es ist die ontologische *Subjektstelle* im Performativ als Subjektbedingung selbst, die hier zur Rolle wird, insofern sie sich in den Handlungs- und Urteilsweisen einer Gemeinschaft verwirklichen, das heißt zunehmend rationalisieren muss. Auf diese Problemstellung antworten Cavells „passionate utterances". Die Passivität, die für ihre indirekte Darstellung grundlegend ist, ist die Aufhebung des Scheins dieses Zwangs eines Ichs dazu, sich selbst als teilnehmendes darzustellen und so ins Künftige hin zu rationalisieren.

Cavell beschreibt den Charakter der perlokutionären Dimension gegenüber dieser von Konventionen ermöglichten und diese realisierenden Intentionalität als passiv. Er verweist darauf, was es bedeuten würde, wenn ich den erwünschten perlokutionären Effekt mit meiner Äußerung tatsächlich *intendiert* herbeiführen könnte, so wie ich illokutionäre Verben intentional einsetzen kann. Wenn das „Ich" in diesen Äußerungen keines „disclaimers" bedürfte, und man sagen könnte: „Ich ängstige dich" und genau das erreichen – dann hieße das, dass der Andere keine Freiheit zu antworten hätte. Man würde hypnotische, magische Macht über den Anderen ausüben. An die Stelle der freien Konversation würde Manipulation treten:

> [I]f to say „I alarm you" (or chastise or outrage, or discombombulate you) *were (eo ipso)* to chastise or outrage or discombombulate you, I would be exercising some hypnotic or other ray-like power over you, you would have lost your freedom in responding to my speech. (That speech, notably in the service of political fervor, can have this effect of, let's say, magic, may be a central cause of Austin's contempt and fear of false profundity.) Contrariwise, if I could not rationally expect, by variously expressing myself to you, to have the effect of alarming you or reassuring you, of offending or amusing you, boring or interesting you, exasperating or fascinating you, … I would lack the capacity to make myself intelligible to you. And what you would lack is not some information I might impart to you. (PDAT, S. 172)

Auch das eingeklammerte Ich der *passionate utterance* ist also „passiv", es *erleidet* sein Begehren. Das Subjekt, das eine *passionate utterance* äußert, erkennt in den

---

autonomy to speak of, I would have become, as it were, a creature of convention." (PDAT, S. 183) Hier zeigt sich ein Problem oder eine Grenze, die dem Performativ inhärent ist. Denn ich bin Teilnehmer und Zustimmender *partikularer Praktiken* meiner Gesellschaft oder verweigere die Teilnahme an ihnen. Aber meine *ganze* Subjektivität ist durch die Teilnahme an *dieser Tätigkeit des Selbstentwurfs für die Öffentlichkeit* konstituiert, ob in der Ablehnung oder Annahme im Einzelfall.

Effekten seiner Rede seine Passivität an. Es akzeptiert eine Negativität, die auch für das aktive Subjekt in seinen Sprechakten konstitutiv ist, und kann sie so zur Leerstelle der eigenen Freiheit transformieren. Insofern geht es hier um eine Dimension, die Sinn und Rationalität erst stiftet, und die man im Modell eines „Begehrens nach Sinn" beschreiben kann. „Passionate expression makes demands upon the singular body in a way illocutionary force (if all goes well) forgoes." (PDAT, S. 173)[322]

Dieser „demand upon a singular body", den Cavell der *passionate utterance* zuspricht, könnte als bloße Regression gegenüber sozialen Zwängen und sprachlichen Verstellungen verstanden werden. Individuen sind wir nur *in* Sprache, innerhalb von den – schon begrifflichen – Konventionen einer symbolischen Ordnung. Die Alternativkonzeption der *passionate utterances* könnte nun scheinbar nur die sein, dass ich die Handlungs- und Antwortmacht vollständig auf mein Begehren und damit auf den Anderen verlagere: Weil alle selbstverständlich vorausgesetzten Konventionen als *bloße* Konventionen, als arbiträr erscheinen, muss nun der partikulare Andere jenseits eben dieser bloß konventionellen sprachlichen Bedeutungen für den Sprecher Sinn garantieren. Damit wird er aber in seiner Endlichkeit und Bedürftigkeit, statt als bloßer Repräsentant einer gemeinsamen Welt, die wir erhoffen müssen und in unserem Dialog erreichen, als „Verkörperung" dieser Hoffnungsperspektive idealisiert; ein Austausch im eigentlichen Sinn vermieden. Dieser Austausch erst realisiert aber diese geteilte Welt und antizipiert sie. Eine solche Projektion verweigert sich *jedem* Sprechen in sinnentleerten Sprachspielen, und setzt an deren Stelle die eigenen Phantasien.[323] Aber die (imaginär bleibende) Forderung an den Anderen, das Begehren („sei mein Gott" sozusagen) bleibt damit unartikuliertes und entfremdetes Phantasma als

322 Stephen Mulhall kritisiert die Trennung von perlokutionärer und illokutionärer Dimension, die Cavell vorschlägt, als zu stark. Auch wenn Austin den perlokutionären Effekt einer Äußerung als essentiell extrinsisch zu ihrer illokutionären Kraft analysiert, betont Mulhall doch, dass der lokutionäre Akt wie auch der illokutionäre Abstraktionen sind, und jeder Sprechakt alle drei Dimensionen enthält. Die „disorder of desire" sei sowenig rein anarchisch wie die illokutionäre Ordnung des Gesetzes völlig starr sein könne. Für Sprache und Identität ist dieser Interpretation zufolge allerdings die Spannung von natürlichem und konventionellem Aspekt nicht vom Verfehlen bedroht, sondern immer schon versöhnt. Mulhall schließt: „Cavells two fundamental facts are in fact two aspects of a single or singular fact; hence they do not need to be kept in balance, because to downgrade or entirely to overlook one is to distort the other." Mulhall, „Sea-Change", S. 35. Dieses Argument verfehlt so aber die konstitutive *Spannung* dieser Aspekte, die Cavell analysiert.

323 Cavell thematisiert eine solche Projektion des Privaten als antikommunales Sein in seiner Interpretation des *Coriolanus* von Shakespeare. Die „kannibalische" Beziehung zum Anderen, die diesen nicht anerkennt, sondern in falscher Privatheit und Intimität jenseits der Sprache und deren Anerkennung der Distanz zum Anderen zu integrieren sucht, betont Cavell als Zentrum der Tragödie im Verhältnis Coriolans zu seiner Mutter: „[O]ne of Coriolanus's perfectly cursed tasks is to ask for ‚voices' (votes) that he exactly wishes not to hear. […] [T]he word of silence is the expression of intimacy and identification, […] in his mother's case it means avoidance, denial, death, that there is no life beyond the social." (TS, S. 85) Etwas später im selben Text heißt es: „[I]n Coriolanus the imagination has collapsed upon itself." (TS, S. 89)

Rest dieser verdrängten Hoffnungsperspektive, die nun als Unmöglichkeit erscheint.[324]

Passionate utterances müssen diese Regression zurück in eine Vorsprachlichkeit als Phantasie von Erlösung und Einheit zugleich thematisieren und davon emanzipieren. Gleichzeitig müssen sich die Sprecher diesem Risiko also stellen, denn *passionate utterances* werden eben nicht in von vornherein abgesicherten Kontexten geäußert, die Verlauf und Ausgang der Konversation – damit in diesem Fall aber eben auch die Möglichkeit von Kommunikation, das konstitutive Mit-sein – garantieren könnten.[325] Das Risiko des Sprechers ist hier also ein doppeltes: Einerseits muss er auf diese Sicherung seiner Rede in den Konventionen der symbolischen Ordnung verzichten. Andererseits muss er auf den Anderen als Garanten des Bedeutens seiner Rede verzichten und ihn stattdessen als Gegenüber *und* kontingenten Anlass der bloßen Darstellung der eigenen, kontingenten Sinnbedingungen zulassen. Cavells Konzeption der *passionate utterance*, mit ihrer Passivität und der Bereitschaft, sich der Antwort des Anderen auszusetzen, ist eine Selbstbestimmung in einer Versprachlichung des eigenen Begehrens. Sie setzt aber eine andere Art des Wirkens der Einbildungskraft ins Werk als die bloße phantasmatische Projektion auf den Anderen. Den Verzicht darauf zu realisieren macht gerade das Ziel und die Form dieser Konversation aus. Cavell nennt in diesem Sinne auch den Gesang der Oper (im Anklang an Kants ästhetische Erfahrung der *Kritik der Urteilskraft*) als *passionate utterance* ein Urteil über die ganze Welt, das auf der „Basis" einer dezentrierenden Erfahrung, von „pain without a concept" (PP, S. 149) gegeben wird.

Einerseits betont Cavell den Anspruch des Anderen, auf den des Sprechers passionierte Äußerung als auf eine Verletzung oder Infragestellung der eigenen Subjektivität reagiert: „Sometimes, as with excuses or apologies, words are essentially owed. [...] The interpretation must turn on the fact, that the claim to my having embarassed you by saying something must come primarily from you, not me [...]." (PDAT, S. 179) Andererseits schreibt er diese Initiative aber dem Sprecher zu: „I must declare myself to have standing with you (be appropriate) in the given case. [...] I therewith single you out [...]." (PDAT, S. 181) Diese Ambivalenz

324 Cavell beschreibt dieses „Nicht-Wollen" als passiven Skeptizismus im Gegensatz zum erkenntnistheoretischen, aktiven Skeptizismus, besonders in seinen Studien der Hollywood-Melodramen der „unknown women" (vgl. CT). Damit greift er auf Nietzsches Formulierung zweier Formen skeptischer Verzweiflung zurück: „[L]ieber will noch der Mensch *das Nichts* wollen, als *nicht* wollen". Nietzsche, Friedrich, *Genealogie der Moral*, in: ders., *Sämtliche Werke. Kritische Studienausgabe in 15 Bänden*, hg. v. Colli u. Montinari, Bd. 5, München 1980, S. 412.

325 Entsprechend stellt Cavell immer wieder in dieser sozial-ontologischen Dimension die Frage nach dem Anspruch, den die Sprachform philosophischer Texte, wie er sie als notwendig ausweist, an den Leser stellt. Dass der Andere auch hier aber bloßer Repräsentant einer Hoffnungsperspektive gemeinsamer Praxis ist, die beide im Dialog doch zusammen anzeigen, impliziert immer auch das Risiko des Missverstehens, dass sich die Last des „Existenzbeweises" auf den Anderen verlagert. Das zeigt, dass die Trennung von empirischer und ermöglichender oder klassisch transzendentaler Ebene nicht mehr vorausgesetzt werden kann, sondern im philosophischen Text immer als Problemstelle angezeigt und erarbeitet werden muss. (Vgl. z. B. IQO, S. 120)

zeigt die Intersubjektivität der Redepraxis als konstitutiv: Wofür sich der Sprecher hier „entscheidet", das ist die Anerkennung des unthematischen geteilten Praxishorizonts, die aber erst die Leugnung als Effekt, indirekt, darstellt und der sie artikulierenden Reflexion eröffnet. Und andererseits erscheint dieser Anspruch als Ergebnis der eigenen Anerkennung. Es ist nicht nach Kriterien entscheidbar, ob das heißt, dass der Andere in dessen Nicht-Identität anerkannt wird, so dass unser Austausch den Raum eröffnet zu erkunden, was uns jeweils und gemeinsam Existenz- und Verstehensbedingungen sind. Oder ob der Andere zum Sinngaranten einer Welt und des eigenen Selbst, also zu eben dieser Sinnbedingung hypostasiert wird – als ginge es um eine „Autorität", die die „Norm" der Anerkennung des Anderen einsetzt. Im Medium der Oper, aus dem die meisten von Cavells Beispielen perlokutionärer Äußerungen stammen, geht es eben um die Transformation dieses letzteren Phantasmas.

Weil der Austausch hier nicht innerhalb der Grenzen der Konvention stattfindet, sondern die Konstitution von Sprache und geteilter Welt selbst „zum Gegenstand", nämlich der eigenen Darstellung hat, fordert er die Fähigkeit zu Improvisation und Interpretation auf beiden Seiten. Deutung und Gelingensbedingungen von Performativen sind dem Prozess aufgegeben, den intentionale Subjekte in ihren Sprachformen gestalten, bei *passionate utterances* sind sie dem aufgegeben, was sich in der Darstellung ihrer Vollzüge über die Intention hinaus zeigt. Das impliziert, dass es nicht kriterial bestimmbar sein kann, ob eine *passionate utterance* „misfires", sondern dem Gespräch selbst, der Interpretation und weiteren Konversation aufgegeben sein muss: „[I]n the realm of the perlocutionary, refusal may become part of the performance." (PDAT, S. 183) Die Konfrontation und Ablehnung kann sich als notwendig für die Möglichkeit künftigen Austauschs zwischen diesen Partnern erweisen, weil sie eine Einstellung oder ein Versagen eines der beiden in diesem Austausch zur Sprache bringt, was die Beziehung beider gefährdet. Dann wird die Konfrontation zu ihrem Prüfstein.

Cavell deutet etwa das Ende des Duetts zwischen Carmen und ihrem Geliebten Don José anders als andere Kritiker. Es endet in ihrer Äußerung: „Nein. Du liebst mich nicht." Er liest diesen Satz nicht als Anschluss an und Fortsetzung des Vorangegangenen. Hier geht es also ihm zufolge nicht um eine weitere Eroberung, die Carmen, die große Verführerin, „perlokutionär" erreichen will. Cavell versteht den Satz nicht als Mittel eines weiteren Verführungsversuchs von Carmen, sondern als resignierten einfachen Konstativ, der registriert, dass nie ein Austausch zwischen Carmen und Don José stattgefunden hat. Er hat deshalb nicht stattgefunden, weil Don José in ihr nur eben das sieht, was wir Zuschauer geneigt sind, in ihr zu sehen: das Klischee ihrer gesellschaftlichen Rolle der *femme fatale.* Er negiert also in seinem Verhalten und Sprechen ihr gegenüber ihren Status als seine Partnerin für einen sinnoffenen Austausch. Indem er ihr als ihr Anderer die Antwort und den Austausch überhaupt verweigert, nimmt er ihren Tod am Schluss der Oper vorweg.

Diese verweigerte Anerkennung in Klischees und Phrasen ist aber auch transformierend: Sie führt Carmen gerade über das Klischee ihrer Rolle der *femme fa-*

tale hinaus und eben dazu, die ihr vorenthaltene Anerkennung als Partnerin eines möglichen Austauschs nun erst zu beanspruchen. Dieser Anspruch kann nicht als Sprechakt (in den entsprechenden Äußerungsbedingungen), nicht als bestimmendes Urteil über die Urteilskraft des Anderen geäußert werden, das mit seiner Äußerung auf eine implizite Norm und deren Autorität pocht, weil er das Ganze ihrer Subjektivität und Ordnung betrifft. Aus demselben Grund kann er aber auch kein phantasmatischer Wunsch bleiben. Er muss geäußert und im Modus seiner Äußerung gleichzeitig als Normenberufung und Urteil zurückgenommen und die konstitutive Dimension des Geäußerten so anerkannt werden. Deshalb wird in Cavells Lesart der Moment, in dem Carmen auf Don Josés Blumenarie antwortet, nicht zur weiteren Verführung ihrerseits zu einem Leben jenseits des Gesetzes, sondern vielmehr zur Unterbrechung dieses stereotypisierten „Carmen-Modus". Cavell setzt seine Lektüre von denen, die hier das Klischee ein weiteres Mal in Szene gesetzt sehen, so ab:

> But the written score (it is not always performed so) marks her line pianissimo (triple piano). She is at that moment, as I perceive her, paradoxically, and as far as humanly possible, expressionless, without implication, utters with no expression a pure constative, the simplest of truths, that he does not love her. She stares blankly at the truth and is bewildered. (PDAT, S. 184)

Carmen verführt. Dieses Verführungstalent ist in Bizets Oper nicht schlicht ein zufälliger perlokutionärer Effekt im Sinne von Austins beliebiger Wirkung der Rede. Es ist scheinbar die tiefste, aber natürlich auch vollständig typisierte Bestimmung ihres Seins, auf die Bizet sie festlegt. Gerade hier behauptet Cavell diese Typisierung als Effekt, damit aber weder als zufällig noch als bloß inszenierte Rollenerfüllung. Sondern er schreibt diesem Effekt ein selbsttranszendierendes Moment über jede bloße Rolle hinaus zu. Denn Verführen kann nicht nur heißen, manipulierend eine gemeinsame Ebene zu suggerieren, was nur Mittel zu eigenen Zwecken ist, wie es das Stereotyp fixiert. Es kann auch bedeuten, eine solche Gemeinsamkeit als unerwartet, überraschend und unantizipierbar zuzulassen – und damit die falschen Sicherheiten der Stereotypisierung des Anderen und der eigenen Rolle über den Haufen zu werfen. Diese beiden Haltungen können wir nicht isolieren und über Merkmale und Definitionen unterscheiden. Cavell beschreibt die scheinbare rollenkonforme Verführung als Ergebnis unserer Projektion und der Projektion durch Carmens Gegenüber. Dieser Projektion von stereotypisierenden Erwartungen widersetzt sich Carmen in ihrer *expressionlessness*, „Ausdruckslosigkeit" (s.o.) nicht. Jeder Widerspruch würde selbst als Erwartungserfüllung, also als erneuter Verführungsversuch gelesen.

Sie entzieht sich vielmehr, Cavell zufolge „ausdruckslos", im Schweigen, dem Spiel der Deutungen selbst. Das tut sie in der Hingabe an eine Negativitätserfahrung: Sie akzeptiert die Erfahrung, die sie im *pianissimo* als schreckliche Wahrheit ihres Lebens und ihrer Beziehung zu dem Mann, den sie liebt, ausspricht: dass diese Beziehung nicht existiert und damit auch sie nicht als Individuum, insofern sie sich über diese Beziehung definiert hat. Ihre Liebe war kein freies Spiel der

Selbst- und Weltdeutung, sondern ein Austausch fixierter Erwartungsbilder. Dass sie das anerkennt, heißt, sie verzichtet hier auf jede weitere Projektion, sie bildet keinen weiteren Sinnhorizont *mit* ihrer Äußerung. Diese Übung ihrer Einbildungskraft müsste orientiert an der Übereinstimmung mit ihrem Anderen und mit ihrem Anderen geschehen – aber sie anerkennt, dass der sie nicht als freie Andere achtet. „Übereinstimmung" geht hier deshalb im unendlich fortgesetzten Anspruch auf die Erfüllung von positiven Rollen und Erwartungen auf, der sie als Individuum aber immer neu ausschließt. Gerade diese vollständige Passivität öffnet aber den Blick auf ihre Individualität in ihrer Totalität, ihr Leben als ganzes, nicht atomistisch begriffen, sondern für ein ganz anderes Verständnis im Verzicht auf jede besondere, strategische Wirkung.[326] Das heißt, es zeigt den Sinnhorizont ihres ganzen Lebens und der ganzen Sprache als jenseits jedes Anspruchs auf Verfügen.

Carmen bejaht dieses Leben und diese Sprache als ganze in ihrer Selbst-Darstellung, die gerade keine Inszenierung ist, sondern ein Ausdruck der Totalität der eigenen Subjektivität im freien Werden als interne Unendlichkeit. Sie sagt also nicht etwas anderes und gebraucht auch keinen anderen Sprechakt: Man kann ihre Haltung als bloße *weitere* Verführung lesen. Es ist „nur" der Modus, die Stimmung, mit dem sie hier den unendlichen Selbstbezug als veräußerlichten, am öffentlichen Bild orientierten, unterbricht und auf jede (partikulare) Teilnahme verzichtet. Nur dieser Modus signalisiert deshalb auch die Aussetzung der Projektion der Rolle, die ihr Anderer ihr zumutet. Die Projektion seiner Einbildungskraft ist hier beschränkend, nicht sinneröffnend: Und ihr Ausdruck ist die Negation dieser Negation ihrer freien Subjektivität, nämlich in der absolut konkreten Unbedingtheit der vereinseitigten und moralistisch gelesenen Rolle der Verführerin, in einer Transformation des scheinbar bloß Zufälligen zur hier konkret notwendigen Gestalt *und* „Entstaltung". Die Verführung über die eigene bekannte Identität hinaus erweist sich hier als Chance zur Transformation, die José ausgeschlagen hat. Es ist eine totale Realisierung als Dezentrierung, die hier im Bild des Todes Carmens ihren Ausdruck findet. Dieses Bild des eigenen Todes allein kann die Notwendigkeit und Möglichkeit eines Lebens als Ganzes – gegen die Normen sozialer Rationalität – zeigen:

> Wichtig ist nicht, daß der Tod statthat, sondern daß er Statt, Ort ist, der Ort, an dem sich Leben und Handeln des Subjekts kristallisieren. Die Ethik des Begehrens impliziert den Imperativ der Fortsetzung, des Prozesses ohne Ende („das ist es noch

---

326 Ganz ähnlich bestimmt Benjamin im Übersetzeraufsatz die Kraft der „reinen Sprache" als „Ausdrucksloses", nämlich als transformative Dimension in der gewöhnlichen Sprache: „In dieser reinen Sprache, die nichts mehr meint und nichts mehr ausdrückt, sondern als ausdrucksloses und schöpferisches Wort das in allen Sprachen Gemeinte ist, trifft endlich alle Mitteilung, aller Sinn und alle Intention auf eine Schicht, in der sie zu *erlöschen* bestimmt sind." Benjamin, Walter: „Die Aufgabe des Übersetzers", S. 19 (Hervorh. C. D.).

nicht"), aber sie impliziert auch einen letzten Akt, der das Unendliche des Begehrens sichtbar macht, dem er sich verdankt.[327]

Carmen kann, indem sie ihren Tod annimmt, ihr unerfülltes, aber „legitimes" Begehren nach Sinn und sinnoffenem Austausch mit einem Partner, der ihre Entzogenheit und vollständige Konkretion als menschliches Individuum anerkennt, artikulieren. Diese Darstellung fordert vom Partner dasselbe wie vom Hörer und Zuschauer: eine Analyse, die selbst kreativer Nachvollzug sein muss. Don José versagt an diesem Anspruch auf einen „Austausch" als Ideal der Konversation, das keine reale, gesellschaftliche Entsprechung hat, aber genau diesen Makel und die Legitimität des Anspruchs bezeugt. Das heißt, es ist ein – faktisches – Unglück für sie, dass er scheitert. Man möchte aber sagen, mehr noch ist es ein Unglück für ihn, weil er damit daran scheitert, dass sich seine Potentiale zu freier Subjektivität zur Darstellung bringen können.

Ich stelle in *passionate utterances* mich, meine Welt und unsere Beziehung zur Disposition. Das heißt auch, dass der Anspruch an den Anderen auf Erlösung, auf Sinn- und Identitätsgarantie, hier sowohl dargestellt wie auch als Phantasie gezeigt und ausgesetzt werden muss. Ob und wer der Sprecher ist, ebenso wie, wer der Andere (für ihn) sein kann, gibt er der Darstellung über die eigene Intention hinaus auf, statt es vorauszusetzen und weiterer Spezifikation im Prozess aufzugeben. Jede solche Äußerung „appears as deeply characteristic and revelatory of both the utterer and his or her addressee." (PDAT, S. 180) Das heißt, diese Praxis ist ein Sprechen in Passivität; das „Ich", das innerhalb illokutionärer Sprechakte als symbolisch konstituiertes „handelt", ist dezentriert, indem es sich der Antwort des Anderen ausliefert und indem es zu sagen versucht – das heißt, zeigt – was es selbst noch nicht von sich weiß *und damit*, was es im Anderen als Effekt des eigenen Ausdrucks liest. Es zeigt den Horizont seiner eigenen gegenwärtigen Identität und damit die Totalität seiner Subjektivität als Ganzheit aller Raum-Zeit-Stufen seines Ichs. Die Versprachlichung der perlokutionären Dimension des Sprechens wird nötig, um ihre manipulative, entfremdete Verfallsform wiedergutzumachen und sie in der Sinnoffenheit wieder neu zu eröffnen, die ihr als Ganzheit gewöhnlich „schweigend" innewohnt. Es ist der Versuch, das eigene Begehren nach Sinn in Worte, nämlich in *passionate utterances*, aber nicht in Bestimmungen zu fassen, „to make [myself] intelligible to you" (PDAT, S. 172).

Wie Carmens Feststellung eine Zurückweisung betrifft, die für sie zum Anlass dafür wird, sich als freies Subjekt neu zu beanspruchen, so sind die meisten der Beispiele für *passionate utterances*, die Cavell gibt, Beispiele von Vorwürfen und Zurückweisungen, in denen der Austausch gerade gescheitert scheint. Äußerungen wie die der verlassenen Donna Elvira in Mozarts Oper „Don Giovanni": „Don Giovanni, du hier, ehrloser Wicht, meineid'ger Frevler!" scheinen tatsächlich weniger Einladungen zur Konversation als deren definitives Ende zu signalisieren. Es sind aber Zurückweisungen der Missachtung im Urteil ihres Anderen

327 Zupančič, *Das Reale einer Illusion*, S. 96.

und damit einer konventionalisierten Praxis des Austauschs, die keinen Raum für die eigene Freiheit der Sprecher lässt und daher diesen Namen nicht verdient. Und diese Art der Zurückweisung ist mit einer Einladung zur Konversation in Cavells Sinne des moralischen Austauschs nicht nur vereinbar, sondern diese Ablehnung gegebener Redeweisen ist die Art, in der dieser Austausch *negativ* initiiert werden muss. Die Anerkennung dieser „Störung" dezentriert die Sprecher-Position selbst, während deren Missachtung als epistemische *und* moralische Verantwortung eine falsche Stabilität der eigenen Identität aufrechterhält: Der Sprecher wird sich mit diesem Anspruch selbst als nicht-identisch sichtbar. Indem er die eigenen Deutungen und Praktiken der Selbstverständigung hinterfragt, kann der Sprecher den Anderen, aber auch sich selbst als singulär, das heißt als freien, interpretierenden und antwortenden Anderen akzeptieren. Denn Anerkennung des Anderen bedeutet hier auch: Anerkennung des anderen meiner selbst. Zur Debatte steht hier also die „Wahl" zwischen einer Anerkennung des Anspruchs des anderen und der Leugnung, deren Überschüsse und Symptome selbst Zeugnis der Legitimität des Anspruchs sind. „Anerkennung" ist keine Beschreibung eines erreichten oder verfehlten Ziels, sondern „a category in terms of which a given response is evaluated".[328]

Sinnoffenheit als Vollzugsform und Zweck macht, so Cavell, den Austausch zum Prozess einer „moralischen Erziehung". Die Konzeption dieser moralischen Erziehung, die in ihrer Anerkennung und Übung von „passion" (im Sinne von Passivität und im Sinne von Begehren) Transformation verspricht, ist das Gegenprogramm zu jedem Moralismus. Der setzt moralische Verpflichtungen und Selbstverständnisse in fixierten Kategorien voraus, statt sie zur Disposition zu stellen. Hier wird dagegen zur Aufgabe einer gemeinsamen Praxis der Kritik jedes Anspruchs auf Verfügbarkeit die sinnoffene Auseinandersetzung mit der Frage, wie wir uns verstehen können und verstehen *wollen*: Hier ist die Rede „grounded in my being moved to speak, hence to speak in, or out of, passion, whose capacities for lucidity and opacity leave the genuiness of motive always vulnerable to criticism" (PDAT, S. 181).

Mit Wittgenstein und Freud formuliert Cavell den skeptischen Impuls dahingehend, dass unsere Ausdrücke über unsere bewusste Kontrolle und Intentionalität hinaus lesbar sind, wir sind „victims of expression" (PDAT, S. 186). Cavells Vorschlag ist gerade nicht, diese Ebene des nichtintentionalen, unbewussten Ausdrucks als irrational und unbedeutend aus der Ethik auszuschließen, sondern ihre Anerkennung als Endlichkeitsreflexion und Reflexion auf die eigenen ganzen Sinnbedingungen zu deren eigentlichem Gegenstand zu machen. Die Abgrenzung von *passionate utterances* gegen performative Äußerungen, die Cavell vor-

---

328 Vgl. Cavells Charakterisierung des Begriffs der Anerkennung als Reflexionsbegriff schon im frühen Lear-Aufsatz: „The [...] concept of acknowledgment is evidenced equally by its failure as by its success. It is not a description of a given response but a category in terms of which a given response is evaluated. A ‚failure to know' might just mean a piece of ignorance, an absence of something, a blank. A ‚failure to acknowledge' is the presence of something, a confusion [...]." (MWM, S. 263f.)

nimmt, ist also keine gegenüber vernünftiger Praxis, sondern gegenüber einer falsch verstandenen, reduzierten und fixierenden Rationalität.

„[T]o make our desires, hence our actions, intelligible, and to ourselves" (PDAT, S. 188) ist Cavells Vorschlag zur Verwirklichung des Kantischen Reichs der Zwecke. Dazu leitet uns aber nicht das moralische Gesetz, sondern, in der Transformation dieser Figur unserer Freiheit, die Anziehung oder „attraction", die das Ideal unseres höheren Selbst auf uns ausübt. Insofern wird die *Verführung* Carmens von einer Marginalisierungsfigur zum Ausdruck des eigentlich Notwendigen moralischer Praxis. Die ästhetische Erfahrung, dass wir dieses Reich als leiblich-sprachliche, endliche Wesen praktisch stiften, aber auch als absolut unverfügbar begehren müssen und dieser Spannung Gestalt geben, ist in Cavells Interpretationsvorschlag als Radikalisierung unserer Endlichkeit als Sprachwesen der Anlass, unsere Freiheit akzeptieren zu können. Weil dieser Prozess die Dezentrierung der eigenen Perspektive und gegebenen Identität voraussetzt und so erst Individualität als ganze in ihren Bedingungen erscheinen lässt, kann Cavell zufolge dieses Reich nicht allein erreicht werden (vgl. PH, S. 79). So kritisiert Cavell ein Verständnis von Sprache als Sprechakte in Konventionen und Sprechrollen, um ein anderes Verständnis ihrer Systematizität freizulegen.[329] Das heißt, die Frauen der Oper bleiben nicht bei Vorwurf und Zurückweisung der Zurückweisung stehen. Sondern sie machen, mit Judith Butler gesprochen, eine „Doppelbewegung [...], in der wir moralische Normen [angesichts von deren Verletzung, C.D] geltend machen und zugleich die Autorität in Frage stellen, mit welcher wir diese Normen geltend machen."[330]

So wie Carmens vernichtendes Urteil stammen auch drei weitere, das heißt die Hälfte der Beispiele von Cavell für *passionate utterances* aus Opern. Das ist ihm zufolge kein Zufall: „In the [world of opera] passionate utterance has its cultural apotheosis." (PDAT, S. 180) Das Medium der Oper ist der Gesang, und dieses Medium stellt Cavell zufolge notwendig die Frage des Verhältnisses von Körper und Geist, von Begehren und Verstand oder Ordnung. Die Konvention der Oper, der zufolge sich die Gedanken der Protagonisten in Arien und Duetten ausdrücken, ist dann nicht prätentiöse, artifizielle und einigermaßen unglaubwürdige Spezialpraxis, sondern zeigt eine Dimension menschlichen Sprechens überhaupt auf. Cavells kritischer Gegenvorschlag zum Modell des Versprechens für unsere Sprache ist das des Singens.[331] Diese These scheint die Erweiterung *und* Infragestellung der Einsicht der Sprachphilosophie zu sein, dass es kein reines

329 Der Schluss des Aufsatzes relativiert die Trennung von Passion und Performativ wieder: „[W]hat I have been aiming at is indeed some fragment of a view of expression, of recognizing language as *everywhere* revealing desire [...]." (PDAT, S. 187, Hervorh. C.D.)

330 Butler, Judith, *Kritik der ethischen Gewalt*, Frankfurt a. M. 2007, S. 139.

331 Vgl: „[...] [W]e are to take singing, namely, as the figure of speech. [...] We could almost take the blatant conventionality of opera as meant to call into question the conventions or conditions making civil discourse possible – the pace, the distance, the pitch, the length, at which literal speech is supposed to take place – as though some problem had arisen about speaking as such." (PP, S. 219)

Denken gibt: Denken *ist* nur als Sprechen, als Praxis. Aber diese Praxis ist selbst in einer Spannung zu verstehen, die darin dargestellt wird, dass Singen in offensichtlicher Weise den Körper in den eigenen Ausdruck *eines Individuums* einbezieht, Emotion und leibliche Verfassung ausdrückt, aber auch, gerade in der hochkonventionalisierten Form der Oper, überformt und verstellt.

Weil für die Frauen der Oper eine gemeinsame Welt und damit eigene Identität zerbricht, sich als Schein erweist, gerade deshalb nennt Cavell diesen bloßen Schein eines Austauschs „transfigurative". Er führt zu einer „climatic resignation, which comes with a turn inward, thinking to herself, looking at her existence, recognizing the world's implacable judgment." (PP, S. 155) Gerade indem etwa Carmen erfährt, dass ihr Anderer ebenso wie ihre Welt ihr die Anerkennung vorenthält, die für einen echten moralischen Austausch Voraussetzung wäre, wird dieser Moment zu einem transformativen: Er bedeutet für sie den Verlust einer *falschen* Hoffnungsperspektive, die „separation from possibility figured by the loss of the one who had descended from the realm of light, in whom one's expectation of intelligibility has been placed, and collapses" (PP, S. 151). In ihrer dann enttäuschten Erwartung sieht Cavell den Moment der Transformation, der ihre Passivität verwandelt.

Diese Negativitätserfahrung, die die Opernarie in Musik verwandelt, beschreibt Cavell als „exposure", eine Entblößung, die zunächst darin liegt, dass die Sängerin den angebotenen phantasmatischen Identitätsentwurf der Verführerin für sich annimmt und verinnerlicht. (vgl. PP, S. 155) Carmen erfährt schmerzhaft die Enttäuschung ihrer Hoffnung auf Anerkennung jenseits geteilter Sprache. Das entscheidende transformative Moment ist aber ihr Gesang, als Artikulation dieser Erfahrung von Negativität: Sie singt nicht mit ihrem Anderen, aber auch nicht, indem sie ihn im Urteil, in der Berufung auf eine moralische Norm, die ihre Anerkennung gebieten würde, ablehnt und damit selbst urteilt, bestimmt und verdinglicht, wo es um dieses Vermögen zu urteilen selbst geht. In ihrer Arie, deren Modus wie gesagt als „Ausdruckslosigkeit" zu beschreiben ist, akzeptiert sie Selbstentfremdung, Schmerz und Entblößung und macht sie zu ihrem Eigensten, indem sie sie artikuliert, ohne sich damit bloß konventionellen Sprechakten zu unterwerfen. Das ist ihr Ausdruck ihres Seins in ihrer Totalität, vollständig konkret und doch als Inbegriff oder Bild der Reihe des Fortschreitens ihrer möglichen Identitätsentwürfe. Sie singt ihr Leiden und die Hoffnungsperspektive eröffnet sich damit aus der konkreten Versagung von Anerkennung einer bestimmten Identität neu und sinnoffen, weil sie sich dieser entzieht.

Die Frauen der Oper singen, weil und indem sie sterben.[332] Das heißt, sie singen in der Anerkennung einer Entfremdung als konstitutiv, aus dem Schmerz über den Verlust ihrer Welt, ihres Anderen und ihres Selbst, den sie aber zulassen. Man könnte sagen: Ihr Gesang realisiert sie als frei über jede fixierende Bestimmung hinaus, auch die der Rationalität selbst. Sie realisieren eine Qualität

332 Vgl. PP, S. 132. Cavell verweist hierzu auf Catherine Clément. Vgl. dies., *Opera: The Undoing of Women*, Minneapolis 1979.

der Passivität, indem sie sich von der Idee des Reichs der Zwecke anziehen lassen. Das ist aber der Ausdruck eines Strebens nach einer vernünftigeren Welt, für die die Möglichkeit freien Austauschs besteht. Das heißt, dass in diesem Ideal *und* im Vollzug des Singens der Sängerinnen Subjektivität als absolut entzogen und unverwirklicht in gegebener Sprache und Praxis zugelassen wird. Deshalb muss sich der Gesang als artifiziellste Kunstform *und* primitivste Leiblichkeit in allergrößter, skeptischer, Nähe zu Tod und Wahnsinn artikulieren.[333] Das ist möglich in ästhetischen Darstellungen wie der der Oper, die den „split [...] of the self *into* speech“ (PP, S. 151, Hervorh. C.D.) als freiheitsermöglichende Grundlosigkeit endlicher Wesen zeigen.

In der Darstellung der Totalität dieser, ihrer eigenen, konkreten Existenz, dieser bestimmten Identität *und* des sie konstituierenden ganzen Sinnhorizonts, muss hier deren aktuelle Gestalt mit ihren kontingenten Grenzen gezeigt und transzendiert werden. Das verlangt die Wiederholung der eigenen konstitutiven Selbstentfremdung, so Cavell, ein „Ich-Sagen“, als Konfrontation mit Wahnsinn und Tod. Dieses Singen muss also als ausdruckslos oder ästhetisch, nämlich in einer *Analogie* zur Bejahung bzw. Verneinung einzelner gesellschaftlicher Rollen verstanden werden. Die Sängerin bejaht sich als lesbar für jeden, der die entsprechende ästhetische Sensibilität für diese Erfahrung von Negativität mitbringt, (auch) für sich selbst, ob nun ein empirischer anderer bereit ist, ihre *passionate utterances* zu lesen oder nicht. Gerade in der faktischen Missachtung durch einen Anderen, der nicht zum moralischen Austausch mit ihr bereit ist, eröffnet sich eine Leerstelle, werden Achtung des Anderen und Sinnoffenheit als unhintergehbare Ansprüche unserer Praxis lesbar. In dieser Leerstelle wird diese andere Perspektive auf sie selbst als Totalität ihrer Individualität, als die einer transformierten Gesellschaft, Welt, Sprache „sichtbar“ als ebenso abwesend wie für sie konstitutiv *und* erstrebenswert.

---

333 Cavell schreibt: „Such a view will take singing, I guess, above all the aria, to express the sense of being pressed or stretched between worlds. [...] This expression of the inexpressible (for there is no standing language of that other world; it requires understanding without meaning) I described as a mad state, as if opera is naturally at this brink; and my description of this state [is] one of abandonment.“ (PP, S. 144)

3.3. Autonomie und Pathologie kommunikativer Vernunft

Konzeptionen kommunikativer Vernunft sind von der Einsicht geleitet, dass normative Grundlagen bereits wirklich sein müssen, sollen sie kein leeres Ideal gegenüber der Wirklichkeit bleiben. Rationalität wird also nur als wirklich in einem kontinuierlichen *diskursiven* Prozess der Verwirklichung und Aufklärung gemeinsamer Grundlagen verstanden. Allerdings können die Sinnvoraussetzungen dieses Diskurses, einschließlich des prozeduralen Verständnisses von Vernunft selbst, das seine Form präfiguriert, wiederum nur in solchem Diskurs artikuliert werden. Der skeptischen Stimme erscheint damit die Ordnung und deren vermeintliche Rationalität als ganze so vorläufig in ihrer Prozessualität wie der Thematisierung und Kritik entzogen, weil diese Kritik nur in den Formen geleistet werden kann, die hier doch eigentlich auf dem Prüfstand stehen sollen.

Cavells systematischen Einsatz des Begriffs des Takts will ich hier so verstehen, dass er ihn als Gegenbegriff zum wirkungsmächtigen Zentralbegriff des „Diskurs" etwa bei Habermas ins Spiel bringt, um die scheinbar unproblematische Zentralstellung dieses Begriffs samt seinen Implikationen zu dezentrieren und zu verunsichern, und so den ganzen Problemhorizont wieder zu zeigen, den der Begriff verengt.[334] Diese Kritik führt allerdings Cavell selbst nicht aus. Der Begriff ist bei Cavell auch nicht mit dem Anspruch darauf verknüpft, ein (besseres und schlüssigeres) Alternativtheorem und andere Schlüsselbegriffe einer eigenen Theoriesprache anzubieten. Sondern es ist ein ausgewiesener *Ersatzbegriff* oder ein *Repräsentant* für eine sprach-kritische Haltung, der sowohl das vernachlässigte Moment der Leiblichkeit – Takt hat eine ganz „handfeste" Bedeutung und verweist auf das taktil Erfahrbare – wie das der Personalität und Würde des Einzelnen kritisch wieder gegen die Diskurstheorie ins Spiel bringt. Diese Haltung des Takts bleibt aber negativ: Sie kann sich nur andeuten und eingeübt werden in der Art und Weise des kritischen Gebrauchs der Theoriesprache selbst und dann als Anerkennung von Unverfügbarkeit in Praxis übertragen werden – als Sensibilität für die Effekte der Verkennung und Verstellung, die unsere kontingenten und normativen Praktiken notwendig produzieren. Sowohl für die Praxis als auch für die philosophische Theorie gilt, dass nicht allgemein fixierbar ist, was die Situation, die Takt erfordert, verlangt: Sie kann problem- und adressatenspezifisch der Zurückhaltung, Ernsthaftigkeit, Insistenz, Schärfe, Nachsicht … bedürfen. Welche Qualität gefordert ist, lehrt eben erst die Situation und die entsprechende, praktisch gewendete Urteilskraft.

334 Es ist instruktiv, dass Frank Ankersmit in einer „Die historische Erfahrung" betitelten Antrittsrede die Erwartung ausspricht, „dass die Erfahrung und das Erhabene in Reflexion auf die Geisteswissenschaften schon bald den Platz einnehmen werden, den Sprache, Diskurs, Wirkungsgeschichte und Narrativismus bis vor kurzem noch besaßen". Ankersmit, Frank, *Die historische Erfahrung*, Berlin 2012, S. 45.

Cavell bringt den Takt als Reflexionsbegriff ins Spiel, um seine Kritik eines Verständnisses von Selbst- und Gesellschaftsreflexion als Sache der *Argumentation* zu formulieren. Es kann als eine Frage des Takts beschrieben werden, hier auf diese Situation und den Anderen in seiner konkreten Fragilität und Bedürftigkeit zu reagieren. Cavell erweitert den Sinn des Begriffs aber und stellt eine Analogie zwischen dieser Ebene alltäglicher geteilter Praxis und der Bekümmerung um die geteilten Sinnbedingungen einer Sprach- und Praxisgemeinschaft her.

3.3.1. Diskurs und Leben in einer humanen Welt: Habermas, Rawls und Cavells *Moralischer Perfektionismus*

Austins Sprechakttheorie ist eine der Grundlagen der Analysen von Habermas zu einer Theorie kommunikativen Handelns. Deren Kritik idealistischer Momente der Bewusstseins- und Subjektphilosophie führt zu einer Konzeption des Vernunftbegriffs als *kommunikative und so praktische Vernunft. Vernunft* und *Leben* sind dann keine Gegensätze mehr, sondern koinzidieren in der Vollzugshaftigkeit des kommunikativen Handelns, in dem Geltungsansprüche unthematisch und lebensweltlich erhoben werden. Der Prozess der Einlösung dieser Geltungsansprüche im Konsens in der Antizipation einer hierarchiefreien Sprechsituation wird bei Habermas zur Chiffre für eine lebenswerte, humane und geteilte Welt. Praktische Rationalität wird grundlegend in der kommunikativen Interaktion verortet – und ihre Einlösung als prozessuale Verwirklichung und Kritik der eigenen Identität, Praxis und deren Voraussetzungen verstanden, die an einem Konsens orientiert ist, den sie auch immer *mit* selbst exemplifiziert und herstellt. Deutlich wird das etwa im folgenden Zitat aus Habermas' *Theorie des kommunikativen Handelns*:

> Allein das kommunikative Handlungsmodell setzt Sprache als ein Medium unverkürzter Verständigung voraus, wobei sich Sprecher und Hörer aus dem Horizont ihrer vorinterpretierten Lebenswelt gleichzeitig auf etwas in der objektiven, sozialen und subjektiven Welt beziehen, um gemeinsame Situationsdefinitionen auszuhandeln.[335]

Im Diskurs sind moralische und Wahrheitsansprüche unauflöslich verschränkt, insofern die Aktualisierungen von Vorinterpretationen einer gemeinsamen Lebenswelt von Sprechakten aufgeklärt und vor diesem Hintergrund im Dialog geteilte Beschreibungen von Situationen gefunden werden. Maeve Cooke nennt den Wahrheitsbegriff von Habermas entsprechend „diskurs-konstruktivistisch".[336] Das Beurteilungskriterium für das Einverständnis, das als Form dieser geteilten

335 Habermas, *Theorie des kommunikativen Handelns*, Bd. 1, S. 142.

336 Cooke, Maeve, „Immanenz und Transzendenz: eine gesellschaftskritische Perspektive", in: *Interexistenzialität und Unverfügbarkeit. Leben in einer menschlichen Welt*, hg. v. Constanze Demuth/Nele Schneidereit, Freiburg/München 2014, S. 21-36, S. 34.

Welt zu erzielen ist, ist die Verallgemeinerbarkeit der Interessen der Beteiligten aus ihrer sprachlichen Artikulation ihrer Geltungsansprüche als – im Idealfall von allen Teilnehmern akzeptierbare – Gründe. Dieses Modell erinnert an Humes genealogische Rekonstruktion, aber ist explizit an der Tradition der Kantischen Transzendentalphilosophie orientiert. Sowohl die Rolle des nicht im Diskurs auflösbaren Dissenses als auch die von grundlegenden lebensweltlichen Erfahrungen bleibt hier aber zusammen mit dem Problem der *Artikulation* von unthematisch gelebten normativ-faktischen Voraussetzungen der Lebenswelt problematisch.

Die Diskursteilnehmer verstehen hier jede Situation bereits in Vorverständnissen, die als Argumente in den Diskurs eingebracht und geprüft werden können. Die Problematisierbarkeit lebensweltlicher Voraussetzungen im Diskurs ist der Maßstab für sie und diese Problematisierung ist das Verfahren des Diskurses, das ein einzig richtiges Ergebnis für alle Beteiligten hat, das diese sich jeweils aus den gleichen Gründen erschließen. Aber das kann Habermas nur vertreten, weil er sowohl die Rolle von lebensweltlichen Erfahrungen, die nicht ohne Weiteres in Gründen aufgehen, als auch die von unhintergehbar individuellen Perspektiven zu wenig berücksichtigt. Sowohl Alterität als konstitutiv für individuelle Perspektiven als auch das Problem der Prozesshaftigkeit der Artikulation dieser Übereinstimmung als ganze scheinen im Begriff des Diskurses aufgehoben und gelöst, bleiben so aber in ihren Negativitätsmomenten verdeckt.[337]

Habermas schreibt: „Ein unter idealen Bedingungen diskursiv erzieltes Einverständnis […] *verbürgt* die Richtigkeit moralischer Urteile.“[338] Cooke kommentiert:

> Anders gesagt: Ein solcher Konsens *attestiert* nicht die Richtigkeit moralischer Urteile, sondern er *macht* ihre Richtigkeit *aus.* Das bedeutet wiederum, dass im moralischen Bereich realen Erfahrungen nur dann ein potentieller Wahrheitsgehalt zukommt, wenn sie als Argumente artikuliert werden können, die in einem idealen Diskurs prinzipiell konsensfähig sind.[339]

Diese Erfahrungen bleiben damit an ihre Weiterentwicklung zu Argumenten in der gegebenen Sprache der Gründe und eben dieses Wertehorizonts gebunden. Der Konsens muss als Verfahren und Maßstab der Gründe Erfahrungen der weiteren Diskursivierung *aufgeben.* Der Prozess der Rationalisierung von Erfahrungen in Ar-

337 So kommentiert Demmerling kritisch mit Bezug auf Habermas: „Grund ist, was innerhalb eines bestimmten Verfahrens der Begründung als Grund geltend gemacht werden kann. [...] Aber ist uns nicht das Verständnis des Verfahrens allererst über unser Verständnis von Gründen gegeben, so daß es nicht nachträglich als Maßstab der Beurteilung von Gründen fungieren kann? Und ist es nicht falsch, anzunehmen, neben unseren üblichen Weisen des Begründens stünde noch einmal ein davon abgelöstes allgemeines Verfahren der Begründung?“ Demmerling, Christoph, *Sprache und Verdinglichung. Wittgenstein, Adorno und das Projekt einer kritischen Theorie,* Frankfurt a. M. 1994, S. 98.

338 Vgl. Habermas, „Richtigkeit versus Wahrheit“, in: ders., *Wahrheit und Rechtfertigung. Philosophische Aufsätze,* Frankfurt a. M. 1999, S. 296-307, S. 297.

339 Cooke, Maeve, „Immanenz und Transzendenz“, S. 34.

gumentationen, *in denen* erst ihr Sinn im Rahmen der gegebenen Vorverständnisse erschlossen wird und der sie als normfähig erweisen muss,[340] wird damit zum *Motor* des Diskurses. Hierin liegt die prozessuale Dynamik von Habermas' Diskursmodell. Damit wird aber der Eigenwert von lebensweltlichen Erfahrungen verfehlt, der nicht darin aufgeht, Material für allgemeine Gründe und Prinzipien zu bieten. Es wird auch die Rolle von Erfahrungen des Nicht-Verstehens und der Irritation verstellt, die uns unseren ganzen, in fixierten Begriffen der Selbsterläuterung verstellten Sinnhorizont und unsere Erläuterungssprache negativ zeigen. Unser moralisches Leben hängt *wesentlich* von der Ausübung einer Sensitivität für Erfahrungen *als solche, als nicht potentiell verstanden und erfasst* und ihrer nichtbestimmenden Artikulation ab. Ein Verständnis demokratischer Teilnahme als Tätigkeit aktiv Begründender, Beurteilender und Argumentierender verzerrt, dass wir in unseren vernünftigen Vollzügen eine geteilte und tatsächlich humane Welt antizipieren, aber auch als unverfügbare Hoffnungsperspektive auf gemeinsames gelingendes Leben passiv und ungarantiert erfahren müssen, weil die Sprache unserer Selbst- und Welterläuterung sich immer wieder als fixiert und ihre Materialität und Kontingenz sich als verdeckt erweisen kann.[341]

Diese kritische Einsicht in einen unvermeidlichen Schein der Sprache und Methoden des Diskurses als vermeintlich zeit- und kontingenzenthoben kann nicht *selbst* diesem Diskurs aufgegeben werden. Habermas sieht angesichts einer Situation, in der die Vorstellung einer Zugehörigkeit zu einer umfassenderen Ordnung für den Menschen durch die neuzeitliche Rationalität überholt ist, nur noch Dimensionen der *Verwirklichung* von Subjektivität in Sprechakten und der Aufklärung von deren verschiedenen Geltungsansprüchen, die entweder die Wissenschaft und ihre objektivierte Welt betreffen, oder die Untersuchung des Richtigen durch die praktische Vernunft oder aber die Erkundung der subjektiven Identität, der eigenen Expressivität.[342] Es ist gerade diese letzte Ebene, die darauf verweist, dass die kommunikative Aufklärung im Diskurs als ganzem hier auf problematische Weise prozessualisiert, damit aber als Maßstab und Verfahren der Kritik entzogen bleibt. Habermas sieht in der gleichberechtigten Teilnahme aller am demokratischen Diskurs den grundlegenden Maßstab der Gerechtigkeit mo-

340 Bei Habermas heißt es, die lebensweltlichen Vorverständnisse haben „ihre Rückdeckung durch lebensweltliche Evidenzen verloren und müssen im Lichte von Prinzipien gerechtfertigt werden". Habermas, *Theorie des kommunikativen Handelns*, S. 170.

341 Wie Wellmer feststellt: „Es läßt sich ja leicht zugestehen, daß die Antizipation eines infiniten Konsenses – wie auch die Unterstellung einer ‚idealen Sprechsituation' in jedem diskursiv herbeigeführten Konsens wirksam ist. [Aber] solche unvermeidlichen Unterstellungen des Sprechens und Argumentierens führen [...] einen quasi-transzendentalen, einen dialektischen Schein mit sich; in ihnen *vergessen* wir gleichsam den Zeitkern sprachlicher Bedeutungen und sprachlich formulierbarer Einsichten, dessen wir uns *reflexiv* vergewissern können." Wellmer, *Ethik und Dialog*, S. 83.

342 Verloren geht Taylor zufolge mit dieser Konzeption die Interdependenz dieser Geltungsansprüche, der Ort „für eine Erkundung der uns als Aufenthalt bestimmten Ordnung als eines *Orts der Moralquellen*, [...] nur persönlicher – daher ‚subjektiver' – Resonanz ereichbar". Taylor, *Quellen des Selbst*, S. 881 (Hervorh. C.D.).

derner Gesellschaften, dem jede besondere Ausformulierung negativer, liberaler Grundrechte nachgeordnet ist.

Dieses Modell reduziert damit zum einen das vernünftige Subjekt auf die Rolle des Diskursteilnehmers. Zum anderen reduziert es Sprache auf ein unkritisches Instrument immer *weiterer* Explikation und Begründung lebensweltlicher Vorverständnisse und diese auf das Material für diese Explikation. Zusammen mit der Isolierung des Begründungsverfahrens des Diskurses von unserer Lebenswelt und seiner Idealisierung verengen wir die Rationalität unserer Praxis auf das Geben, Beurteilen und Akzeptieren von Gründen, und die Erschließung von Sinn wird an kommunikative Verfahren, genauer, an Argumentieren und das Geben von Gründen als Artikulation lebensweltlicher Vorverständnisse, rückgebunden. Die Argumentation muss aber selbst wiederum Geltungsansprüche erheben und sie sogar aufrufen als hätten sie den Status wohlbegründeter Normen, weil sie sie als Sprechakte oder Urteile artikulieren muss. Die Sensitivität, mit der wir einen Artikulationsbedarf ausmachen, erscheint damit aber selbst in ihren Erfahrungen als bloßes Material der weiteren Explikation des Diskurses – statt im Extremfall als Infragestellung und Grenze dieses Verfahrens der Vernunft selbst. Auch Alice Crary fordert deshalb von einer moralischen Theorie eine umfassendere Konzeption von Objektivität als Habermas sie vorlegt, die erlaubt, dass „bits of language that engage us emotionally can as such play a vital role in the growth of our moral understanding, […] that is, can as such expand our sensitivity to morally salient features of the world".[343]

In Habermas' Theorie kommunikativen Handelns zeigt sich diese Tendenz zu einem dogmatischen Zug besonders deutlich im Vergleich mit Cavells Analyse von Artikulationen der perlokutionären Dimension der Rede als Annäherungen an einen (von den Sprechern geteilten, aber unantizipierbaren) Sinnhorizont. Cavell versteht diese Selbstartikulation ebenfalls als eine Modellpraxis der Selbstreflexion, deren indirekte Form und Status als Grenzfall und Anzeige des Entzogenen er aber immer wieder ausweist. Habermas analysiert *Wahrhaftigkeit* als einen (neben anderen Geltungsansprüchen nachgeordneten) Geltungsanspruch eines bestimmten, nämlich des dramaturgischen Handelns für ein Publikum, der aber, anders als Wahrheits- und Richtigkeitsansprüche, nicht begründbar ist, sondern sich „nur" künftig in der Entsprechung von Aussage und weiterem Verhalten des Sprechers erweist. Habermas sieht kein produktives oder gar sinnkonstitutives Moment der gemeinsamen Versprachlichung dieser Dimension des Vertrauens und der grundlosen Orientierung an gemeinsamer Praxis, wenn er sie auch nicht als irrational bestimmt.

So wie bei Austin die Wirkungen der Sprechhandlungen als vollständig kontingente perlokutionäre Effekte bestimmt werden, werden die unter dem Geltungsanspruch der Wahrhaftigkeit artikulierten Momente bei Habermas zu von

343 Crary, Alice, „Austin and the Ethics of Discourse", in: *Reading Cavell*, hg. v. ders./Sandford Shieh, New York 2006, S. 52-67, S. 56. Alice Crary gesteht im Übrigen Austins Theorie zu, Raum für eine solche umfassendere Konzeption von Objektivität zu lassen.

Wahrheits- und moralischen Fragen losgelösten Ausdrücken individueller Befindlichkeiten.[344] Ihr Verhältnis zu dem, was Habermas als Missbrauch der verständigungsorientierten Interaktion beschreibt, wird nicht thematisch, aber hier geht es um das Gelingen des unthematischen Entwurfs einer geteilten Welt, den als Vollzug die Alterität dieser geteilten Welt und des Selbst bereits konstituiert: Das, was Habermas als strategisches Handeln beschreibt, ist nicht nur ihm zufolge dem konsensorientierten Handeln gegenüber parasitär. Während Austin die perlokutionären Wirkungen und Effekte unserer Sprachvollzüge als parasitär gegenüber der performativen Ebene begreift, werden sie bei Habermas als Fehlform der konsensorientierten Rede, nämlich als strategische Interaktion begriffen, die abkünftig gegenüber der positiven praktischen Orientierung an Verständigung im Sprechakt ist.[345] Die konstitutive Rolle dieser Negativitätsdimension als entscheidenderweise proto-rational für die Möglichkeit der Aufklärung von Sinnbedingungen schlägt damit aber in einen Effekt des verdrängten dialektischen Scheins allen kommunikativen Handelns und der Selbstimmunisierung des Diskurses gegen Kritik um. Der Rationalitätsanspruch wird zum illegitimen Machtanspruch im Namen *der* Vernunft gegenüber dem Anderen als Repräsentant des Verdeckten und Verdrängten der geschichtlichen Rationalitätsformen dieser kontingenten Diskurspraxis.

Wirkungen von Sprachhandlungen können sowohl konkrete Erfahrungen wie auch eine gesamte Erfahrungsebene anzeigen, für die meine Welt und ihre Sprache der Werte und Bedeutungen keinen Platz und auch kein Potential hat. Konstitutiv für die Identität des Subjekts als Teilnehmer einer sozialen Welt, deren praktische Normen und deren Verfahren der Selbstkritik, ist eine Sinndimension, die absolut unverfügbar bleibt, indem sie sich mit jeder Rede und Sinnantizipation ereignet. Der zeigt sich darin, dass die Effekte jeder Rede über die Intentionen des Subjekts hinaus dessen Identitätsbildung als rationaler Teilnehmer genauso ungarantiert entwickeln, wie sie sie im und mit dem sozialen Raum unterbrechen. Dafür, sie zu versprachlichen, muss ich einen Nicht-Ort der Rede anerkennen, eine Leerstelle, die nicht im rationalen Diskurs aufgeht, sondern ihn konstituiert. In einer Immanenz, die kein Anderes zulässt, kommt es hier darauf an, den scheinbar irrationalen Anderen oder das Andere, den Grenzfall *als Repräsentanten* der Unverfügbarkeit der Urteilskraft und Sprache zu akzeptieren. Und zwar kommt es darauf an, weil ich nur in der Akzeptanz dieser Unverfügbarkeit einen Modus des Sprechens, bzw. der Urteilsenthaltung übe, der erlaubt, die Wahrheiten meines ganzen eigenen Lebens zu sehen und zu formulieren. Cavell zeigt das paradigmatisch in der Konversation seiner Paare der *remarriage comedies*.[346] Hier

---

344 Vgl.: Habermas, *Theorie des kommunikativen Handelns*, Bd. 1, S. 25ff. Dieser *Handlungstyp*, das dramaturgische Handeln, bezieht sich „weder auf einen einsamen Aktor noch auf das Mitglied einer sozialen Gruppe, sondern auf Interaktionsteilnehmer, die füreinander ein Publikum bilden, vor dessen Augen sie sich darstellen." Habermas, *Theorie des kommunikativen Handelns*, Bd. 1, S. 128.

345 Vgl. Habermas, *Theorie des kommunikativen Handelns*, Bd. 1, S. 388.

346 Vgl. dazu S. 197ff. dieses Buches.

liegt auch die Rolle des Anderen als eines „Freundes“ für Cavells (und Emersons) *moral perfectionism*: „[T]he other to whom I can use the words I discover in which to express myself is the Friend – a figure that may occur as the goal of the journey but also as its instigation and accompaniment.“ (CW, S. 26-27)

Im Zwischen von „Ich“ und „Du“ kann sich hier ein Sinngeschehen ereignen, das auch die Zwänge des Scheins der Kontingenzenthobenheit gegebener Begriffe und institutioneller Formen von Selbst- und Weltverständnissen als Fehlformen sichtbar macht. Denn dieses dogmatische Selbstverständnis erzeugt als Effekt eine Stimmung skeptischer Resignation, die es zu analysieren und anzuerkennen gilt. Dieses Sinngeschehen hängt also von der Unterbrechung von etablierten Argumentations- und Rationalisierungsverfahren und von der Anerkennung des eigenen Un-Vermögens und der eigenen Unverfügbarkeit als Freiheitsdimension ab. Diese Dimension zeigt sich gerade, wenn sie im bloß strategisch-manipulativen Agieren geleugnet bzw. missbraucht wird (vgl. PDAT, S. 172). Indem sich in dieser Aussetzung einer etablierten Diskurs- und Urteilspraxis negativ ihr Anderes zeigt, kann diese Urteilspraxis transformiert werden. In der Ausübung eines Talents im Umgang mit Welt und Selbstverständnissen und in der kreativen Findung dessen, was hier konkret der Fall und seine gelungene Beschreibung ist, liegt hier die individuelle Freiheit des modernen Einzelnen – und zwar gerade im Riskieren seiner Identität als kompetenter Diskursteilnehmer.

Diese Dimension und dieses Talent werden gerade dann thematisch, wenn sie zur Leugnung der konstitutiven Beziehung zum *Anderen* in der strategischen Manipulation des Anderen missbraucht werden. Das zeigt Cavell in seinen Analysen von *passionate utterances*; er zeigt aber auch, dass diese Dimension der Unverfügbarkeit einer antizipierten vernünftigen Welt als blinder Fleck verdrängt zur Pathologie moderner Sprachwesen, angewiesen auf Anerkennung, wird. Moralische Begriffe wie der persönlicher Verantwortung oder Schuld sind allenfalls Hinführungen oder Erläuterungsbegriffe für die Problemebene. So zeigt Austins Verweis auf Jago gerade gegen seine Intention die systematische Bedeutung der „perlokutionären“ Effekte der Rede. Diese Effekte sind nicht willkürlich, wie Austins Erinnerung an Othello gegen seine Intention zeigt.[347] Jagos „Köder“ für Othello ist aus einem persönlichen Talent, den Anderen (in seinen Schwächen) genau wahrzunehmen, auf Othello in seiner absoluten Individualität, der Totalität seines Seins berechnet. Jago sieht und imaginiert damit auch dessen *menschliche* Anfälligkeit für absoluten Zweifel an der Treue seines Anderen. Jago stellt so in gewisser Weise *mit* dem Anderen *und gegen* ihn eine Möglichkeit dar, die sich mit dieser Darstellung als kontingente Gestalt für uns als Zuschauer als notwendig erweist.

Als Zuschauer können wir nachträglich einsehen, was hier wie geschehen ist, und das Geschehene als unvermeidlich und eben damit tragisch beklagen – indem wir in der Verweigerung authentischer Intersubjektivität dieser beiden Ak-

---

347 Vgl. zu *Othello* S. 253f. dieser Untersuchung.

teure eine Pathologie unserer eigenen modernen, unhintergehbar sozialen Seinsweise wiedererkennen. Wir erkennen unsere Versuchung zur Leugnung unseres passiven, vorintentionalen Entwurfs einer gemeinsamen humanen Welt als unverfügbar. Der Versuch der Kontrolle und Verurteilung dieser Darstellungs- und Entwurfsdimension der Rede führt in diese Pathologie, zur allgemein gewordenen bloßen strategischen Interaktion. Aber nur aus dieser Verzerrung dieser Dimension *erscheint* negativ der offene Sinnraum jenseits unseres scheinbaren Verfügens über Sinn in unseren Sprachpraktiken.[348] Ein angemessenes Verständnis eines Dritten, einer Figur der Repräsentation eines Abwesenden, für die Leerstelle des Anderen sieht Cavell in den *remarriage comedies* exemplifiziert.

Die Gesprächspraxis der Paare der *remarriage comedies* transzendiert unvermittelte Privatheit und Inzestuosität im Aushalten der Spannung von Begehren und Gesetz. Für die Unauflöslichkeit dieser Spannung von Begehren und Gesetz gilt es, eine Form zu finden, denn beide stehen für ein konstitutives Moment menschlicher Bekümmerung um Sinn: für sein Ordnungsmoment und für die Notwendigkeit der schöpferischen Überschreitung von Ordnung. In gewisser Weise ist „Konversation" so verstanden die Transformation des Habermasschen Diskursbegriffs. Der Begriff meint eine leibliche und geistige Rede- und Schweigepraxis, mit der die eigenen Sinnvoraussetzungen als Verdeckungen und Marginalisierungen ihres Anderen sowohl im Urteilen als Normen gesetzt und die Verkennung so bestätigt, wie auch dargestellt und so ausgesetzt werden. Sie werden nämlich dargestellt als Normen – die sie aber nicht sein können und dürfen, weil sie ihre Anerkennung „nur" als konstitutiv andeuten und indirekt darauf hinweisen können. Diese doppelte Bejahung ist eine Haltung oder Stimmung der „articulate responsiveness, expressiveness" (PH, S. 87), die selbst wesentlich mit den Bedingungen der eigenen Sprache in Stimmungen oder Überschüssen intendierten Sinns beschäftigt ist. Sie versucht also damit zu zeigen, was eigentlich „Konversation" als bedeutungsvollen Austausch ausmacht und möglich macht:

> [T]he films in question recapture the full weight of the concept of conversation, demonstrating why in *our* world conversation means what it does, what talk means. In those films talking together is fully and plainly being together, a mode of association, a form of life, and I would like to say that in these films the central pair are learning to speak the same language. (Of course this is learning to hear, to listen, as if loving and honoring were already grasped in the correct or relevant mode of obeying, the traditional promise of which is marriage.) (PH, S. 87f.)

Diese leiblich-praktische Übung ist auch die Unterbrechung einer reduzierenden Weise, Sprache zu gebrauchen, die den Sinnhorizont, den jede Äußerung *mit* entwirft, nicht als ebenso konstitutiv wie unthematisch und vorintentional be-

---

348 Shoshana Felman schreibt: „The very knowledge it conveys but cannot know, the knowledge which our knowledge cannot integrate, dispossesses us both of our mastery and of our Master." Felman, Shoshana, *Writing and Madness (Literature/Philosophy/Psychoanalysis)*, Stanford, CA 2003, S. 246.

greift. Diese Lebensform als Spiel mit Bedeutungen und mit der eigenen und geteilten Proto-Rationalität als Un-Grund aller gemeinsamen Praxis ist eine Form und Ent-Formung, die die gesamte Sprache, in der wir unsere ethischen Erfahrungen und Werte denken, in Frage stellt. Das können wir nicht in der akzeptierten Sprache und dem gegebenen Diskurs als Rationalitätsvollzug tun. Hier muss die Subjektivierung des „Werdens zu sich selbst" mit dem Anderen von der Desubjektivierung des „reinen Eigensinns" nach Hegel ununterscheidbar sein,[349] von der „Degeneration von Individualität in Idiotie, [...] der Regression aus sittlicher Individualität in die Rohheit des Un-, ja Vorsittlichen".[350] Das Nicht-Vernünftige und Unverstandene muss im Diskurs von Habermas bloß als Vorstufe oder Restbestand einer fortschreitend sich selbst zivilisierenden Diskurspraxis von Teilnehmern erscheinen, die der Selbstaufklärung und Selbstverwirklichung in ihrem Wertehorizont und von diesem Wertehorizont verpflichtet sind. Aber, wie Wellmer feststellt,

> nur wenn [diese Teilnehmer] ein Recht haben, im Sinne eines kommunalen Begriffs von Rationalität nicht vollkommen rational zu sein, kann ihre kommunale Rationalität ihre eigene Leistung, ihr eigenes Werk, und kann kommunale Freiheit eine Manifestation ihrer *individuellen* Freiheit werden.[351]

Individualität *und* Kommunalität im vollen Sinne sind auf die Möglichkeit einer Unterbrechung des etablierten Diskurses und einer Infragestellung der Methoden und des gesamten Vokabulars dieses Diskurses angewiesen, die dessen Verdecktes und Verdrängtes zur Erscheinung bringt. Dafür bedarf es der Anerkennung des Anderen gerade als eben *nicht rational*, wenn der beklagt, von unserer Anerkennung und damit auch vom Geben und Prüfen von Gründen selbst ausgeschlossen zu sein. Er wird damit „im Schweigen" exemplarisch: Für die Schwierigkeit und die Notwendigkeit des Selbstausdrucks in und der Zustimmung zu einer demokratischen Gemeinschaft. Cavell nennt das, „sich selbst intelligibel zu machen" (und der Anklang an die Kantische „intelligible Welt" im Gegensatz zur sinnlichen ist hier durchaus von Cavell beabsichtigt).[352]

---

349 Hegel, G.W.F., *Grundlinien der Philosophie des Rechts*, in: ders., *Theorie-Werkausgabe*, hg. v. Eva Moldenhauer u. Karl Markus Michel, Bd. 8, Frankfurt a. M. 1979, §37, Zusatz.

350 Menke, Christoph, „Das Nichtanerkennbare. Oder warum das moderne Recht keine ‚Sphäre der Anerkennung' ist", in: *Sozialphilosophie und Kritik*, hg. v. Rainer Forst u. a., Frankfurt a. M. 2009, S. 87-108, S. 105.

351 Wellmer, Albrecht, „Freiheitsmodelle in der kommunikativen Welt", in: ders., *Endspiele der Versöhnung. Essays und Vorträge*, Frankfurt a. M. 1993, S. 15-53, S. 39.

352 „Emerson's writing, in demonstrating our lack of given means of making ourselves intelligible (to ourselves, to others), details the difficulties in the way of possessing those means, and demonstrates that they are at hand. This thought, implying our need of invention and of transformation, expresses two dominating themes of perfectionism. The first theme is that the human self – confined by itself, aspiring toward itself – is always becoming, as on a journey, always partially in a further state. [...] The second dominating theme is that the other to whom I can use the words I discover in which to express myself is the Friend – a figure that may occur as the goal of the journey but also as its instigation and accompaniment." (CW, S. 26f.)

Cavell verweist auch in seiner Analyse von Rawls' *Theorie der Gerechtigkeit* (vgl. CHU, S. 101-126) auf das Problem, das eine Tendenz zur dogmatischen Fixierung von Momenten der Grundlosigkeit in der Konstitution des Politischen darstellt. Er verweist besonders auf Rawls' Hinweis darauf, welche Verantwortung der Staatsbürger für das Versagen seiner demokratischen politischen Ordnung trage. Das ist allerdings nur eine Nebenbemerkung der *Theorie der Gerechtigkeit.* Aber gerade deshalb ist es als deutungsbedürftiger Effekt des Textes für Cavell genauerer Betrachtung wert, der eine Stimmung oder einen Ton des Textes lesbar macht, die man als dogmatisch und resignativ beschreiben muss. Rawls spricht davon, ein individuelles Leben, das in Übereinstimmung mit den Gerechtigkeitsprinzipien der Fairness gelebt werde, sei „above reproach".[353] Cavell versteht Rawls' Hinweis hier so, dass ihm zufolge die Beschwerde über ein grundlegendes, wiederholtes gesellschaftliches Unrecht, wenn sie sich nicht auf ein Prinzip der Gerechtigkeit *berufen* kann, das verletzt worden ist, von jedem Teilnehmer der Gesellschaft abgewiesen werden könne. Der Einzelne, der sich in der Form der eigenen Gesellschaft, der er als demokratisch zugestimmt hat, verwirklicht, muss diese Art systematischen Unrechts oder prinzipieller Missachtung doch nicht verantworten – und zwar gerade weil es konstitutiv für Gemeinschaft und Individuum ist. Absolute Negativität ist hier betroffen im dialektischen Schein der vollzugshaften geteilten Sprachlichkeit einer Gemeinschaft, der deren *Rechtfertigung* als *rational* suggeriert.

Aber unsere Institutionen liberaler Grundrechte einschließlich der Formulierungen von Prinzipien der Gerechtigkeit sind selbst nicht nur für eine erste Konversation der Gerechtigkeit keine harten, naturgegebenen Fakten, sondern bleiben „bloße" Ergebnisse der Selbstdeutungsprozesse und der faktischen Geschichte unserer Gemeinschaft. Sie müssen als gemeinsame Selbstinterpretationen im Fall einer Klage auch so hinterfragbar sein, dass diese das ganze Beurteilungssystem selbst für die Gerechtigkeit unserer Gesellschaft in Frage stellt. Denn wir agieren nicht nur *in ihm* und partial, sondern geben mit unseren Urteilen und Handlungen *zu ihm* selbst als ganzes unsere Zustimmung als freie Mitglieder einer Demokratie. Der Begriff der Zustimmung ist dabei ein Reflexionsbegriff, also problematisch, da er auf eine Konstitutionsebene der Anerkennung „nur" verweist. Aber dass wir für diese Ermöglichungsebene deshalb nicht einfachhin sagen können, wir seien hier aufgrund einer Entscheidung oder Wahl wie für unsere Handlungen verantwortlich, bedeutet eben nicht, dogmatisch diese Verantwortung zurückweisen zu können. Es ist, wie gesagt keine These von Rawls, die Cavell hier interpretiert, sondern eine Tendenz, ein Geist oder eine Stimmung der *Theorie der Gerechtigkeit* des Dogmatischen und damit auch Resignativen.[354]

353 Rawls, John, *A Theory of Justice*, Cambridge, MA 1971, S. 422.

354 Nadav Arviv kommentiert eine Passage der *Theorie der Gerechtigkeit*: „Note the conclusiveness of our impotence, the hard facticity of nature that sets the limits to what fits our hands. And then the sharing of the coping with what the inescapable conditions of human existence have left us with, and the suggestion that the principles of justice exhaust what there is to do with what is thus left, and the sense of sublimated pride that goes into bearing this forlorn recogni-

Rawls kann man so lesen, dass ihm zufolge die Erfahrung der Inkommensurabilität, der Entfremdung oder des Nicht-Repräsentiertwerdens in der Gemeinschaft die Verantwortlichkeit des Einzelnen übersteigt, und zwar weil der Einzelne in der modernen demokratischen Gesellschaft *als Einzelner* erst in seiner Verwirklichung in seiner Gesellschaft und deren grundlegendsten Handlungs- und Urteilsweisen konstituiert ist. Rawls verabschiedet sich von Lockes problematischer Unterscheidung von schweigender und expliziter Zustimmung des modernen Einzelnen zu seiner Gesellschaft und weist den Ermöglichungscharakter dieser „Zustimmung" aus. Er zeigt, dass diese praktisch gelebten Werte keine explizit vereinbarten Normen sein können. Diese Ebene des „Ganzen" *muss* aber in der Moderne formuliert *und* verdeckt werden – zum Beispiel in Rawls' eigener philosophischen Reflexion. Damit entfaltet sie einen unvermeidlichen Schein gegebener Rechtfertigung, und dieser Effekt muss selbst philosophisch kritisierbar werden.

Für Rawls aber kann die Frage einer Verantwortung auf dieser Ebene vom Bürger abgewiesen werden. Die Art und Weise der Konstitution dieser Sphäre seiner Zustimmung kann dann scheinbar nicht Sache seiner Verantwortung sein. Cavell liest die Konsequenz aus diesem Konstitutionsverhältnis aber umgekehrt: Weil diese Zustimmung nicht als explizit, begründet oder auch einfach vorausgesetzt verstanden werden darf,[355] kann sich Cavell zufolge der Einzelne dieser Verantwortung nicht schlicht entziehen. Grundlosigkeit und damit die Erfahrung der Entfremdung und des Nicht-Repräsentiertwerdens in der Gemeinschaft, deren Praxis sie fortwährend selbst bestätigt, sind konstitutiv für den Begriff von Zustimmung und Teilnahme. Das vor-sprachliche oder protosprachliche und protorationale Gefühl des Ungenügens, das Cavell in Begriffen wie dem der Klage, des Bedauern oder der Scham artikuliert, anzuerkennen ist dann die Form, in der eine Arbeit an der Sprache unserer Selbstdeutung als Individuen *und so* Gemeinschaftswesen möglich ist. Weder der Begriff moralischer Schuld noch der der Verantwortung für die eigene Tat ist hier treffend, aber sie deuten doch als Hinweise und Analogien das Artikulationserfordernis gegenüber dem unverfügbaren Sinngrund an.

Gerade als Vertreter meiner Gesellschaft muss ich in meiner Subjektivität antwortbereit, responsiv, auf eine Klage gegen die Gesellschaft und damit gegen mich als ihren Repräsentanten und zwar als Repräsentanten dieser Gesellschaft *als*

---

tion." Arviv, Nadav, „Autonomy here and now: Cavell's Criticisms of Rawls", in: *European Journal of Pragmatism and American Philosophy*, 2010 II/2, S. 186-210, S. 200.

355 Schon Locke sieht das Problem, das im Status der konstitutiven „Zustimmung" des Bürgers zu seiner Gesellschaftsform liegt. Er versucht, das Problem mit einer Unterscheidung von stillschweigender und expliziter Zustimmung zu klären. Interessanter als seine Lösung ist aber seine Problembeschreibung: „The difficulty is, what ought to be looked upon as a tacit consent, and how far it binds, i.e., how far any one shall be looked on to have consented, and thereby submitted to any government, where he has made no expressions of it at all." Locke, John, *Second Treatise of Government*, hrsg. v. C.B. McPherson, Indianapolis/Cambridge 1980, Kap. VIII, §119.

ganze Gesellschaft sein, die ihre Sinnbedingungen in deren Kontingenz in den Handlungen und Äußerungen ihrer Teilnehmer fortwährend vollzieht und bestätigt. Rawls führt die Vorstellung des „reflektierten Equilibrum" so ein, als ginge es in der Konfrontation mit der einzelnen, konkreten Klage darum, das eigene Urteil mit den Prinzipien der Gerechtigkeit in Balance zu bringen, wobei diese Prinzipien als Maßstab meines Urteils und das Urteil wiederum als Korrektiv der Prinzipien zu begreifen wären. Dieses erfasst aber die Radikalität dessen nicht, dass ich mich hier selbst aus einem Anlass der Negativitätserfahrung von Sinn und Ordnung meiner Welt und Identität deute und meine ganze gegebene Identität als Vernunftwesen und die Vernunftansprüche meiner Gemeinschaft aufs Spiel setzen muss. Ich kann mich auf kein gegebenes System und keine fixierte Art und Weise der Deutung berufen, weil es keine Garantie des guten Lebens gibt. Ich muss aber doch eine Art und Weise der – akzeptierten – Form vernünftiger Rede in meiner eigenen Sprache aktualisieren und vollziehen, deren Legitimationsanspruch als Urteil und Normenbezug ich aussetzen muss. Das kann ich aber auch: weil diese Dimension immer als vorthematisch und passiv unsere gelingenden Beziehungen zu Anderen strukturiert. Auf dieses unthematische *Vertrauen* kann ich mich nun, aus dem skeptischen Zweifel, praktisch *vertrauensvoll* zurückwenden. Diese Dopplung ist nur in einer selbst-dezentrierenden Erfahrung der eigenen Grundlosigkeit möglich, deren Anlass der oder das Andere, das heißt eben diese Alterität als verfehlt und so „entstaltet" ist. Diese Irritation zeigt neu die lebendige Vollzugsweise, in der wir unsere Sinngestalten projizieren und überschreiten. Diese Erfahrung erfordert *und* öffnet erneut die Sensibilität für das Andere. Diese Reflexion ist die freie, reflektierende Tätigkeit der Urteilskraft, die Übereinstimmung ungarantiert als sinnoffen erwartet: „In reflective judgment, [...] the idea is of the expression of a conviction whose grounding remains subjective – say myself – but which expects or claims justification from the (universal) concurrence of other subjectivities, on reflection; call this the acknowledgement of matching. (CHU, S. xxvi)

Die Dezentrierung des eigenen Urteilsanspruchs eröffnet hier einen Austausch, der die Entzogenheit von Gemeinschaftlichkeit *und* ihre Gegenwärtigkeit anzeigt. Diese Dezentrierung entspricht in ihrer Radikalität der Grundlosigkeit meines Vertrauens in ein gutes gemeinsames Leben, in dem ich meine Individualität entfalten kann. Darauf, dass meine Gesellschaft die Möglichkeiten für die Verwirklichung der Vielfalt individueller Lebensentwürfe in genügendem Maße eröffnet und darauf, dass sie offen für ihre eigene Kritik bleibt, muss ich grundlos *vertrauen*. Nur so erhält sich eben diese Offenheit. Dieses Vertrauen artikuliert sich in einer Lebensweise, in der ich bereit bin, mit Erfahrungen konfrontiert zu werden, für die ich keinen gegebenen Ausdruck und kein Urteilsprinzip zur Verfügung habe und auch keinen als deren Basis finde. Ich muss bereit sein, solche Erfahrungen der Resignation als Symptome der Unvollkommenheit, aber doch Perfektibilität meiner Gesellschaft anzuerkennen, indem sie meine Sprache der Sinngestalten meiner Welt vollständig in Frage stellen. Ich akzeptiere also, dass meine Gesellschaft sich hier als nicht gerecht erweist. Ich darf das aber nicht als bloß punktuelles Problem subjektiver Erfahrung behandeln, das sich unter eine Regel oder ein Prinzip bringen und so lösen lässt.[356]

Der Einzelne antwortet mit seiner Artikulation seiner selbst, die kein Urteil sein kann, auf seine Erfahrung der Entfremdung und gibt ihr (neuen, unantizipierten und ungesicherten) Ausdruck – indem er zunächst seine Sprachlosigkeit, den Mangel „guter", akzeptierter Gründe und die Grundlosigkeit seiner Gemeinschaft und deren Diskurses anerkennt. Nur in dieser Aussetzung und Darstellung meines eigenen Lebens im Verzicht auf die Absicherung in unseren etablierten Verständnissen und in unserer Wirklichkeit kann ich meine Gesellschaft als reformierbare Gesellschaft anerkennen, das heißt einer Hoffnung angesichts der Wirklichkeit Ausdruck geben, deren Artikulation und damit Aufscheinen sich gerade dem Bruch und Widerspruch dieser Wirklichkeit verdankt, der auch mich selbst in Frage stellt. Es gilt also, diese Infragestellung von einer Verurteilung in eine mögliche Transformation ums Ganze zu verwandeln. Diese Infragestellung zu akzeptieren, heißt, offenzulassen, ob sie die eigene Vernunft und das eigene Leben zu neuem Sinn öffnet oder unverstanden bleibt:

> Then, if, as is overwhelmingly likely, I continue to consent to the way things are, what must be shown, acknowledged, is that my consent [...] compromises me; that I know change is called for and to be striven for, beginning with myself. But then I must also show, on pain of self-corruption worse than compromise, that I continue to consent to the way things are, without reason, with only my intuition that our collective distance from perfect justice is, though in moments painful to the point of intolerable, still habitable. (CHU, S. 112)

Ich mag also als Amerikaner zur Zeit Emersons und Thoreaus in meiner Klage gegen ein solch offensichtliches Übel unserer öffentlich-geteilten Welt wie die Sklaverei keine Einzelinstitution als ungerecht benennen können. Das macht es umso schlimmer: Das Problem ist kein partikularer Missstand, sondern eine Bedingung *und* Pervertierung dieser ganzen Welt (in ihrer historischen Wirklichkeit). Gerade dann muss ich aber meinen Widerstand in einer Weise artikulieren, die nicht bloß die Form bereits anerkannter Argumentationsweisen *in* dieser Gesellschaft wiederholt – ohne doch auf eine Metasprache zugreifen zu können. Ich muss sozusagen in einer Geste am Rande meiner – unvermeidlichen – Aktualisierung dieser Bedingung in meiner Rede sich zeigen lassen, dass nur jenseits des Systems und der Sprache des Ausschlusses, die diese Ungerechtigkeit mit formt,

---

356 Es verlangt zuwenig und zuviel von demokratischer Teilnahme, diese zu verstehen als eine Disposition zur „Offenheit gegenüber den Ansichten anderer und [zur] Bereitwilligkeit, die eigenen Meinungen und Überzeugungen angesichts besserer Argumente zu revidieren," wobei andererseits die „Teilnehmer Respekt als kommunikativ-rational Handelnde [gewinnen], jedenfalls soweit sie zurechnungsfähig sind, d.h. fähig und gewillt, das, was sie sagen, auf Gründe zu stützen". Cooke, „Negative Freiheit? Zum Problem eines postmetaphysischen Freiheitsbegriffs", S. 296. Dieser Bezug auf Gründe greift zu kurz – das Fundament dessen, was uns als gute Gründe erscheint, scheint hier vorausgesetzt. Es ist aber der Kern des modernen, demokratischen und zustimmungsfähigen Lebens als rationales, dass es fraglich werden kann und *für sich selbst* fragil und unverfügbar bleibt.

überhaupt ein bedeutungsvoller Begriff von Reziprozität, Teilnahme und geteilter Praxis möglich ist.[357] Diese Geste muss ein Überschuss über die eigene Rede in der gemeinsamen, geteilten Sprache sein, mir steht keine andere zur Verfügung. Ich muss also die Einsicht in eine sinnkonstitutive Verdeckung oder Schuld in unserer Sprache und damit eben in den Bedingungen dieser Schuld artikulieren und sie so zunächst affirmieren. Im Fall einer ausschließenden Praxis des vermeintlich vernünftigen Diskurses selbst ist dann jede Äußerung als Urteil das Aufrufen einer Norm, das die Ebene der Grundlosigkeit der Sinnkonstitution als Anerkennungsbeziehung verfehlen muss. Nur durch die Geste, *mit* der ich spreche, ist meine Rede als konkrete Negation dann auf die ernsthafte Transformation der gegenwärtigen Ausdrucksmöglichkeiten und Praxis „gerichtet". Sie setzt diese Transformation zwar nicht selbst ins Werk, aber sie zeigt ihre Notwendigkeit an.[358] Ein *Urteil* zu fällen dagegen muss, egal wie es auch immer ausfällt, die gegebene Sprache gebrauchen und so ihre Kriterien bestätigen. Damit gebe ich meine Zustimmung dazu, diese Ungerechtigkeit als Teil meiner Identität und der meiner Gemeinschaft zu akzeptieren und davon zu profitieren, gerade weil diese Zustimmung ebenso unartikuliert, *mit* gegeben wird wie die Geste des Widerstandes: „[N]ot opposing it is authorizing it, living off it."[359]

Die Antwort auf die Klage des Anderen als Sprechakt, als Argumentation in geteilten Gründen wiederholt, so Cavell, die Ungerechtigkeit, die diese Be-

---

357 Die Geste bei Benjamin zeigt die Grenze bestimmender Gestaltung, das Moment der „Entstaltung" jeder Äußerung an. Benjamin, Walter, „Zur Ästhetik", Gesammelte Schriften Bd. VI, S. 109-130, S. 115. Hyun Kang Kim schreibt: „Sie hat den doppelten Charakter als Erscheinung und Akt, Repräsentation und Ereignis. Sie oszilliert daher stets zwischen Repräsentation und Nicht-Repräsentierbarem." Dies., „Die Geste als Figur des Realen bei Walter Benjamin", in: *Bild und Geste: Figurationen des Denkens in Philosophie und Kunst*, hg. v. Ulrich Richtmeyer/Fabian Goppelsröder/Toni Hildebrandt, Bielefeld 2014, S. 107-126, S. 107.

358 Cavell analysiert die Möglichkeit solchen Widerstandes in der indirekten Darstellung besonders eindrucksvoll anhand eines Films mit Fred Astaire, „The Bandwagon". (vgl. PDAT, S. 61-82) Cavell zeigt hier, wie Astaire im – momentanen, augenblickshaften – Tanz mit einem afro-amerikanischen Schuhputzer paradigmatisch die Schuld anerkennt, die er als amerikanischer Bürger trägt. Er verdankt der afro-amerikanischen Kultur die Voraussetzungen für seinen Tanz, für seine Ausdrucksmöglichkeiten und zwar gerade insofern, als die US-amerikanische Tradition des Tanzes diese Kultur angeeignet und vereinnahmt und so als ihr Anderes marginalisiert hat. Die Leistung Astaires liegt Cavell zufolge hier darin, das als Schuld *und* als Versprechen auf eine bessere Gemeinschaft *in seinem Tanz* zur Darstellung zu bringen. Das erfordert aber, im expressiven Vollzug offenzulassen, ob dieser Tanz die Ungerechtigkeit wiederholt, indem er von ihren Ausdrucksmöglichkeiten zehrt, oder ob er sie kritisiert. Diese Notwendigkeit des Verzichts auf Behauptung der eigenen Rechtfertigung gilt auch für die Praxis philosophischer Kritik und philosophischer Lektüre. Vgl. die sehr kritische Perspektive, die Robert Gooding-Williams auf Cavells Interpretation des Films entwickelt, Gooding-Williams, Robert, „Aesthetics and Receptivity", in: *The Claim of Community. Essays on Stanley Cavell and Political Philosophy*, hg. v. Andrew Norris, Stanford, CA 2006, S. 236-262. Vgl. auch die sehr positive Lektüre des gleichen Cavell-Textes im selben Band: Lima, John/Strong, Tracy, „Telling the Dancer from the Dance. On the Relevance of the Ordinary for Political Thought", in: *The Claim of Community. Essays on Stanley Cavell and Political Philosophy*, hg. v. Andrew Norris, Stanford, CA 2006, S. 58-79.

359 Cavell, Stanley, *Little Did I Know: Excerpts from Memory*, Stanford, CA 2010, S. 448.

schwerde ausdrückt. Denn sie stellt sich als Zug in einem moralischen Gespräch dar, obwohl sie dessen Abbruch bedeutet: Urteilen heißt hier *per se* weiter ausschließen. Wer urteilt, beansprucht, die Legitimation der Klage in den gegebenen Kriterien zu beurteilen, die hier aber selbst zur Prüfung stehen müssen. Das heißt, hier das Bekannte und allgemein Akzeptierte als solches zu bestätigen: „It makes me the judge of my obligations, but in a way that removes me from the consequences my verdicts have upon others, as if I were acting from the recognized office or station." (CW, S. 179) Nur indem ich auf jedes Urteil verzichte, das nur ein weiterer Anwendungsfall eben der gegebenen, institutionalisierten Übereinstimmung unserer Gemeinschaft und ihrer Sprache ist, deren Geltung hier doch in Frage steht, kann ich hier noch meiner Erfahrung gerecht werden.

Für Cavell wirft das die Frage auf, wie dieser Widerstand oder Ungehorsam zu verstehen ist, ob als Abwendung oder Bekenntnis zur eigenen Gesellschaft: „whether the turning away implied in conversion and aversion is to be understood as a turning away from society that demands conformity more than as a turning toward it, as in a gesture of confrontation." (CW, S. 22) Er beantwortet diese Frage aber nicht. Stattdessen lässt er die Unentscheidbarkeit zu, dass meiner Gesellschaft grundlos zuzustimmen heißt, in einer „aversion" und „conversion", das heißt einer Abwendung von und auf eine Transformation eben dieser Gesellschaft hin zu leben. Nur so geben die gegebene Gesellschaft und meine Lebensweise einen Raum für die Erfahrung und sinnoffene Artikulation nicht nur meiner Möglichkeiten, sondern eines ganz Anderen des Individuums und der politischen Wirklichkeit. Dazu, das einzufordern, gehört, das nicht Akzeptierte als „Ort" von Würde und Freiheit zur Sprache zu bringen, das Missachtete, was ich gerade gegen die etablierten Werte als sinnkonstitutiv wertschätzen will und muss. Diese Zustimmung (zu einem möglichen und wünschenswerten gemeinsamen Leben, das sich aber hier nur als konkrete Negation des Bestehenden und gedoppelte Affirmation anzeigt) ist nur als Verweigerung von Zustimmung (zum Gegebenen) möglich.

Cavell spricht von der „intuition of a higher or further self which is to be arrived at in person" (CHU, S. 53), und kennzeichnet Nietzsches „calling for the further or higher self of each" als „precisely not, the negation of, accepting one's present state and its present consecrations to someone, fixed as such, ‚beyond' one" (ebd.). David Robinson beschreibt diese Transformation skeptischen Zweifels als eine Art Denken der „resistance to the fixed or established, the kind of independent, skeptical thinking that Cavell terms ‚aversive'".[360]

Dieses Denken in der Transformation skeptischen Zweifels ist wesentlich ein *bloßes* Sich-Zeigen, „offering [...] a view that [anyone] is free to interpret in her own – unknown – terms".[361] Das ist die einzig noch mögliche „Praxis": die Aussetzung von Praxis als bloß begrenzendes und immer weiter intern auszufaltendes

360 Robinson, David M., „Stanley Cavell, 'Aversive Thinking', and Emerson's 'Party of the Future'", in: *Stanley Cavell, Literature, and Film: The Idea of America*, hg. v. Andrew Taylor/Áine Kelly, New York 2013, S. 42-56, S. 50.

361 Cavell, Stanley, *Contesting Tears: The Melodrama of the Unknown Woman*, Chicago 1996, S. 212. Im Folgenden zit. als CT.

Sinnfeld von Subjektivität verstanden als Tätigkeit. Solche Unterbrechungsmomente im Anderen sind als exemplarische Selbst-Darstellungen der Selbstreflexion zu akzeptieren, in denen jeder Einzelne den Anspruch auf ein Leben in Autonomie und Sinnoffenheit lesen kann, und die er als Anlässe zu eigener Reflexion nehmen muss. Dieses Aufs-Spiel-Setzen der eigenen Identität stellt Individualität als Totalität immer indirekt und andeutend dar.[362] Ein solcher Selbstausdruck stellt mit dem eigenen Beispiel den Anspruch auf eine gemeinsame Welt, in der wir *alle* von unserer Freiheit Gebrauch machen können, unsere eigene Individualität und unsere Erfahrungen anerkennen und ihren noch unbekannten Ausdruck finden können. Dieses Verhältnis von Selbst und Welt anzuzeigen in der eigenen internen Unendlichkeit, die unaufgehoben in gegebenen Begriffen bleiben muss, macht den Einzelnen zum Maßstab seiner Welt. „What is the moral life, apart from acting beyond the self and making oneself intelligible to those beyond it?" (CHU, S. 46)

Das ist auch ein demokratietheoretischer Ansatz, gerade insofern es an die Grenzen jeder Gesellschaft führt – wie auch Habermas' Konzeption einer Kommunikationsgemeinschaft. Insofern scheint Wellmers Kritik an Habermas, dieser vermenge Gesellschaftstheorie und Moralphilosophie,[363] nicht das eigentliche Problem des Habermasschen Ansatzes zu treffen. Das Problem ist vielmehr, dass Habermas der Negativität dieser Grenzreflexion nicht genügend Rechnung trägt, die auf die Verfahren und die Sprache der Reflexion durchschlagen muss. *Intelligibility* ist Cavells Reflexionsbegriff für diese Problemstelle. Er thematisiert so eine staatsbürgerliche und individuelle Notwendigkeit der Arbeit an den eigenen Bedingungen der Kommunikation, also an der Sprache, in der die eigenen Selbst- und Weltverständnisse je nach Situation und Bedarf ernsthaft, taktvoll, sensibel usw. artikuliert werden. Dafür ist es nicht nur kontingent, sondern notwendige Bedingung, den Schein des Esoterischen, Kruden, gerade Unverständlichen in Kauf zu nehmen. Denn nur so lässt sich eine nicht-resignative Anerkennnung der

---

362 Dass Cavells sehr eigenwilliger Stil auch hier durchaus Entsprechungen zu den Einsichten der philosophischen Tradition aufweist, zeigt eine Bemerkung von Eli Friedlander mit Bezug auf die Leibnizsche Monadenlehre, die er in einer Cavell verpflichteten Interpretation von Walter Benjamin macht: „Certain moments or actions of a human life could sum up that life (in particular, in tragedy). And one might even want to claim that a life as a whole can be conceived monadically, as a complete point of view on the world." Friedlander, Eli, „The Measure of the Contingent: Walter Benjamin's Dialectical Image", in: *Boundary*, 2/35 (2008), S. 1-26, S. 25. Vgl. den folgenden Hinweis auf Leibniz bei Cavell selbst: „If one speaks of a given instance as inevitable, that is no longer a term of praise, but a statement of its existence. These are works every one of whose properties is essential to them. This is the definition of a Leibnizian monad. Like a monad, like the world there is, the only fact about these paintings that does not follow analytically from a complete idea of them is that they exist in space and time. Existence in this world, like the existence of the world itself, is the only contingent fact about them." (WV, S. 116)

363 Wellmer stellt für Habermas fest, dass dieser ein „universalistisches Moralprinzip mit einem demokratischen Legitimitätsprinzip auf undurchsichtige Weise vermischt, und zwar so, daß es am Ende weder als Moralprinzip noch als Legitimitätsprinzip überzeugen kann". Wellmer: *Ethik und Dialog*, S. 55.

Grundlosigkeit von Sprache als Einsicht in die Unvollkommenheit der eigenen Ordnung, die ich mit meinem Sprechen doch repräsentieren muss, aufrecht erhalten und aushalten. Das kann auch Cavell zufolge nur als ein Sich-Halten auf der Grenze realisiert werden:

> The fateful moment of each human existence at which, given at least a minimum sense of political freedom and justice in your society, you recognize that you participate in your society's work and profit from it, you understand that you are – as liberal political theory puts the matter – asked to show your consent to that society, to recognize the legitimacy of its governing you. […] Let's put this demand as the expectation of „taking your place" in society. And let's suppose that you do not see the place, or do not like the places you see. You may of course take on the appearance of accepting the choices, and this may present itself to you as your having adopted a state of fraudulence, a perpetual sense of some false position you have assumed, without anyone's exactly having placed you there. A mark of this stage is a sense of obscurity, to yourself as well as to others, one expression of which is a sense of compromise, of being asked to settle too soon for the world as it is, a perplexity in relating yourself to what you find unacceptable in your world, without knowing what you can be held responsible for. (CW, S. 23)

Deshalb gilt auch für den demokratischen Diskurs: Ein Unrecht im Versuch, auf die Klage zu reagieren, ist unvermeidlich, wenn die Reaktion als aktive Sprechhandlung, nur im Sinn eines begründeten Urteils verstanden wird. Damit, dass der Repräsentant antwortend, also urteilend agiert, tut er der Reaktion und der Unverfügbarkeit, die sie anzeigt, bereits erneut vereindeutigende, kodifizierende Gewalt an.[364] Das Vertrauen in unsere Gemeinschaft ist nicht Form und Ergebnis eines (gerechtfertigten) praktischen Urteils, noch Antizipation künftiger möglicher Rechtfertigung. Es ist eine Haltung, Stimmung oder Hoffnungsperspektive unseres Lebens in der Akzeptanz von deren Grundlosigkeit, zu der die schmerzhafte, dezentrierende Erfahrung ihrer gegenwärtigen Absenz und deren Anerkennung gehört.

3.3.2. Ernsthaftigkeit, Geschmack und Takt: Paradigmen für einen Sinn der Mitteilbarkeit

Austin beschreibt die Möglichkeit gelingender Rede und gelingenden Lebens unter den geschichtlichen Bedingungen der demokratischen modernen Gesellschaft als eine Frage einer Haltung, nämlich der Haltung der *Ernsthaftigkeit.* Nun möchte ich eine alternative Interpretation des Begriffs der Ernsthaftigkeit anbieten: ich möchte Ernsthaftigkeit als Takt verstehen, anschließend an Kants An-

364 Vgl. auch Derrida: „Das Aufkommen des Rechts und der Gerechtigkeit, von denen Pascal redet, das Moment der Stiftung, der (Be)gründung, der Rechtfertigung des Rechts impliziert eine performative Kraft (Gewalt), das heißt, es impliziert regelmäßig eine deutende Kraft (Gewalt)." Derrida, Jacques, *Gesetzeskraft. Der „mystische Grund der Autorität"*, Frankfurt a. M. 1991, S. 27.

thropologie und *Kritik der Urteilskraft* und vermittelt über Adornos Kritik am Begriff des Takts. „Takt" kennzeichnet keine etablierte Diskurspraxis, sondern eine Einstellung, die die brüchig gewordenen Konventionen und Normen des modernen Lebens durch eine praktisch zu leistende Anerkennung von Singularität und Sozialität *im konkreten Fall* zu substituieren verspricht. So kann es als eine Frage des Takts beschrieben werden, auf diese Situation und den Anderen in seiner konkreten Fragilität und Bedürftigkeit angemessen zu reagieren. Adorno spricht entsprechend – kritisch, aber darauf wird noch zu kommen sein – vom „Nominalismus des Takts".[365] Was immer eine Analyse einer Haltung des Takts zeigen kann – einer solchen Haltung politische Relevanz zuzubilligen, scheint weithergeholt. Ich will aber mit Cavell die Problemstelle des Diskursbegriffs mit diesem Begriff erläutern und eine kritische Haltung politischer und philosophischer Sensibilität und Expressivität beschreiben.

Für Austins Ernsthaftigkeit, für den Takt und für die Höflichkeit, wie Kant sie einführt, scheint offensichtlich zu gelten: Es handelt sich um *soziale* Tugenden oder Einstellungen. Die „Ernsthaftigkeit" Austins erweist sich als Erbe der Rolle der „Höflichkeit", die Kant in seinen Vorlesungen zur Anthropologie als Zivilisations- und Zivilisierungsleistung beschreibt. Das mag zunächst kontraintuitiv erscheinen, denn beide scheinen vollständig gegensätzliche Haltungen zu beschreiben: Die Ernsthaftigkeit ist eine innere Einstellung des Respekts, die sich *positiv*, im Verhalten nämlich, manifestieren *muss*. Die Höflichkeit dagegen wird als Form des Respekts verstanden, die bloß in der *negativen* Akzeptanz der Freiräume des Anderen besteht und eine Tendenz zum bloß Veräußerlichten hat. Beide sind aber Grenzphänomene dessen, was wir als moralisch gut verstehen und erwarten, auf der einen Seite, und sie haben einen Wahrheits- und Weltbezug auf der anderen. Man kann sie deshalb als Einstellungen verstehen, die konstitutiv für politische Ordnungen sind – ein Sinn für Gemeinschaftlichkeit, der offenbar nicht schlicht auf die Bewahrung bestehender gesellschaftlicher Umstände gerichtet sein kann.

Anders als Kants Transzendentalphilosophie erwarten ließe, gesteht er in seiner Anthropologie der Höflichkeit eine erzieherische, gewöhnende Bildungsfunktion zu Geschmack und zu Moralität zu. Er verzichtet hier darauf, aufrichtiger und innerlicher Moralität die bloße, gesetzmäßige Gesellschaftstugend entgegenzusetzen. Das ist im Rahmen der praxisphilosophischen Ansätze, die hier im Zentrum der Diskussion stehen, gut rekonstruierbar: Die Frage nach meiner Gesinnung gewinnt ihren Sinn erst in ihrer Verwirklichung in entsprechenden Praxisformen. Die Höflichkeit äußert sich aber als Bestätigung positiver Handlungen und Werte, in denen sie sich aktualisiert, die sie aber zugleich zurücknimmt. Sie ist auch kein bloßer Ausdruck der eigenen Gesinnung in Handlungen, sondern die Zurückhaltung von Urteil und Handlung in bloßen Gesten der Achtung – also in einer bewussten Selbstbeschränkung auf die Dimension der Darstellung. Wir betrachten eine bestimmte Art und Weise der Befolgung feststehender äußerer Formen als „höflich". Grenzfälle der Höflichkeit, in denen ich tatsächlich etwas

365 Adorno, *Minima Moralia*, S. 40.

Bestimmtes tue, wie das Öffnen der Tür für den Anderen, Danken und Grüßen, zeigen sogar besonders klar, dass ich hier doch *gar nichts* tue, nämlich keine Absicht verwirkliche. Es geht um eine *Art und Weise* der Erfüllung der geteilten Formen, auf deren Äußerlichkeit es gerade anzukommen scheint – anstatt der Identifikation mit den materialen Werten, die sie verkörpern, die meine Fähigkeit, individuelle Zwecke zu setzen, konstituiert. Wir erfüllen hier *bloß* fixe äußere Formen, und es kommt „nur" auf die Haltung an, in der wir das tun: die Einstellung der Höflichkeit nämlich. Das sind keine Handlungen mit einem bestimmten Ziel, aber auch keine Kommunikationsakte, die auf Antwort warten. Diese Formen scheinen deshalb im höchstmöglichen Maße konventionalisiert zu sein. Anders als die Freundlichkeit mit dem vertrauten Anderen, die ebenfalls eine Haltung ist, in der wir Handlungs- und Urteilsweisen realisieren, scheint die Höflichkeit *per se* die bloße Form zu betreffen und deshalb unaufrichtig zu sein. Was wir damit beschreiben wollen, ist aber eigentlich, dass hier die Differenz von Aufrichtigkeit und Unaufrichtigkeit keine sinnvolle Anwendung hat. Als Verzicht auf Selbstausdruck ist die Höflichkeit eine Form der Achtung, die durch die Wahrung von Distanz gegenüber dem Anderen geübt wird. Gerade so wirkt sie Kant zufolge vorbereitend, erzieherisch auf das Moralische hin. Deshalb ist

> die Höflichkeit nicht für Falschheit anzusehen; denn das Zurückhalten unserer Gesinnungen ist keine Falschheit. Es ist doch besser eine geringschätzige Meinung zu verbergen, als sie geradeheraus zu sagen; denn da die Höflichkeit den Geschmack verfeinert, so bereitet sie uns unvermerkt zu moralischen Maximen vor. Durch die Höflichkeit ist also der Mensch auf halbem Wege gebessert, und dadurch wird er zu thätigen Dienstleistungen angespornt; so verbessert sich nach und nach der Charakter eines solchen Menschen. [...] Die Versittigung (Zivilisirung) macht, daß die Menschen durch die Mode zurückgehalten werden, barbarisch zu sein.[366]

Die Höflichkeit spielt trotz ihrer scheinbaren Unaufrichtigkeit als bloß äußerliches Wohlverhalten im Namen der Vermeidung von Konflikten mit dem Anderen eine entscheidende moralische Rolle für die Moderne mit ihrem Verlust von traditionalen, verbindlichen Normen und von substanziell bestimmter Identität von Individuum und Gemeinschaft. Denn „höflich" tue ich nichts und urteile nicht, sondern stelle nur äußerlich unsere Praxisformen dar. Der Effekt dieser Enthaltung ist, dass ich in Gesten der Höflichkeit den Anderen achte, sofern ich ihn *nicht* kenne, mich des Ausdrucks der Vorurteile und Erwartungen enthalte und ihn als mir entzogen anerkenne. Sie scheint die angemessene Minimallösung, wenn der Andere aus positiven Voraussetzungen und Verpflichtungen freigesetzt ist, die die Frage der Anerkennung des Anderen an Sympathie, etablierte gesellschaftliche Rollen oder aber an persönliche Erwartungen knüpfen. Sie bereitet so Kant zufolge schlicht deshalb, weil sie negativ ist, durch ihre Ausübung und Gewöhnung zu einer anderen Art der Anerkennung vor, nämlich der des Individuums in seiner Individualität und Totalität als konkreter Anderer. Sie ist die Ein-

---

366 Kant, Immanuel, *Menschenkunde oder philosophische Anthropologie*, hg. v. Fr. Ch. Starcke, Leipzig 1831, S. 291.

übung darin, den Anderen als Individuum in seiner Besonderheit um seiner selbst willen schätzen zu können.

Das heißt, sie lehrt die Einstellung der Sozialität oder Gemeinsinnigkeit, ohne deren Inhalte zu fixieren. In dieser Achtung des Anderen als Fremdem, dessen Bedürfnisse ich nicht antizipiere, eröffnet sich ihm ein Freiraum von meinen Erwartungen, dafür, in seiner Individualität und Personalität er selbst um seiner selbst willen zu sein. Es eröffnet sich so aber auch der Raum einer gemeinsamen, undeterminierten Wirklichkeit des sinnoffenen Austauschs als Selbstzweck jenseits persönlich-subjektiver Interessen. Als „Zurückhalten der Gesinnungen" ist die Höflichkeit in gewisser Weise bloß negativ, nämlich *nicht zweckgerichtet*. Höflichkeit leistet so nach dem Schwinden von Zeremonie und Ritual als Inszenierungen einer traditionellen Ordnung etwas Entscheidendes. Eben indem sie *nichts* leistet oder aussagt, sich auf die bloße Geste beschränkt, hält sich dem Anderen der Raum offen, in dem er sich als singulärer Einzelner *gegen* die Lenkung durch soziale Erwartungen und so genuin *mit* Anderen *über* Praxisnormen *hinaus* verhalten und austauschen kann.

Höflichkeit *macht* Kant zufolge sittlich, das heißt, moralisch zu sein ist nicht allein Sache eines voraussetzungslosen guten Willens und der Entscheidung für das Gute – der intelligiblen Tat – meinerseits. Sie ist eine Sache der Praxis, aber nicht auf der Ebene ihrer Akte und Praxisformen selbst, die der Einzelne durch deren Gebrauch internalisiert, sondern an deren Grenze: Insofern diese Praxis auf Handlungs- und Urteilsformen angewiesen ist, die immer *zugleich* Formen der Darstellung des Individuums, seiner Wünsche und Interessen, und der Gemeinschaft sind, bedarf es für diese, nicht nur für Moralität selbst, einer geeigneten Haltung. Diese macht die Aktualisierung der Form zur verallgemeinernden Manifestation von Wunsch und Interesse, wobei sich diese Form andererseits durch dieses Verhalten selbst erst entwickelt. Das moralische Subjekt ist sich damit selbst das Ziel seiner selbstzweckhaften Urteilstätigkeit, die aber allein Sittlichkeit so nicht verwirklichen kann, sondern bloß darstellt. Dieser erfahrungsgebundene Aspekt von Sittlichkeit ist einerseits eine Sache dessen, dass ich meine Wahrnehmungs- und Beurteilungsvermögen verfeinere, den Geschmack. Es ist zum anderen Sache praktischer Verwirklichung in Ausdrucksformen: Ich werde genaugenommen hier nur in der Ausübung und Einübung von Kontextsensitivität, durch das situationsangemessene Urteil in und trotz meiner Vorverständnisse und Praxisformen, in eben diese Kontextsensitivität eingeübt.

Kants Beschreibung der Höflichkeit, die den Gegensatz von äußerem Verhalten und Eindruck und innerer Gesinnung in Frage stellt, scheint zunächst weit entfernt von Austins Verständnis von Ernsthaftigkeit, das zwischen Erfüllung der Konvention und Moralität gar keine Trennlinie mehr zieht. Trotzdem gibt es Verbindendes: Weder mit epistemisch noch mit moralisch zu qualifizierender „Falschheit", weder mit der Lüge noch mit dem Irrtum will Kant die Höflichkeit und will Austin die Ernsthaftigkeit identifiziert wissen. Austin versteht Ernsthaftigkeit genauso als kontextsensitiv wie Kant: Dass ich zum Beispiel etwas verschweige, hat keine *definitive* Beurteilung als moralische Verfehlung. Es bedarf des Kontextes, um den Sinn eines Verhaltens in der Haltung der Ernsthaftigkeit oder Höflichkeit angemessen bestimmen zu können. Der – moralisch akzeptable – Grund für es kann zum Beispiel sein, dass ich glaube, mit der Wahrheit mehr Schaden als Nutzen anzurichten, oder glaube, dass der Andere kein Recht auf die Wahrheit hat.[367] Allerdings haben Höflichkeit und Ernsthaftigkeit die gleiche paradoxe Rolle in der modernen Gesellschaft, da sie ein „Interesse“ am gemeinsamen Handlungsraum in ihrem Vollzug stiften, das sie aber für diese Stiftung doch gleichzeitig voraussetzen müssen. Bei Kant sozialisiert und naturalisiert die Art und Weise der Erfüllung des scheinbar rein äußerlich Konventionellen zur moralischen Interesselosigkeit; bei Austin schafft die scheinbar höchst individuell verkörperte Haltung der Verwirklichung von Praxisformen der Sprache reflektierende Distanz.

Erinnern wir uns hier noch einmal an Hume. Er stellte fest, *das Interesse* an der Gemeinschaft als Vertrauen in diese sei der erste Grund der Verpflichtung zur Erfüllung von Versprechen, das heißt zur expliziten Rechts-Verpflichtung jenseits der natürlichen Tugenden und Freundschafts- und Liebesdienste. „Später unterstützt das Sittlichkeitsgefühl das Interesse und schafft eine neue Verpflichtung für den Menschen.“[368] Warum der Ausdruck eines Entschlusses aber eine *moralische Geltung* für den Sprecher schaffen sollte, stellt zunächst ein Problem dar, das die Formel „ich verspreche“ selbst nicht lösen kann. Humes gebraucht ein Bild oder Paradigma zur Erläuterung, das an metaphysische Verweise auf transzendente Entitäten erinnert: Wir lösen das Problem Hume zufolge, indem wir einen zusätzlichen inneren Akt *erfinden oder vortäuschen*, „in der Einbildung einen neuen Geistesakt zurecht [machen], den wir das auf die Verpflichtung gerichtete Wollen nennen, und lassen die Sittlichkeit auf ihm beruhen.“[369]

Diesen Entwurf als moralisch-ästhetischen Prozess passiver Synthese in und mit der Rede zu verstehen, führt zur Perspektive von Cavell und Wittgenstein. Man könnte mit beiden von der Tätigkeit sprachlicher Projektion von Begriffen sprechen, in der der Einzelne über jedes intentionale Handeln und Urteilen hinaus seine eigene Synthesis oder Sinnstiftung passiv erfährt. Diese Erfahrung ist die indirekte Erfahrung der Lust an der Passung des Menschen in die Welt. Diese Erfahrung ist die Lust an einer Mitteilbarkeit, die selbst wiederum in einer Darstellung, einer Figuration als Instanz dieser Mitteilbarkeit zum Anlass dieser Erfahrung der Lust wird. Und dieser Prozess hat seinen Ort nicht schlicht *in* einer gegebenen Welt mit gegebenen Anderen, sondern an deren interner Grenze, das heißt ihrer Darstellung, die „nur“ passiv auf Orientierungs- und Verstehenshorizonte verweist und vorweist. Der Einzelne erfährt hier die eigene sinnstiftende unthematische Tätigkeit, und damit sich selbst in seiner Singularität, entzogen

367 Vgl. Wiliams, *Wahrheit und Wahrhaftigkeit*, S. 170ff. Anders als im Beispiel von Williams und dessen Rekonstruktion ist es in gewöhnlichen Fällen aber gerade keine gegebene Tatsache, welche Verpflichtung und Verbindlichkeit ich gegenüber dem Anderen habe.

368 Hume, *Traktat über die menschliche Natur*, S. 270, siehe die Diskussion in Kapitel 3.1. dieses Buches.

369 Hume, *Traktat über die menschliche Natur*, S. 271.

für die Deutungen und die Zuschreibungen seiner Ordnung, deren Repräsentant er doch auch selbst ist.

Diese Konzeption kann man als kritische Antwort auf das Ideal eines authentischen oder ernsthaften Selbstverhältnisses als Paradigma moderner Subjektivität und Autonomie verstehen. Das trägt der Einsicht in die Immanenz der Praxis Rechnung. Diesem Ideal wohnt aber selbst eine nicht sehr subtile Tendenz zur Ideologisierung inne, die Kritiker des Begriffs wie Adorno früh gesehen haben. Auch Austins „Ernsthaftigkeit" hat zivilisierende Wirkung. Aber diese Zivilisierung und Sozialisierung ist bei ihm ein sowohl unvermeidlicher wie auch prekärer Modus und Effekt von sprachlichen Vollzügen überhaupt – die grundsätzlich als Teilnahme an einer sprachlichen Ordnung, als Sprechakte nämlich, verstanden werden müssen. Austin zeigt, dass unser „aufrichtiges" Selbst- und Weltverhältnis keine transzendentale Begründung hat. Cavell schreibt: „[W]hat he [das heißt Austin, C.D.] is guarding against is being taken as giving conditions for what he calls the seriousness of assertion, as if he supposed that seriousness were something added on, as it were, to what is said." (TS, S. 39-40) Indem wir überhaupt selbst vernünftig sprechen und agieren können, haben wir die konkreten, gelebten Praktiken und Zuschreibungen unserer Gemeinschaft verinnerlicht und in unserer sozialen Realität verwirklicht und wir tun beides weiter mit jedem Vollzug. Gleichzeitig ist dieser Vollzug aber immer auch Distanzierung, weil Entäußerung. Das erscheint hier aber selbst als normativer und faktischer Zwang zur Zustimmung zu den gegebenen Sinnkriterien meiner Welt *und* zu deren immer weiterer Infragestellung.

Dieser mit jedem Verstehens- und Sprachvollzug erneut verdrängte Effekt ästhetisch-moralischer Selbstüberschreitung produziert eine skeptische *Stimmung* eines solchen Lebens der Ernsthaftigkeit. Denn der Unhintergehbarkeit der Praxis entspricht hier ein Sinnanspruch, dem wir nie genügen können angesichts unserer Grundlosigkeit, der Vorläufigkeit jeder Rechtfertigung. Verzweiflung ist die eigentliche Gestalt der bloß negativen Hoffnung, sich als „nicht vertrauensunwürdig" zu erweisen. In der Unterbrechung von gänzlich immanent gedachter Praxis „nach innen" zeigt sich die phantasmatische Angst, als Individuum gänzlich „necessarily inexpressible, unintelligible" zu sein (PP, S. 126f).[370] Sie erscheint als Überschuss eines Begriffs und einer Praxis eines Akteurs ohne Anderes: der in seinen Sprechakten einer geteilten Sprache sich verwirklichende, vernünftige und souveräne Sprecher. Der Bezug zur ermöglichenden Sinngrenze wird hier als Tätigkeit seiner Projektion je neu für den Einzelnen zum, nicht einmal bloß negativen, sondern jeden positiven Antrieb modifizierenden, neutralisierenden „Motiv" und Rationalitätskriterium *in statu nascendi*. Cavells Gewährsmänner des *moral*

370 Cavell formuliert diese skeptische Phantasie auch so: „One may feel that our utterances are unredeemable, irretrievable, cursed; that if my word is my bond and I forfeit my bond, then since no word is really mine to dispose of as I wish (for example, by working on my intentions), what I forfeit is language itself. [...] I felt it meant that I would become unintelligible, that the words I would give in my utterances would become ungraspable, not receivable, not currency." (PP, S. 103f.)

perfectionism, Emerson und Thoreau, sprechen hier von „quiet desperation": „The mass of men lead lives of quiet desperation."[371] Hier geht es, wie Benjamin über Kafkas *Prozeß* schreibt, nur darum „das Kommende hinauszuschieben. Aufschub ist im ‚Prozeß' die Hoffnung des Angeklagten: ginge nur das Verfahren nicht allmählich ins Urteil über."[372]

Meine Freiheit der undeterminierten, selbstbestimmten Selbstverwirklichung in sprachlichen Lebensformen wird gerade mit ihrer Verwirklichung als aktives Urteil zur Vermeidung und zum Aufschub ihrer selbst, nämlich des Horizontes, den sie als Urteil formuliert als unvermeidlichen Schein ihrer Geltung mitführt, aber als Urteil eben auch nicht einlösen kann: „[T]he detour is a denial of the freedom of the walk,"[373] schreibt Friedlander mit Bezug auf Rousseaus Entfremdungskritik in den *Träumereinen eines einsamen Spaziergängers*. Dieser Umweg wiederholt eben den Anspruch des freien Vollzugs, den er leugnet, indem er ihn als verwirklicht und gerechtfertigt behauptet; verzerrt aber seinen unantizipierbaren Sinn über den Sprecher und seine Intention hinaus zum – unendlich aufgeschobenen – Urteil über die Konformität dieses eigenen Urteils:

> [I]t is not that we are ashamed of our immorality; we are exactly incapable of being ashamed of that; in that sense we are shameless. Our moralized shame is debarring us from the conditions of the moral life, from the possibilities of responsibility over our lives, from responding to our lives rather than bearing them dumbly or justifying them automatically. (AV, S. 48)

Schon bei Kierkegaard ist es aber gerade die Verzweiflung über das Scheitern autonomen Lebens, die zunächst verdrängt wird, aber schließlich in ihrer Anerkennung eine Transformation des Anspruchs und der Vorstellung autonomen Lebens zulässt. Nun ist es der Umweg über den Anderen, der als solcher ernstgenommen wird, der hier eine Lösung der Pathologie verspricht, zusammen mit der Selbstbeschränkung auf die nicht-intentionale „bloße" Darstellung, die die Gesten der Höflichkeit bei Kant ausmacht. Nicht weil das Verhältnis zum Anderen von dieser Pathologie nicht betroffen wäre, sondern weil es sich hier in seinen Effekten der Verzweiflung ausstellt und als Fehlform kritisierbar wird.

Hier liegt das Potential des Begriffs des Takts. Adorno sieht sowohl den Takt in der *Minima Moralia* sehr kritisch als auch, in der *Ästhetischen Theorie*, den Geschmack, dessen Bildung Kant der Höflichkeit zurechnet. Nicht weil sie die Möglichkeit zu Lüge oder Falschheit eröffnen würden, oder aufgrund ihrer Kontingenz und Äußerlichkeit. Sondern weil sie für ihn eine Entfremdungsproblematik exemplifizieren, die konstitutiv für moderne Subjekte und Gemeinschaften ist. Adorno zufolge übt und entwickelt die Tätigkeit des Geschmacks oder des

---

371 Thoreau, Henry David, „Walden", in: *Walden and Resistance to Civil Government. Authoritative Texts*, hg. v. William Rossi, New York/London 1992, S. 5.

372 Benjamin, Walter: „Franz Kafka", in: ders., *Gesammelte Schriften*, Bd. II/2, Frankfurt a. M. 1991, S. 409-438, S. 427.

373 So Friedlander in seinem Kommentar einer Passage aus Rousseaus *Träumereien eines einsamen Spaziergängers*. Vgl. Friedlander, *Rousseau*, S. 61.

Takts zunächst eine Individualität um ihrer selbst willen. Diese muss aber letztendlich zu einem Grad der „Perfektion“ der Praxisbeherrschung führen, in dem gerade diese Selbsttätigkeit nur noch darauf gerichtet ist, den eigenen Urteilsvollzug und damit die Situation als „Problem“ feiner Abweichungen und Abstufungen zu registrieren. Als Takt und Geschmack erfasst sie das je Konkrete, stellt es dar und integriert es so als weitere Instanz des praktisch, in der Rollenbeherrschung, gewussten und gebilligten Ganzen. Denn der Takt bildet und antizipiert ein Urteil nicht über ein Objekt, sondern das Urteilen erkennt sich in ihm selbst als Welt- und Selbstvollzug an, in dem Subjekt und Objekt erst in ihrer Unterschiedenheit konstituiert werden. Damit, dass das ein weiterer Vollzug von Sinnkriterien ist, eine weitere Sinngestalt entwirft, bleiben aber Allgemeinheit und Individualität als immer noch ausstehend und geschuldet verstanden. So stellt Adorno, der auch in seiner *Ästhetischen Theorie* verschiedene Vertreter einer Geschmacks-Ästhetik vehement kritisiert, in der *Minima Moralia* fest:

> Voraussetzung des Takts ist die in sich gebrochene und doch noch gegenwärtige Konvention. Diese ist nun unrettbar verfallen und lebt fort nur noch in der Parodie der Formen. [...] Das Absterben des zeremoniellen Moments scheint zunächst dem Takt zugute zu kommen: Er ist von allem Heteronomen, schlecht Auswendigen emanzipiert, und taktvolles Verhalten wäre kein anderes als das sich allein nach der spezifischen Beschaffenheit eines jeglichen menschlichen Verhältnisses richtet. [...] Takt ist eine Differenzbestimmung. Er besteht in wissenden Abweichungen. Indem er jedoch als emanzipierter dem Individuum als absoluter gegenübertritt, ohne ein Allgemeines, wovon er differieren könnte, verfehlt er das Individuum und tut unendlich Unrecht ihm an.[374]

Gerade die zunächst freie Ausübung der Urteilskraft wird hier zum bloßen Spiel bewusster Abweichungen in standardisierten Modi der subjektiven Erfahrung und deren Ausdrucks. Gerade dass sich in diesen Ausdrucksmodi scheinbar das Individuum in seiner ganzen Subjektivität darstellen kann, macht dieses Subjektive noch in seinen eigenen Erfahrungen zum Material der Variation der „in sich gebrochene[n] und doch noch gegenwärtige[n] Konvention“ und zu deren bloßem Effekt und Überschuss. Diese „wissenden Abweichungen“ verfehlen das Andere *und* das Ich notwendig. Die Gefahr ist hier eine Lebensweise oder Einstellung der notwendig praktisch gewordenen, das heißt sich in Vollzugsweisen ausdrückenden, Reflexivität, die ihre eigene Tätigkeit der Sinnprojektion als bloße Variation der immer weiter zu stiftenden Praxisnormen begreift, und diese Praxisnormen wiederum als Produkt der eigenen Vernunfttätigkeit, die aber sich selbst so nie einholt. Sie schreibt so das Selbst und den Anderen immer weiter in gegebene Selbst- und Weltdeutungen ein, ohne die minimale Abweichung im *Vollzug* der eigenen Deutung und Verwirklichung rechtfertigen zu können. Diese erscheint als unendlicher Rechtfertigungsbedarf des eigenen Vollzuges: „Der No-

---

374 Adorno, *Minima Moralia*, S. 39f.

minalismus des Takts verhilft dem Allgemeinsten, der nackten Verfügungsgewalt, zum Triumph noch in den intimsten Konstellationen."[375]

Es ist kein *anderes* Vermögen, das diesen Zweifel aufheben könnte, sondern nur eine andere Wendung dieser praktisch gewordenen Reflexivität selbst, die sprachlichen Sinn und Kommunikation als intersubjektiv und unverfügbar begreift. Im Vertrauen in die eigene Darstellungstätigkeit, die Sinn auch neu und gegen den etablierten Sinn eröffnen kann, macht mein Takt einen *sinnoffenen* „Umweg" über meinen Anderen. Es wird gerade zur Ausübung von Autonomie, dass diesem Anderen Priorität eingeräumt wird, weil mit dieser indirekten Artikulation das verdeckte und verdrängte Sinngeschehen, das meine Redekompetenz konstitutiert, zur Erscheinung kommen kann. Cavell charakterisiert das als „Fähigkeit" zum Begehren und dazu, diesem Begehren eine Gestalt oder sinnoffene, undeterminierte und unvorhersehbare Artikulation zu geben:

> [T]o be human is to have, or to risk having, this capacity to wish; [...] to be human is to wish, and in particular to wish for a completer identity than one has so far attained; [...] such a wish may project a complete world opposed to the world one so far shares with others. (TS, S. 181)

Der scheinbare Höhepunkt subjektiver Freiheit, den Adorno als scheinhaft kritisiert, ist eben in seiner unendlichen, praktisch-diskursivierenden Selbstreflexivität selbst-depotenzierend. Es gibt hier keine einfache „Rückkehr" zu einer passiven Synthesis, die, wie bei Husserl, monologisch gedacht ist: Hier ist diese passive, vorthematische Haltung nur als Praxis der Kritik an dieser Fehlform von Individualität als gesellschaftlicher Teilhabe, als anderer Bezug auf Gemeinschaftlichkeit möglich. Es ist ein „anderer Takt", der sowohl entfremdete Individualität als auch konventionalisierte gesellschaftlich-diskursive Ordnung thematisiert, anerkennt und transzendiert.

Erinnern wir uns hier noch einmal an Kant. Kant bindet die Höflichkeit eng an die ästhetische Urteilskraft und damit an einen Begriff des Geschmacks, der die praktischen Regeln einer normalen Welt und Identität und das Paradigma der Selbststeigerung moderner Subjektivität in Frage zu stellen erlaubt. Das ist aber tatsächlich auch der Bereich, an der Schnittstelle von Problematiken des Wissens und des guten Handelns, wo Adornos Entfremdungskritik einsetzt. Man kann Kants Analysen lesen als Bezug auf einen Begriff der Selbst- und Weltverständnisse, der diese erstens als Arten und Weisen, praktisch handelnd mit Anderen umzugehen, zweitens als materiale, historische Figurationen und drittens doch als entzogen eben in ihrer geschichtlichen Sprachlichkeit beschreibt. Wo aber diese Verwendung der Urteilskraft explizit zum Übungsfeld der Freiheit und damit gesellschaftlich und durch das Individuum selbst normiert wird, bedarf es auch dazu selbst einer kritischen Haltung. Diese Sinnexplikation ist vollzugshaft, wird aber *nicht* selbst zum Teil unserer Praxis, also zu einer bloßen neuen Variation der Selbsterzählung. Der Lektüreversuch des Anderen des Selbst muss sich dazu

375 Adorno, *Minima Moralia*, S. 40.

in einer „aversion", wie Cavell es nennt (vgl. CW, S. 22), einer Praxis der kontinuierlichen Verfügbarkeit von Sinn verweigern.

Die Erscheinung, Darstellung oder Vermittlung von Moralität, sagen wir also zum Beispiel des Explikationsbegriffs des „Reichs der Zwecke", erfahren wir als wertvoll in sich selbst, und zwar in einer Erfahrung der Lust, die wir gerade im Bewusstwerden der Entzogenheit menschlicher Freiheit machen, auf die dieses Bild *nur* hindeutet.[376] Geschmack ist hier ein formaler, aber doch auch konkreter Sinn für konkrete Formen, das heißt für die Mitteilung einer Lust an Sprache in ihrer Negativität, an der unhintergehbaren Gemeinschaftlichkeit oder Übereinstimmung, von der der Einzelne selbst affiziert wird.[377] Er erfährt diese Grundlosigkeit in der Konfrontation mit dem „Mangel" an Begründung *dieser* Mitteilung in ihrer endlichen, bedingten, sprachlichen Form und damit der eigenen Endlichkeit. Diese Erfahrung verweist negativ auf geteilte Kommunikabilität und humane Welt als unverfügbar. Die Verbindung des Guten und des Schönen beschreibt Kant in der *Anthropologie in pragmatischer Hinsicht* in Bezug auf den Geschmack als „Moralität in der äußeren Erscheinung"[378]:

> Der Geschmack (gleichsam als formaler Sinn) geht auf Mittheilung seines Gefühls der Lust oder Unlust an Andere und enthält eine Empfänglichkeit, durch diese Mittheilung selbst mit Lust afficirt, ein Wohlgefallen (*complacentia*) daran gemeinschaftlich mit Anderen (gesellschaftlich) zu empfinden. Nun ist das Wohlgefallen, was nicht blos als für das empfindende Subject, sondern auch für jeden Anderen, d. i. als allgemeingültig betrachtet werden kann, weil es Nothwendigkeit (dieses Wohlgefallens), mithin ein Princip desselben a priori enthalten muß, um als ein solches gedacht werden zu können, ein Wohlgefallen an der Übereinstimmung der Lust des Subjects mit dem Gefühl jedes Anderen nach einem allgemeinen Gesetz, welches aus der allgemeinen Gesetzgebung des Fühlenden, mithin aus der Vernunft entspringen muß.[379]

Mit der Wahl des Begriffs des Geschmacks entfernt sich Kant hier deutlich vom transzendentalphilosophischen und direkt universalistischen Ansatz seiner Moralphilosophie, in deren Fokus die unbedingte Achtung der Würde des Anderen als

376 Sehr treffend formuliert Simone Weil: „Die Einbildungskraft ist immer an das Verlangen gebunden, das heißt an den Wert. Allein das Verlangen ohne Gegenstand ist leer von Einbildungskraft. Das Schöne ist nackt, nicht von Einbildung verschleiert. [...] Das Schöne fängt die Finalität in uns ein und macht sie leer von jedem Ziel, fängt das Verlangen ein und macht es von jedem Gegenstand leer, indem es ihm einen gegenwärtigen Gegenstand gibt und ihm so verbietet, sich in die Zukunft zu stürzen." Weil, Simone, *Cahiers. Aufzeichnungen*, hg. v. E. Edel u. W. Matz, München 1996, Bd. 3, S. 258.

377 Dieser Prozess wird in der Sprache der Psychoanalyse als Neueröffnung einer Leerstelle jenseits des etablierten allgemeinen Guten als Herrschaft des Realitätsprinzips beschreibbar. Diese andere Praxis der Selbstaufklärung, so Alenka Zupančič, „liberates or creates a space from which it is possible to attribute certain values to something other than the recognized and established ‚common good'. Its main function is to create a stage on which these very ‚obscure passions/drives' become something valuable." Zupančič, *The Shortest Shadow*, S. 77.

378 Kant, *Anthropologie in pragmatischer Hinsicht*, in: ders.: *Gesammelte Schriften*, Bd. 7, hg. v. der Königlich Preußischen Akademie der Wissenschaften, Berlin 1917, S. 117-333, S. 244.

379 Ebd.

menschliches Wesen überhaupt steht. Er zieht sich aber keineswegs aufs Ästhetische zurück.

In Kants *Kritik der Urteilskraft* figuriert „Geschmack" als *sowohl* sinnliche Erfahrungssensitivität *als auch* stilsicheres Beurteilungsvermögen eines (Kunst-) Gegenstandes; und zwar wirkt dieses Beurteilungsvermögen intuitiv, wie Christoph Menke zeigt, ohne auf regelgeleitete Schluss- oder Ableitungsprozesse angewiesen zu sein.[380] Geschmack zeigt sich im subjektiven und selbstverantworteten Urteilen und ist gleichzeitig vorurteilsfrei bezogen auf den Gegenstand, wie er an sich selbst ist. Im Geschmack als Talent realisiert sich also, so Menke, zum einen die praktische Anerkennung des je konkreten Einzelnen wie auch die Gestalt des bürgerlichen Autonomieideals. Der Ausdruck, die Äußerung des Einzelnen vermittelt hier Subjekt und Objekt. Geschmack ist aber über diese Aspekte hinaus, die Menke diskutiert, Kant zufolge intrinsisch bezogen auf Sozialität, ein Sinn gerichtet auf Mitteilung oder auch Darstellung für Andere.

Auch diese Darstellung des Problems in den Begriffen ästhetischer Theorie hat einen ethischen Aspekt: Aber hier geht es darum, wie Kants Ideal der Höflichkeit als Freisetzung, Schonung und Achtung des Anderen in seiner Konkretion in dieser immer positiven Souveränität der Urteilskraft noch realisiert werden kann. Urteilsenthaltung kann hier nur noch in der *Konfrontation* des in falscher Weise bestimmenden Urteils gewonnen werden. Damit wird diese Haltung aber nicht zu einer aktiven Tat, denn das heißt andererseits, sie ist nur Rezeptivität gegenüber dem Anderen, der in seiner Entzogenheit für meine Interaktion und meinen Diskurs Einspruch gegen deren Fixierungen erhebt.

Takt wird in dieser Wendung gegen die eigene Schwundstufe in einer indirekten Lektüre zum Paradigma gelingender Praxis in der Moderne. Und diese Indirektheit und Hinführung ist die einzige Form, in der die Philosophie der Moderne Paradigmen gelingenden Lebens anbieten kann. Die Entfremdungsproblematik des modernen, unhintergehbar sozialisierten Subjekts zeigt ein Bild, demzufolge es sowohl mit jedem Akt und Urteil auf soziale Anerkennung angewiesen ist, wie auch bereits mit seiner Teilnahme an geteilten Praktiken seine Zustimmung zu diesen kontingenten Praktiken und seiner ganzen Welt erteilt hat.[381] Mit dem Talent zum Takt wird dieses Bild formulier- und lesbar als ein unvermeidlicher Schein der Vernunfttätigkeit für sich selbst. Diese Transformation geschieht im Aussetzen des Sprech-Handelns, als eines Fortschreitens prozessualisierter, unendlich ihr Anderes inkorporierender und produzierender „Sinngenese". Dazu bedarf es des Anlasses im

380 Menke, Christoph, „Ein anderer Geschmack. Weder Autonomie noch Massenkonsum", in: *Texte zur Kunst* 75/3 (2009), S. 38-46.

381 Was hier auf dem Spiel steht, diskutiert Pippin als „the modern threat of theatricality", eine Bedrohung, die auftaucht, weil der Sinn des eigenen Lebens für menschliche Wesen immer auf dem Spiel steht. Diese skeptische Drohung „arises because human being is the only being for whom being is „always at issue," not settled or fixed by nature or natural law or practical reason. This can be an excruciatingly discomforting unsettledness and is something that can be distorted, fled from, lived out falsely or in denial in all sorts of ways. Human history might be the history of such avoidance, if Heidegger is right. One of the most tempting escapes is to let the question be settled by others." Pippin, „Authenticity in Painting", S. 580f.

Anderen als Störanlass, Grenzfall und Exemplar, da dieses Aussetzen von Souveränität selbst kein souveräner Akt sein kann. Diese Negation ist ein „Urteil" über die Welt in der Hingabe an Sprache statt des Versuchs ihrer Beherrschung. Hier muss Endlichkeitsakzeptanz und -reflexion gegen sich selbst und auch die eigene Sprache und vom Anderen her eingeübt werden. Dieser Andere muss als singulärer Anderer, als mein Anderer akzeptiert werden:

> The perfectionist dimension of morality, in its search for that other, before whom one may make oneself intelligible, expresses the sense of moral relationship, as the alternative not to immorality but to moral chaos (the madness in childhood), which the present dispensation of morality may appear to represent. (PP, S. 117f.)

Das ist kein im engen Sinne ethisches Projekt, sondern betrifft in der Spannung von Ethik und Ästhetik die Möglichkeit von Sein und Sinn des Einzelnen in und gegen seine Gemeinschaft überhaupt. Schon Kant stellt fest: „Das Gute ist mit dem Schönen so verbunden, daß es selbst der Schein des guten Geschmacks ist. Die Höflichkeit ist die *Vollkommenheit* dem Anscheine nach."[382] Versteht man Takt hier im Anschluss an Kant, geht es um die Anerkennung der grundlegenden Passivität der einheitsstiftenden Synthesis in einer Umkehrung der Blickrichtung: die Priorität erhält hier der Andere für die Darstellung einer Sichtweise meiner selbst auf mich selbst, die mir noch vollständig undenkbar, als ganze Sprache der Werte noch unartikuliert ist. Diese Haltung oder Stimmung der Anerkennung kann nur *Sichtweise,* als Aussetzung handelnden und sprechenden Vollzugs, und *Konfrontation* eben dieses Vollzugs, dieser moralisierenden gegebenen Sprache, *in ihrem Vollzug* sein. Es bedarf des persönlichen Talents, um in der kreativen und undeterminierten Offenheit gegenüber diesem vermeintlich irrationalen Anderen und dieser Situation in dessen Fragilität und Verletzlichkeit mein eigenes undeterminiertes Leben und unsere gemeinsame humane Welt als verdeckt und verdrängt sichtbar werden zu lassen. Dieses Talent ist Offenheit dafür, für diesen Möglichkeits- und Unmöglichkeitshorizont eine geeignete Form, nämlich Gestalt *und* „Entstaltung", in der indirekten Mitteilung zu finden.

Cavell spricht von der Vollzugsweise dieser anderen Praxis, einer Praxis der bloßen Darstellung oder Stimmung, als *Takt.* Für diese Stimmung ist entscheidend, dass sie zunächst scheinbar eine ebensolche „Überschusstugend" ist wie die Höflichkeit aus der Kantischen Anthropologie. Gerade das ist aber entscheidend: Bei ihm wird so hier nicht die *direkte* Anerkennungsbeziehung von Ich und Anderem das Feld, in dem Takt geübt wird. Sondern Takt wird zu einer indirekten Darstellung des Anderen, nämlich des noch nicht Sichtbaren und längst Verdrängten, „Unvernünftigen". Mit Takt wird angesichts eines sozialen Könnens der Sinnstiftung und -projektion in einer Haltung der Ernsthaftigkeit deren Transformation aufgerufen, indem sich dieses Können als selbst-depotenzierend erweist.

Es geht hier um Anerkennung des Anderen – als eine Anerkennung *gegen* etablierte und bloß weiter zu variierende implizite Maßstäbe des Rationalen, das wir

382 Kant, *Menschenkunde oder philosophische Anthropologie,* S. 290 (Hervorh. C. D.).

hier als unhintergehbar praktisch gewordenes, als Handlungs- und Urteilsweisen in unserer Welt verstehen müssen. Cavell spricht gegenüber der Drohung, diese mit jedem Urteil immer weiter verwirklichen zu müssen, von einer anderen und gegenläufigen Art und Weise der Mitteilung, die zunächst als Unvermögen erscheint und erscheinen muss: nämlich von einer improvisierenden Kunst des Sehens und Artikulierens des bisher Übersehenen und Vernachlässigten am Konkreten als dessen Sinnbedingung. Diese andere Sicht ist auch Begriffskritik und Begriffstransformation, einschließlich einer Kritik eines moralisierten Begriffs des Takts selbst, wie Cavell erläutert. Er setzt den Begriff kritisch ins Verhältnis zu dem der Höflichkeit und versteht als taktvolle Haltung auch Formen des Umgangs, die eigentlich als deren Gegensatz verstanden werden: Grobheit, Ungeschliffenheit und Unzivilisiertheit. Denn eine Begegnung mit dem Anderen ist hier nur gegen sich selbst und den Anderen – gegen beider gegebene Identität und etablierte Vorverständnisse – möglich, das kann auch heißen, im Widerstand und der Irritation. So dekliniert Cavell über den Gegensatz von höflich und unhöflich hinaus einen nicht-moralistischen Begriff des Takts:

> Better polite than impolite, perhaps, but better yet something else, more. A word for this something else might indeed be „tact". But the drift in the way we use and ordinarily bind the idea of the untactful registers that moralization of morality that deprives us of a good word for the unclumsy. Our (moralized) idea of tact tends toward the idea of not mentioning something, not touching on it; not toward the idea of touching it pertinently, fittingly, painfully if necessary. (CT, S. 135)

Das heißt, Takt liegt nun in einer Praxis der Akzeptanz der internen Differenz des Anderen, zwischen seiner faktischen Wirklichkeit, wie ich sie wahrnehme, und einem Imaginationsraum seines Selbst, den unsere Konversation in den Überschüssen seiner Rede zur Darstellung bringen kann. Diesen Überschüssen und Phantasien gilt es, Ausdruck zu geben. Das gelingt aber nur in einer Urteilsenthaltung, die sinnoffen geteilte Vorstellungen und Ideale gemeinsamen Lebens wieder anzeigt. Nur so können sie in ein fruchtbares, kritisches Verhältnis zur – sozial geformten – Realität treten. Das heißt, Takt wird hier zu einer Chiffre für die Lektüre von Verstellungen und Verzerrungen der gegebenen Sozialität. Diese gemeinsame Kreation eines „Effekts" des Austauschs ist nicht die Realisation, aber die Anzeige der Möglichkeit einer nicht willentlich bewirkbaren lebenswerten gemeinsamen Wirklichkeit. Eben dafür steht die geteilte Praxis der Lektüre und kreativen Expression unserer Sprache. Michael Fisher bestimmt als Projekt der Kritik des Moralismus „refusing to let it deprive us of good words, like tact, gracefulnes and dignity".[383] Und damit ist der „gute Sinn" dieser Worte als Reflexionsbegriffe unserer Selbstverständnisse gemeint. Der zeigt sich nur indirekt über unseren Sprachgebrauch hinaus, indem angesichts der konkreten Verfehlung und Missachtung eines Anderen eine „Norm" gegen diese Verletzung aufgerufen,

---

383 Fisher, Michael, *Stanley Cavell and Literary Skepticism*, Chicago 1989, S. 136.

diese aber zugleich in der Infragestellung ihrer Autorität wieder zurückgenommen wird, „[being] transformed by what one could not have intended" (CT, S. 124).

Da auch das unvernünftig und abweichend Erscheinende zunächst als weiterer Fall, neue Möglichkeit der Praxis *erscheinen muss*, heißt Takt hier nicht nur Rücksichtnahme auf den Anderen und negativ Freisetzung des Anderen in seiner Entzogenheit, sondern Konfrontation des eigenen Selbst und des Anderen, das heißt von den Vorverständnissen und Begriffen, in denen wir den Anderen nur wahrnehmen können, in einer Rede, die diese Vorverständnisse exemplifizieren muss, sich aber gleichzeitig des Urteils enthält, und so *nur deren Darstellung* beansprucht. Diese Konfrontation oder Negation muss einen Begegnungs- und Ausdrucksraum neu etablieren, in dem das ganz Andere in seiner Alterität nicht nur als verletzlich und fragil, sondern als konstitutiv *nicht* bekannt und gewusst in selbstverständlichen Zuschreibungen in Erscheinung treten kann. Die Sprachkritik der geschichtlichen, sozialen und faktischen Sinnbedingungen von Phänomenen zeigt diese über sich hinaus und bricht die Deutungs- und Urteils*aktivität* ab: So erweist sie in der Passivität von Rezeptivität und Responsivität Fragilität, Endlichkeit und Fehlbarkeit als Grund jedes menschlichen Lebens.

Den Anderen in seiner Würde zu sehen, ist hier selbst ein Anders-Sehen dessen, was „Würde" und eine Praxis der Anerkennung des Anderen bedeuten kann, aber auch dessen, was Takt bedeuten kann. Gegen abstrakte Konzeptionen der Allgemeinheit der Würde, aber auch gegen etablierte Wertschätzungen positiver Praxis gilt es hier, das scheinbar bloß Zufällige und Triviale anzuerkennen. Denn dieser Rand der sozialen Wirklichkeit als ganze eröffnet neu als scheinbar undeutbar *und* moralisch defizitär den Blick auf dieses Ganze. Als scheinbar unbrauchbar und dysfunktional in einer holistisch sich selbst in jedem Urteils- und Sprachvollzug bewährenden und fortsetzenden Realität zeigt sich hier das Notwendigste des ganzen eigenen Lebens. Als Anlass der Aussetzung eines konventionalisierten und immer aufgeschobenen Sinnvollzuges eröffnet es die Kontemplation als Genuss am Sinnvollzug *nur* im Anderen als Rest oder Überschuss der vorausgesetzten und bewährten Wertsetzungen. Cavell nennt dieses Talent den „Takt der Anerkennung von Differenz":

> [The tact of recognition] demands responsiveness, specificity of response to the unforeseen, the perhaps uncategorized, say an improvisation of vision. [...] Take this aside on the tact of recognition as an inflection of Immanuel Kant's taking respect as the basis of moral relationship. If one says that what one is to respect is the human dignity of the other, then my gloss on respect (as directed to difference) should serve to counter the moralization of dignity. What the other values, or wants to have valued, in himself or herself, may be something, may necessarily be something (so far) quite undignified. (CT, S. 135)

Cavell gibt der unbedingten Achtung des Anderen in seiner Würde diese Interpretation und Wendung: Er versteht sie als Aufmerksamkeit auf das in seiner Gestalt scheinbar Unwürdige *und* Irrationale und damit auch als Aufmerksamkeit auf die eigenen Begriffe und als Darstellung der eigenen Tätigkeit des Verstehens und Deutens *in* Sprache, die diesen Schein des Negativen erzeugt. Wenn wir bestimmend über alles urteilen, selbst über die Voraussetzungen unserer Urteile, zu denen unsere unverfügbare Personalität und Würde gehören, dann entfremden wir uns dieser Personalität und sinnerschließenden Kraft des Anderen und des eigenen Selbst: „My judgments are ineluctably grounds for judgments against me." (CW, S. 333) Es kommt darauf an, diese moralistische Tätigkeit des sich immer selbst aufschiebenden Urteilens zu unterbrechen und eine andere Art des Gesprächs einzuführen. Das erscheint zunächst als ein Schweigen, als Ende und Ablehnung bloßen Diskurses: „Meaning is a matter of expression, and expressionlessness is not a reprieve from meaning but a particular mode of it; and the arrival of an understanding is a question of acknowledgment." (WV, S. 107) Wenn „Ausdruckslosigkeit" und „Schweigen" hier zur Selbstbeschreibung von Philosophie wird, ist die Theorie hier erklärtermaßen nicht die bessere Gestalt unserer Praxis. Aber sie stellt in einer begriffskritischen „bloßen" Erläuterungssprache die geschichtlich gewordenen, kontingenten und materialen Sinngestalten dar, denen sich ihre eigenen Kernbegriffe verdanken. Aus den Verdeckungen heraus, die der Schein ihrer Zeitlosigkeit und Kontextunabhängigkeit produziert, erlaubt sie so die Anerkennung dieser Sinnformen eben in ihrer Kontingenz als hier so notwendige Formen der Vergegenwärtigung der sinnkonstitutiven Negativität der Sprache. Sie vereinzelt und entfremdet diese Sinngestalten wie auch den Leser absolut, um unsere Entfremdung und Selbstentzogenheit als sinnkonstitutiv in all unseren Sprach- und Verstehensvollzügen anzuzeigen. Damit erst wird aber etablierte Praxis als Maßstab des Wirklichen, Möglichen und damit auch des Geschätzten und Gewürdigten gerade ausgesetzt, und das Selbst zeigt sich in seiner Totalität, das heißt, als für sich selbst nicht verstanden, in seinen passiven Sinnvollzügen als Maßstab seiner Welt.

Es ist die Offenheit gegenüber der Anzeige eigener Verdeckungen im Anderen, die sie selbst leistet, die Cavell als moralischen Perfektionismus und als Modell der kritischen Selbstreflexion auszeichnet. Nur die Erfahrung und Anerkennung von Dezentrierungen ermöglicht es, Negativität als Un-Grund der Freiheit unserer Selbstverständnisse und Praxis aufzuweisen: „not to deny the need for satisfaction, say the right to define happiness." (CT, S. 210) Es geht hier zunächst darum, diese Erfahrung zuzulassen. Der Wechsel ums Ganze erfordert hier eine andere Praxis, eine „Routine" in ihrer Grundlosigkeit, die er gleichzeitig erst neu einsetzt. In der Akzeptanz des skeptischen Zweifels als menschlich liegt die Bejahung des eigenen endlichen Lebens in seiner Fremdheit und Entzogenheit für sich selbst, als ein Rückgang zum Gewöhnlichen. So schreibt Cavell: „Domestication in Emerson is the issue, or urgency, of the day, today, one among others, an achievement of the everyday, the ordinary, now, here, again, never again." (AV, S. 61)

Die Antwort auf den Bruch des Verstehens, mit dem Verstellungen und Verschiebungen uns als Effekte vermeintlich zeit-, kontingenz- und geschichtsloser Sprache der Selbstverständigung konfrontieren, „ruht" nur in der Einstellung des grundlosen Vertrauens auf die Aufklärbarkeit der eigenen Illusionen, die die eigene letzte Fehlbarkeit und Undurchschautheit akzeptiert. Gerade die vermeintlich nutzlose und ethisch neutrale Kunst, der Takt, wird bei Cavell zum Paradigma der kritischen Reflexion eben in einer solchen Ausübung und Darstellung der begriffskritischen Antwort auf und Reflexion auf die Kantische zivilisierende Höflichkeit *und* die Austinsche Ernsthaftigkeit. Diese Tätigkeit der die eigene Urteilsposition dezentrierenden Reflexion wendet auch den Leser auf eine solche Tätigkeit zurück. Der Text wird so zum Platzhalter unseres endlichen vernünftigen und guten Lebens in einer gemeinsamen Welt, dessen Entzogenheit doch der Anerkennung des Lesers aufgegeben bleibt.

Siglen- und Literaturverzeichnis

PP	Cavell, Stanley, *A Pitch of Philosophy: Autobiographical Exercises*, Boston 1994.
CW	Cavell, Stanley, *Cities of Words: Pedagogical Letters on a Register of the Moral Life*, Boston 2004.
CHU	Cavell, Stanley, *Conditions Handsome and Unhandsome: The Constitution of Emersonian Perfectionism*, Chicago 1990.
CT	Cavell, Stanley, *Contesting Tears: The Melodrama of the Unknown Woman*, Chicago 1996.
EA	Cavell, Stanley, „Epilogue: The Investigation's Everyday Aesthetics of itself", in: *The Cavell Reader*, hg. v. Stephen Mulhall, Oxford 1996, S. 369-389.
MWM	Cavell, Stanley, *Must We Mean What We Say? A Book of Essays*, New York 1969.
PhP	Cavell, Stanley, *Philosophical Passages: Wittgenstein, Emerson, Austin, Derrida*, New Jersey 1995.
PDAT	Cavell, Stanley, *Philosophy the Day after Tomorrow*, Boston 2005.
PH	Cavell, Stanley, *Pursuits of Happiness: The Hollywood Comedy of Remarriage*, Boston 1981.
CR	Cavell, Stanley, *The Claim of Reason: Wittgenstein, Skepticism, Morality, and Tragedy*, Oxford 1979.
SW	Cavell, Stanley, *The Senses of Walden*, San Francisco 1972.
WV	Cavell, Stanley, *The World Viewed: Reflections on the Ontology of Film*, New York 1971; erweitert: 21979.
TS	Cavell, Stanley, *Themes Out of School: Effects and Causes*, San Francisco 1984.
NYUA	Cavell, Stanley, *This New Yet Unapproachable America: Lectures after Emerson after Wittgenstein*, Chicago 1988.
PU	Wittgenstein, Ludwig, *Philosophische Untersuchungen*, in: ders., *Werkausgabe*, Bd. 1, hg. v. Joachim Schulte. Frankfurt a. M. 1984.
T	Wittgenstein, Ludwig, *Tractatus logico-philosophicus*, in: ders., *Werkausgabe*, Bd. 1, hg. v. Joachim Schulte, Frankfurt a. M. 1984.
ÜG	Wittgenstein, Ludwig, *Über Gewißheit*, in: ders., *Werkausgabe*, Bd. 8, hg. v. G. H. Wright, Frankfurt a. M. 1984.

Adorno, Theodor W., *Ästhetische Theorie*, in: ders., *Gesammelte Schriften*, Bd. 7, hg. v. Rolf Tiedemann u. a., Frankfurt a. M. 1970-80.

–, *Minima Moralia. Reflexionen aus dem beschädigten Leben*, in: ders., *Gesammelte Schriften*, Bd. 4, hg. v. Rolf Tiedemann u. a., Frankfurt a. M. 1970-80.

Adorno, Theodor/Horkheimer, Max, *Die Dialektik der Aufklärung. Philosophische Fragmente*, Frankfurt a. M. 2003.

Ankersmit, Frank, *Die historische Erfahrung*, Berlin 2012.

Anscombe, G.E.M., *Intention*, Cambridge, MA 22000.

Apel, Karl-Otto, „Ist eine philosophische Letztbegründung moralischer Normen nötig?", in: *Funk-Kolleg Praktische Philosophie/Ethik: Dialoge*, Bd. 2, hg. v. ders. u. a., Frankfurt a. M. 1984.

Arendt, Hannah, *Über das Böse. Eine Vorlesung zu Fragen der Ethik*, hg. v. Jerome Kohn, München 2007.

–, *Vita activa oder Vom tätigen Leben*, München 2002.
Arviv, Nadav, „Autonomy here and now: Cavell's Criticisms of Rawls", *European Journal of Pragmatism and American Philosophy*, 2010 II/2, S. 186-210.
Austin, John L., „A Plea for Excuses", in: ders., *Philosophical Papers*, hg. v. J. O. Urmson u. G. J. Warnock, Oxford 1961, S. 175-204.
–, „Other Minds", in: ders., *Philosophical Papers*, hg. v. J. O. Urmson u. G. J. Warnock. Oxford 1961, S. 76-116.
–, „Pretending", in: ders., *Philosophical Papers*, hg. v. J. O. Urmson u. G. J. Warnock, Oxford 1961, S. 253-271.
–, *How to Do Things with Words. The William James Lectures delivered at Harvard University in 1955*, hg. v. James Opie Urmson, Oxford 1962.
–, *Sense and Sensibilia. Vorlesungsmanuskripte der Jahre 1947-1949*, hg. v. G. J. Warnock, Oxford 1962.
Baier, Annette, „Actions, Passions and Reasons", in: dies., *Postures of the Mind. Essays on Mind and Morals*, London 1985, S. 109-138.
–, „Promises, Promises, Promises", in: dies., *Postures of the Mind. Essays on Mind and Morals*, London 1985, S. 194-206.
Benhabib, Seyla, „Zur Epistemologie und Politik der Differenz. Demokratiekonzeptionen im Gefolge der Postmoderne", in: *Zur Verteidigung der Vernunft gegen ihre Liebhaber und Verächter*, hg. v. Christoph Menke/Martin Seel, Frankfurt a. M. 1993, S. 243-267.
Benjamin, Walter, „Die Aufgabe des Übersetzers", in: ders., *Gesammelte Schriften*, Bd. IV/1, hg. v. Rolf Tiedemann u. Hermann Schweppenhäuser, Frankfurt a. M. 1991.
–, „Der Erzähler. Betrachtungen zum Werk Nikolai Lesskows", in: ders., *Gesammelte Schriften*, Bd. II/2, Frankfurt/M. 1991, S. 438-465.
–, „Franz Kafka", in: ders., *Gesammelte Schriften*, Bd. II/2, Frankfurt/M. 1991, S. 409-438.
–, „Denkbilder" (1931-1933), in: ders.: *Gesammelte Schriften*, Bd. IV/1, hg. v. Rolf Tiedemann u. Herrmann Schweppenhäuser, Frankfurt a. M. 1991, S. 305-438.
–, *Ursprung des deutschen Trauerspiels*, in: *Gesammelte Schriften*, Bd. I/1, hg. v. Rolf Tiedemann u. Hermann Schweppenhäuser, Frankfurt a. M. 1991.
–, „Zur Ästhetik", in: *Gesammelte Schriften*, Bd. VI, hg. v. Rolf Tiedemann u. Hermann Schweppenhäuser, Frankfurt a. M. 1991, S. 109-130.
Bernstein, Jay, „Political Modernism. The New, Revolution, and Civil Disobedience in Arendt and Adorno", in: *Arendt and Adorno: Political and Philosophical Investigations*, hg. v. Lars Rensmann/Samir Gandesha, Stanford, CA 2012, S. 56-77.
Blumenberg, Hans, *Paradigmen zu einer Metaphorologie*, Bonn 1960.
Bouveresse, Jacques, „Was heißt ‚Auf die gleiche Weise fortsetzen'?", in: *Mit Sprache spielen. Die Ordnungen und das Offene nach Wittgenstein*, hg. v. Hans Julius Schneider/Matthias Kroß, Berlin 1999, S. 31-50.
–, *Wittgenstein reads Freud: The Myth of the Unconscious*. Princeton, NJ 1995.
Butler, Judith, *Kritik der ethischen Gewalt*. Frankfurt a. M. 2007.
Castoriadis, Cornelius, *Gesellschaft als imaginäre Institution. Entwurf einer politischen Philosophie*, Frankfurt a. M. 1984.
Cavell, Stanley, *Little Did I Know: Excerpts from Memory*, Stanford, CA 2010.
–, *Emerson's Transcendental Etudes*, Stanford, CA 2003.
–, *In Quest of the Ordinary: Lines of Scepticism and Romanticism*, Chicago 1988.
Clément, Catherine, *Opera: The Undoing of Women*, Minneapolis 1979.
Conant, James, „Elucidation and Nonsense in Frege and Early Wittgenstein", in: *The New Wittgenstein*, hg. v. Alice Crary/Rupert Read, London 2000, S. 184-217.

–, „Nietzsche's Perfectionism: A Reading of Schopenhauer as Educator", in: *Nietzsche's Postmoralism*, hg. v. Richard Schacht, Cambridge, MA 2000, S. 181-257.

Cooke, Maeve, „Immanenz und Transzendenz: eine gesellschaftskritische Perspektive", in: *Interexistenzialität und Unverfügbarkeit. Leben in einer menschlichen Welt*, hg. v. Constanze Demuth/Nele Schneidereit, Freiburg/München 2014, S. 21-36.

–, „Negative Freiheit? Zum Problem eines postmetaphysischen Freiheitsbegriffs", in: *Zur Verteidigung der Vernunft gegen ihre Liebhaber und Verächter*, hg. v. Christoph Menke/Martin Seel, Frankfurt a. M. 1993, S. 285-299.

Crary, Alice, „Austin and the Ethics of Discourse",in: *Reading Cavell*, hg. v. ders./Sandford Shieh, New York 2006, S. 52-67.

–, *Beyond Moral Judgment*, Cambridge, MA 2007.

–, „Wittgenstein's Philosophy in Relation to Political Thought", in: *The New Wittgenstein*, hg. v. Alice Crary/Rupert Read, London 2000, S. 118-146.

Davidson, Donald, „Beabsichtigen", in: ders., *Handlung und Ereignis*, Frankfurt a. M. 1985, S. 125-154.

–, „Handeln", in: ders., *Handlung und Ereignis*, Frankfurt a. M. 1985, S. 73-98.

–, „Handlungen, Gründe und Ursachen", in: ders., *Handlung und Ereignis*, Frankfurt a. M. 1985, S. 19-42.

–, „On the very Idea of a Conceptual Scheme", in: ders., *Inquiries into Truth and Interpretation*, Oxford 1984, S. 183-198.

–, „Wie ist Willenschwäche möglich?", in: ders., *Handlung und Ereignis*, Frankfurt a. M. 1985, S. 43-72.

Demmerling, Christoph, *Sprache und Verdinglichung. Wittgenstein, Adorno und das Projekt einer kritischen Theorie*, Frankfurt a. M. 1994.

Derrida, Jacques, *Gesetzeskraft. Der „mystische Grund der Autorität"*, Frankfurt a. M. 1991.

–, „Signatur Ereignis Kontext", in: ders., *Randgänge der Philosophie*, Wien 1988, S. 291-314.

Diamond, Cora, „Eine ungefähre Vorstellung von Moralphilosophie", in: *Wittgenstein und die Literatur*, hg. v. Wolfgang Huemer/John Gibson, Frankfurt a. M. 2006, S. 187-214.

–, „Ethics, Imagination and the Method of Wittgenstein's *Tractatus*", in: *The New Wittgenstein*, hg. v. Alice Crary/Rupert Read, London 2000, S. 149-174.

–, „Moral Differences and Distances: Some Questions", in: *Commonality and Particularity in Ethics*, hg. v. Lilli Alanen u. a., New York 1997, S. 197-234.

–, „Secondary Sense", in: dies., *The Realistic Spirit*, Cambridge, 1991, S. 225-242.

–, „The Difficulty of Reality and the Difficulty of Philosophy", in: *Reading Cavell*, hg. v. Alice Crary/Sandford Shieh, New York 2006, S. 98-118.

Eldridge, Richard, *Leading a Human Life. Wittgenstein, Intentionality and Romanticism*, Chicago 1997.

Euripides, *Hippolytus*, in: *Griechische Tragiker. Aischylos, Sophokles, Euripides*, hg. v. Friedrich, Wolf Hartmut, Stuttgart/Hamburg 1961, S. 673-717.

Felman, Shoshana, *The Scandal of the Speaking Body: Don Juan with J.L. Austin, or Seduction in Two Languages*, Ithaka, N.Y. 2002.

–, *Writing and Madness (Literature/Philosophy/Psychoanalysis)*, Stanford, CA 2003.

Fisher, Michael, *Stanley Cavell and Literary Skepticism*, Chicago 1989.

Foucault, Michel, „Die Sorge um sich", in: ders., *Sexualität und Wahrheit*, Bd. 3, Frankfurt a. M. 1986.

–, *Das Wahrsprechen des Anderen. (Vorlesungen 1983/84)*, hg. v. Ulrike Reuter/Lothar Wolfstetter, Frankfurt a. M. 1988.

Frankfurt, Harry, „Freedom of the Will and the Concept of a Person", in: *Journal of Philosophy*, 67/1 (1971), S. 5-20.
Frege, Gottob, „Über Sinn und Bedeutung", in: ders., *Funktion, Begriff, Bedeutung. Fünf logische Studien*, hg. u. eingel. v. Günther Patzig, Göttingen 1962.
Freud, Sigmund, „Trauer und Melancholie", in: ders., *Gesammelte Werke*, Bd. 10, hg. v. Anna Freud u. a., Frankfurt 1946, S. 428-446.
–, *Aus der Geschichte einer infantilen Neurose*, in: ders., *Gesammelte Werke*, Bd. 12, hg. v. Anna Freud u. a., Frankfurt a. M. 1947, S. 27-157.
Friedlander, Eli, „On Examples, Representatives, Measures, Standards and the Ideal", in: *Reading Cavell*, hg. v. Alice Crary/Sandford Shieh, New York, 2006, S. 204-217.
–, „The Measure of the Contingent: Walter Benjamin's Dialectical Image", in: *Boundary*, 2/35 (2008), S. 1-26.
–, *Rousseau. An Afterlife of Words*, Cambridge, MA 2004.
Goethe, Johann Wolfgang, „Maximen und Reflexionen", in: *Goethes Werke*, Bd. 12, hg. v. E. Trunz, Hamburg 1982.
Goldfarb, Warren, „I Want You to Bring Me a Slab", in: *Synthese*, 56 (1983), S. 256-282.
Gooding-Williams, Robert, „Aesthetics and Receptivity", in: *The Claim of Community. Essays on Stanley Cavell and Political Philosophy*, hg. v. Andrew Norris, Stanford, CA 2006, S. 236-262.
Gould, Timothy, „The Names of Action", in: *Stanley Cavell*, hg. v. Richard Eldridge, Cambridge 2003, S. 48-78.
Habermas, „Richtigkeit versus Wahrheit", in: ders., *Wahrheit und Rechtfertigung. Philosophische Aufsätze*, Frankfurt a. M. 1999, S. 296-307.
–, *Theorie des kommunikativen Handelns*, Bd. 1, Frankfurt a. M. 1981.
Hadot, Pierre, *Philosophie als Lebensform*, Frankfurt a. M. 2003.
Hammer, Espen, *Stanley Cavell. Skepticism, Subjectivity, and the Ordinary*, Cambridge 2002.
Hegel, G.W.F., *Grundlinien der Philosophie des Rechts*, in: ders., *Theorie-Werkausgabe*, Bd. 8, hg. v. Eva Moldenhauer u. Karl Markus Michel, Frankfurt a. M. 1979.
–, *Jenaer Realphilosophie*, Hamburg 1969.
–, *Phänomenologie des Geistes*, in: ders., *Theorie-Werkausgabe*, Bd. 3, hg. v. Eva Moldenhauer u. Karl Markus Michel, Frankfurt a. M. 1979.
Heidegger, Martin, *Sein und Zeit*, Tübingen ^{17}1993.
Honneth, Axel, *Kampf um Anerkennung. Zur moralischen Grammatik sozialer Konflikte*, Frankfurt a. M. 1992.
Hume, David, *Ein Traktat über die menschliche Natur*, Bd. 2, hg. v. Theodor Lipps, Hamburg 1906.
Hunziker, Andreas, „Hermeneutische Ethik nach Wittgenstein und die Literatur", in: *Hermeneutische Blätter*, 1/2 (2009), S. 265-270.
–, *Das Wagnis des Gewöhnlichen. Ein Versuch über den Glauben im Gespräch mit Ludwig Wittgenstein und Stanley Cavell*, Tübingen 2008.
Husserl, Edmund, *Die Krisis der europäischen Wissenschaften und die transzendentale Phänomenologie*, Hamburg ^{3}1996.
Kambartel, Friedrich, „Autonomie, mit Kant betrachtet. Zu den Grundlagen von Handlungstheorie und Moralphilosophie", in: ders., *Philosophie der humanen Welt. Abhandlungen*, Frankfurt a. M. 1989, S. 117-131.
–, „Begründungen und Lebensformen. Zur Kritik des ethischen Pluralismus", in: *Moralität und Sittlichkeit. Das Problem Hegels und die Diskursethik*, hg. v. Wolfgang Kuhlmann, Frankfurt a. M. 1986, S. 85-100.

–, „Bemerkungen zum praktischen Selbstverständnis des Menschen, in Kantischer Perspektive", in: ders., *Philosophie der humanen Welt*, Frankfurt a. M. 1989, S. 132-145.

–, „Wittgensteins späte Philosophie. Zur Vollendung von Kants Kritik der wissenschaftlichen Aufklärung", in: ders., *Philosophie der humanen Welt. Abhandlungen*, Frankfurt a. M. 1989, S. 146-159.

Kant, Immanuel, *Gesammelte Schriften*, hg. v. der Königlich Preußischen Akademie der Wissenschaften (Bd.e 1-22); von der Akademie der Wissenschaften zu Berlin (Bd. 23); von der Akademie der Wissenschaften zu Göttingen (ab Bd. 24), Berlin 1900ff.

–, Menschenkunde oder philosophische Anthropologie, hg. v. Fr. Ch. Starcke, Leipzig 1831.

Keil, Geert, *Kritik des Naturalismus*, Berlin/New York 1993.

Kerr, Ferguson, *Immortal Longings. Versions of Transcending Humanity*, Notre Dame 1997.

Kersting, Wolfgang, *Die politische Philosophie des Gesellschaftsvertrags*, Darmstadt 1994.

Kierkegaard, Sören, *Die Wiederholung. Ein Versuch in der experimentierenden Psychologie von Constantin Constantius*, in: ders., *Werke*, Bd. 2, Reinbek bei Hamburg 1961.

–, *Einübung im Christentum*, in: ders., *Werkausgabe*, Bd. 2, hg. v. Emanuel Hirsch u. a., Düsseldorf 1971.

Kim, Hyun Kang, „Die Geste als Figur des Realen bei Walter Benjamin", in: *Bild und Geste: Figurationen des Denkens in Philosophie und Kunst*, hg. v. Ulrich Richtmeyer/Fabian Goppelsröder/Toni Hildebrandt, Bielefeld 2014, S. 107-126.

Korsmeier, Antje, *Sprache erfahren. Stanley Cavells Vision der Sprache*, Potsdam 2005.

Kripke, Saul, *Wittgenstein on Rules and Private Language*, Cambridge 1982.

Kroß, Matthias, *Klarheit als Selbstzweck: Wittgenstein über Philosophie, Religion, Ethik und Gewißheit*, Berlin 1993.

–, „Philosophieren in Beispielen", in: *Mit Sprache spielen. Die Ordnungen und das Offene nach Wittgenstein*, hg. v. Hans Julius Schneider/Matthias Kroß, Berlin 1999, S. 169-190.

Laugier, Sandra, „Rethinking the Ordinary. Austin after Cavell", in: *Contending with Stanley Cavell*, hg. v. Russell B. Goodman, Oxford 2005, S. 82-99.

–, „Wittgenstein and Cavell. Anthropology, Skepticism and Politics", in: *The Claim of Community. Essays on Stanley Cavell and Political Philosophy*, hg. v. Andrew Norris, Stanford, CA 2006, S. 19-37.

Lear, Jonathan, *Open Minded. Working Out the Logic of the Soul*, Cambridge, MA 1998.

–, „Ruhelosigkeit, Phantasie und der Begriff des Geistes", in: *Deutsche Zeitschrift für Philosophie*, 57/1 (2009), S. 49-71.

Lima, Joseph/Strong, Tracy, „Telling the Dancer from the Dance. On the Relevance of the Ordinary for Political Thought", in: *The Claim of Community. Essays on Stanley Cavell and Political Philosophy*, hg. v. Andrew Norris, Stanford, CA 2006, S. 58-79.

Locke, John, *Second Treatise of Government*, hrsg. v. C.B. McPherson, Indianapolis/Cambridge 1980.

Lovibond, Sabina, „Ethics, Contemplation and the Source of Value", in: *Wittgenstein and the Moral Life. Essays in Honor of Cora Diamond*, hg. v. Alice Crary, Cambridge, MA 2007, S. 305-326.

Lüthy, Michael, „Das Medium der ästhetischen Erfahrung. Wittgensteins Aspektbegriff, exemplifiziert an Pollocks Malerei", in: *Imaginäre Medialität – Immaterielle Medien*, hg. v. Gertrud Koch u. a., München 2012, S. 125-142.

Lyotard, Jean-Francois, *Der Widerstreit*, München 1987.

Margalit, Avishai, *Politik der Würde. Über Achtung und Verachtung*, Berlin 1997.

McDowell, John, „Comment on Stanley Cavell's Companionable Thinking“, in: *Wittgenstein and the Moral Life. Essays in Honor of Cora Diamond*, hg. v. Alice Crary, Cambridge, MA 2007, S. 281-298.

Menke, Christoph, „Das Nichtanerkennbare. Oder warum das moderne Recht keine ‚Sphäre der Anerkennung' ist“, in: *Sozialphilosophie und Kritik*, hg. v. Rainer Forst u. a., Frankfurt a. M. 2009, S. 87-108.

–, *Die Gegenwart der Tragödie: Versuch über Urteil und Spiel*, Frankfurt a. M. 2005.

–, *Die Souveränität der Kunst. Ästhetische Erfahrung nach Adorno und Derrida*, Frankfurt a. M. 1991.

–, „Die Vernunft im Widerstreit. Über den richtigen Umgang mit praktischen Konflikten“, in: *Zur Verteidigung der Vernunft gegen ihre Liebhaber und Verächter*, hg. v. dems. u. Martin Seel, Frankfurt a. M. 1993, S. 197-218.

–, „Ein anderer Geschmack. Weder Autonomie noch Massenkonsum“, in: *Texte zur Kunst* 19/75 (2009), S. 38-46.

–, *Kraft. Ein Grundbegriff ästhetischer Anthropologie*, Frankfurt a. M. 2008.

–, „Subjektive Rechte – Zur Form der Differenz“, in: *MRM – MenschenRechtsMagazin*, 13/2 (2008), S. 197-204.

–, *Tragödie im Sittlichen. Gerechtigkeit und Freiheit nach Hegel*, Frankfurt a. M. 1996.

Moyal-Sharrock, Daniele, „Cora Diamond and the Ethical Imagination“, in: *British Journal of Aesthetics*, 52/3 (2012), S. 223-240.

Mulhall, Stephen, *Inheritance and Originality. Wittgenstein, Heidegger, Kierkegaard*, Oxford/New York 2001.

–, *On Being in the World. Wittgenstein and Heidegger on Seeing Aspects*, London 1990.

–, *Stanley Cavell: Philosophy's Recounting the Ordinary*, Oxford 1997.

–, „Suffering a Sea-change: Crisis, Catastrophe, and Convention in the Theory of Speech-Acts“, in: *Reading Cavell*, hg. v. Alice Crary/Sandford Shieh, New York 2006, S. 26-41.

Murdoch, Iris, „The Idea of Perfection“, in: dies., *The Sovereignty of Good*, London 1970, S. 1-44.

Nietzsche, Friedrich, „Schopenhauer als Erzieher“, in: *Unzeitgemäße Betrachtungen*, in: ders., *Sämtliche Werke. Kritische Studienausgabe in 15 Bänden*, Bd. 1, hg. v. Colli u. Montinari, München 1980.

–, *Genealogie der Moral*, in: ders., *Sämtliche Werke. Kritische Studienausgabe in 15 Bänden*, Bd. 5, hg. v. Colli u. Montinari, München 1980.

Nussbaum, Martha, „Finely Aware and Richly Responsible. Moral Attention and the Moral Task of Literature“, in: *The Journal of Philosophy* 82/10 (1985), S. 515-529.

–, „The Literary Imagination in Public Life“, in: *New Literary History*, 22/4 (1991), S. 877-910.

Osborne, Thomas, *Aspects of Enlightenment: Social Theory and the Ethics of Truth*, London 1998.

Owen, David, „Perfectionism, Parrhesia and the Care of the Self: Foucault and Cavell on Ethics and Politics“, in: *The Claim to Politics*, hg. v. Andrew Norris, Stanford, CA 2006, S. 128-155.

Peirce, Ch. S., „Die Festlegung einer Überzeugung“, in: ders., *Schriften zum Pragmatismus und Pragmatizismus*, hg. v. Karl-Otto Apel, Frankfurt a. M. 1991, S. 149-172.

Pippin, Robert, „Authenticity in Painting: Remarks on Michael Fried's Art History“, in: *Critical Inquiry*, 31/3 (2005), S. 575-598.

–, „Recognition and Reconciliation in Hegel's Phenomenology: Actualized Agency in Hegel's Jena Philosophy“, in: *Internationales Jahrbuch des Deutschen Idealismus/International Yearbook of German Idealism*, 2/2004, S. 249-67.

Putnam, Hilary, „Philosophy as the Education of Grownups: Stanley Cavell and Skepticism“, in: *Reading Cavell*, hg. v. Alice Crary/Sandford Shieh, London/New York 2006, S. 117-128.

–, „Rules, Attunement, and ‚Applying Words to a World‘. The Struggle to Understand Wittgenstein's Vision of Language“, in: *The Legacy of Wittgenstein: Pragmatism or Deconstruction*, hg. v. Ludwig Nagl/Chantal Mouffe, Frankfurt a. M. 2001, S. 9-24.

Quine, W. v. O., „Ontologische Relativität“, in: ders., *Ontologische Relativität und andere Schriften*, Frankfurt a. M. 2003, S. 41-71.

Raatzsch, Richard, „Überreden und Überzeugen. Rhetorik versus Philosophie“, in: *Argumentation*, hg. v. Pirmin Stekeler-Weithofer/Geert-Lueke Lueken, Leipzig 1999, S. 53-80.

–, *Eigentlich Seltsames. Wittgensteins Philosophische Untersuchungen. Bd 1: Einleitung und Kommentar PU 1-64*, Paderborn 2003.

Racine, Jacques, *Phädra*, in: *Schillers Werke*, Bd. XV/2, Weimar 1996, S. 274-387.

–, *Dramatische Dichtungen. Geistliche Gesänge*, in: ders., *Gesamtausgabe*, Bd. 2, Darmstadt 1956.

Rawls, John, *A Theory of Justice*, Cambridge, MA 1971.

–, „Two Concepts of Rules“, in *Philosophical Review* 64/1 (1955), S. 3-32.

Rentsch, Thomas, *Die Konstitution der Moralität. Transzendentale Anthropologie und praktische Philosophie*, Frankfurt a. M. 1999.

–, „Die Kultur der Differenz. Negative Ethik, Relativismus und die Bedingungen universalistischer Rationalität“, in: ders., *Negativität und praktische Vernunft*, Frankfurt a. M. 2000, S. 96-120.

–, *Heidegger und Wittgenstein. Existential- und Sprachanalysen zu den Grundlagen philosophischer Anthropologie*, Stuttgart ²2003.

–, „Praktische Gewißheit jenseits von Dogmatismus und Relativismus. Bemerkungen zu Negativität und Autonomie der Sprache bei Wittgenstein“, in: ders., *Negativität und praktische Vernunft*, Frankfurt a. M. 2000, S. 351-364.

–, „Unmöglichkeit und Selbsttranszendenz der Gerechtigkeit“, in: ders., *Negativität und praktische Vernunft*, Frankfurt a. M. 2000, S. 121-128.

–, „Vermittlung als permanente Negativität. Der Wahrheitsanspruch der ‚Negativen Dialektik‘ auf der Folie von Adornos Hegelkritik“, in: ders., *Negativität und praktische Vernunft*, Frankfurt a. M. 2000, S. 252-270.

–, „Zeitlichkeit und Alltäglichkeit“, in: *Sein und Zeit*, hg. v. dems., Berlin 2001, S. 199-228.

Ricken, Friedo, „Religionsphilosophische Interpretationen zu Wittgensteins Bemerkungen über Frazers Golden Bough I“, in: *Religion aber wie? Religionsphilosophische Perspektiven*, hg. v. Heinz Robert Schlette, Würzburg 2002, S. 33-48.

Ricoeur, Paul, *Die lebendige Metapher*, München ²1991.

Robinson, David M., „Stanley Cavell, ‚Aversive Thinking‘ and Emerson's ‚Party of the Future‘“, in: *Stanley Cavell, Literature, and Film: The Idea of America*, hg. v. Andrew Taylor/Áine Kelly, New York 2013, S. 42-56.

Rolf, Eckard, *Der andere Austin: Zur Rekonstruktion/Dekonstruktion performativer Äußerungen – von Searle über Derrida zu Cavell und darüber hinaus*, Bielefeld 2009.

Ryle, Gilbert, *Begriffskonflikte*, Göttingen 1970.

–, *Der Begriff des Geistes*, Stuttgart 1969.

Scarano, Nico, „Motivation“, in: *Handbuch Ethik*, hg. v. Marcus Düwel/Christoph Hübenthal/Micha Werner, Stuttgart 2002, S. 448-453.

Schapp, Wilhelm, *In Geschichten verstrickt. Zum Sein von Mensch und Ding*, Frankfurt a. M. ³1985.

Scholz, Oliver, „Wie schlimm ist Bedeutungsblindheit? Zur Kernfrage von PU II xi“, in: *Wittgenstein über die Seele*, hg. v. von Eike von Savigny/Oliver Scholz, Frankfurt a. M. 1995, S. 213-232.

Schulte, Joachim, „The builders' language – the opening sections“, in: *Wittgenstein at Work. Method in the Philosophical Investigations*, hg. v. Erich Ammereller/Eugen Fischer, London 2004, S. 22-41.

–, „Glaube und Aberglaube“, in: ders., *Chor und Gesetz. Wittgenstein im Kontext*, Frankfurt a. M. 1990, S. 43-58.

Sparti, David, „Der Traum der Sprache. Cavell, Wittgenstein und der Skeptizismus“, in: *Deutsche Zeitschrift für Philosophie*, 46/5 (1998), S. 211-236.

Stegmaier, Werner, „Mit Ausnahmen umgehen: Zur Praxis der ethischen Orientierung. Eine Skizze“, in: *Die Ausnahme denken*, hg. v. Claus Dierksmeier, Würzburg 2003, S. 127-140.

–, *Philosophie der Orientierung*, Berlin/New York 2008.

Stone, Martin, „Einige Bemerkungen über den alten Spruch ‚Jede Lektüre eines Textes ist eine Interpretation'“, in: *Wittgenstein und die Literatur*, hg. v. John Gibson/Wolfgang Huemer, Frankfurt a. M. 2006, S. 271-307.

Taylor, Charles, „Legitimationskrise?“, in: ders., *Negative Freiheit. Zur Kritik des neuzeitlichen Individualismus*, Frankfurt a. M. 1999, S. 235-294.

–, „To Follow a Rule“, in: *Rules and Conventions. Literature, Philosophy, Social Theory*, hg. v. Mette Hjort, Baltimore 1992, S. 167-185.

–, „Was ist menschliches Handeln?“, in: ders., *Negative Freiheit. Zur Kritik des neuzeitlichen Individualismus*, Frankfurt a. M. 1999, S. 9-51.

Taylor, Charles, *Quellen des Selbst. Die Entstehung der neuzeitlichen Identität*, Frankfurt a. M. 1996.

Theunissen, Michael, „Zeit des Lebens“, in: ders., *Negative Theologie der Zeit*, Frankfurt a. M. 1991, S. 299-317.

Thomä, Dieter, *Erzähle dich selbst. Lebensgeschichte als philosophisches Problem*, Frankfurt a. M. 2007.

Thoreau, Henry David, „Walden“, in: *Walden and Resistance to Civil Government. Authoritative Texts*, hg. v. William Rossi, New York/London 1992.

Vollmann, Morris, *Freud gegen Kant? Moralkritik der Psychoanalyse und praktische Vernunft*, Bielefeld 2010.

von Wright, Henrik, *Erklären und Verstehen*, Frankfurt a. M. 1974.

Weil, Simone, *Cahiers. Aufzeichnungen*, Bd. 3, hg. v. E. Edel u. W. Matz, München 1996.

Wellmer, Albrecht, *Ethik und Dialog*, Frankfurt a. M. 1986.

–, „Freiheitsmodelle in der kommunikativen Welt“, in: ders., *Endspiele der Versöhnung. Essays und Vorträge*, Frankfurt a. M. 1993, S. 15-53.

–, „Kommentar zu Emil Angehrn“, in: *Philosophie der Dekonstruktion. Zum Verhältnis von Normativität und Praxis*, hg. v. Andrea Kern/Christoph Menke, Frankfurt a. M. 2002.

–, „Naturrecht und praktische Vernunft“, in: ders., *Endspiele: die unversöhnliche Moderne*, Frankfurt a. M. 1993, S. 95-156.

Williams, Bernard, *Ethics and the Limits of Philosophy*, Cambridge, MA 1985.

–, „Praktische Notwendigkeit“, in: ders., *Moralischer Zufall. Philosophische Aufsätze 1973-1980*, Königstein i. Ts. 1984, S. 135-142.

–, „Sittlichkeit und Gefühl“, in: ders., *Probleme des Selbst. Philosophische Aufsätze 1956-1972*, Stuttgart 1978, S. 329-365.

–, „Widerspruchsfreiheit in der Ethik“, in: ders., *Probleme des Selbst. Philosophische Aufsätze 1956-1972*, Stuttgart 1978, S. 263-296.

–, *Shame and Necessity*, Berkeley, CA 1993.

–, *Wahrheit und Wahrhaftigkeit*, Frankfurt a. M. 2003.
Wittgenstein, Ludwig, *Bemerkungen über Frazers „The Golden Bough"*, in: ders., *Vortrag über Ethik und andere kleine Schriften*, hg. v. Joachim Schulte, Frankfurt a. M. 1992, S. 29-46.
–, *Lectures, Cambridge 1932-35*, aus Notizen v. A. Ambrose u. M. Macdonald, Oxford 1979.
–, *Philosophische Bemerkungen*, aus dem Nachlass hg. v. Rush Rhees, Frankfurt 1970.
–, *Vermischte Bemerkungen*, in: ders., *Werkausgabe*, Bd. 8, hg. v. G. H. Wright, Frankfurt a. M. 1984.
–, *Vorlesungen 1930-1935*, hg. v. Desmond Lee, Frankfurt a. M. 1989.
–, *Vortrag über Ethik*, in: ders., *Vortrag über Ethik und andere kleine Schriften*, hg. v. Joachim Schulte, Frankfurt a. M. 1992.
–, *Zettel*, in: *Werkausgabe*, Bd. 8, hg. v. G. H. Wright, Frankfurt a. M. 1984.
Zizek, Slavoj, „The Superego and the Act", online unter:
http:// www.egs.edu/faculty/slavoj-zizek/articles/thesuperego-and-the-act,
letzter Zugriff am 24.12.2011.
Zupančič, Alenka, *Das Reale einer Illusion. Kant und Lacan*, Frankfurt a. M. 2001.
–, *Die Ethik des Realen. Kant, Lacan*, Wien 1995.
–, *The Shortest Shadow. Nietzsche's Philosophy of the Two*, Cambridge, MA 2003.